21世纪高等院校经济学系列教材

国家级一流本科专业建设点教材
省级精品课程教材
辽宁省首批精品资源共享课程教材

Information
Economics
2nd Edition

信息
经济学

（第二版）

陈燕　屈莉莉　编著

东北财经大学出版社
Dongbei University of Finance & Economics Press　｜　大连

图书在版编目（CIP）数据

信息经济学 / 陈燕，屈莉莉编著．—2版．—大连：东北财经大学出版社，2022.11
（21世纪高等院校经济学系列教材）
ISBN 978-7-5654-4629-0

Ⅰ.信… Ⅱ.①陈… ②屈… Ⅲ.信息经济学-高等学校-教材
Ⅳ.F062.5

中国版本图书馆CIP数据核字（2022）第147330号

东北财经大学出版社出版
（大连市黑石礁尖山街217号 邮政编码 116025）
网 址：http://www.dufep.cn
读者信箱：dufep@dufe.edu.cn

大连永发彩色广告印刷有限公司印刷 东北财经大学出版社发行
幅面尺寸：185mm×260mm 字数：425千字 印张：19.5
2022年11月第2版 2022年11月第1次印刷
责任编辑：蔡 丽 责任校对：孙 平
封面设计：冀贵收 版式设计：冀贵收

定价：52.00元

2nd Edition

Preface

第二版前言

信息经济学作为反映信息社会中信息主体所产生的经济行为及由此而带来的经济结构及长期发展规律的科学，不仅改写了传统经济学，而且多次获得诺贝尔经济学奖的垂青，足以证明信息经济学在经济、商业以及社会领域得到越来越多的应用，受到越来越多的重视。

信息经济学是随着社会经济信息化而发展起来的经济学与信息科学的交叉学科。其带有明显的综合性和边缘性，围绕两个重要方面展开：一方面是微观信息经济学，又被称为理论信息经济学，主要研究信息的成本和价格，用不完全信息理论来修正传统的市场模型中信息完全和确知的假设；另一方面是宏观信息经济学，又被称为情报经济学、信息工业经济学，以研究信息经济和信息产业为主。

为了全面体现信息经济学的研究领域，本书涵盖了微观、中观和宏观信息经济学的内容；同时，为体现信息经济学的新发展，本书扩展了包括网络经济和在线环境下的信息经济学等新颖内容。根据信息经济学的研究范畴，本书共分为10章。第1章"信息经济学基础"：信息经济学的内涵、信息经济学的产生与发展、信息经济学的知识体系与内容、信息经济学的研究方法与研究基础。第2章"经济信息"：完全信息与不完全信息、对称信息与不对称信息、公共信息与私人信息。第3章"博弈论与信息经济"：博弈论的基础知识、博弈均衡理论、博弈论在信息经济学领域的应用。第4章"经济机制设计理论"：委托–代理理论、逆向选择与信号理论、道德风险与激励机制、经济活动中信息不对称的应用。第5章"信息商品"：信息商品的基础知识、信息商品的价值与价格、价格离散与信息搜寻、在线市场的价格离散与搜寻。第6章"信息市场"：信息市场的基础知识、信息市场模型、信息市场的运行机制、信息市场的营销、信息市场的管理。第7章"信息资源"：信息资源的基础知识、信息资源管理、信息资源配置、信息资源测度、信息资源的经济分析。第8章"信息系统"：信息系统的基础知识、信息系统的成本分析、信息系统的定价分析、信息系统的经济效益分析。第9章"信息产业"：信息产业概述、信息产业的运行与管理、信息产业在国民经济中的地位与作用。第 10 章"信息经济":信息经济的基础知识、信息经济测度、信息经济发展趋势。

本书由大连海事大学陈燕和屈莉莉老师编著,负责全书内容的组织与撰写。徐子颖、谭洁茹、李婷等同学参与了本书的校对及配套资源的建设。本书引入了互联网阅读因素,以二维码的形式为读者们提供了"微课""案例窗""拓展阅读",以及每章章后的"即测即评"。东北财经大学出版社的网站(http://www.dufep.cn)还为读者们准备了电子课件、教学大纲、教学日历、教学指南等丰富的教学资源,欢迎授课教师登录出版社网站注册会员后免费下载。

本书是作者多年从事信息经济学领域的科研教学成果的积累与创新,同时借鉴和参考了国内外相关研究成果编写而成。在本书的编写和修订过程中,编者参考和引用了大量文献,但由于不具备广泛且深入地查询馆藏资料的条件,以及电子数据资源的覆盖范围有限,在脚注和"主要参考文献"中没有列全资料来源,或者所列的不是最早来源的作者的作品,请相关作者谅解;若相关作者与编者联系,编者愿意根据引用作品的字数而提供相应的字数报酬。在此,编者向所有的相关作者表示衷心的感谢。

本书适合经济学、管理学和信息科学相关专业的高年级本科生或研究生使用,也可供相关从事信息管理、电子商务、网络经济的专业研究人员阅读参考。由于编者能力有限,加之时间仓促,书中难免存在不足和疏漏之处,敬请广大读者批评指正,联系方式为:qulili@dlmu.edu.cn。

编著者
2022 年 8 月

Preface

Contents

目录

目录

Contents

第 1 章
信息经济学基础

学习目标

1.1
信息经济学的内涵
1.2
信息经济学的产生与发展
1.3
信息经济学的知识体系与内容
1.4
信息经济学的研究方法与研究基础

思政园地
本章小结
复习与思考

学习目标

◆ 重点掌握信息经济学的内涵、理论基础。

◆ 掌握信息经济学的知识体系、主要研究内容。

◆ 了解信息经济学的产生与发展、未来研究趋势。

◆ 了解信息经济学的研究方法、研究基础。

信息经济学是一门经济学与信息科学的交叉学科，也是一种与时俱进的理论。本章将从信息经济学的内涵、产生与发展、知识体系与内容、研究方法与研究基础四个主要方面叙述其基本理论和未来研究趋势。

1.1 信息经济学的内涵

微课 1-1

信息经济学的内涵

任何理论的产生与发展都遵循来源于实践而又指导实践的规律。信息经济是信息经济学的实践基础，信息经济学对信息经济的发展具有重大的指导意义。研究信息经济学应该把信息经济作为逻辑起点。

1.1.1 信息

20世纪40年代，信息论的奠基人香农（C. E. Shannon）在《通信的数学理论》中将信息定义为"用来减少不确定性的东西"；控制论的创始人诺伯特·维纳（Norbert Wiener）在《控制论》一书中提出：信息不是物质，也不是能量，它是人们在适应客观世界并使这种适应被客观世界感受的过程中与客观世界进行交换的内容的名称。

1964年，鲁道夫·卡尔纳普（Rudolf Carnap）指出语义信息是一种主观信息，与信宿对于所用符号的主观感知有关；又在1968年提出语用信息，也称有效信息，强调信息的效用和价值，包括心理因素、个性因素和环境因素等。

除此之外，还有许多关于信息的定义，如"信息是事物相互作用的表现形式""信息是被反映的差异""信息是有用的数据""信息是收信者事先所不知道的报道""信息是有序性的度量""信息是负熵""信息就是信号""信息是作用于人类感觉器官的东西""信息是使概率分布发生变动的东西""信息不是物质，它是物质状态的映射""信息是一种协作力量"等。

本书认为，信息本质上就是一种描述，这种描述可以被主体所认知，并表现出某种差异和不对称性，从而体现出某种价值。

1.1.2　经济学

经济是指把稀缺资源配置到各种不同的和相互竞争的需要上，并使它们得到最大满足。20世纪80年代以来，经济学已逐渐成为各门类经济学科的总称，具有经济科学的含义。不同的学者给出的经济学的定义如下：

第一，经济学是研究人和社会如何进行选择，以使用可以有其他用途的稀缺资源来生产各种产品，并在现在或将来把产品分配给社会的各个成员或集团以供消费之用（萨缪尔森、诺德豪斯）。

第二，经济学是关于某个特定的社会如何处理它的经济问题的科学。凡是在要用不充足的手段去达到各种各样目标的时候，就存在经济问题（弗里德曼）。

各定义基本上阐明了经济学的核心问题：如何配置稀缺资源，同时又涉及一定条件下的人类行为问题。

1.1.3　信息经济学[①]

信息经济学是针对"信息"这一对象分析如何优化资源配置的问题，具体涉及信息本身的生产、交换、分配和消费等。同时，由于信息的特殊性，它是对事物的一种描述，将反映其他资源的具体状况，人们可以根据这种描述，控制、指挥和调节其他资源。因此，信息经济学又涉及一定规则下已掌握信息或没掌握信息的人类行为的相互作用，以及在此作用下各种资源的配置问题。可以说，信息经济学是从不同角度对信息进行经济研究的新综合性经济学科，具体可从两个方面加深理解。

1.从经济学的角度分析

从经济学的角度分析，信息经济学属于经济学体系中的全新领域，是经济学的分支学科。信息经济学不仅要引入信息因素对传统的经济理论进行补充和修正，同时要用现有的经济学原理和方法考察社会信息及信息活动的经济机制和经济规律。

传统经济学并没有考虑"信息"因素。

一个明显的例子是：珠宝等奢侈品并不能简单地用供求关系加以分析，往往其价格较低时，人们反而购买得较少，这就需要引入信息因素。从信息经济学的角度来说，价格表现为一种"信号"。它是一种"描述"，可以体现出"实惠""合适""经济"等信号，但也可能体现出"档次低""质量差""便宜没好货"等信号。这样，降价并不太适用于珠宝等奢侈品，"不买最好的，只买最贵的"并不是一句空话。

还有，一些小贩卖衣服时会发现，一些衣服40元没人买，但换个包装，标价400元，再打四折促销，反而有人抢购。

这样的例子还有许多，如"明星做广告，商品价格上涨""普通商品，经过广告

① 马费成，王槐，查先进. 信息经济学 [M]. 武汉：武汉大学出版社，1997：21.

精心策划后，价格上涨和畅销"等。可见，"许多时候，成功与否不在于事物的本身，而在于事物所拥有及传递的信息"和所采取的销售策略。所以，信息经济学以信息因素为研究范畴，这是对传统经济学的补充和修正，但同时它不能完全脱离当前的经济学理论体系，需要用现有的经济学理论对信息活动加以分析。例如，广告作为一种信息产品，需要做广告的人多了，电视台通过竞价招标的形式提高播放广告的价格，这完全符合基本的供求定理。

2. 从信息科学的角度分析

从信息科学的角度分析，信息经济学也可以被看作信息科学体系中的一个领域，是信息科学的一个分支学科。信息经济学不仅要从经济学的角度去研究信息和信息活动，还要从信息科学的角度研究经济现象和经济活动，运用信息科学的理论、原则和方法去考察信息科学与经济学之间的相互作用关系，以揭示社会经济活动中信息的功能与价值。许多经济问题需要应用信息科学知识去分析。例如，企业自身可以被看作一个系统，各组成部分通过信息协作而形成一个整体，信息传递过程中所显示的"状况描述""指令下达""反馈控制"等内容决定了整体运行的好坏，这就需要运用系统论的相关知识来分析信息配置下各组成部分行为的相互作用关系；企业处于社会这一大系统中，也需要运用信息科学知识来表现信息协作下不同利益主体的联系与冲突，并表现各自的经济运作状况。

总之，信息本质上就是一种描述，经济学又探讨资源配置问题，那么信息经济学实际上主要涉及两个层次：其一，信息资源是如何配置的，涉及信息本身的产生、交换、分配或交易等问题；其二，涉及某种规则下掌握和不掌握信息的人的相互作用，以及在此作用下其他资源的配置情况。信息经济学继承了原有经济学的相关知识，并引入信息要素，形成新的分析框架。同时，它作为信息科学的一个重要组成部分，引入了其他信息科学的知识，形成了对信息与经济关系的新论述。

信息经济学是信息技术和管理科学的交叉科学，融管理学、经济学、信息科学、系统科学和数学理论于一体。在经济研究中越来越多地引入数学方法已经成为现代经济学的主流。

1.2 信息经济学的产生与发展

"信息经济学"（information economics）一词是由雅各布·马尔萨克（Jacob Marschak）提出的，但信息经济学的奠基人为乔治·约瑟夫·斯蒂格勒（George Joseph Stigler）。信息经济学的研究主要是从斯蒂格勒和弗里兹·马克卢普（Fritz Machlup）的研究成果上发展起来的微观信息经济学和宏观信息经济学，形成信息经济学的两条研究主线。20世纪70年代后，信息经济学快速发展，许多学者都对信息经济学的范畴和方法论体系进行了拓展研究，形成了较为全面的信息经济学知识框架。

1.2.1　微观信息经济学的产生与发展

在经济学文献中，"信息经济学"源于1959年马尔萨克的《信息经济学评论》。他指出：一个观察信号的后验分布一般与先验分布有所差别，这种概率的差别正是获得信息的结果。

例如，一个人在野外遇到一个山洞，他事先对"有"或"没有"野兽有个判定，这可简单理解为可能性的先验分布；之后他听到洞中一声吼叫，他又会有个判断，这可理解为后验分布，两者之间的差异正是获得"吼叫"这一信息的结果。

而在经济生活中，行为人也通常对某种经济事物有所判定，如原材料价格、库存商品和顾客需求等，并通过收集信息校验事先的判断，从而确立某种经济行为，如购买原材料、增加存货和调节产品结构等。

可见，信息与经济之间存在密切的关系，马尔萨克提出"信息经济学"一词揭示了一个重要的研究领域。

然而，信息经济学作为新兴学科进入科学的殿堂要归功于美国著名经济学家斯蒂格勒。他于1961年在《政治经济学》杂志上第一次将信息经济学作为一个独立的学科概念阐述在其论文《信息经济学》中。之后，他引入信息不完全的假设，即行为人所了解的信息是不完全的，他不能掌握所有的情况，应在此假设下分析经济问题。这替代了传统经济学中的完全信息的假设，修补了传统经济学的不足。1982年，斯蒂格勒荣获诺贝尔经济学奖，这与其在信息经济学方面的开创性贡献不无关系。许多学者认为斯蒂格勒以自己的探索性成果为信息经济学的研究奠定了基础。

从斯蒂格勒的研究成果出发，逐步形成微观信息经济学的研究体系。在此基础上，一些学者将信息作为经济活动的要素和经济运行的机制加以研究，以此来修正和完善经济学理论。许多基础的、经典的信息经济学理论被提出，如1970年乔治·阿克尔洛夫（George Akerlof）的柠檬市场理论、1971年杰克·赫什雷弗（Jack Hirshleifer）的信息市场理论、1972年马尔萨克和罗伊·拉德纳（Roy Radner）完善的团队的经济理论、1973年迈克尔·斯宾塞（Michael Spence）的信号理论、1976年桑福德·格罗斯曼（Sanford J. Grossman）和约瑟夫·斯蒂格利茨（Joseph E. Stiglitz）的格罗斯曼−斯蒂格利茨悖论（Grossman-Stiglitz Paradox）（在1980年进一步充实）、20世纪70年代由詹姆斯·莫里斯（James Mirrlees）等发展起来的委托−代理理论、1962年斯蒂格勒的搜寻理论、1968年马尔萨克的信息系统选择理论，这些理论共同被称为微观层次上最为基本的八大理论形式。

微观信息经济学研究得到学术界较高的重视，2001年的诺贝尔经济学奖就授予3位美国经济学家——加利福尼亚大学伯克利分校经济系的乔治·阿克尔洛夫，斯坦福大学商学院的迈克尔·斯宾塞，哥伦比亚大学经济系、商学院和国际关系学院的约瑟夫·斯蒂格利茨，以表彰他们为现代信息经济学作出的奠基性贡献。除此之外，还有许多学者对信息经济学的形成作出重要贡献，对管理与统计决策、拍卖制度、信息成本与定价、资源闲置、信息效率，以及信息对员工工资和生产效率的影响等诸多问题进行了开创性研究。

拓展阅读 1-1

1.2.2 宏观信息经济学的产生与发展

美国学者马克卢普于1962年出版了《美国的知识生产与分配》，首次提出了知识产业（knowledge industry）的完整概念，并且给出了知识产业的一般范畴和最早的分类模式，还在此基础上建立了知识生产最早的测度体系。他后来著述了《知识：它的创造、分配和经济意义》十卷巨著。马克卢普的知识产业理论具有重要的意义，被认为是现代信息技术、信息社会发展以及信息政策制定的理论基础。自此之后，许多学者开始对信息经济与信息产业产生浓厚的兴趣，并进行了卓有成效的研究。

日本学者增田米二分析信息生产力的特点，并阐明信息时代的特征，提出信息时代产业结构将产生根本性变革——出现第四产业，包括数据通信、软件信息处理、新闻出版、教育研发、广播影视等。信息产业的发展推动其他产业的信息化，成为新时代的全新发展动力。

美国学者马克·尤里·波拉特（Mac Uri Porat）于1977年出版了九卷巨著《信息经济》。他强化了马克卢普的理论，主要采用"增值法"测度信息经济，从而形成了新的信息经济的方法和指标体系，这对各国信息经济与信息研究产生了重大影响。一般认为，波拉特对信息经济学理论发展的贡献主要体现在四个方面：

第一，他率先提出将经济过程划分为两个基本领域的观点：一是包含物质和能源的转换领域；二是包含从一个模式向另一个模式的信息转换领域。

第二，他将信息部门划分为一级信息部门和二级信息部门，从而推动了对信息经济更为准确的测度。

第三，他在费希尔-克拉克体系的基础上，首次提出社会经济部门第一产业、第二产业、第三产业和第四产业的思想观念，初步确立了第四产业存在的理论基础。

第四，他应用投入产出模型分别计算两类信息部门对国民经济的贡献，建立波拉特测算体系，从而导致世界范围内信息经济测度的活动。

美国的丹尼尔·贝尔（Daniel Bell）著述了《后工业社会的来临——对社会预测的一项探索》一书，首次提出了"后工业社会"的概念，并认为后工业社会的特征是：

① 在经济上从以制造业为主转向以服务业为主；

② 社会的领导阶层由企业转变为科学技术人员；

③ 未来的技术将有计划、有节制地发展，技术评价举足轻重；

④ 智能技术成为制定各项政策的重要手段，理论知识的积累与传播成为革新与变革的直接力量；

⑤ 理论知识成为社会的核心，是社会革新和决策的依据。其研究已从对信息经济本身概念和测度的研究转向对信息社会化和社会信息化所引起的社会经济变革的研究。

理查德·库珀（Richard N. Cooper）综合马克卢普和波拉特的统计数据进行计算和分析，得出了信息持续增长的结果，并认为信息经济应该包括信息商品和信息服务两个领域，未来经济的增长更多地体现在信息商品领域内的增长。

鲁宾（M. R. Rubin）和泰勒（E. Taylor）完成《美国信息部门和国民生产总值：投入产出研究》的报告，将美国信息部门划分为知识生产与发明、信息传播与通信、风险管理、咨询与协调、信息处理、信息商品生产、政府内部的信息活动，以及信息生产的支持设备和建设，并应用波拉特范式对1972年美国信息经济的规模进行了初步测算。

此外，乔治·谢曼特（Jorge R. Schement）对美国信息职业和信息劳动者的行为和长期发展趋势进行了较为系统的研究。唐纳德·兰伯顿（Donald M. Lamberton）对西方发达国家（美国、日本、英国和澳大利亚）信息经济的发展规律进行了比较分析。1986年，约瑟夫·萨博（Jozsef Szabo）从独自的信息经济测度范畴利用波拉特范式对1980年的匈牙利信息经济的规模进行了测度；汉斯-尤尔根·恩格尔布雷希特（Hans-Jurgen Engelbrecht）对1975—1980年韩国一级信息部门的发展状况，以及韩国、日本和中国台湾之间一级信息部门活动的异同性进行了分析。

在我国，关于信息经济及信息产业方面的研究也越来越受重视。权威经济学家如乌家培、骆正山、陈禹、马费成等教授出版了信息经济学方面的论著，研究信息资源和管理、社会经济信息化的测度、信息产业国际化发展、信息产业与信息经济的比较研究等，这些研究对于加快信息产业建设、促进信息经济发展，从而带动整个国民经济的发展起着重要作用。

1.3 信息经济学的知识体系与内容

进入20世纪70年代以后，信息经济学的发展基本上达到了成熟，其标志是有大量信息经济的论著问世。从1979年开始，国外信息经济学进入大发展阶段，其主要标志有二：一是1979年赫什雷弗和约翰·赖利（John G. Rily）首次将信息经济学划分为微观信息经济学和宏观信息经济学两大部分，这标志着信息经济学学科体系已初步形成；二是1979年首届国际信息经济学学术研讨会召开，这标志着信息经济学研究引起了各国的重视。现今，随着社会和科技的不断进步，信息经济学的内容也在不断丰富。

1.3.1 广义信息经济学的知识体系

广义信息经济学的研究范畴非常广泛，其知识体系如图1-1所示，除包括狭义的信息经济学部分外，还大致包括如下三个部分的内容：

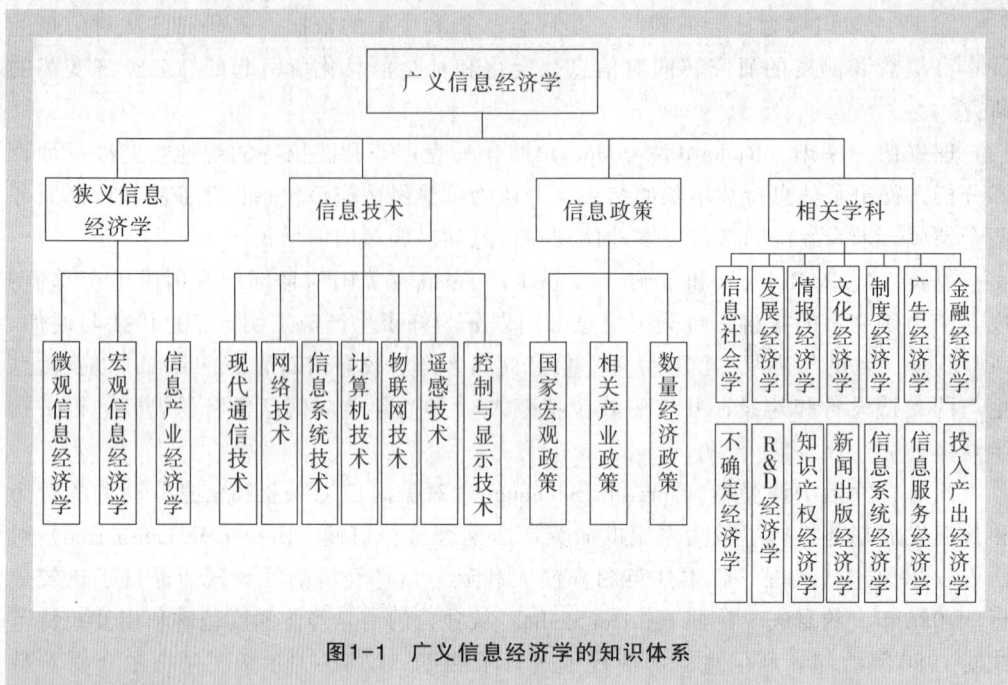

图1-1　广义信息经济学的知识体系

① 信息技术，如现代通信技术、网络技术、信息系统技术、计算机技术等。

② 信息政策，如国家宏观政策、相关产业政策、数量经济政策。

③ 相关学科，如信息社会学、发展经济学、情报经济学、制度经济学、不确定经济学等。

由图1-1可知，由于广义信息经济学的知识体系涵盖众多学科与技术，因此，在信息经济学课程的学习中，主要是以狭义信息经济学内容为主。

1.3.2　狭义信息经济学的知识体系①

当前狭义信息经济学的知识体系的构建主要依照两种思路，即信息经济学的"三分法"和信息经济学的"二分法"。

1.信息经济学的"三分法"

这是指从现代西方经济学的传统框架出发，信息经济学被划分为三个部分：微观信息经济学、宏观信息经济学和信息产业经济学。对应于1.2部分"信息经济学的产生与发展"中谈到的两条研究主线，微观信息经济学主要由研究主线1（从斯蒂格勒的研究成果出发）发展形成的；宏观信息经济学和信息产业经济学则是由研究主线2（从马克卢普的研究成果出发）发展形成的，其中强调信息产业的作用，将其研究提取出来，称信息产业经济学或中观信息经济学（如图1-2所示）。

微观信息经济学主要以个别市场主体为基本分析单位，考证信息市场均衡、劳动市场供给、消费者行为以及市场机制等一系列微观经济问题的影响，重点分析信息资

---

① 陈禹. 信息经济学教程［M］. 北京：清华大学出版社，1998：9-10.

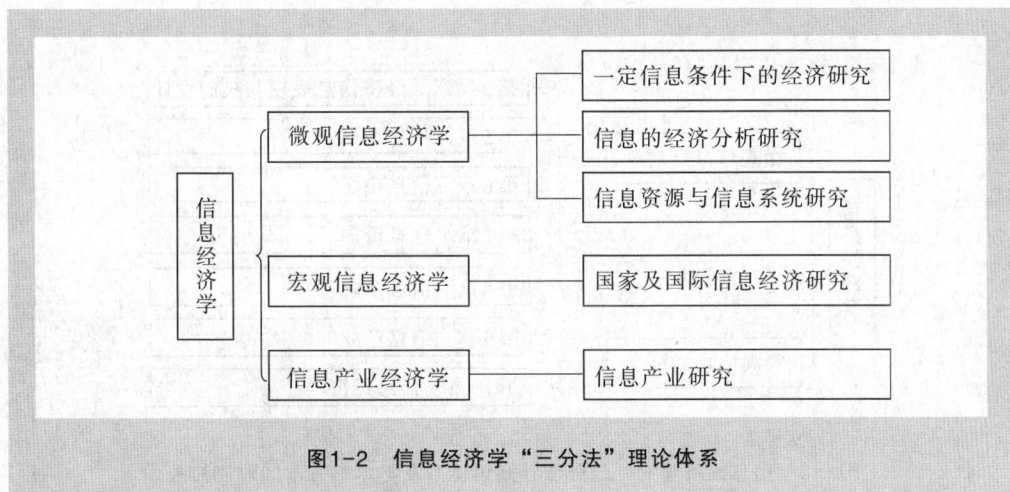

图1-2 信息经济学"三分法"理论体系

源配置和微观信息市场的效率问题。

宏观信息经济学则从国家和世界经济的层面出发，论证信息对总供给和总需求的影响，研究信息与财政政策、金融制度之间的关系，探讨信息在宏观经济政策制定中的作用、国际信息经济与本国信息经济的关系等，即关于国家及国际信息经济研究。

信息产业经济学着眼于对信息产业的分析，主要包括信息技术产业化、信息产业基础与结构、信息产业国际化、信息资源与经济增长等方面的内容，这可以表现为信息经济学中关于信息产业的研究。

2.信息经济学的"二分法"

按照市场不确定性原理，信息经济学可分为微观信息经济学和宏观信息经济学两个部分（如图1-3所示），即在信息经济学的"三分法"中，将宏观信息经济学和信息产业经济学统归为宏观信息经济学，是由信息产业经济学和信息社会的各种经济理论组成，以信息技术的不确定性为基础，分析信息技术的各种经济影响和福利效果，能够较好地体现信息产业在信息经济学科研究中的重要地位。

1.3.3 信息经济学的主要研究内容

众多学者经过对信息经济学的长期探讨，不断扩展和完善微观信息经济学和宏观信息经济学的研究内容。

乌家培认为，信息经济学的研究内容应分为三方面、八类问题：

① 信息的经济研究：信息费用与效率、信息资源分配与管理、信息系统的经济评价。

② 信息经济的研究：信息经济的含义与测度、信息产业形成与发展、信息技术对经济发展的影响。

③ 信息学与经济学关系的研究：信息与经济的关系和作用、信息学与经济学的相互交叉与结合。

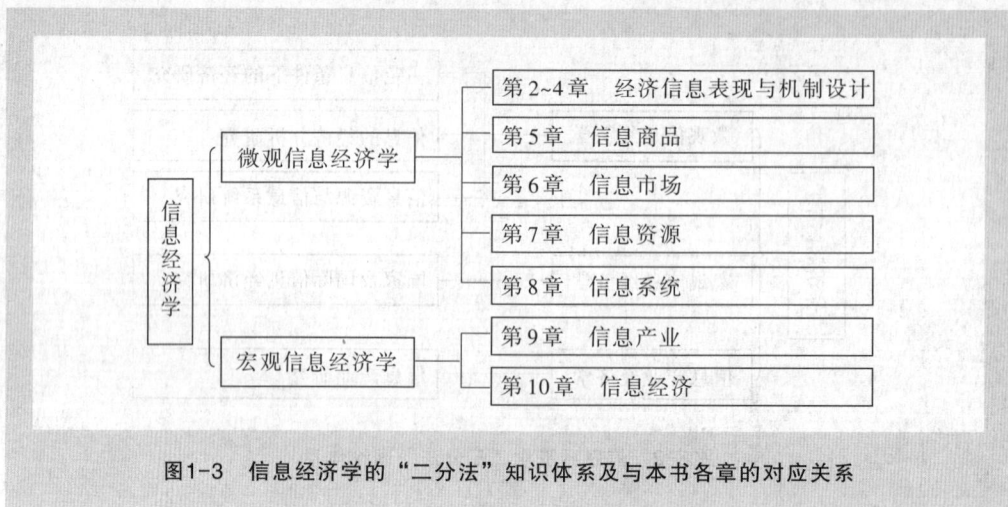

图1-3　信息经济学的"二分法"知识体系及与本书各章的对应关系

张守一认为，信息经济学有五项研究内容：信息的生产、分配、交换和消费的经济问题；信息经济的管理和核算；信息经济和国民经济的关系；信息产业的发展战略和政策；信息技术的选择、安装、使用、维修和更新。

陈禹认为，信息经济学研究主要包括五方面内容：市场信息的经济效用、信息系统经济、信息经济与信息产业的理论和测度方法、信息社会的经济理论、国际信息经济理论。

陶长琪认为，信息经济学研究分为五个方面：

① 信息不对称研究：委托-代理理论、逆向选择（adverse selection）与道德风险（moral hazard）、信息传递等。

② 信息资源研究：信息资源的配置、信息资源的开发类型、信息资源的开发方法等。

③ 信息市场研究：信息商品的定价、信息市场的运行机制等。

④ 信息系统研究：信息系统研究的经济效益及评价等。

⑤ 信息产业研究：信息产业结构、信息产业政策、信息产业经济测度和信息产业的投入产出分析等。

谢康认为，国内外研究信息经济学有五个主要角度：不完全信息和不对称信息的假设、统计决策、企业管理和信息管理、信息产业、信息经济的统计测算。

归纳众多专家的观点，结合信息经济学的内在含义，从微观个体经济向外扩展，形成了信息经济学五个主要方面的研究内容（如图1-4所示）。

1.一定信息条件下的经济研究

这部分侧重信息对行为人的影响，探讨某种信息条件下行为人相互作用的经济问题，如不对称信息下分析模型、委托-代理理论、逆向选择与道德风险、广告模型、市场信号模型、不完全信息分析模型、完全信息下的静态博弈、不完全信息下的动态博弈等。其基本思想是将信息要素纳入传统经济学体系中，侧重从微观角度分析掌握或不掌握信息的行为人之间的相互作用，以及在此作用下其他资源的配置

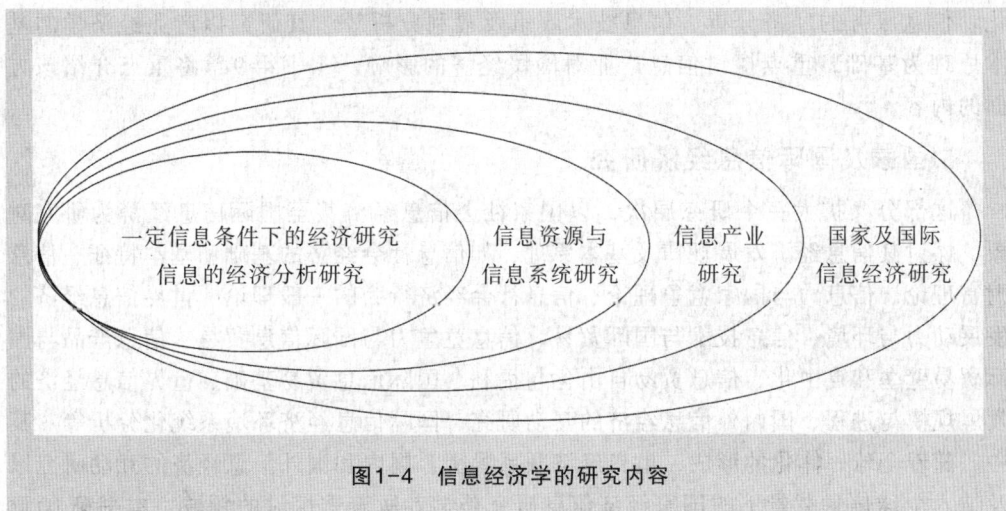

图1-4　信息经济学的研究内容

问题，毕竟信息既是其他流（物流、资金流、事务流等）的表现和描述，又是用于掌握、指挥和控制其他流运行的软资源。本书第2、3、4章将重点介绍该方面的内容。

2.信息的经济分析研究

这部分主要将信息作为商品或资源，强调行为人对于信息的作用，如信息市场的假设和运行机制，信息商品的需求和供给，信息商品的定价，信息的生产、分配、交换和消费，信息的开发类型和方法，信息资源的分配和管理，信息成本和价值，信息商品的交易与结算等。其基本思想是利用传统经济学的原理和方法来对信息活动加以分析。信息本身如果要作为商品或资源，就要涉及行为人对其进行有效配置的问题，在强调信息一般性的同时，也强调它的特殊性。本书第5、6章将重点介绍该方面的内容。

3.信息资源与信息系统研究

这部分同时强调信息与行为人之间的作用，从"广义"系统的观点，各组成部分通过信息相互协作而形成一个整体，这就涉及什么样的个体分配到什么样的信息，以及在相应信息分配下个体之间的相互作用。其研究涉及诸多内容，如信息资源的配置、有效管理，信息资源的投入产出分析，信息系统运行与管理效率，信息系统管理的目标、内容和基本方法，信息系统经济评估体系和评估方法，信息系统成本与收益，信息系统最优选择理论等。其中，应特别注意信息技术（IT）作用下个体信息经济研究。信息技术改变了原有的信息传送方式，也意味着相应的信息协作方式在某种程度上发生改变。本书第7、8章将重点介绍该方面的内容。

4.信息产业研究

这部分与前面不同，不再着重个体经济的研究，而是强调信息产业部门经济，如信息产业的基础与发展、信息投入产出模型、信息部门与信息劳动者的构成与发展、信息产业政策及福利分析、信息经济结构与规模、信息技术的产业化与社会化、信息服务的经济分析、信息技术政策及福利分析等。其研究以产业经济学的基本原理为基础，重点探讨信息产业对国民经济的影响。本书第9章将重点介绍该方面的内容。

5.国家及国际信息经济研究

这部分又扩大一个研究层次，以国家社会信息经济甚至国际信息经济为研究对象，探讨其信息经济发展规律及基本原理，如信息社会经济的基础和基本特征、信息财富理论、信息力与国家竞争理论、信息社会经济行为的一般理论、世界信息经济的发展动力与环境、信息技术与国际贸易、信息竞争力与国际信息贸易、信息产品与国际贸易壁垒和自由化、信息贸易自由化与福利、国际信息贸易基础、世界信息经济的发展规模与进程、国内外信息经济的互动研究、国际信息经济环境系统化分析等。其中，随着全球一体化的形成，世界经济联系紧密，国内和国外信息经济的互动研究以及纳入全球信息背景下的国家经济信息研究是学者所着重探讨的领域。本书第10章将重点介绍该方面的内容。

1.3.4 信息经济学的未来研究趋势

随着信息经济学研究内容的确立和研究体系的形成，信息经济学逐渐成为一个重要的科学领域，受到广大学者的高度重视，其研究深度和广度不断扩展，未来的信息经济学研究重点主要表现在以下几个方面（如图1-5所示）：

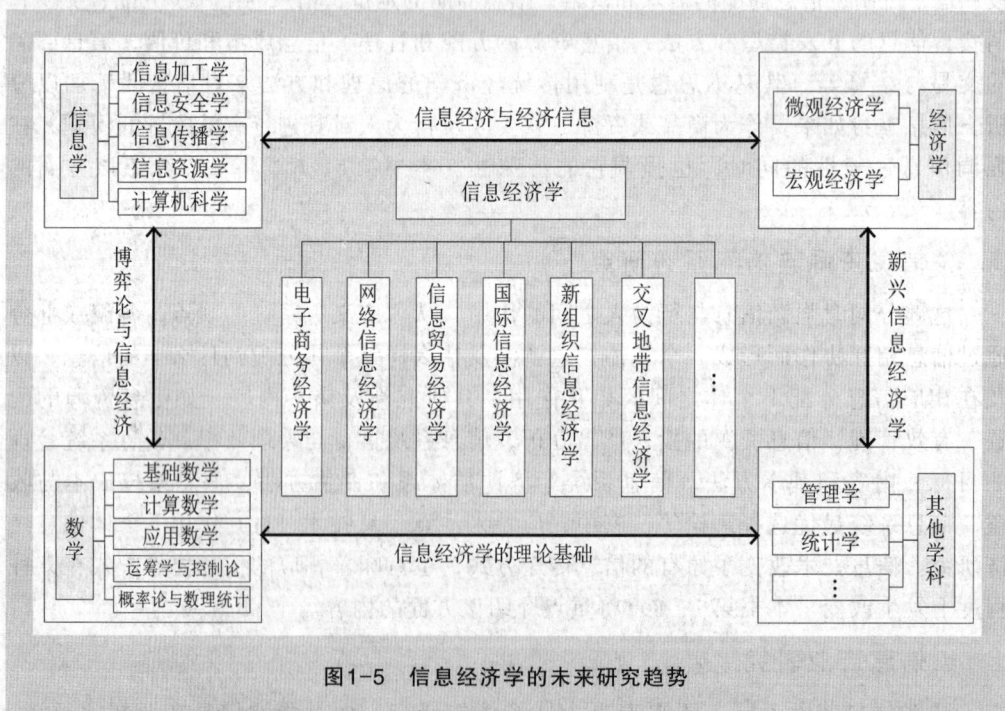

图1-5 信息经济学的未来研究趋势

1.电子商务经济学

电子商务经济学是信息经济学在网络时代自然延伸的结果。2001年诺贝尔经济学奖获得者迈克尔·斯宾塞曾指出：电子商务经济学就是信息经济学，是信息经济学的自然延伸和扩展。从这个意义上讲，电子商务经济学的基础理论来源于信息经济学，但由于电子商务经济学将研究对象在不对称信息条件下的经济行为转变为在不对称信息条件下的基于互联网的经济行为，与经典的信息经济学有所区别而成为一门新兴的分支学科。

2.网络信息经济学

网络已成为人类工作和生活中的重要组成部分，在网络充分发展的情况下，信息不对称性体现得更加明显，网络信息的外部性更强，网络经济的开放性和竞争性更加明显，由此，网络信息经济学成为学者研究的热点之一，如网络信息传送与交流、网络信息价值评价、网络经济政策和网络经济法规的制定等。其中，基于网络的电子政务和电子商务研究是此方面研究的重中之重。网络平台的建立使得政府可以轻松地将其管理和服务职能转移到网络上去完成，并实现各种价值的交流互换，人们可以将其意愿以更加便捷的方式向上传送，这样，新的信息交流会使行为方式发生较大改变。同样，企业可通过电子商务平台快捷地与商家或顾客接触，甚至可以在供应链方面与上下游企业进行"协同"交易，整个商务信息交流方式由于信息技术的引入而发生较大改变。这些都给信息经济学的研究提供了广阔的研究空间，成为一个重要的研究方向。

3.信息贸易经济学

信息作为商品，其贸易方面的研究一直是学者所关注的课题，如斯蒂格利茨、赫什雷弗和沃尔金（Working）都研究了信息市场模型，还有信息商品的使用价值研究、信息商品市场的供求法则研究、信息商品的定价理论研究、信息商品的垄断研究、信息商品的竞争机制研究、信息商品的风险因素研究等。由于信息本身的特性，如信息不会因使用者数量的增多而内容减弱，但会随着时间的推移而价值削减；随着使用者人数的增加，他们寻求利益的行为相互冲突而使得利润空间缩小；信息的价值会随着使用者的不同而有所不同；信息商品本身存在信息宣传和反馈等，信息贸易方面的研究始终是一个学术难点，很难借助传统的平衡理论进行分析，这样就需要新的研究思路和研究方法。这方面的研究将是一个需要持续钻研的方向。

4.国际信息经济学

随着全球一体化的形成，各国之间的联系日趋紧密，这使得信息经济学的研究范围扩展到国际领域，国际信息经济学成为学者研究的重点之一。它主要以世界经济学或国际经济学理论为背景，讨论世界信息经济、跨国信息经济比较、世界信息产业与市场等内容。其重点在于通过纵向（时间）或横向（地域）的比较分析，并借助投入产出方法、相关分析法等数量方法，分析世界信息经济的发展、各国信息经济之间的合作交流、各国信息经济的依赖程度、世界信息经济的生产效率、世界信息资源配置效率、国际信息政策对比研究、世界信息经济评判与预测等方面。在当前世界经济日益交融的时代背景下，国际信息经济学研究是信息经济学研究历史发展的必然结果。

5.新组织信息经济学

信息技术的发展使得组织的体系结构和运作方式发生了较大改变。组织内部由原来严谨的垂直结构逐渐转变为松散的扁平化结构；组织也与外部的其他个体联系日益紧密，一些如虚拟企业、战略联盟的组织结构也随之产生。由此，新形势下组织信息协作方式的重大变化必然带来新的资源配置方式，新组织信息经济学研究将成为一个重点研究方面，如企业新型结构下的信息资源分配原则和方法，新组织的信息机制设计，信息技术作用下组织的委托-代理理论，新组织结构下的逆向选择和道德风险，组织新运作方式的信息效率分析，组织扁平化结构下的激励约束机制，虚拟企业下的各成员之间的信息资源计划、组织、使用和协调，战略联盟下的企业信息不对称研究等。

6.交叉领域信息经济学

随着科学理论和技术的发展，科学研究体系逐渐形成和完善，各学科的研究也日益深入；但与此同时，各学科之间空隙日益加大，导致一些交叉研究匮乏，难以解答一些综合性问题。为此，交叉领域研究成为当今科学研究的重点之一。信息经济学研究也不例外，其是经济学理论的重要分支，涉及通信、经济、管理、计算机等多种学科，各学科都有自身的研究对象和研究特点，分析信息经济学与其他学科的联系与区别，探讨各学科之间的异同点，从而揭示科学发展的内在规律，更好地为现代社会提供有价值的内容，是当前研究的一个重要任务。例如，探讨信息经济学与心理学的交叉问题，信息经济学涉及个体利用信息进行经济决策，而同时个体在决策中必然涉及心理活动，这样两者结合将有助于揭示决策的内在原理，在谈判分析中起到较大的作用，甚至可以结合信息技术的有关知识，在电子商务网站设计中发挥较大的作用。

1.4 信息经济学的研究方法与研究基础

研究方法是解决理论问题与实践问题的工具，研究基础是进行理论问题分析的核心，对任何一门学科都是非常重要的。

1.4.1 信息经济学的研究方法

微课1-2

信息经济学的研究方法

下面介绍信息经济学研究过程中对资料和数据进行加工，形成科学理论的主要方法。

1.定性研究方法

定性研究方法也就是科学抽象方法、逻辑思维方法,是科学研究中最一般、最常用的方法。信息经济学研究中常用的定性研究方法有归纳和演绎、类比和比较、分析和综合方法等。

(1) 归纳和演绎方法

归纳和演绎属于推理,即根据原有的知识推理出新知识的思维形式。

归纳是从特殊事实中抽象、概括出一般原理的推理形式和思维方法,可以从个别的、单一的事物性质和关系中概括出一类事物的性质、特点和关系,由不太深刻的一般到更为深入的一般,由范围不大的类到范围更为广大的类。归纳法有完全归纳法和不完全归纳法、简单枚举归纳法和科学归纳法之分。

演绎是从一般到特殊,是根据一类事物都有的一般属性、关系、本质来推断该类事物中的个别事物所具有的属性、关系和本质的推理和思维方法。在信息经济学研究中,我们可以通过典型调查和抽样调查,采用不完全归纳法来分析我国信息市场、信息产业的现状和存在的问题,由少数信息市场的实际运行情况和机制来概括出信息市场运行的一般规律;可以采用演绎方法由产业发展和产业结构优化的一般规律来推断信息产业发展和信息产业结构优化的规律。

(2) 类比和比较方法

类比和比较都是对比性的研究方法。类比是根据两个或两类对象的相同、相似方面来推断它们在其他方面也相同或相似的一种研究方法。事物之间的同一性和相似性提供了从一类对象类推到另一类对象的可能性。比较是对两个或两个以上相似或具有可比性的事物进行对比,从而更全面和深入认识事物的特征和个性的一种研究方法。例如,我们可以将信息商品与物质商品进行类比和比较研究,通过类比来发现信息商品的基本属性、生产经营的一般规律,通过比较来揭示信息商品与物质商品的不同之处,更好地掌握信息商品的特点和生产经营的特殊规律。我们还可以通过不同国家、地区、部门信息经济活动的横向比较或同一国家、地区、部门不同时期信息经济活动的纵向比较,掌握不同范围、不同时期信息经济发展的特点,从中总结出信息经济活动的规律。

(3) 分析和综合方法

分析是把整体分解为部分,把复杂的事物分解为简单要素加以研究的一种思维方法。综合是把研究对象的各个部分、各个方面和各种因素联系起来考虑的一种思维方法。在信息经济学研究中,我们可以分解多种多样的信息商品、结构复杂的信息产业、环节众多的信息产品的生产过程,对各个方面和各个环节进行深入细致的研究,揭示它们的本质及相互联系;在此基础上,将同一研究对象的各个方面、各个要素、各个环节的本质有机地联系起来,形成对信息商品、信息产业和信息产品生产全过程的整体认识。

2.定量研究方法

定量研究是用数学方法对数据资料进行分析和处理,得出定量结论或数学模型的一种科学研究方法。数学是关于量及其关系的科学，是从量的角度来研究和反映世界及其规律的工具。

（1）数学分析

数学是科学抽象的工具，是计算的工具，是从量的角度描述客观规律的工具。数学方法具有普遍适用性。我国学者胡世华认为，根据质与量的对立统一规律的理论，从原则上可以毫无例外地通过对事物的量的规定性来认识质的规定性。不仅如此，只有通过对事物的量的规定性来认识事物，才能精确地认识事物的规律。因此，一切科学研究在原则上都可以用数学来解决有关的问题。只有现在还不能应用的数学，没有原则上不能应用数学的研究领域。

（2）建立模型

在信息经济学研究中，计算信息商品的成本和价值量、确定信息商品的价格、测度信息服务和信息商品利用的经济利益和效益、测算信息产业与信息经济的规模与发展水平、研究信息产业的投入产出关系、对信息经济的发展进行科学规划和管理等，这些都需要利用数学方法进行定量分析或建立数学模型。

（3）概率统计

由于信息经济活动既有确定性的一面，又有不确定性的一面，在信息经济学研究中，除了采用处理确定性问题的微积分、线性代数等数学方法外，还应采用处理不确定性问题的概率统计、模糊数学、灰色系统理论等方法。对信息经济现象和过程进行定量分析，可以使信息经济学研究水平提高到一个新的高度，使信息经济学理论更加科学。

在实际研究中，定性研究与定量研究常配合使用。在进行定量研究之前，研究者需借助定性研究来确定所要研究的现象的性质；在进行定量研究的过程中，研究者又需借助定性研究来确定现象发生质变的数量界限和引起质变的原因。

1.4.2 信息经济学的研究基础[①]

微课 1-3

信息经济学的研究基础

在研究信息经济学的时候，要先了解三个最基本的概念：不确定性、风险与信息，它们构成了信息经济学理论分析的基础。

1. 不确定性

1921年，弗兰克·奈特（Frank Knight）对不确定性进行了开拓性的研究。此后，不确定性的概念及分析方式促使了经济学理论及经济学分支体系的发展，促使了不确

---

① 谢康. 微观信息经济学［M］. 广州：中山大学出版社，1995：35-37.

定性经济学的产生，开创了经济学研究的新视野。当一项经济决策产生且只产生一种可能结果时，出现的结果是确定的，所以没有不确定性可言；当一项经济决策可能产生一种以上结果时，不确定性就自主地出现了。

不确定性经济学将环境状态划分为以下两种形式：

① 在已知环境状态中，决策的结果是唯一的和确定的，经济代理人在作出决策时不用担心将有什么意外事件发生。

② 在可能环境状态中，经济决策中一旦涉及未来发展的多种可能选择时，不确定性就会自主出现，所面对的经济环境状态也就相应变成一个可能环境状态。

根据已经认识的可能经济环境状态，不确定性被分为两种类型：

① 我们将生成于某个经济系统自身范围之外的不确定性称为外生不确定性，也叫环境不确定性或技术不确定性。

② 经济不确定性的另外一个种类是内生不确定性。我们将生成于某个经济系统自身范畴之内、影响经济系统操作效用的不确定性，称为内生不确定性。

在市场经济活动中，不确定性显而易见。从某种意义上理解，市场不确定性可以简单解释为经济主体对市场知识的无知程度，或对市场环境状态的无知程度。大量事实证明，人们在市场无知程度方面的差别往往造成了截然不同的经济结果。决策者对各种不确定性处理的能力和结果，成为其获取利润的来源。决策者可能因为对偶然结果判断错误而遭受损失，也可能因为经验估计到未来偶然结果的出现，把握住先机而获利。决策者都希望在市场经济活动中受到的损失最小、获得的利润最大，这就涉及风险和信息。

2.风险

风险是指进行某项活动可能存在的危险或损失，它在现实经济生活中普遍存在，并起着十分重要的作用。用经济学术语解释，风险指的是预期收益不能实现的可能性或概率，即实际收益对期望收益的偏离。在现实经济活动中，如果没有风险，金融市场和资本市场就可能失去发展的动力。而从经济学的发展史看，如果没有风险，那么现代西方经济学几乎会失去利润分析的基础。

（1）风险与不确定性

在西方经济学文献中，人们有时将风险与不确定性作为同一概念使用，这种做法似乎不能算作概念不清，因为风险本身就是不确定性的一种形式。奈特在其《风险、不确定性和利润》一书中认为，风险和不确定性的主要区别在于人们是否了解不确定性事件结果的概率分布函数。已知其结果的概率分布函数的不确定性，或者根据对事实的客观分类有能力计算出概率的随机状态，称为风险；不知其结果的概率分布函数，或者不能（至少在目前条件下还不能）以某种实际概率值表述可能产出结果的随机状态，称为（真正意义上的）不确定性。换而言之，风险是不能确切知道，但能预测到的事件状态；不确定性是既不能确切知道，又不能预测到的事件状态。因此，风险是不确定性造成的，而这种不确定性的概率是已知的。

（2）风险与利润

在现实经济中，市场是不完全的，企业面对的是一个不确定的环境，企业家在作出一项决策时（特别是创新性决策时），对未来的结果无法准确预知，存在一定的风险。原因就是企业不可能在完备信息的基础上，通过仔细计算进行理性决策，而只能在现有已知的、不完全的信息条件下作出决策。企业的行为与结果之间不存在已知的、唯一的对应关系，任何决策都包含成功与失败的可能性。奈特认为利润就是企业家处理经济环境状态中的各种不确定性的经济结果。随着经济的发展、市场分工的深化、市场专业化程度的提高，市场的不确定性和市场风险也随之加深了。在不确定的环境中，巨大的利润机会激励着企业家的创新。不确定性和信息缺乏也是企业存在的一个重要前提。在企业这种组织结构中，企业家进行决策与管理，其他成员服从企业家的领导，企业家按照合同规定保证向他们支付固定报酬。

3.信息

阿罗认为，所谓信息就是根据条件概率原则有效地改变概率的任何观察结果。具体来说，先验概率决定了所有的事件。而谢康在1998年从微观信息经济学的角度出发，从信息对经济行为的影响及其后果进行研究，认为信息就是传递中的知识差。在经济活动过程中，经济知识差是存在于信息源与用户之间经济知识度的逻辑差，它表明经济信息存在的事实和度量。该定义反映了信息发生的基础与过程，并揭示了信息价值的基础所在。信息之所以存在价值，关键在于存在知识差，后者能使经济代理人改善决策环境而获得预期收益。

信息经济学中的信息，本质上是一种市场参与者的市场知识与经济环境中的事件状态（主客观不确定性）之间概率性建构的知识差，它既不是物质，也不是能源，更不是精神。信息的分类方法有很多种，依据不同的标准就会产生不同的分类结果。比如，从认识论层次上来看，一般按信息的性质将信息分为三类：语法信息、语义信息和语用信息。任何信息都具有以上三方面的性质。按照信息的加工层次可以将其分为一次信息、二次信息等。按照不同的学科领域，信息又被分为不同的存在形式。而存在于经济领域和经济环境中的经济信息一般表现为公有信息与私有信息、完全信息与不完全信息以及对称信息与不对称信息等基本形式。本书主要从经济信息角度对信息进行阐述，关于经济信息的三种形式我们将在第二章中详细介绍。

思政园地

信息经济对产业结构的积极影响

信息经济对传统产业结构的调整、升级起着积极的推进作用。

一、信息经济推动第一产业不断升级

信息经济的兴起使第一产业科技含量不断增加，迅猛扩张，并注入新的内涵。充分利用新知识、新科技，如生化、信息技术，发起绿色革命，兴起知识农业、遗传物种、克隆技术、智能产品，如信息农业、林业及畜牧业、基因养殖业等。信息经济为第一产业结构调整提供了丰富且有效的网络信息，未来几年农业信息网络和农业专家系统有望建立，农业将在内部之间以及与第二、三产业协调发展，走上高效优质的发展道路，实现产业的不断升级。

二、信息经济推动第二产业不断升值

信息技术是当代最有渗透作用和增值功能的技术，为在较高起点上发展和改造传统工业、制造业提供了可能。信息经济促使第二产业的科技含量迅速增加。高知识含量的生态商品、环保工业、高新技术产品给全球的发展带来巨大变化，以传统"制造出来"的第二产业在信息经济时代表现为高新技术所制造出来的产业，其动力由传统的电气技术变化为电子和信息技术。信息经济为在高起点推进工业化提供了可能，带动和促进工业化并缩短其进程，实现第二产业的不断升值。

三、信息经济推动第三产业不断扩大

在信息经济的推动下，以流通和服务部门为主体的第三产业的规模扩大，加速了流通业和服务业的发展。在传统的经济形态中，由于社会交易条件的限制，企业只有通过延长产业链的方式扩大覆盖面。而在信息经济形态下，由于信息技术的进步和广泛应用，企业和消费者可以直接交换信息流和资金流，而中间环节如物流、服务等会交给专门的产业部门。经济活动由以制造为中心已经转向以服务为中心，制造业也向服务化方向转变，表现为：制造业以提供服务为目的生产产品，最典型的例子就是通信和家电产品。知识和技术服务随产品一同出售。在服务业的引导下，制造业为应对需求进行技术变革和产品创新。制造业向服务业的不断融合也变相地推动着第三产业规模的不断扩大。

资料来源　[1]李怀. "新经济"的冲击：结构变迁与理论演进［J］. 经济学动态，2001（2）：10-14.［2］辛金国，方程. 信息经济对我国产业结构升级影响研究——基于面板数据分析［J］. 杭州电子科技大学学报（社会科学版），2017，13（5）：14-19.

本章小结

（1）信息经济学是针对"信息"这一对象分析如何优化资源配置的问题，包括信息本身的资源配置和信息描述下的其他资源的配置。

（2）"信息经济学"一词是马尔萨克提出的，但其奠基人为斯蒂格勒；信息经济学研究形成两个研究主线，主要是从斯蒂格勒和马克卢普的研究成果上发展起来的。

（3）从现代西方经济学的传统框架出发，信息经济学划分为两个部分：微观信息经济学、宏观信息经济学（包括信息产业经济学，即中观信息经济学）。

（4）信息经济学的研究内容主要有五方面：一定信息条件下的经济研究、信息的经济分析、信息资源与信息系统研究、信息产业研究、国家及国际信息经济研究。

（5）信息经济学的未来研究趋势主要有电子商务经济学、网络信息经济学、信息贸易经济学、国际信息经济学、新组织信息经济学和交叉地带信息经济学。

（6）信息经济学的研究方法分为两类：定性研究方法和定量研究方法。

（7）信息经济学的研究基础包含三个方面：不确定性、风险和信息。

复习与思考

1. 经济的本质是什么？

2. 信息经济学的内在含义是什么？

3. 信息经济学的理论基础是什么？

4. 从微观和宏观两个方面说明信息经济学的产生和发展。

5. 美国的丹尼尔·贝尔著述了《后工业社会的到来——社会预测尝试》一书，首次提出了后工业社会的概念，后工业社会的五个特征分别是什么？

6. 信息经济学从广义上讲，除了包括狭义的信息经济学部分外，还包括哪几个组成部分？

7. 信息经济学包括哪几项研究内容？

8. 信息经济学的知识体系是什么？

9. 简述信息经济学的未来研究趋势。

10. 简述定性研究方法的含义及包含的类型。

11. 风险和不确定性的含义和区别分别是什么？

第1章即测即评

第 2 章
经济信息

学习目标

◆ 重点掌握完全信息与不完全信息、对称信息与不对称信息、公共信息与私人信息的定义。

◆ 掌握不对称信息的分类、不对称信息存在的基础、公共产品的分类、公共信息与私人信息的关系。

◆ 了解完全信息的均衡理论、不完全信息的均衡理论。

经济信息的表现形式就是市场信息的基本形式，主要有三种：完全信息与不完全信息、对称信息与不对称信息、公共信息与私人信息。这些信息形式的存在将影响一定信息条件下的经济与市场活动。了解这些经济信息的基本形式，才能探讨不同信息条件下经济行为的相互作用、经济系统的具体运作、信息商品的价值等内容，这是微观信息经济学的知识基础。

2.1 完全信息与不完全信息①

完全信息（complete information）是指市场参与者拥有的对某种经济环境状态的全部知识。不完全信息（incomplete information）是指市场参与者不拥有某种经济环境状态的全部知识。经济环境中存在的事件大都是具有不完全信息的经济事件，而具有完全信息的经济事件在经济环境中为数不多。尽管如此，完全信息概念在信息经济学分析中却很重要，因此要想真正认识和理解不完全信息的重要性，首先必须对完全信息以及以完全信息为隐含条件的经济理论有充分的认识和理解。

2.1.1 完全信息的均衡理论

新古典一般均衡理论认为经济主体在既定约束条件下按照利润最大化原则进行选择，即使在不确定的世界中，市场中每个变量的概率分布对经济主体来说都是已知的，即消费者在每个时点上都了解市场各种商品的全部可能价格以及他自己的偏好、存货，并且能够在个人的环境状态（偏好和资本）和市场价格基础上计算出超额需求。同样，厂商知道生产要素、价格与投入产出之间各种形式的可能组合配置。这样，它们在任何时点都能了解市场各种商品的供求状态，于是，市场出现均衡价格。

新古典一般均衡理论主要包括以下方面：

1.埃奇沃思盒状图

爱尔兰经济学家弗朗西斯·伊西德罗·埃奇沃思（Francis Ysidro Edgeworth）在1897年发表的论文《关于垄断的纯粹理论》中提出了埃奇沃思盒状图。埃奇沃思对古诺模型的假定进行了如下修改：

---

① 陈禹．信息经济学教程［M］．北京：清华大学出版社，1998：23—27.

第一，两个厂商的生产能力是有限的，在一定的价格水平条件下，某一个寡头的产量不可能满足这一价格水平条件下的市场需求量，使得另一厂商获得市场残余需求量；

第二，在一定的时间段，市场上可以同时存在两个价格；

第三，当某一寡头选择某一价格水平时，另一寡头不会立即作出价格反应。

埃奇沃斯盒状图揭示了当所有消费的总量或经济活动中使用的投入品总量固定时如何配置资源（如图2-1所示）。

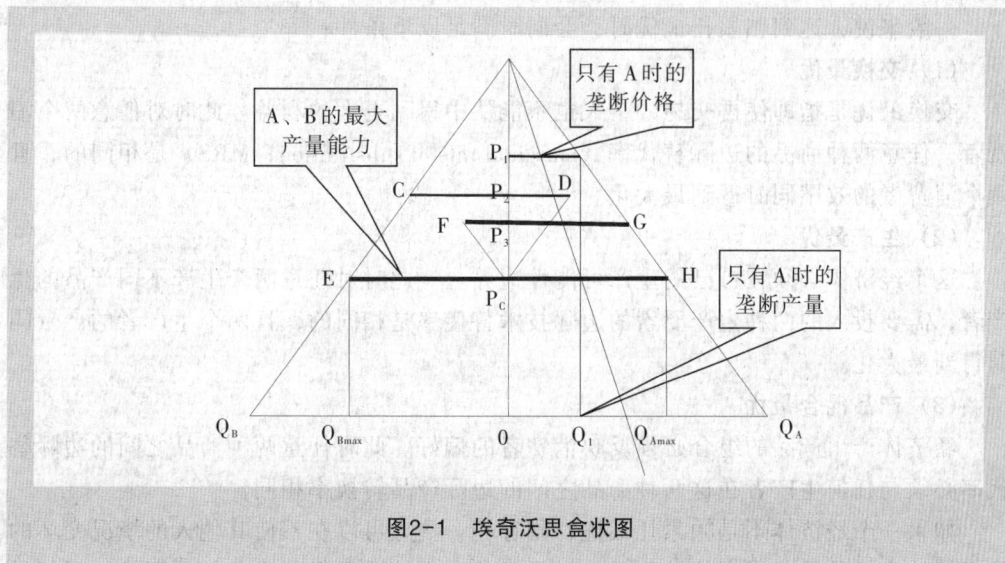

图2-1　埃奇沃思盒状图

在埃奇沃思盒状图中，纵轴代表价格，横轴 Q_A+Q_B 代表市场总需求量。$P_CH=Q_{Amax}$ 表示 A 厂商的最大产量，$P_CE=Q_{Bmax}$ 表示 B 厂商的最大产量。

假定事先 A 厂商按边际成本（marginal cost）等于边际收益（marginal revenue），即 $MC_A=MR_A$，确定价格在 P_1 水平，相应的产量是 Q_1。在此情况下，B 厂商进入，将价格确定在 P_2，即 $P_2<P_1$，并按它最大生产能力向市场提供产品，即产量为 $CD=P_CE$。由于 B 厂商的定价低于 A 厂商，除以这一价格水平的剩余购买力来购买 B 厂商的产品外，一部分消费者转移购买 B 厂商的产品。这样，A 厂商的市场份额下降，此时的市场存在两种价格——P_1 和 P_2，在 P_2 价格水平上 B 厂商以最大生产能力向市场提供产品；A 厂商按 P_1 价格出售产品，但市场需求量下降。A 厂商为了扩大产销量，将价格调低到 P_3，使 $P_3<P_2$，这一策略将使 B 厂商的部分消费者转向 A 厂商，使得 B 厂商的市场销售量下降。于是，B 厂商采取进一步降价策略，如此往复地博弈，使得价格降至 P_C 水平，各个厂商可以按最大生产能力供应产品，并且市场可以完全出清。

埃奇沃思盒状图说明，寡头垄断价格在完全竞争市场价格与完全垄断市场价格之间波动，没有一个稳定的均衡。

2.帕累托最优

帕累托最优（Pareto Optimality）也称帕累托效率（Pareto Efficiency），是以提出这个概念的意大利经济学家维弗雷多·帕累托的名字命名的。帕累托在他关于经济效率和收入分配的研究中使用了这个概念。

　　帕累托最优和帕累托改进是博弈论中的重要概念，并且在经济学、工程学和社会科学中有着广泛的应用。帕累托最优是指资源分配的一种状态，在不使任何人境况变坏的情况下，不可能再使某些人的处境变好。帕累托改进（Pareto Improvement）是指一种变化，在没有使任何人境况变坏的情况下，使得至少一个人变得更好。一方面，帕累托最优是指没有帕累托改进余地的状态；另一方面，帕累托改进是达到帕累托最优的路径和方法。帕累托最优是公平与效率的"理想王国"。

　　一般来说，达到帕累托最优时，会同时满足以下条件：

　　（1）交换最优

　　交换最优是指即使再交易，个人也不能从中得到更大的利益。此时对任意两个消费者，任意两种商品的边际替代率（marginal rate of substitution，MRS）是相同的，且两个消费者的效用同时得到最大化。

　　（2）生产最优

　　这个经济体必须在自己的生产可能性边界上。此时对任意两个生产不同产品的生产者，需要投入的两种生产要素的边际技术替代率是相同的，且两个生产者的产量同时得到最大化。

　　（3）产品混合最优

　　经济体产出产品的组合必须反映消费者的偏好。此时任意两种商品之间的边际替代率必须与任何生产者在这两种商品之间的边际产品转换率相同。

　　如果一个经济体不是帕累托最优，则存在一些人可以在不使其他人的境况变坏的情况下使自己的境况变好的情形。这样低效的产出情况是需要避免的，因此帕累托最优是评价经济体制和政治方针的非常重要的标准。从市场的角度来看，一个生产企业，如果能够做到在不损害对手利益的情况下又为自己争取到利益，就可以进行帕累托改进；换而言之，如果是双方交易，就意味着双赢的局面。

　　帕累托最优的实现条件是：交换帕累托最优要求——所有消费者的边际替代率相等；生产帕累托最优要求——在给定要素资源的情况下，边际上增加一种产品的产出所必须放弃的另一种产品产出的比率相等。交换和生产帕累托最优要求边际转换率等于边际替代率。

3.瓦尔拉斯一般均衡模型

　　在一个包含许多经济代理人，且他们均从事各种商品贸易的经济中，代理人在既定约束条件下按照经济最大化原则进行最优选择。

　　瓦尔拉斯一般均衡模型（Walrasian General Equilibrium Model）需要几个假设：

　　① 市场的参与者有关于市场的完全信息。

　　② 假定经济中不存在不确定因素，不会因为预防不测而储存货币。

　　③ 不存在虚假交易，所有的交易都是在市场均衡价格形成时达成的，即只有在这套价格下，市场参与者才能实现最大化目标。均衡价格是通过拍卖商喊价试错过程来实现的。

　　④ 经济系统是个"大经济"，即有足够多的参与者，从而符合"无剩余条件"。

即使在上述假设条件下，瓦尔拉斯体系的问题也是明显的。瓦尔拉斯没有注意到这个问题：要决定 n 个未知数，至少需要 n 个方程，但是 n 个方程未必决定 n 个未知数。要 n 个方程决定 n 个未知数，方程必须是线性的，而且方程之间必须与线性无关；同时，瓦尔拉斯体系不能排除唯一的均衡解，包括零价格（针对免费物品）和负价格（针对类似制造噪声的物品）的情况。因此，瓦尔拉斯体系必须包括所有物品，而不仅仅是正常的经济物品。

4.阿罗-德布鲁一般均衡模型

瓦尔拉斯体系的上述问题后来在阿罗-德布鲁一般均衡模型（Arrow-Debreu General Equilibrium Model）的解释下得以解决，只不过是加入更加严格的假定条件，如规模收益不变或递减；生产和消费都不存在外部性；消费者偏好和企业的生产是严格的；所有商品都是完全替代的，一种商品价格上升，一定产生对其他商品的过度需求等。这样，一般均衡理论经过阿罗、德布鲁和哈恩等人运用数学形式加以修饰，已经变得更加完善。

阿罗-德布鲁商品是指这种商品必须能够进行物质上的准确描述，描述精细到如此程度，以至于进一步的加工难以产生可以想象得出的、能够提高经济行为者满足程度的配置。阿罗-德布鲁一般均衡模型研究的是能在某一时点通过商品交换得到的那些配置。股票不能纳入阿罗-德布鲁一般均衡模型，因为拥有它不用通过商品的交换就能获得额外的商品。

阿罗-德布鲁一般均衡模型不存在企业破产的问题，因为所有经济主体的生产和消费行为都必须符合预算约束，一旦超过预算，就对其实施无限破产处罚。这显然不能分析现代资本主义信用经济，在信用经济中企业或个人通过抵押贷款进行生产和消费是很普遍的，因此由于偿还能力的变化而破产的现象比比皆是。

在该模型中货币不具有实际作用。虽然所有在现实中存在货币的理由——交易需求、预防需求、价值储存、计价单位等，在阿罗-德布鲁一般均衡模型中都已经顾及，但是货币对资源配置没有实质的影响。我们可以想象一个模型来说明货币在阿罗-德布鲁一般均衡模型中的角色：在零日，每一个经济主体都可以向中央银行借货币；在以后的每一天中，它会被允许融通超过其货币存量的购买支付，并要求它把出售商品的所得加到原货币存量上；在最后一天，它被要求向银行归还所借的货币量，如果无法偿还，则被施以无限破产处罚。在这个模型中，货币对资源配置没有实际影响。所以哈恩说在阿罗-德布鲁一般均衡模型中，不可能提出关于货币方面的问题，因为根据那个结构，货币是没有任何作用的，因此是不必存在的。

所以由瓦尔拉斯创立，阿罗和德布鲁进一步完善，并被希克斯、萨缪尔森等人加以运用的一般均衡模型要保持逻辑上的一致性，必须是一个只能分析实物经济的静态模型，这个静态模型是无法用来分析动态的货币经济的。这是由模型的内在逻辑结构或者其均衡的概念决定的，在新古典一般均衡的框架中很难处理时间问题。

5.福利经济学

公共经济学的理论框架——福利经济学（welfare economics）研究各种经济状态

的社会合意性（social desirability）。怎样衡量社会最优？帕累托效率可能是一个标准。图2-2给出了福利经济学与市场经济竞争均衡和帕累托效率之间的关系。

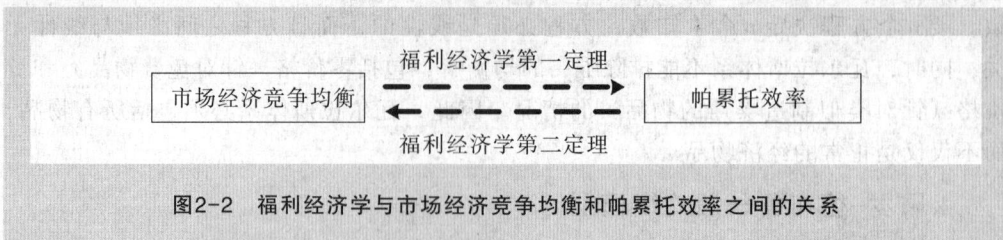

福利经济学第一定理

市场经济竞争均衡 ⇢ 帕累托效率

福利经济学第二定理

图2-2 福利经济学与市场经济竞争均衡和帕累托效率之间的关系

【福利经济学第一定理】如果所有的生产者和消费者面临完全竞争的市场，则市场竞争可以导致帕累托效率的结果。其含义是：自由市场经济可以自发地达到资源有效配置，"看不见的手"有神奇作用，但是帕累托效率的要求只考虑了效率，没有考虑公平。

【福利经济学第二定理】任何一个帕累托有效配置都能够由竞争性市场机制来实现。其含义是：虽然某种社会资源配置状况满足帕累托最优，但这种分配如果很不公平，则政府可以介入，进行收入转移，然后由竞争性市场机制发挥作用，同样能够达到帕累托最优。

福利经济学第二定理表明，效率问题和公平问题可以分开来处理。该定理为政府干预市场提供了某种理论基础。根据该定理，社会通过作出初始资源禀赋的适当安排，然后让人们在埃奇沃思盒状图内彼此自由地交易，就能获得帕累托效率资源配置。

福利经济学第一定理关注的是效率问题，而福利经济学第二定理关注的是公平问题。尽管效用可能性曲线上的每一点都是帕累托最优，但并不意味着它是公平的。衡量公平，或者回答什么样的资源配置才是公平的，需要引入社会福利函数的讨论。

社会福利函数 $W=W(U_1, U_2)$ 描述的是社会福利与社会成员的福利之间的关系，有如下形式：

（1）平均主义（egalitarian）福利函数

所有社会成员应得到完全相同数量的商品和效用：

$U_1=U_2$

（2）罗尔斯（Rawlsian）福利函数

最大化福利最差的消费者的效用：

$W=min(U_1, U_2)$

（3）功利主义（utilitarian）福利函数

最大化所有社会成员效用之和：

$W=U_1+U_2$

（4）折中的福利函数

功利主义福利函数和罗尔斯福利函数之间的折中方案，是一条凸向原点的曲线。

洛伦兹曲线（如图2-3所示）描述的是社会总收入在不同收入阶层的家庭中如何分配。纵轴衡量的是社会收入的百分比，横轴将不同收入水平的家庭由低到高进行排列。基尼系数是反映一国社会分配状况的指标，使收入分配的平等程度具有可测性和可比性，其是由绝对平等线（OE）和实际洛伦兹曲线围成的面积与由绝对平等线和绝对不平等线（OFE）围成的面积之比。基尼系数可在 0（绝对平等）到 1（绝对不平等）之间变动。收入分配越是趋向平等，洛伦兹曲线的弧度越小，基尼系数也就越小；反之，收入分配越是趋向不平等，洛伦兹曲线的弧度越大，基尼系数也就越大。

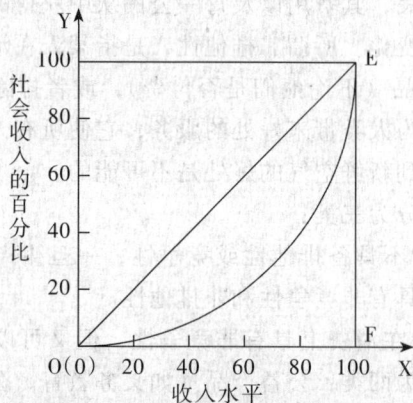

图2-3 洛伦兹曲线

福利经济学第一定理指出，运行良好的竞争经济能实现帕累托资源配置，无需任何政府干预。然而，有效资源配置本身是否符合社会要求尚不清楚，有人认为，还必须考虑分配公平。此外，在现实经济中竞争不足，而且并不是所有市场都存在竞争，导致市场决定的资源配置可能是无效率的，因此，需要政府的干预，以提高经济效益。

完全市场假设的局限性是：

① 完全竞争假设是建立在一系列理想环境状态下的竞争经济模式，不适合存在许多扰动变量的现实经济环境；

② 完全信息经济理论认为竞争均衡能够达到帕累托效率，即市场在信息传递方面是有效和成功的；

③ 完全信息经济均衡的特点是市场出清和单一价格。

6.外部性（网络外部性）

20世纪90年代后期，随着互联网的快速发展，有关"网络化"的信息产品不断出现，人们的衣食住行和工作也越来越依赖网络，经济学家们也将主要的研究重点集中于网络经济学的研究上，认为当消费者通过购买特定商品或服务加入某一网络时，他所获得的效用依赖同一网络中使用同样商品或服务的人数。这种在特定消费行为方面的互存性（independency）被称为网络外部性（network externality），也有的文献称之为网络效应（network effect）。研究网络外部性对信息商品在市场的健康发展与信息产业的成长方面具有重要价值。

7.公共产品

公共产品（public goods）是指公共使用或消费的产品。公共产品是可以供社会成员共同享用的产品。严格意义上的公共产品具有非竞争性和非排他性。所谓非竞争性，是指某人对公共产品的消费并不会影响别人同时消费该产品以及从中获得的效用，即在给定的生产水平下，为另一个消费者提供这一产品所带来的边际成本为零。例如，国防保护了所有公民，其费用以及每一公民从中获得的好处不会因为多生一个小孩或出国一个人而发生变化。所谓非排他性，是指某人在消费一种公共产品时，不能排除其他人消费这一产品（不论他们是否付费），或者排除的成本很高。例如，消除空气中的污染是一项能为人类带来好处的服务，它使所有人能够生活在新鲜的空气中，要让某些人不能享受到新鲜空气的好处是不可能的。

公共产品基本上可以分为三类：

① 纯公共产品，是指不具备排他性或竞争性，一旦生产出来就不可能把某些人排除在外的产品。它同时具有非竞争性和非排他性。

② 俱乐部产品，是指在消费上具有非竞争性，但又可以较轻易地做到排他的产品。俱乐部产品可以划分为两类：公益产品（如义务教育、公共图书馆、博物馆、公园等）和公共事业产品（如电信、电力、自来水、煤气等）。

③ 共同资源产品或公共资源产品，是指在消费上具有竞争性，但是无法有效地排他的产品。其与俱乐部产品刚好相反。

俱乐部产品和共同资源产品被统称为准公共产品，其不同时具备非竞争性和非排他性。准公共产品一般具有"拥挤性"的特点，即当消费者的数目增加到某一个值后，就会出现边际成本为正的情况，而不是像纯公共产品，增加一个人的消费，边际成本为零。准公共产品到达"拥挤点"后，每增加一个人，将减少原有消费者的效用。帕累托最优条件要求：俱乐部的任何成员在其消费公共产品时所获得的收益必须大于或至少等于它使用其他成员所负担的边际成本总额。人们对于公共产品的购买方式不同于私人产品，在自利原则的驱动下，消费者总是希望不断地扩大公共产品的范围，以达到免费或者少付费来享受更多的社会福利。这种搭便车的消费心理，造成了对公共产品消费的一种福利"刚性"。既然市场机制在提供公共产品方面是失灵的，政府的介入就成为必要。政府对公共产品的供给可以通过直接生产公共产品来实现，也可以通过委托私人企业的间接生产方式来实现。前者包括中央政府直接经营、地方政府直接经营和地方公共团体经营等三种情形，后者包括签订合同、授予经营权、经济资助、政府参股、法律保护私人进入、社会资源服务等情形。

8.林达尔均衡

林达尔均衡是1919年瑞典经济学家埃里克·林达尔（Erik R. Lindahl）提出的。林达尔均衡是公共产品理论最早的成果之一。林达尔认为公共产品价格并非取决于某些政治选择机制和强制性税收，恰恰相反，每个人都面临着根据自己意愿确定的价格，并均可按照这种价格购买公共产品总量。处于均衡状态时，这种价格使每个人需要的公用产品量相同，并与应该提供的公用产品量保持一致。因为每个人购买并消费了公用产品的总产量，按照这种价格的供给恰好就是各个个人支付价格的总和。林达尔通过一个新的定价方法来建立起一个类似于私人物品竞争性均衡的公共产品的均衡模型，称其为林达尔均衡。林达尔均衡的贡献在于：从理论上论证了公共产品（包括信息商品）的市场均衡价格原理与私人物品的市场均衡价格原理之间的差异，为进一步探讨信息商品的价格问题找到了强有力的理论依据。

2.1.2　完全市场假设悖论

完全信息条件下的市场是完全市场，完全市场是指市场参与者对环境（产品价格和质量）具有完全信息，市场参与者在任何时间和地点都能拥有任何希望获得的信息。

显然，在完全市场中，信息就像空气一样，是不需要支付任何成本就能免费获得的自由财富。因此，完全市场的信息没有可能成为商品，也没有市场价格。同时，信息在市场参与者之中不受任何形式阻滞而广泛及时地传播，使每个市场参与者都能同时接收到同样的信息。

在完全信息经济中，卖主不能以高于市场均衡价格的价格出售商品，而买主也不能以低于市场均衡价格的价格购得商品，因为完全市场中同质商品的单一价格（均衡价格）完全支配着市场的全部交易。由此可知，完全市场假设是建立完全信息假设基础上的理论假设。

通过上面的论述可以看出，由于完全信息的均衡理论忽略了信息，特别是信息成本对市场均衡及各个经济领域活动的普遍影响，与现实经济不吻合，所以必然被不完全信息的均衡理论所取代。正如新凯恩斯主义学派所说：不完全信息经济比完全信息经济更具有经济现实性，市场均衡理论必须在不完全信息条件下予以修正。

2.1.3　不完全信息的均衡理论

微课 2-1

不完全信息的均衡理论

隐含完全信息条件的新古典学派的理论则认为，市场机制是完备的，市场均衡可以通过价格形式实现。然而，由于不完全信息条件下市场价格机制可能失灵，市场参与者之间供求关系也就有可能不通过价格体系达到均衡状态，这样，只有通过实物形式的市场条件才能够使市场达到均衡。在新凯恩斯主义学派的理论中，市场均衡只能是在不完全信息条件下的均衡，并且由于存在信息成本，达到均衡的主要调节机制只能是实物形式，而不是价格形式。这样，一般均衡所要求的市场参与者之间信息无差别条件就被差别信息普遍存在于市场参与者之中的条件所取代，随之而来的假设完全信息的均衡模型被信息经济学中各种不完全信息的均衡模型所取代。

斯蒂格利茨曾经对现有不完全信息条件下的各种经济分析模型作过一次概要的总

结，我们在此基础上将不完全信息的经济分析模型归纳为以下四种模型：

①第一种模型考察逆向选择和道德风险条件下市场价格的不完全信息，如静态的不完全信息和动态的不完全信息。这主要涉及：产品、劳动力或资本借贷等市场中关于所交易商品的特性的不完全信息；保险市场上有关个人从事经济活动的不完全信息；市场交易双方在长期或短期的不完全信息状态下的经济活动，如雇主与雇员在不完全的长期或短期信息环境下的经济行为；信息自由流动时买卖双方利用信息所作出的决策活动，如传递信息涉及数量（教育量、保险量等）或者价格时的决策者行为。

此外，这类模型考察了在不同信息环境下信息对经济主体行为的影响。例如，是获得信息的经济主体先采取决策行为（如保险市场上保险公司不了解申请保险人的特性，但又向市场提供一组合同），还是未获得信息的经济主体先采取决策行为（如个人在知道雇主以教育水平甄别雇员时，在雇主提供就业机会之前先获得一定水平的教育）等问题。

②第二种模型考察市场信息的传递形式对经济活动的影响。在某些情况下，市场信息的传递有可能是由某些人进行的，也有可能不是由某些人而是由许多人组成的群体进行的。这时，市场价格可能传递有关市场供求关系的自然状态的信息。然而，在另外一种情况下，某项具体活动所传递的信息取决于其他个体所采取的行为。例如，在指定的劳动市场上申请工作的个人所传递的信息，取决于他获得该工作的概率，而此概率又依赖劳动市场上申请该工作的人数。进一步分析，申请该工作的人数受制于以下多种因素：社会就业率（失业率）、工作技术水平、工资率、经济发展程度与提供该工作信息的传播范围和影响等。也就是说，一种经济信息的传递有可能依赖另外一种经济信息的传递。

③第三种模型考察市场买卖双方信息不完全或者买卖一方信息不完全条件下的经济行为。如雇员了解公司的生产特性和发展趋势，而公司雇主不了解雇员的私人信息，或者买卖一方利用道德风险，而另一方并没有这样。这些是单方信息不完全的模式。又如雇员和雇主彼此了解对方的有关信息，或者买卖双方都没有利用道德风险，这些就是双方信息不完全的模式。有关这类模型的分析，事实上属于对称信息与不对称信息的模型研究。

④第四种模型考察不完全信息条件下竞争市场的均衡问题，同时研究与竞争均衡联系的非竞争均衡、垄断市场或垄断竞争市场，以及工资率、失业和国际贸易等论题。

此外，不完全信息条件下的经济波动和经济发展模式也属于这类模型的分析主题。例如，传统经济学理论认为，购买保险可以部分地解决经济活动中的不确定性问题，但是购买保险必须支付保险金，从而导致经济决策者的初始资源禀赋减少。假设初始的资源禀赋是K，保险金为rK，发生风险的概率为t，则投保后所拥有的预期资源禀赋为：

$$K' = Kt + K(1-r)(1-t)$$

即 $K' = K - Kr(1-t)$

从该公式中可以看出，投保后的预期资源禀赋小于最初的资源禀赋，也就是说，由于不确定性的存在，经济主体在进行决策时产生了成本。从效用理论的观点来看，为了应付不确定性而购买保险导致经济行为主体的资源禀赋减少，在市场价格不变和消费倾向一定的情况下，必然导致预期预算约束线左移，效用降低（如图2-4所示）。

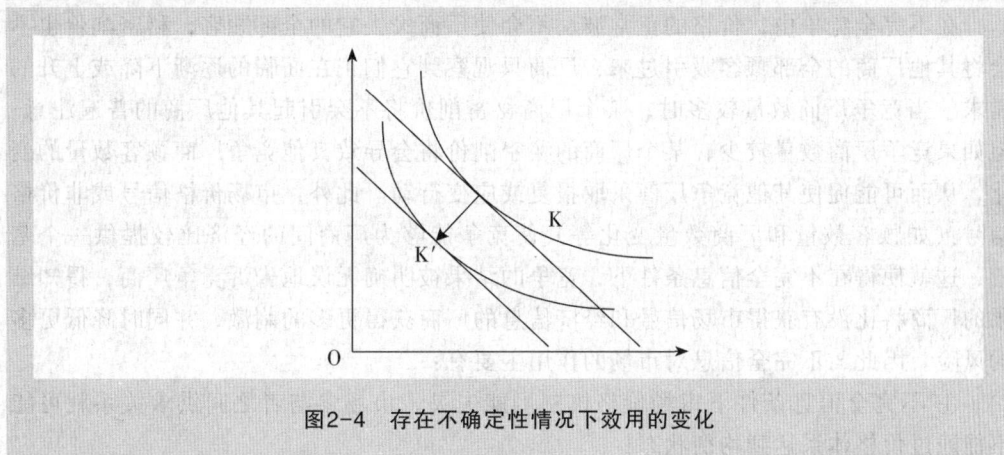

图2-4　存在不确定性情况下效用的变化

1972年诺贝尔经济学奖得主阿罗认为，人们可以花费人力、财力来改变经济领域（以及社会生活的其他方面）所面临的不确定性，这种改变恰好就是获得信息。不确定性具有经济成本，因而不确定性的减少就是一项收益。

通过上面关于不确定性和效用函数的讨论，我们认识到信息在企业经营活动中的作用，同时规定了企业信息活动的目的，即企业信息的本质在于减少企业运营与发展中的不确定因素。不确定性的减少可以明确企业的决策，减少企业由于不确定性而产生的成本，导致效用降低。此外，企业的外部经营环境日益复杂多变，决定企业必将面临种种不确定性，并处于经常性的风险中。因此，在现代社会中，企业更加需要信息来降低不确定性风险，为企业降低成本、提高效益。

2.1.4　不完全信息与信息经济学

完全信息条件下的传统竞争模型难以全面解释价格离散等众多事实，这些事实作为非均衡现象表现为不能被简单消除的持续性。经济代理人对于某种经济环境状态的知识是局部性的，或有关某个经济事件的知识是部分性的。只要信息是不完全的，经济代理人对于经济环境的认识就包含不确定性因素，因而也就具备承担风险的可能。

每个市场参与者的经济决策所需的信息不是一种恒量，而是一种可以创造的变量，所以，无论是初始信息还是阶段信息或终止信息，市场参与者都不可能在某个时刻共同拥有它们。这样，在现实经济活动中不可能存在一个所谓的能够无偿提供完全信息的拍卖人。更为重要的是，在现实经济中，信息传播和接收都需要花费成本代价，市场通信系统的局限性以及市场参与者施加噪声等客观和主观因素，也将严重阻碍市场信息的交流和有效传播。结果，价格信息不可能及时传递给每个需要信息的市场参与者，每个市场参与者所进行的交易活动及其结果，也不可能及时通过价格体系得到传递，因而市场价格不可能灵敏地反映市场供求状况，市场供求状况也不可能灵敏地随价格指导而发生变化，市场机制因此可能失灵。

不完全信息经济理论改变了我们对竞争作用的看法。传统的微观经济学过分强调竞争作用，而不完全信息理论认为：市场并不具有完全竞争特征；相反，不完全竞争模式更能说明市场的现实状况。

在不完全竞争中，价格的正常波动不会使厂商失去它的全部顾客，秘密削价也不会将其他厂商的全部顾客吸引过来，厂商只观察到它们正在面临的逐渐下降或上升的需求。当竞争厂商数量较多时，某个厂商秘密削价将不会引起其他厂商的普遍注意；但如果竞争厂商数量较少，某个厂商的秘密削价将会导致其他竞争厂商顾客数量的变化，从而可能促使其他竞争厂商采取报复或应变行动。此外，市场价格信号或非价格信号（如顾客数量和厂商数量变化等）使竞争能够为厂商间的经济比较提供一个基础，这就使得在不完全信息条件下，竞争的结果被明确无误地告诉竞争厂商，得知结果的厂商将比没有获得市场信号和经济信息的厂商获得更多的刺激，并同时降低更多的风险。因此，不完全信息对市场的作用主要有：

① 不完全信息条件下市场价格机制可能失灵，市场参与者之间供求关系就可能不能通过价格体系达到均衡状态；

② 在竞争作用的看法上，不完全信息的观念认为市场不具有完全竞争的特征；

③ 在对垄断的认识上，注重研究采取部分区别对待的垄断者行为。

2.2 对称信息与不对称信息[①]

微课 2-2

对称信息与不对称信息

对称信息与不对称信息是经济信息重要的基本形式，它们是完全信息与不完全信息的一种结构延伸，但其表现出的经济特征和影响与完全信息或不完全信息的经济影响有区别。

2.2.1 对称信息的内涵

对称信息是指在某种相互对应的经纪人关系中，对应的双方都掌握对方所具备的信息，也就是说，双方都了解对方所具有的知识和所处的环境。对称信息的例子有很多，比如在商品市场上，买主了解卖主所掌握的有关商品的信息，卖主也掌握买主具有的知识和消费者偏好。

对称信息的环境分类主要有三种：市场参与者双方都没有掌握有关信息的环境（处于"无知"状态）；市场参与者双方都掌握一部分相似信息的环境；市场参与者

① [1] 陈禹. 信息经济学教程 [M]. 北京：清华大学出版社，1998：31-36. [2] 刘红军. 信息管理基础 [M]. 北京：高等教育出版社，2004：228-229.

双方都拥有完全信息的环境。在厂商和雇员的关系中，当已知厂商的技术收益被厂商和雇员同时观察到时，我们说这种信息环境为对称信息环境；当已知厂商的技术收益仅仅被厂商观察到而没有被雇员观察到时，我们称这种信息环境为不对称信息环境。

对称信息环境创造了一种极其特殊的市场——对称性市场，具体包括：

① 相互对称的市场参与者双方都缺乏信息的对称性市场；

② 相互对称的市场参与者双方都具有不完全信息且双方掌握信息不完备程度大致相同的对称性市场；

③ 相互对称的市场参与者双方都具有完全信息的对称性市场。

因此，信息的对称性可以定义为：可供利用的有关风险类别的信息同时被买卖双方观察到，并对买卖双方都产生作用的环境状况。

当相互对称的市场参与者双方都缺乏信息时，买卖双方都处于信息无知的状态，导致他们无法进行相互的正常交易。这时，中间人角色出现了，其为市场参与者提供信息和相关的服务，并从中收取一定的佣金，如保险、股票、期货、房屋中介、代办预售票等经纪人承揽业务，疏通和缓解了交易过程中的阻塞现象。

2.2.2 不对称信息的基本概念

不对称信息是信息经济学的重要概念之一，是指在相互对应的经纪人之间不作对称分布的有关某些事件的知识或概率分布。比如，药品的销售者通常会比消费者更加了解其疗效；劳动力市场上工人比雇主更清楚自己的能力；医疗保险市场上投保人通常比保险公司更了解自身的健康状况等。

信息经济学中的不对称信息（asymmetric information）理论是英国剑桥大学的詹姆斯·莫里斯和美国哥伦比亚大学的威廉·维克瑞（William Vickery）提出的重要理论。他们分别在20世纪60年代和70年代揭示了不对称信息对交易的影响，并提出了相应的对策。此后，不对称信息理论在经济活动中的作用越来越大，由此而产生的对策理论为经济活动提供了强有力的工具。也正因为如此，这两位经济学家于1996年获得了诺贝尔经济学奖。2001年，三位美国经济学家乔治·阿克尔洛夫、迈克尔·斯宾塞和约瑟夫·斯蒂格利茨又一次因为在"走进现实生活的信息经济学"研究方面作出了卓越贡献，分享了该年的诺贝尔经济学奖。其中，阿克尔洛夫和斯蒂格利茨同时是新凯恩斯主义学派的泰斗。这三位经济学家在交易双方信息不对称的假设之上，建立了一整套经济学理论，解释厂商、工人和消费者的行为，奠定了信息经济学的基础。

1.信息的不对称性的影响因素

（1）信息的不对称性取决于商品的种类

在信息经济学中，习惯把商品分为搜寻商品和经验商品。一般说来，商品的有关特性可通过消费者在购买时的触摸、掂量和观察来辨别的，为搜寻商品；那些需要在使用一段时期后才能辨别和了解其特性的，为经验商品。汽车就是一种典型的经验商品。经验商品造成了大量的信息不对称，会产生不利影响。在经验商品的交易中，当交易的一方掌握另一方所不知的信息时，交易便处在不对称信息结构中。显然，掌握信息的一方会利用对方的"无知"，侵害对方的利益而谋求自己的利益；处于信息劣势的一方，也并不一定轻易地被欺骗，他知道对方在乘机牟利，因此对任何交易持怀疑态度。这样，本来有利于双方的交易便难以达成，或者即使达成，效率也不高。这就是不对称信息对市场机制的破坏作用。

（2）信息的不对称性取决于信息的获取能力

面对同一事物，不同的人可能获得的信息会有所不同，主要源于以下两个因素：

① 社会劳动分工。其使不同行业的劳动者之间产生了巨大的行业信息差别。例如，在不同行业的劳动者之间，本行业劳动者所掌握的本行业信息平均要多于其他行业的劳动者所了解的本行业信息。这样，不同行业的劳动者在不同的信息领域或不同的时期，产生了不同的信息优势和信息劣势。

② 专业化。专业化生产的信息差别也导致了不对称信息的存在。专业化使个人在其自身的专业领域比其他专业领域的个人了解更多的专业知识，这样，专业信息就在不同专业的个人之间形成不对称性分布。

2.信息的不对称性的分类

信息的不对称性可依据以下角度划分种类：

（1）不对称发生的时间

从不对称发生的时间看，不对称性可能发生在当事人签约之前，也可能发生在当事人签约之后，分别被称为事前不对称和事后不对称。例如，在人员招聘中，人事部经理不能像应聘人员自身一样了解他们的实际情况，这就表现为事前不对称；在招聘之后，即签订契约后，管理者不能"时时刻刻"监督员工的行为，了解员工承担工作的每一项具体细节，这又表现为事后不对称。

（2）不对称信息的内容

从不对称信息的内容看，不对称信息可能是指某些参与者的行动，也可能是某些参与者的知识和信息，分别被称为隐藏行动和隐藏信息。例如，公司员工的每一项行为不可能都被上层管理者所知，他有可能作出损害公司利益的行为，这就表现为隐藏行动；由于员工与客户实际打交道，他会知道客户的一些信息，如客户的喜好、性格、处理问题的方式等，这些是员工自己掌握而不为管理者所知的，就表现为隐藏信息。

3.不对称市场的分类

由于信息的不对称性，市场中存在的各种不对称信息集合就构成了各种不对称市场。其具体包括三种类型：

（1）买主与卖主之间的信息差别产生的不对称性市场

这为信息不对称的最主要的基本形式，买主与卖主对市场需求（供给）、产品质量、价格和非价格信号观察的概率组合往往有所不同，卖主往往会比买主更加了解他所卖货物的实际情况，并可能利用这种信息不对称作出某种有利于自己而损害买主的行为，如虚假报价。

（2）买主与买主之间的信息差别产生的不对称市场

买主之间对产品质量和价格等信息掌握程度是不对称的。例如，经常购物人员会从经验中知晓商品的真实情况，如质量是否较好和价格是否合理等，他们相对于不经常购物人员的信息就是不对称的，能够依据信息作出更好的决策行为。

（3）卖主与卖主之间的信息差别产生的不对称市场

卖主之间对于市场信息观察是不对称的。例如，卖主对于行情的了解就有可能不同，有些卖主可以根据以往的销售数据或者某种私人渠道得到其他卖主所不知道的信息，这样，他们之间的信息也表现为某种不对称性。

案例窗 2-1

2.2.3　不对称信息存在的基础

1.社会经济基础

不对称信息的存在是对社会劳动分工与专业化的存在和发展的肯定，它是社会劳动分工和专业化在经济信息领域的具体表现。劳动分工和专业化发展的程度越高，其对社会成员之间的生产合作和相互协调的要求也就越高。结果，劳动分工既使信息差别的程度加深，又使社会产生信息组合和信息联合成为必然。

2.经济制度基础

从社会契约论的角度分析，经济社会中的任何有组织的或需要进行组织的行动都是根据某种契约来协调组织内部人与人之间的行为；当这些社会契约在经济活动中存在并发挥效用时，它们就成为经济制度的基本内容之一。现代经济运行中普遍采用的委托-代理结构就是在契约关系约束下的一种制度安排。简单地说，只要在建立或签订某种契约前后，市场参与者双方所掌握的信息不对称，这种经济关系可以被认为属于委托-代理关系。因为委托人将自己的资产以契约的方式交给代理者经营，以期望通过代理人的有效经营使其资产增值，从而获益。但是，代理人有其自身的利润最大化目标，而且他处于直接经营的地位，所掌握的信息（如对经营状况的了解）一定会比委托人多。可见，委托-代理关系事实上就是处于信息劣势与信息优势的市场参与者之间的相互关系。由于许多经济合同都是在不对称信息的条件下签订和执行的，所以，经济活动中的许多经济关系都可以归结为委托-代理关系。

2.3 公共信息与私人信息①

微课 2-3

公共信息与私人信息

信息经济学家将市场化的信息划分为两大不同类别，即公共信息与私人信息。

2.3.1 公共信息与公共产品

1.公共信息

在竞争激烈的寡头垄断中，随着市场经济的发展，信息商品在激烈的市场竞争中表现出的特征为：经济主体对市场信息与知识的需求特别迫切。如果在客观上假定其他竞争者的行为是合理的，即假定所有的市场参与者都具备公共的市场知识，它是能够被所有的市场参与者获取的所有相关信息，将这种共同的市场知识称为公共信息（public information），也称共同知识或共同认识。罗伯特·维里克查尔（Robert E. Verrecchia）认为，当具有信息集合 A 的市场有效时，并且在每个市场参与者可利用的信息中，唯有信息 A 的知识使市场参与者产生了共同的或者同质的认识，这就是市场的常识或共同知识。公共信息的一种假设是：所有的相关信息都能够被所有的市场参与者获取。

公共信息的作用包括：

① 市场公共信息导致了市场支配力。基于上述假设，在市场经济体制下，市场价格体系正是通过市场参与者的公共信息来实现其支配力的。没有市场参与者的公共信息，市场价格体系就不可能有资源配置的调节和指导功能。例如，如果对某个同质商品 100 元和 110 元两者之间的价格高低争论不休，价格体系就会由于这种由逻辑混乱导致的公共信息的丧失而无法操作。所以，可以认为价格对于每个理性的市场参与者的指导和协调是以市场的公共信息为基础的。

② 公共信息的存在较大地妨碍了风险的分担，因而破坏了市场参与者相应的预期收益。市场公共信息的增加将会降低市场运行的效率。也就是说，随着公共信息的传播，市场将会变得自给自足，从而极大地排斥风险交易的可能。同时，公共信息的增加最直接地影响到市场参与者收集信息的刺激和动力，在交易机会减少的情况下市场效率也就相应降低。

2.公共产品

公共产品在前文已述及，是指具有消费或使用上的非竞争性和受益上的非排他性

---

① 陈禹. 信息经济学教程［M］. 北京：清华大学出版社，1998：28-31.

的产品。公共产品可分为三类：纯公共产品、俱乐部产品、共同资源产品或公共资源产品。公共产品的两大特征是非竞争性和非排他性。

公共产品的非竞争性和非排他性使得公共产品的消费和生产具有自己的特点，同时给市场机制带来一个严重的问题——搭便车问题。该理论首先由美国经济学家曼柯·奥尔逊（Mancur Olson）于1965年出版的《集体行动的逻辑：公共利益和团体理论》（The Logic of Collective Action：Public Goods and the Theory of Groups）一书中提出，其基本含义是指没有承担或支付相应成本却享用和消费公共产品的行为，即不付成本而坐享他人之利。搭便车问题往往导致市场失灵，使市场无法达到有效率状态。

案例窗 2-2

2.3.2　私人信息与私人产品

1. 私人信息

市场知识的另外一种重要形式是个别知识或私人信息这种独特形式。信息经济学文献经常将个别知识称为私人信息。私人信息（private information）是指个别市场参与者所拥有的具有独占性质的市场知识，其中经验是市场参与者的最宝贵的知识。

一般认为，私人信息包括：

① 关于个人自身特征的知识，如个人身体状况、工作能力等；

② 关于个人行为的知识，如努力程度、工作热情等；

③ 关于个人对环境状态的理解和认识方面的知识，主要指个人对市场信息的掌握和认识程度。

在劳动市场和法律合同中，作为甄别信号的私人信息存在多种形式，并且往往相互结合为一体。尽管将私人信息一一区别有些困难，但人们通常假设厂商的私人信息构成在交易过程中形成收益，这就是私人信息假设。该假设的核心是：谈判、讨价还价等经济对策是一个对策双方以初始信息差别为条件的信息交流过程。这样，拖延合同签订的时间或者以某种借口将议案搁置等行为都很有可能是希望或要求传递可信的私人信息。因此，私人信息很可能与经济实践相关，特别是作为成本因素导致拖延行为。

私人信息假设的中心是假设拖延行为和其他具有成本的活动为市场参与者提供了一种简单的经济信号。在传播途径上，私人信息通过个别交际网络而实现其对市场参与者的影响。虽然私人信息不像公共信息那样同时在众多厂商中传播，但它们往往比公共信息更可能引起厂商的注意。从私人信息的预期效用看，私人信息大多导致偶然市场的形成，并可能相应地提高市场运行效率。所以，通过非正式途径传递经济信息或者收集与释放低成本的"小道消息"等活动并非愚蠢的经济行为，尽管这些"小道消息"常常不足为信。

在市场经济体制中，具有私人信息的讨价还价是私人信息分析的重要领域。大量的分析结果表明：在个别或非正式场合真实地显示私人信息，可以极大地提高市场效率。由于利润最大化的市场参与者都力图使其从交易中获得的个人收益极大化，所以，作为该假设的极端情况，可以肯定，私人信息在讨价还价过程中将发挥重要作用。

例如，工会可能认识到，如果其十分轻易地同意低工资水平，那么会对厂商采取低工资策略产生强烈刺激，结果，即使工会工人的劳动力价值非常高，他们也可能领取低工资。厂商隐瞒或"伪造"工人预期收益的可能性导致了这样一种风险：工会不能获得可行的高工资。与这种风险相反，工会的刺激可能通过罢工的方式表达他们提高工资的主张。这样，为了避免双重风险，在理论上和实际事务中，允许在多次重复谈判中建立起来的诚实的名誉基础上，双方都遵守直接显示的私人信息。在这里，名誉的作用能够解释中间商，如经纪人、代理人的可靠性。中间商的长期利益使他们往往不愿意在经济活动中从事"一锤子"买卖，而宁愿遵守操作的职业标准，做"模范公民"。很简单，"模范公民"的信誉是中间商获取长期利益的有力保障。同样，就短期合同进行重复谈判的厂商和工会，也可能具有在谈判中直接显示私人信息的刺激。

2.私人产品

私人产品（private goods）是指具有竞争性和排他性的特征，并且能够通过市场交易达到资源优化配置的产品。根据私人信息与私人产品的特征，不难看出：私人产品也存在由信息不对称而导致产品价格不合理和道德风险的事实。

2.3.3 公共信息与私人信息的比较

影响信息经济价值的一个决定性因素是它的稀缺性。一个极端情况是，一种特殊的信息仅仅被一个人所占有，即私人信息；另一个极端情况则是，该信息也有可能被所有人占有，即公共信息。

另外与这些概念相对应的概念还有：

① 公布，是指从私人信息向公共信息的转化。

② 传播，是指包含一种价值和价格，如网络信息、新闻媒体信息、小道消息、出版、电视、电话、电台等。也就是说，个人信息通过媒体作用，也可以转换为公共信息。同样，像私人产品、公共产品也可以通过某种方式进行转换。

公共信息使市场参与者成为市场活动中理性的价格接受者，私人信息推动市场参与者成为理性的价格支配者。在这种相互矛盾的信息交流中，社会稀缺资源得到不同效率的配置。

所有市场参与者的信息集合中可以被这些市场参与者自由获取的信息构成公共信息，而私人信息仅是某个市场参与者可以单独获得的信息。

公共信息是市场运行的基础，而私人信息是市场存在的基础。如果只有公共信息而无私人信息，则市场不存在交易；如果只有私人信息而没有公共信息，则市场也不可能存在交易。因此，公共信息与私人信息对于市场交易活动都是必不可少的信息商品。

通过对公共信息和私人信息的了解，可以看出：私人信息与公共信息之间没有严格界限，私人信息可能会随着时间的推移而成为公共信息；反之，亦然。但是，如果在某个时点上，市场参与者所具有的私人信息优于公共信息，市场参与者就具备了对于其他市场参与者的信息优势或处于信息领先地位。如果在某个时点上，市场参与者所具有的私人信息落后于或在质量上劣于公共信息，该市场参与者就在信息上处于劣势或不利的位置。信息优势使市场参与者易于获取市场价格体系等信息系统所传播的最新信息，从而能够对市场资源实施更为有效的配置；反之，信息劣势则使市场参与者难以获得新信息，从而在资源配置中处于不利的位置。

思政园地

加快建立政府公共数据开放制度

信息时代，数据已成为促进经济发展和技术创新的全新驱动力。政府机关往往掌控一国最丰富的数据资源，在数据的数量、质量或种类上均占绝对优势。放眼全球，为提升公共数据资源利用率，加速政府公共数据开放已成趋势。在此背景下，我国政府也不断进行政策储备，并将政府数据开放提升到"国家战略"地位。

国务院陆续出台相关政策，如《促进大数据发展行动纲要》，明确提出"推动政府数据开放共享"整体要求，明确政务信息应"以共享为原则，不共享为例外"，将"形成公共数据资源合理适度开放共享的法规制度和政策体系"作为中长期目标。随着全球数字化进程的加速，政府开放数据将会带动各领域数据的全面共享，打破数据垄断，促进数据流动，以激励创新升级，推动数字经济的繁荣发展。

资料来源　朱新力. 加快建立政府公共数据开放制度［N］. 新京报，2019-03-07.

本章小结

经济信息的表现形式主要有：

（1）一般均衡是以完全信息为假设条件而存在的，完全信息构成完全市场和完全竞争的条件。在不完全信息环境中，经济代理人之间的对策结果一般难以使社会稀缺资源配置达到帕累托最优，不完全信息扩大了社会经济成本，特别是表现为交易成本的扩大。

（2）对称信息培育对称市场。在对称市场的环境中，经济代理人行为的收益主要依赖其自身对经济不确定性的判断。价格竞争是对称市场的主要形式。不对称信息培育不对称市场。不对称市场的特征是以非价格竞争作为市场竞争的最为重要的形式。

（3）公共信息降低了市场效率；私人信息则是创造偶然市场的动力。

复习与思考

1. 完全信息与不完全信息的概念分别是什么？运用实例解释其作用。

2. 简述完全信息的均衡理论。

3. 简述不完全信息的均衡理论。

4. 对称信息环境分为哪三种？

5. 商品的种类对信息的不对称性有何影响？

6. 不对称性信息造成了哪三种不对称市场？

7. 举例说明对对称信息与不对称信息概念的理解。

8. 举例说明对公共信息与私人信息概念的理解。

第 2 章即测即评

第 3 章
博弈论与信息经济

学习目标

3.1
博弈论的基础知识
3.2
博弈均衡理论
3.3
博弈论在信息经济学领域的应用

思政园地
本章小结
复习与思考

学习目标

◆ 重点掌握博弈论与信息经济学的联系、四种基础的博弈均衡理论。
◆ 掌握博弈论的构成要素以及博弈的主要分类形式。
◆ 了解博弈论的发展历程。
◆ 应用古诺模型、斯坦克尔伯格模型和不完全信息博弈解决实际问题。

博弈论已经成为主流经济学的一部分，伴随着经济学对信息问题的重视而发展起来，尤其是对不完全信息和信息不对称条件下的博弈问题的研究得到越来越多的关注。从某种意义上说，信息经济学是博弈论应用的一部分，或者说，信息经济学是不对称信息博弈论。

3.1 博弈论的基础知识

game theory 直译为游戏理论。游戏是大家非常熟悉的活动，有如下特征：一般有两个及两个以上的参与者；都有一定的规则；游戏总有一个结果；策略的不同选择对应不同的游戏结果。人们发现经济、政治、军事活动中的许多决策问题，都与游戏有着基本相似的特征。为了扩大游戏及游戏理论的应用领域，一般将 game 译成博弈，将 game theory 译成博弈论。

3.1.1 博弈论的发展[①]

将博弈上升到理论阶段是在 20 世纪。20 世纪 20 年代，法国数学家费力克斯–爱德华–朱斯坦–埃米尔·波博雷尔（Félix-Édouard-Justin-Émile Borel）用最佳策略的概念研究了下棋和其他一些具体的博弈问题，并试图将其作为应用数学的分支加以系统研究。第二次世界大战期间，博弈论的思想及研究方法被运用到军事领域和战时的其他活动之中，如盟军用博弈的方法研究在各种供给情况下应对日本神风突击队的措施，因此博弈论在军事运筹学中也被称为对策论。

一般认为，博弈论真正开始于 1944 年由约翰·冯·诺依曼（John von Neumann）和奥斯卡·摩根斯坦（Oskar Morgenstern）合作的《博弈论与经济行为》（Theory of Games and Economic Behavior）一书的出版，该书被认为是系统研究博弈理论的开端。尽管有一些概念，特别是预期效用理论等都是他们创立的，但是现代博弈理论与他们讲的内容不是特别相关。

到 20 世纪 50 年代，合作博弈发展到鼎盛期，包括小约翰·福布斯·纳什（John Forbes Nash Jr., 1950）和劳埃德·夏普利（Lloyd Shapley, 1953）的"讨价还价"模型，唐纳德·吉利斯（Donald B. Gillies）和夏普利（1953）关于合作博弈中"核"

---

① 张维迎. 博弈论与信息经济学 [M]. 上海：上海三联书店，上海人民出版社，1996：5-6.

（core）的概念以及其他一些人的贡献。20世纪50至80年代被认为是博弈论巨人产生的年代。20世纪50年代，纳什定义了"囚徒困境"，并提出"纳什均衡"，奠定了非合作博弈的基石。60年代，莱茵哈德·泽尔滕（Reinhard Selten）将纳什均衡的概念引入动态博弈，提出"精炼纳什均衡"的概念。约翰·海萨尼（John C. Harsanyi）则把不完全信息引入博弈论的研究，提出"贝叶斯纳什均衡"。到80年代，大卫·克瑞普斯（David M. Kreps）和罗伯特·威尔逊（Robert Wilson）等将不完全信息引入动态博弈中，提出了"精炼贝叶斯纳什均衡"。

但在20世纪70年代中期以前，博弈论主要还是作为数学的一个分支。但现在，博弈论得到经济学科的接受和运用，贯穿了几乎整个微观经济学，并且已扩展到宏观经济学、产业组织理论，在环境、劳动、福利经济学等方面的研究也占有重要地位，大有"吞噬"整个西方现代经济理论的趋势。

拓展阅读 3-1

3.1.2 博弈论的构成要素①

博弈就是参与者在一定规则下，同时或先后，一次或多次，从各自允许选择的行动或策略中进行选择并加以实施，而取得相应结果（支付函数）的过程。

博弈论的基本构成要素包括：

1.参与者

参与者是指在博弈中独立决策、独自承担博弈结果且各自的决策会影响到其他参与者的决策者，也称博弈方或局中人，一般用n_i表示，i=1，2，3，…，n。参与者是博弈中选择行动以最大化自己效用的决策主体（可能是个人，也可能是团体，如国家、国际组织、企业等）。有时（如在动态博弈中）人们将"自然"作为虚拟参与者。虚拟参与者在博弈的特定时点上以特定的概率随机选择行动。由于博弈中的策略具有依存性，故博弈中的参与者的多少非常重要。一般而言，参与者越少，问题越简单；参与者越多，则问题越复杂难解。

2.行动

行动是参与者在某个时点的决策变量。一般用a表示参与者的特定行动，$A_i=\{a_i\}$表示可供n_i选择的行动集合。n个参与者行动的有序集合a=（a_1，a_2，…，a_n）称为行动组合。行动的顺序对博弈的结果至关重要。有关静态博弈与动态博弈的划分就是依据行动的顺序而进行的。

① 张维迎.博弈论与信息经济学［M］.上海：上海三联书店，上海人民出版社，1996：12.

3.信息

信息在博弈中有着非常重要的作用。信息是参与者有关博弈的知识，如博弈的规则、参与者的理性、参与者的行动、参与者的策略、参与者的决策能力、"自然"（虚拟参与者）的选择，特别是有关其他参与者（对手）的特征和行动的知识，以及博弈的得益等与博弈有关的知识。信息集是描述参与者信息特征的一个概念，可理解为参与者在特定时刻有关变量的值的知识。公共信息是与信息有关的一个重要概念，是指"所有参与者知道，所有参与者知道所有参与者知道，所有参与者知道所有参与者知道所有参与者知道……"的知识，是一个群体之间的人们对某个事实"知道"的关系。在由多人组成的群体中，公共信息不仅指任意两个人这样一个双方"知道"的过程，而且指其中任何一个人知道其他人知道其他人知道……而在有多个参与者时，对某个事实"知道"的关系将变得非常复杂。公共信息是博弈论中一个非常强的假设。博弈论通常均假设参与者是理性的，有关博弈的知识对所有参与者都是公共信息。

4.策略

策略也称战略或计谋，是参与者在给定信息集的情况下选择行动的规则，它规定参与者在什么时候选择什么行动。一般用 s_i 表示第 i 个参与者的一个特定的策略。用 $S_i=\{s_i\}$ 代表第 i 个参与者所有可选择的策略集合。在 n 个人博弈中，n 维向量 $S=(S_1, S_2, \cdots, S_n)$ 称为一个策略组合。

5.得益（支付函数）

得益是指在一个特定的策略组合下参与者所获得的利益。它是博弈中参与者追求的主要目标，也是行动和策略选择的依据，是每个参与者真正关心的内容。得益可以是确定的收益，也可以用效用水平或期望效用水平来表示。得益常需要用数量来表示，可正可负。

6.均衡（结果）

均衡是所有参与者的最优策略或行动的组合，一般记为：

$$S^*=(S_1^*, S_2^*, \cdots, S_n^*)$$

S_i^* 表示第 i 个参与者在均衡情况下的最优策略。博弈分析的目的就是均衡以及获得均衡结果。在不同的博弈中有各种各样的均衡概念，均衡的不唯一性正如许多数学题有多个解一样，一个博弈可能只有一个均衡存在，也可能有多个均衡存在。在有多个均衡存在的博弈中，要预测实际上哪一个均衡会产生困难。

上述概念中，参与者、行动、均衡统称为博弈规则。博弈分析的目的是使用博弈规则决定均衡。

3.1.3　博弈的分类①

微课 3-1

博弈的分类

博弈是一种利益有牵连的各方之间的决策协同现象，根据不同的标准可以划分为不同的种类。博弈论就是研究博弈现象，以期把握其规律，利用其规律为部分人或全部人谋福利的理论。根据不同的标准，博弈可以有不同的划分方法。

1.根据博弈主体的理性和基本行为逻辑的不同划分

根据这种划分标准，博弈分为合作博弈和非合作博弈。博弈之间的差别主要表现在博弈主体相互作用时，能否达成一个"有约束力的协议"。如果有，则博弈是合作博弈；反之，则是非合作博弈。合作博弈理论和非合作博弈理论是博弈论最基本的一个分类。合作博弈强调的是团体理性（collective rationality）、效率（efficiency）、公正（fairness）、公平（equality）。

2.根据博弈中博弈主体的多少划分

根据这种划分标准，博弈分为单人博弈、双人博弈和多人博弈。

一般来讲，博弈主体越少，则问题越简单，越容易求解；反之，博弈主体越多，问题就越复杂，越难解。有且只有两个参与者的博弈，被称为双人博弈。这是最普遍也是研究最多的博弈类型。很多博弈均可简化为双人博弈来进行分析。双人博弈有如下一些特点：

首先，两个参与者之间的关系并不总是相互对抗的，有时会出现利益一致的情况。大多数博弈论研究的是非合作博弈，在非合作博弈中，理性参与者的基本关系是相互对抗的。

其次，信息多的一方不能保证得益也较多。这是博弈决策与一般的最优化决策最大的区别。

参与者为三个人及三个人以上的博弈，被称为多人博弈。在多人博弈中，参与者之间的策略相互依存关系较双人博弈更为复杂，分析的难度也更大，博弈的结果也更难预测。

3.根据博弈中各博弈主体可选策略的数量划分

① 有限策略博弈，是指可选择的博弈策略为有限个的博弈。

② 无限策略博弈，是指博弈策略选择为无限个的博弈。

---

　　① 叶德磊. 微观经济学 ［M］. 北京：高等教育出版社，上海社会科学院出版社，2000：174-175.

4. 根据各博弈主体的总得益情况的不同划分

① 零和博弈，是指不管各博弈主体如何决策，最后各博弈主体的总得益之和为零的博弈。

② 常和博弈，是指不管各博弈主体如何决策，最后各博弈主体的总得益是非零常数的博弈。

③ 变和博弈，是指不管各博弈主体如何决策，最后各博弈主体的总得益为不确定的常数的博弈。变和博弈是最一般的博弈，也是研究最多的博弈类型。囚徒困境就是变和博弈。常和博弈则是变和博弈的一个特例。

5. 根据各博弈主体选择和行动的先后顺序划分

① 静态博弈，是指博弈中博弈主体同时行动，或虽非同时行动但后行动者并不知道前行动者采取了什么具体行动的博弈。

② 动态博弈，是指博弈主体的行动有先后顺序，且后行动者能够观察到先行动者所选择的行动。

③ 重复博弈，是指同一个博弈反复进行所构成的博弈。

6. 根据博弈主体对有关其他博弈主体（对手）以及博弈进程信息掌握情况的不同划分

据此，博弈可以划分为完全信息博弈和不完全信息博弈。完全信息博弈是指每一个博弈主体对所有其他博弈主体（对手）的特征、策略空间、支付函数以及博弈进程有准确把握的博弈；否则，就是不完全信息博弈。

7. 根据参与者有关博弈过程的信息来划分

据此，博弈可分为完美信息的博弈和不完美信息的博弈。在动态博弈中，若参与者完全了解自己行动之前的整个博弈过程，则称此参与者具有完美信息（又称完美回忆）；若参与者不完全了解自己行动之前的整个博弈过程，则该参与者具有不完美信息。所有参与者都具有完美信息的博弈，被称为完美信息博弈；至少有一个参与者具有不完美信息的博弈，被称为不完美信息博弈。

需要对完全信息与完美信息的关系进行说明：

首先，完全与不完全信息是按参与者有关得益的信息来划分的，这是指参与者对博弈有关信息事前是否有清楚的了解；完美与不完美信息是按参与者有关博弈过程的信息来划分的，指参与者在博弈进程中对信息的了解程度，故在动态博弈中才进行这种划分。

其次，不完全信息意味着不完美信息，但逆定理并不成立。[1]

3.2 博弈均衡理论[2]

将博弈分类中第五和第六种划分角度结合起来，就得到四种不同类型的博弈：

① 张维迎. 博弈论与信息经济学 [M]. 上海：上海三联书店，上海人民出版社，1996：49.
② 张维迎. 博弈论与信息经济学 [M]. 上海：上海三联书店，上海人民出版社，2004：8-21.

完全信息静态博弈、完全信息动态博弈、不完全信息静态博弈、不完全信息动态博弈。与上述四类博弈相对应的是四个均衡概念：纳什均衡（Nash Equilibrium）（纳什，1950，1951）、子博弈精炼纳什均衡（Subgame Perfect Nash Equilibrium）（泽尔腾，1965）、贝叶斯纳什均衡（Bayesian Nash Equilibrium）（海萨尼，1967，1968）及精炼贝叶斯纳什均衡（Perfect Bayesian Nash Equilibrium）（泽尔腾，1975；克瑞普斯和威尔逊，1982；朱·弗登博格（Drew Fudenberg）和泰勒尔（J. Tirole），1991）（见表 3-1）。

表3-1　　　　　　　　　　　　　　博弈的分类及对应的均衡概念

信息＼选择和行动的顺序	静　态	动　态
完全信息	完全信息静态博弈 纳什均衡	完全信息动态博弈 子博弈精炼纳什均衡
不完全信息	不完全信息静态博弈 贝叶斯纳什均衡	不完全信息动态博弈 精炼贝叶斯纳什均衡

3.2.1　完全信息静态博弈——纳什均衡

微课 3-2

完全信息静态博弈——纳什均衡

完全信息静态博弈是指博弈的每个局中人（参与竞争的具有不同利益的行为主体）对所有其他局中人的特征（策略空间、支付函数等）有完全的了解，所有局中人同时选择行动且只选择一次。

纳什均衡是完全信息静态博弈的基本均衡概念，是指在其他局中人的策略选择既定的前提下，每个局中人都会选择自己的最优策略，所有局中人的最优策略组合就是纳什均衡。它意味着，在给定别人策略的情况下，任何一个局中人都不能通过改变自己的策略得到更大的效用或收益，从而没有任何人有积极性打破这个均衡。如果一个策略组合不是纳什均衡，则至少有一个局中人认为，在其他局中人都遵守这一组合的规定下，他可以比现在做得更好。纳什均衡被认为是局中人个人理性选择达成一致的结果。博弈过程也是局中人个人理性选择的过程，当且仅当所有局中人预测一个特定的纳什均衡会出现时，有且仅有这个纳什均衡构成博弈均衡，即个人理性选择达成了对均衡的一致性预测。

也可以从另一个角度来理解纳什均衡。假设博弈中的所有参与者事先达成一份协议，规定出每个人的行为规则，那么会出现一个问题：在没有外在强制力约束时，当事人是否会自觉地遵守这份协议？或者说，这份协议是否可以自动实施（selfenforcing）？若当事人会自觉遵守这份协议，那么这份协议构成一个纳什均衡：给定别人遵守协议的情况下，没有人有积极性偏离协议规定的自己的行为规则。换句话说，如果一份协议不构成纳什均衡，它就不可能自动实施，因为至少有一个参与者会违背这份协议，不满足纳什均衡要求的协议是没有意义的。这就是纳什均衡的哲学思想。

博弈的表述形式如下：

（1）博弈的标准型表述

其有三个要素：参与者、每个参与者可选择的策略以及支付函数。双人有限策略博弈的标准型可以用一个矩阵表示。标准形式又称策略形式，特别方便于静态博弈分析。

（2）博弈的扩展型表述

其包含五个要素：参与者、每个参与者选择行动的时点、每个参与者在每次行动时可供选择的行动集合、每个参与者在每次行动时有关对手过去行动选择的信息以及支付函数。

博弈树（game trees）是扩展型的一种形象化表述，其用于表述动态博弈是非常方便的，可一目了然显示出参与者行动的先后次序、每位参与者可选择的行动以及不同行动组合下的支付水平。

案例窗 3-1

囚徒困境（Prisoners' Dilemma）

几乎没有一本涉及博弈论的书不举到囚徒困境这个例子，这个例子的创造本身就部分地奠定了非合作博弈论的理论基础，并且它可以作为实际生活中许多现象的抽象概括。

囚徒困境讲的是两个嫌疑犯作案后被警察抓住，分别被关在不同的屋子里审讯。警察告诉他们：如果两人都坦白，各判刑 8 年；如果两人都抵赖，各判刑 1 年；如果其中一人坦白而另一人抵赖，坦白的放出去，不坦白的判刑 10 年（有点"坦白从宽、抗拒从严"的意味）。

图 3-1 给出囚徒困境的策略式表述。这里，每个囚徒都有两种策略：坦白或抵赖。图中每一格的两个数字代表对应策略组合下两个囚徒的支付（效用）。其中第一个数字是第一个囚徒的支付，第二个数字为第二个囚徒的支付。

		囚徒 B	
		坦白	抵赖
囚徒 A	坦白	-8, -8	0, -10
	抵赖	-10, 0	-1, -1

图3-1　囚徒困境的策略式表述

在这个例子里，纳什均衡就是（坦白，坦白）：给定 B 坦白的情况下，A 的最优策略是坦白；同样，给定 A 坦白的情况下，B 的最优策略也是坦白。事实上，（坦白，坦白）不仅是纳什均衡，而且是占优策略（dominant strategy）均衡。也就是说，不论对方如何选择，个人的最优选择是坦白。比如说，如果 B 不坦白，A 坦白的话被放出来，不坦白的话判 1 年，所以坦白比不坦白好；如果 B 坦白，A 坦白的话判 8 年，不坦白的话判 10 年，所以，坦白还是比不坦白好。这样，坦白就是 A 的占优策略；同样，坦白也是 B 的占优策略，结果是，每个人都选择坦白，各判刑 8 年。

囚徒困境反映了一个很深刻的问题，这就是个人理性与集体理性的矛盾。如果两个人都抵赖，那么各判刑 1 年，显然比都坦白各判刑 8 年要好。但这个帕累托改进办不到，因为它不满足个人理性要求，（抵赖，抵赖）不是纳什均衡。换个角度看，即使两个囚徒在被警察抓住之前建立了攻守同盟——死不坦白，这个攻守同盟也没有用，因为它不构成纳什均衡，没有人有积极性遵守该协议。

囚徒困境在经济学上有着广泛的应用：

（1）两个寡头企业选择产量的博弈。如果两个企业联合起来形成卡特尔（垄断组织形式之一），选择垄断利润最大化的产量，则每个企业都可以得到更多的利润。但卡特尔协议不是一个纳什均衡，因为给定对方遵守协议的情况下，每个企业都想增加生产。结果是，每个企业都只得到纳什均衡产量的利润，它严格小于卡特尔产量下的利润。这个例子也说明，在有些情况下，个人理性与集体理性的冲突对整个社会来说也许是一件好事，尽管它对该集体的成员而言是一件坏事。前述囚徒的行为也如此。当然，这里的前提条件是集体成员的数量严格小于全体社会成员的数量。

（2）公共产品的供给也是一个囚徒困境问题。如果大家都出钱兴办公用事业，那么所有人的福利都会增加。问题是，如果我出钱你不出钱，我就得不偿失；如果你出钱我不出钱，我就可以占你的便宜。所以，每个人的最优选择都是"不出钱"，这种纳什均衡使得所有人的福利都得不到提高。

（3）冷战期间，苏美两国的竞争增加了各自的军费预算。不搞军备竞赛，各自把资源用于民用品生产，不是很好吗？问题是，如果我把资源用于民用品生产，你增加军费支出，我就可能受到威胁，这样对我不好。纳什均衡使两国都大量增加军费预算，两国的社会福利都变得更糟。[①]

（4）在许多经济改革中，改革者要付出成本（包括风险），而改革的成果大家共享，结果是，尽管人人都认为改革好，却没有人真正去改革，大家只好在都不满意的体制下继续生活下去。从囚徒困境中我们可以引出一个很重要的结论：一种制度安排要发生效力，必须是一种纳什均衡；否则，这种制度安排便不能成立。

资料来源　[1] 白希. 现代国际关系学导论 [M]. 北京：中国政法大学出版社，1991：136-137. [2] 张维迎. 博弈论与信息经济学 [M]. 上海：上海三联书店，上海人民出版社，2004：8-10.

---

① 多西，弗里曼，纳尔逊，等. 技术进步与经济理论 [M]. 钟学义，沈利生，陈平，等译. 北京：经济科学出版社，1992：579.

案例窗 3-2

智猪博弈（Boxed Pigs' Game）

猪圈里有两头猪：一头大猪、一头小猪。猪圈的一头有一个猪食槽，另一头安装一个按钮，控制着猪食的供应。按一下按钮会有10个单位的猪食进槽，但谁按按钮谁就需要付2个单位的成本。若大猪先到，大猪吃9个单位，小猪只能吃1个单位；若同时到，大猪吃7个单位，小猪吃3个单位；若小猪先到，大猪吃6个单位，小猪吃4个单位。图3-2列出对应不同策略组合的支付水平，如第一格表示两头猪同时按按钮，因而同时走到猪食槽，大猪吃7个单位，小猪吃3个单位，扣除2个单位的成本，支付水平分别为5和1。其他情形可以类推。

		小猪	
		按钮	等待
大猪	按钮	5, 1	4, 4
	等待	9, -1	0, 0

图3-2 智猪博弈

在这个例子中，什么是纳什均衡？首先应注意到，不论大猪选择"按钮"还是"等待"，小猪的最优选择均是"等待"。比如说，给定大猪按钮，小猪按钮将得到1个单位，等待则得到4个单位；给定大猪等待，小猪按钮将得到-1个单位，等待则得0个单位。所以，"等待"是小猪的占优策略。给定小猪总是选择"等待"，大猪的最优选择只能是"按钮"。所以，纳什均衡就是：大猪按钮，小猪等待，各得4个单位。多劳者不多得。

智猪博弈也有许多应用的例子：

（1）在股份公司中，股东承担着监督经理的职能，但股东中有大股东和小股东之分，他们从监督中得到的收益并不一样。监督经理需要搜集信息，花费时间。在监督成本相同的情况下，大股东从监督中得到的好处显然多于小股东。这里，大股东类似"大猪"，小股东类似"小猪"。纳什均衡是：大股东担当起搜集信息、监督经理的责任，小股东则搭大股东的"便车"。

（2）在股票市场上炒股票。股市里有大户，也有小户，大户类似"大猪"，小户类似"小猪"。这时候，对小户而言，"跟大户"是最优选择，而大户必须自己搜集信息，进行分析。

（3）市场中大企业与小企业之间的关系。进行研究开发，为新产品作广告，对大企业来说是值得的，对小企业来说则得不偿失。所以，一种可能的情况是，小企业把精力花在模仿上，或等待大企业用广告打开市场后出售廉价产品。

（4）类似的情况在公共产品的提供上也可能出现。比如说，村里住两户人家，一户富，一户穷，有一条路年久失修。这时候，富户一般会承担起修路的责任，穷户则很少这样干，因为富户家常常是高朋满座，而路修不好对穷户家也无所谓。

（5）改革中也有类似的情况。同样的改革带给一部分人的好处可能比另一部分人大得多。这时候，前一部分人比后一部分人更有积极性改革，改革往往就是由这种"大猪"推动的。如果改革能创造出更多的"大猪"来，改革的速度就会加快。

资料来源　[1] 张守一. 现代经济对策论 [M]. 北京：高等教育出版社，1998：237-238. [2] 刘东. 微观经济学新论 [M]. 南京：南京大学出版社，1998：29-31. [3] 张维迎. 博弈论与信息经济学 [M]. 上海：上海三联书店，上海人民出版社，2004：10-11.

案例窗 3-3

性别战（Battle of the Sex）

这个例子讲的是一男一女谈恋爱，有些业余活动可以安排，或者看足球比赛，或者看芭蕾舞演出。男的偏好足球，女的则更喜欢芭蕾，他们都愿意在一起，不愿分开。图 3-3 给出了相应的支付矩阵。

		女	
		足球	芭蕾
男	足球	2, 1	0, 0
	芭蕾	0, 0	1, 2

图3-3　性别战

这个博弈中有两个纳什均衡：（足球，足球）；（芭蕾，芭蕾）。就是说，给定一方去足球场，另一方也会去足球场；类似地，给定一方去看芭蕾，另一方也会去看芭蕾。我们不知道究竟哪一个纳什均衡会实际发生。实际生活中，也许是这一次看足球，下次看芭蕾，如此循环，形成一种默契。这里还有一个先动优势（first mover advantage）。比如说，若男的买票，两人就会出现在足球场；若女的买票，两人就会出现在芭蕾舞剧院。

资料来源　张维迎. 博弈论与信息经济学 [M]. 上海：上海三联书店，上海人民出版社，2004：11.

案例窗 3-4

斗鸡博弈（Chicken Game）

设想两个人举着火棍从独木桥的两端走向中央进行火拼，每个人都有两种策略：继续前进或退下阵来。若两人都继续前进，则两败俱伤；若一方前进、另一方退下来，则前进者取得胜利，退下来的丢了面子；若两人都退下来，两人都丢了面子。相应的支付矩阵如图 3-4 所示。

		B	
		进	退
A	进	-3, -3	2, 0
	退	0, 2	0, 0

图3-4　斗鸡博弈

这个博弈里也有两个纳什均衡：如果一方前进，另一方的最优策略就是后退。两人都前进或都后退非纳什均衡。

斗鸡博弈也有许多应用：

（1）有些公共产品的供给就属于此类问题。若村子里住的是两户富人，有一条路要修。可能的情况是：一家修路，另一家就不修；一家不修，另一家就得修（在这里总结一下，公共产品的供给可能是囚徒博弈，也可能是智猪博弈，还有可能是斗鸡博弈，应依具体产品而定）。

（2）冷战期间，苏美两个军事集团在世界各地抢占地盘，也是一种斗鸡博弈。一般来说，如果一方已经抢占了一块地盘，另一方就设法占领另一块地盘，而不是与对手竞争同一块地盘。

（3）警察与游行队伍的例子。游行队伍与警察越来越近，这时候，一定有一方要退下来。如果警察不让步，游行队伍便会向后退；反过来，如果游行队伍来势很猛，警察就得撤退。

（4）夫妻间矛盾也是一个斗鸡问题。一般来说，吵得厉害了，不是妻子回娘家躲一躲，就是丈夫出去抽支烟。

斗鸡博弈的一个重要问题是：究竟哪一方退下来，因为退下来虽比两败俱伤好，但总归是一件丢面子的事情。若每一方都寄希望于对方退下阵来，则两败俱伤的结局也可能出现。另外，在混合策略纳什均衡的情况下，两败俱伤的事也会出现。

资料来源　张维迎. 博弈论与信息经济学 [M]. 上海：上海三联书店，上海人民出版社，2004：10-12.

案例窗3-5

市场进入阻挠

在产业组织经济学中，设想有一个垄断企业已经存在市场中（称在位者），另一个企业虎视眈眈想进入（称进入者）。在位者想保持自己的垄断地位，所以要阻挠进入者进入。在这个博弈中，进入者有两种策略可以选择：进入还是不进入。在位者也有两种策略：默许还是斗争。假定进入之前垄断利润为300，进入之后寡头利润合为100（各得50），进入成本为10。各种策略组合下的支付矩阵如图 3-5 所示。

		在位者	
		默许	斗争
进入者	进入	40, 50	-10, 0
	不进入	0, 300	0, 300

图3-5　市场进入阻挠

这个博弈也有两个纳什均衡，即（进入，默许）和（不进入，斗争）。为什么（进入，默许）是纳什均衡？因为给定进入者进入，在位者选择默许时得 50 利润；选择斗争时得不到利润，所以，最优策略是默许。类似地，给定在位者选择默许，进入者的最优策略就是进入。在进入者选择不进入时，默许和斗争对在位者是一个意思，只有当在位者选择斗争时，不进入才是进入者的最优选择，所以，（不进入，斗争）是一个纳什均衡，而（不进入，默许）不是一个纳什均衡。

资料来源　张维迎. 博弈论与信息经济学 [M]. 上海：上海三联书店，上海人民出版社，2004：12.

3.2.2　完全信息动态博弈——子博弈精炼纳什均衡

微课 3-3

完全信息动态博弈——子博弈精炼纳什均衡

在纳什均衡中有三个问题：

第一，如前述案例窗 3-3、案例窗 3-4 和案例窗 3-5 所示，一个博弈可能有不止一个纳什均衡。事实上，有些博弈可能有无数个纳什均衡，究竟哪个纳什均衡实际上会发生并不知道。

第二，在纳什均衡中，参与者在选择自己的策略时，把其他参与者的策略当作给定的，不考虑自己的选择如何影响对手的策略。这个假设在研究静态博弈时是成立的，因为在静态博弈下，所有参与者同时行动，无暇反应。但对动态博弈而言，这个假设就有问题了。当一个人行动在先、另一个人行动在后时，后者自然会根据前者的选择而调整自己的选择，前者自然会理性地预期到这一点，所以不可能不考虑自己的选择对其对手的选择的影响。

第三，与第二个问题相联系，由于不考虑自己的选择对别人的选择的影响，纳什均衡允许不可置信威胁的存在。例如在案例窗 3-5 的市场进入阻挠中，若进入者真的进入，在位者的最优行动显然是默许，而不是斗争，因为默许带来50的利润，斗争则使利润化为乌有。所以，斗争是一种不可置信的威胁，就是说，如果在位企业摆出一副"你进入我就斗争"的架势，进入企业不应该被这种威胁所吓到，因为它是不可置信的。但是，纳什均衡概念承认了这种不可置信的威胁，所以（不进入，斗争）便成为一个纳什均衡。而含有不可置信威胁的策略实际是不会发生的。

针对纳什均衡的上述三个问题，泽尔滕在引入动态分析并提出完全信息动态博弈的同时，提出了"子博弈精炼纳什均衡"的概念，对纳什均衡进行了改进。子博弈精炼纳什均衡概念的中心意义是将纳什均衡中包含的不可置信的威胁策略剔除出来，就是说，使均衡策略不再包含不可置信的威胁。它要求参与者的决策在任何时点上都是最优的，决策者要"随机应变""向前看"，而不是固守以前的策略。当且仅当局中人的策略在每一个子博弈中都构成纳什均衡时，亦即当且仅当均衡策略在每一个子博弈中都是最优时，纳什均衡才构成子博弈精炼纳什均衡。由于剔除了不可置信的威胁策略，在许多情况下，精炼纳什均衡也减少了纳什均衡的个数，这一点对预测决策是非常有意义的。

任何有限完全信息动态博弈都存在子博弈精炼纳什均衡。理性人假定是达成子博弈精炼纳什均衡的一个重要保证。由于局中人是理性的，根据对先行动者行动的观察，后行动者能够并且必然对先行动者的策略选择作出合乎理性的反应。先行动者也知道这一点，这就保证了将包含不可置信威胁的不合理均衡策略剔除出去，将合理纳什均衡和不合理纳什均衡分离开来。

博弈树是动态博弈分析常用的树状分析图，它由结、枝和信息集组成。结可分为起始结、决策结和终点结。起始结是博弈树的起点，决策结是局中人的决策变量，终点结是博弈树的终点。枝是结的连线，对应于局中人的行动。处于博弈同一阶段的决策结被分为不同的信息集，在每一个信息集上，局中人仅知道博弈进入了其中的某一个决策结，却不知道自己具体处于哪一个决策结上。子博弈是指从某一个决策结起始的后续博弈，包含该后续博弈的决策结的信息集不包含不属于这个后续博弈的决策结。这个后续博弈的所有决策结都包含在这些信息集中。构成子博弈精炼纳什均衡的策略不仅在均衡路径（均衡路径是均衡策略组合在博弈树上对应的枝和结的连线）的决策结上是最优的，而且在非均衡路径的决策结上也是最优的。

图3-6是前面讲过的"市场进入阻挠"博弈（见案例窗3-5）的博弈树。这里，进入者先选择行动（进入或不进），在位者然后选择默许还是斗争。最后的数字是支付水平。如进入者选择"进入"，在位者选择"默许"，支付水平分别为40和50。

在动态博弈中，如果所有以前的行动是公共信息，就是说，每个人都知道过去发生了些什么（什么人在什么时候选择了什么行动），那么给定历史，从每一个行动选择开始至博弈结束又构成一个博弈，称子博弈。例如，在图3-6中进入者选择进入之后，在位者选择行动开始就是一个子博弈。在市场进入阻挠博弈中，在给定进入者已经进入的情况下，在位者的"斗争"策略已不再是最优的。所以，（进入，斗争）不是一个精炼纳什均衡。剔除了这个均衡，（进入，默许）是唯一的子博弈精炼纳什均衡。

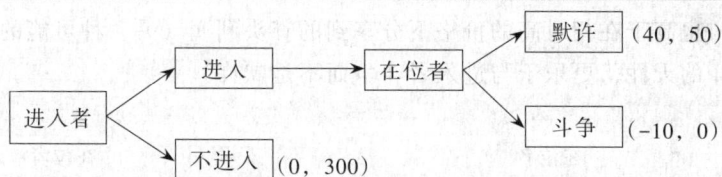

图3-6 市场进入阻挠博弈树

应该强调的是，一个精炼均衡首先必须是一个纳什均衡，但纳什均衡不一定是精炼均衡。只有那些不包含不可置信威胁的纳什均衡才是精炼纳什均衡。不可置信的威胁引出信息经济学中一个很重要的概念，即承诺行动（commitment）。承诺行动是当事人使自己的威胁策略变得可置信的行动。一种威胁在什么时候才是可置信的？答案是：当事人不施行这种威胁时，就会遭受更大的损失。所以说，承诺行动意味着当事人要为自己的"失信"付出成本，尽管这种成本并不一定真的发生。但承诺行动会给当事人带来很大的好处，因为它会改变均衡结果。

例如，在市场进入阻挠博弈中，如果在位者通过某种承诺行动使自己的"斗争"威胁变得可置信，进入者就不敢进入，在位者就可以获得 300 的垄断利润，而不是 50 的寡头利润。承诺行动可能有多种形式。一种简单的办法是，在位者与第三者打赌：如果进入者进入后他不斗争，他就付给后者 100。这时，斗争就变成了一种可置信的威胁。因为如果进入后不斗争而是选择默许，则在位者得到 50 的寡头利润，去掉 100 的赌注，净得-50；若选择"斗争"，则净得为 0，所以斗争比默许好。同时应注意到，有了这个赌注，进入者就不敢进入了，在位者实际上无须支付 100 的赌注，却得到 300 的垄断利润。在这个例子中，承诺行动的实际成本为零。一般来说，承诺行动的成本不为零，而且承诺行动的成本越高，威胁就越值得置信。

3.2.3 不完全信息静态博弈——贝叶斯纳什均衡

前面所讲的博弈都包含一个基本假设，即所有参与者都知道博弈的结构、规则、支付函数。回到前面"市场进入阻挠"博弈的例子，也就是进入者知道在位者的偏好、策略空间及各种策略组合下的利润水平；反之，亦然。满足这个假设的博弈被称为完全信息博弈（complete information game）。然而这个假设在许多情况下是不成立的，如进入者实际上并不完全了解在位者的生产函数、成本函数及偏好，这就是不完全信息博弈（incomplete information game）。不完全信息静态博弈是指至少有一个局中人不知道其他局中人的支付函数，所有局中人同时行动。

设想在位者的成本函数有两种可能的情况，对应于这两种情况的支付矩阵如图 3-7 所示。

显然，在给定进入者选择进入的情况下，高成本在位者的最优策略是"默许"，而低成本在位者的最优策略是"斗争"。低成本情况下斗争之所以比默许占优，可能是由于在位者的生产成本低，从而他在非常低的价格下获得的垄断利润（此时进入者已无利可图）也高于在相对高的价格下分享到的寡头利润（另一种可能的解释是在位者有一种好斗的天性，更乐于与进入者斗争而不是默许）。

		在位者				在位者	
		默许	斗争			默许	斗争
进入者	进入	40, 50	-10, 0	进入者	进入	30, 100	-10, 140
	不进入	0, 300	0, 300		不进入	0, 400	0, 400
		（a）高成本情况				（b）低成本情况	

图3-7　市场进入阻挠

在1967年之前，遇到上述情况时，博弈论是无能为力的。因为当还不知道对手的策略时，是无法选择自己的策略的。海萨尼（1967，1968）的贡献就是使得上述情况变得可以分析。海萨尼转换（Harsanyi Transformation）借助3个新增的概念展开：局中人的类型、自然和局中人的信念。转换的具体做法是：

第一，自然选择局中人的类型，并将局中人的真实类型告知他自己，而不告知其他局中人，同时并不对每个局中人的各种可能类型及概率分布保密。这样，每个局中人知道自己的类型，不知道别人的真实类型，仅知道其各种可能类型的概率分布，被选择的局中人也知道其他局中人心目中的这个分布函数。

第二，自然之外的每个局中人根据其他局中人可能类型的概率分布对其类型作出先验判断，并各自同时选择行动，博弈结束，除自然以外，各个局中人得到对各自的支付。

通过海萨尼转换把不完全信息博弈转换成完全但不完美信息博弈（complete but imperfect information game）。这里，不完美信息指的是自然作出了它的选择，但其他参与者并不知道它的具体选择是什么，仅知道各种选择的概率分布。这样，不完全信息博弈就变得可以分析了。

在这个基础上，海萨尼定义了贝叶斯纳什均衡。贝叶斯纳什均衡是不完全信息静态博弈的基本均衡概念，是纳什均衡在不完全信息博弈中的自然扩展。我们可以对此作如下解释：在不完全信息静态博弈中，参与者同时行动，没有机会观察到别人的选择。给定别人的策略选择，每个参与者的最优策略依赖自己的类型。由于每个参与者仅知道其他参与者的类型的概率分布，而不知道其真实类型，他不可能准确地知道其他参与者实际上会选择什么策略；但是，他能正确地预测到其他参与者的选择是如何依赖其各自类型的。这样，他决策的目标就是在给定自己的类型和别人的类型依从策略的情况下，最大化自己的期望效用。因此，贝叶斯纳什均衡是这样一种类型依从策略组合：给定自己的类型和别人的类型的概率分布的情况下，每个参与者的期望效用达到最大化，也就是说，没有人有积极性选择其他策略。

在"市场进入阻挠"这个例子中，进入者只有一种类型，在位者有两种类型（高成本或低成本）。自然首先选择在位者的类型——高成本还是低成本；在位者本人知道自己究竟是高成本还是低成本，而进入者仅知道在位者或者是高成本，或者是低成本，并且知道高成本和低成本的可能性各为多少。也就是说，进入者具有不完全信息，而在位者具有完全信息。给定进入者选择进入的情况下，在位者选择默许还是斗争依赖他的类型：如果是高成本，则默许；如果是低成本，则斗争。进入者不知道在位者的真实类型，但是，假设他知道高成本的可能性为 x，低成本的可能性为（1-x），那么进入者选择进入得到的期望利润为 40x+(-10)(1-x)，选择不进入的期望利润为 0。一个简单的计算表明，当 x>0.20 时，进入得到的期望利润才大于不进入时的期望利润，从而进入才是最优的。因此，当假定 x>0.20 时，贝叶斯纳什均衡是：进入者选择进入，高成本在位者选择默许，低成本在位者选择斗争。

再举一个例子。设想你在招聘员工，你的选择是录用还是拒绝依赖你对应聘者能力的判断。如果你准确地知道应聘者的能力良好，则会选择录用；反之，则拒绝录用。但问题是，你可能并不准确地知道应聘者的能力。这时，你的决策显然取决于你在多大程度上相信他是一个能力优良（或能力低下）的人。图 3-8 列出这两种情况下的支付矩阵。这里，我们假定不论应聘者能力如何，只要他应聘、你录用，他就得到 100；但是，你的支付依赖应聘者的类型，录用一个能力优良者使你得到 100，而录用一个能力低下者使你损失 100。应聘者（不论何种类型）在你拒绝时损失 50。

		雇主		雇主	
		录用	拒绝	录用	拒绝
应聘者	应聘	100, 100	-50, 0	100, -100	-50, 0
	不应聘	0, 0	0, 0	0, 0	0, 0
		（a）能力优良者的应聘		（b）能力低下者的应聘	

图3-8 招聘博弈

现在假设你认为应聘者能力优良的概率为 x，应聘者也知道这个 x 为多少，那么他应聘，雇主录用时，雇主的期望效用为 100x+(-100)(1-x)；雇主拒绝时，雇主的期望效用为零。当 x>1/2 时，雇主录用才是最优选择。如果确实 x>1/2，则贝叶斯纳什均衡是：应聘者来应聘，雇主录用。反之，如果 x<1/2，则贝叶斯纳什均衡是：应聘者不来应聘，雇主拒绝。为什么当 x<1/2 时，应聘者不来应聘？因为他知道他即使来应聘也会遭到雇主的拒绝，这种事是不值得做的。

贝叶斯纳什均衡的一个重要应用领域是在招标或拍卖方面。设想政府有一项建设工程要出包，选择要价最低的承包者。假设招标的办法是一级密封投标，即让每个投标者将自己的标价写下装入信封一同交给政府，信封打开后，政府选择标价最低者为中标者。这时，不同投标者之间进行的就是一场博弈。假定每个投标者不知道其他投标者的真实生产成本，而仅知其概率分布，他在选择自己的报价时就面临着一种交替：报价越低，中标的可能性就越大。但另一方面，在给定中标的情况下，报价越低，利润就越小。博弈分析证明，每个投标人的标价依赖他的类型（可以为生产成本等）。一般来说，贝叶斯纳什均衡标价高于生产成本。二者之间的差异随总投标人数的增加而减少。就是说，让更多的企业参加投标，对政府是一件有利的事情。

3.2.4　不完全信息动态博弈——精炼贝叶斯纳什均衡

不完全信息动态博弈是指在博弈中至少有一个局中人不知道其他局中人的支付函数。局中人的行动有先后之分，后行动者能观察到先行动者的行动。贝叶斯纳什均衡仅仅局限于静态分析，从而其适用性受到了限制。对此作出贡献的主要有泽尔腾（1975）、克瑞普斯和威尔逊（1982）以及弗登博格和泰勒尔（1991）等。泽尔腾定义了"颤抖手均衡"（Trembling Hand Equilibrium），克瑞普斯和威尔逊定义了"序贯均衡"（Sequential Equilibrium），弗登博格和泰勒尔给出了精炼贝叶斯纳什均衡（Perfect Bayesian Nash Equilibrium）的正式定义。从理论上讲，序贯均衡是比精炼贝叶斯纳什均衡更强的概念，而颤抖手均衡又比序贯均衡更强，但在许多情况下，三个概念是一致的。

精炼贝叶斯纳什均衡这个概念是完全信息动态博弈的子博弈精炼纳什均衡和不完全信息静态博弈的贝叶斯纳什均衡的结合，实际上也是在海萨尼转换的框架下进行的。具体来讲，自然首先选择局中人的类型，局中人自己知道自己的真实类型，其他局中人不知道被选择的局中人的真实类型，仅知道其各种可能类型的概率分布。局中人开始行动，局中人的行动有先后顺序，后行动者能观察到先行动者的行动，但不能观察到先行动者的类型。但是，由于局中人的行动依赖其类型，每个局中人的行动都传递着有关自己类型的某种信息，所以后行动者便可以通过观察先行动者的行动来推断其类型或修正对其类型的信念（按贝叶斯法则将先验概率转化为后验概率），然后选择自己的最优行动。先行动者预测到自己的行动将被后行动者所利用，也就会设法选择传递有利信息，避免传递不利信息。因此，博弈过程不仅是局中人选择行动的过程，而且是局中人不断修正信念的学习过程。

精炼贝叶斯纳什均衡是所有局中人策略和信念的一种结合，其要点在于当事人要根据所观察到的他人的行为来修正自己有关后者类型的"信念"（主观概率），并由此选择自己的行动。这里的修正过程使用的是贝叶斯法则。精炼贝叶斯纳什均衡满足如下条件：

第一，在给定每个局中人有关其他局中人类型的信念的情况下，他的策略选择是最优的；

第二，每个人有关其他人类型的信念都是使用贝叶斯法则从所观察到的行动中获得的。

案例窗 3-6

黔驴技穷

成语"黔驴技穷"实际上就是一个不完全信息动态博弈。毛驴刚到贵州时，老虎见它是个庞然大物，不知其有多大本领，感到很神奇。给定这个"信念"，老虎躲在树林里偷偷地瞧毛驴就是一种最优选择。过了一阵子，老虎走出树林，逐渐接近毛驴，就是想获得有关这个庞然大物的真实本领的信息。有一天，毛驴忽然大叫一声，老虎吓了一跳，急忙逃走，这也是最优选择，因为毛驴的叫声是老虎预料之外的。又过了些天，老虎又来观察，发现毛驴并没有什么特别的本领，对毛驴的叫声也习以为常。但老虎仍不敢下手，因为他对毛驴的真实本领还没有完全了解。再后来，老虎对毛驴挨得更近，往毛驴身上挤碰，故意冒犯它。毛驴在忍无可忍的情况下，就用蹄子去踢老虎。这一踢向老虎传递的信息是"毛驴不过这点本事而已"，所以老虎反倒高兴了。到这时，老虎对毛驴已有了完全的了解，所以就扑过去把它吃掉。

在这个故事里，老虎通过观察毛驴的行为逐渐修正对毛驴的看法，直到看清它的真面目，把它吃掉，这是一个精炼贝叶斯纳什均衡。老虎的每一步行动都是给定它的信念下最优的。事实上，毛驴的行为也是很理性的，它知道自己技能有限，所以不到万不得已是不用那仅有的一技的；否则，它早就被老虎吃掉了。

资料来源　张维迎. 博弈论与信息经济学［M］. 上海：上海三联书店，上海人民出版社，2004：20.

案例窗 3-7

在案例窗 3-5"市场进入阻挠"的博弈中，在位者可能是低成本，也可能是高成本，进入者事先不知道。在静态博弈中，进入者只能根据先验判断选择进入还是不进入。现在假设在位者先行动（比如说定价）。我们用 P 来表示价格，那么 P 本身可能包含有关在位者成本函数的信息，因为不同成本函数下的最优价格是不一样的。假定存在一个价格 P'，只有低成本企业才有利可图，而高成本企业是不敢模仿这个价格的。此时，精炼贝叶斯纳什均衡是，低成本在位者选择 P'，高成本企业选择一个较高的垄断价格；如果进入者观察到在位者选择了 P'，就推断其为低成本，不进入；否则，就认为在位者是高成本，进入。这就是保罗·米尔格罗姆（Paul Milgrom）和约翰·罗伯茨（John Roberts）在 1982 年提出的著名的垄断限价模型。

资料来源　张维迎. 博弈论与信息经济学［M］. 上海：上海三联书店，上海人民出版社，2004：20.

精炼贝叶斯纳什均衡的一个重要应用是信号传递模型。案例窗 3-7 提到的垄断限价模型是信号传递模型的一个特例。这类模型由斯宾塞（1974）开创，具有广泛的应用领域（但斯宾塞本人没有使用博弈论的术语）。斯宾塞分析的是劳动力市场上工人的教育水平如何传递有关能力的信息。在这个模型里，企业的生产率取决于工人的能力。工人的能力可能高，也可能低，工人本人知道，雇主不知道。教育本身不增强工人的能力，但可以传递有关这种能力的信息，原因是教育要花费成本。高能力的人的教育成本相对于低能力的人要低，因为一个智商低的人要比一个智商高的人遭受更大的痛苦才能完成必修的课程，拿到文凭。这样，文凭就成为能力的象征，尽管它不一定是能力的源泉。高能力的人要把自己与低能力的人分开，就要选择受更多的教育；企业看到受过教育的人就推断是高能力，支付高工资。

在完全信息动态博弈中，我们强调了承诺行动在子博弈精炼纳什均衡中的重要性。这里，要强调"成本"在精炼贝叶斯纳什均衡中的重要性。一种行动要起到某种传递信息的功能，行动者必须为此付出足够的成本；否则，所有其他类型的参与者都会模仿。这也就是说，只有负担成本的行动才是可信的，简单地告诉对方"我是低成本企业""我是强者""我是好人""我是高能力的人"之所以不传递信息，就是因为这类"行动"不花成本，谁都可以效仿。低成本企业要把自己与高成本企业分开从而阻止进入者进入，就得定一个比短期垄断价格低的价格，牺牲一部分短期利润；好人要把自己与坏人分开，就得做更多、更大的好事；高能力的人要把自己与低能力的人分开，就得接受更多的教育，如此等等。

这种为传递信息支付的成本是由信息的不完全性导致的。那么，是不是说不完全信息就一定是件坏事呢？不一定。克瑞普斯、米尔格罗姆、罗伯茨和威尔逊（1982）关于声誉的模型证明：在有限次重复囚徒困境博弈的过程中，不完全信息可以导致合作的后果，而这在完全信息下是不可能的。理由是，当信息不完全时，当事人为了获得合作带来的长期利益，不愿过早地暴露自己的本性。也就是说，在一种长期的关系中，一个人做好事还是坏事常常不取决他在本性上是好人还是坏人，而在很大程度上取决于其他人在多大程度上认为他是好人。给定其他人并不知道自己的真实面目，一个坏人也会在相当长时间内做好事。从这个意义上讲，过早地揭穿坏人的"真面目"也许不是一件好事，因为坏人做好事本身并不一定是件坏事。当然，在博弈的最后阶段，坏人的真实面目总是要暴露的。这就是我们常说的"路遥知马力，日久见人心"。

3.3 博弈论在信息经济学领域的应用

在信息经济学领域，博弈论能够解释很多经济活动现象，为经济部门和非经济部门的决策提供指导作用。

3.3.1 古诺模型

古诺模型（Cournot Model）又称古诺双寡头模型（Cournot Duopoly Model）或双寡头模型（Duopoly Model），由法国经济学家安东尼·奥古斯丁·古诺（Antoine Augustin Cournot）于1838年提出。它是纳什均衡应用的最早版本，是一种完全信息静态博弈。

古诺模型的假定条件是：市场上只有 A、B 两个厂商生产和销售完全相同的产品；厂商的生产成本为零，因而只需获得最大收益便可获得最大利润；两个厂商面临相同的线性需求函数，采用相同的市场价格；每一个厂商都认为对手的产量不会发生变化，A、B 两个厂商同时行动。

根据以上假设就构成了两个参与者的博弈。两个厂商的策略是选择产量，收益是在相应产量下的利润，它是两个厂商产量的函数。用 q>0 表示第 i 个厂商的产量，C(q) 表示成本函数；P 表示价格，是市场总产量的函数，P=P(q_1+q_2)。第 i 个厂商的收益函数为：

$$u_i(q_1, q_2) = q_i P - C_i(q_i) \qquad (i = 1, 2) \tag{3-1}$$

由于两个厂商同时行动，它们都将寻求自身利益的最大化，也就是说纳什均衡解是使参与者收益最大的产量，因此，分别对以上收益函数求导，并令其等于零：

$$\frac{\partial u_1}{\partial q_1} = P(q_1 + q_2) + q_1 P'(q_1 + q_2) - C_1'(q_1) = 0 \tag{3-2}$$

$$\frac{\partial u_2}{\partial q_2} = P(q_1 + q_2) + q_2 P'(q_1 + q_2) - C_2'(q_2) = 0 \tag{3-3}$$

假定市场价格 P=P(q_1+q_2) =a-q_1-q_2，$C_1(q_1)$ =cq_1，$C_2(q_2)$ =cq_2，即两个厂商有相同的不变单位可变成本 c（常数），则式（3-2）、式（3-3）分别得：

$$q_1^* = R_1(q_2) = \frac{a - q_2 - c}{2} \tag{3-4}$$

$$q_2^* = R_2(q_1) = \frac{a - q_1 - c}{2} \tag{3-5}$$

R(q_1) 和 R(q_2) 分别为两个厂商的反应函数，即每个厂商的最优产量是另一个厂商产量的函数，$R_1(q_2)$ 是厂商 1 对于假定 q_2 的最优反应，而 $R_2(q_1)$ 是厂商 2 对假定 q_1 的最优反应，两个函数的交点就是纳什均衡 q*=(q_1^*, q_2^*)，如图 3-9 所示。

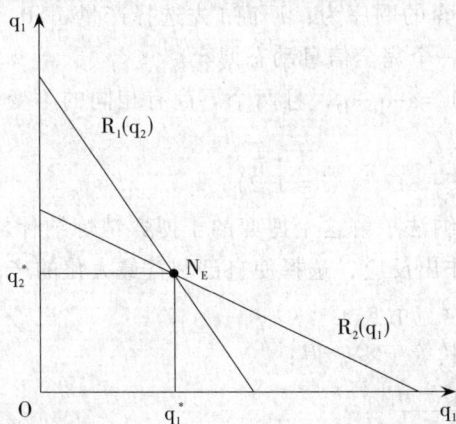

图3-9　古诺模型

假定市场价格 P=P(q_1+q_2) =a-q_1-q_2，$C_1(q_1)$ =cq_1，$C_2(q_2)$ =cq_2，根据式（3-4）、式（3-5），厂商 1 每增加 1 个单位的产量，厂商 2 将减少 1/2 单位的产量；反之，亦然。

纳什均衡是式（3-4）、式（3-5）两个函数的交点，即 $q_1^* = q_2^*$，得 $q_1 = q_2$，分别代入式（3-4）、式（3-5）得：

$$q_1^* = \frac{a - q_1 - c}{2} \Rightarrow 3q_1 = a - c \Rightarrow q_1^* = \frac{a - c}{3} \tag{3-6}$$

$$q_2^* = \frac{a - q_2 - c}{2} \Rightarrow 3q_2 = a - c \Rightarrow q_2^* = \frac{a - c}{3} \tag{3-7}$$

即纳什均衡为：

$$q_1^* = q_2^* = \frac{a - c}{3}$$

每个厂商的纳什均衡收益为：

$$u_1(q_1^*, q_2^*) = u_2(q_1^*, q_2^*) = \frac{(a - c)^2}{9} \tag{3-8}$$

也就是说，如果给定厂商 2 的产量为（a-c）/3，那么厂商 1 的最优产量是(a-c)/3；如果给定厂商 1 的产量为(a-c)/3，那么厂商 2 的最优产量也是(a-c)/3，所以（(a-c)/3，(a-c)/3）是古诺模型的纳什均衡。

3.3.2 斯塔克尔伯格模型

斯塔克尔伯格模型（Stackelberg Model）可以看作子博弈精炼纳什均衡的最早版本。在标准的斯塔克尔伯格模型中，市场结构设置为只有两个厂商，对方的产量是每个厂商要顾虑的，博弈的参与者分别是领导者和追随者，一方先行动，另一方作出反应，领导者一般为行业内无可争议的垄断者，作为领导者在博弈过程中会有承诺行为。根据斯塔克尔伯格的假定，该模型中的企业的行动与古诺模型一致，也是选择产量。不同的是，古诺模型中的参与者是同时行动，而在斯塔克尔伯格模型中，参与者的行动是有顺序的。博弈的顺序为：厂商 1 先选择产量 $q_1 \geq 0$，厂商 2 观测到 q_1 后选择自己的产量 $q_2 \geq 0$。这是一个完全信息动态博弈。

假定市场价格 P(Q) =a-q_1-q_2，且两个厂商有相同的不变单位成本 c（常数）≥0，则收益函数为：

$$u_i(q_1, q_2) = q_i(P(Q) - c) \qquad (i = 1, 2) \tag{3-9}$$

我们可以用逆向归纳法求解这个博弈的子博弈精炼纳什均衡。假定 q_1 已经选定，厂商 2 观测到 q_1 后，将作出反应，选择使自己利益最大化的产量：

$$\max u_2(q_1, q_2) = q_2(a - q_1 - q_2 - c) \tag{3-10}$$

上式对 q_2 求导，令其等于零，得：

$$q_2^* = s_2(q_1) = \frac{a - q_1 - c}{2} \tag{3-11}$$

假定 $q_1 < a-c$。这是古诺模型中厂商 2 的反应函数；不同的是，这里，q_2 是当厂商 1 选择 q_1 时厂商 2 的实际选择，是 q_1 的函数，可以表示为 $s_2(q_1)$，而在古诺模型中，$R_2(q_1)$ 是厂商 2 对于假设的 q_1 的最优反应。

但是厂商 1 预测到厂商 2 将根据 $s_2(q_1)$ 选择 q_2，厂商 1 在第一阶段同样将作出自身利益最大化的选择：

$$\max u_i(q_1, s_2(q_1)) = q_1(a - q_1 - s_2(q_1) - c) = \max q_1 \frac{a - q_1 - c}{2} \tag{3-12}$$

对上式求导，令其等于零，得：

$$q_1^* = \frac{a - c}{2} \tag{3-13}$$

将 q_1^* 代入 $s_2(q_1^*) = q_2^*$，得：

$$q_2^* = s_2(q_1^*) = \frac{a - c}{4} \tag{3-14}$$

所以厂商 1 选择产量 $q_1^* = (a-c)/2$，而厂商 2 选择产量 $q_2^* = (a-c)/4$ 是斯塔克尔伯格均衡结果。但是 $q_1^* = (a-c)/2$ 和 $q_2^* = (a-c)/4$ 是均衡结果，而不是均衡本身，因为 $q_2^* = (a-c)/4$ 并不是对于任何给定的 q_1 的最优选择（即不是第二阶段的所有子博弈的纳什均衡）。子博弈精炼纳什均衡是 $(q_1^*, s_2(q_1))$。

3.3.3　不完全信息博弈的应用

不完全信息博弈在信息经济学领域的应用非常重要。在信息社会，信息在决策活动中起到了举足轻重的作用。由于信息不完全、不对称问题的存在，经济活动低效率，甚至隐瞒、欺诈行为屡见不鲜，导致经济秩序混乱、经济效率低下。不完全信息博弈理论的应用产生了很多有价值的应用模型，对不完全信息环境下的经济行为有很强的指导意义。

1. 不完全信息静态博弈应用实例

与上文提到的古诺模型一样，在不完全信息古诺模型中，两个厂商的策略依然是选择产量，它们同时行动，收益是在相应产量下的利润，是两个厂商产量的函数。用 $q_i \geqslant 0$ 表示第 i 个厂商的产量；$C_i(q_i)$ 表示成本函数；P 表示价格，是市场总产量的函数，$P = P(q_1 + q_2)$。第 i 个厂商的收益函数为：

$$u_i(q_1, q_2) = q_1 P - C_i(q_i) \qquad (i = 1, 2) \tag{3-15}$$

但该模型与完全信息条件下的古诺模型的差异在于：厂商 2 的单位可变成本是私有信息，即厂商 1 的单位可变成本为 $C_1 = c$，是共同知识；但厂商 2 的单位可变成本对于厂商 1 而言是不确定的，厂商 1 只知道其成本类型出现的概率，即 $C_2 = c_{2a}$ 的概率为 50%，$C_2 = c_{2b}$ 的概率为 50%。因此，厂商 2 的成本可以根据单位可变成本分为两种类型。

同样假定 $P = P(q_1 + q_2) = a - q_1 - q_2$，$C_1(q_1) = cq_1$，$C_2(q_2) = cq_2 = c_{2a}q_2$ 或 $c_{2b}q_2$。因为厂商 1 的成本是共同知识，厂商 2 将选择自身利益最大化的产量，其最优产量不仅依赖厂商 1 的产量，而且依赖自己的成本类型。

假定厂商 2 的单位成本为 c_{2a}，则收益函数为：

$$u_2 = q_2(a - q_1 - q_2) - q_2 c_{2a} = q_2(a - c_{2a} - q_1 - q_2) \tag{3-16}$$

对上式求导，得：

$$q_{2a}^* = \frac{a - c_{2a} - q_1}{2} \tag{3-17}$$

同理，如果厂商2的单位成本为c_{2b}，则最优产量为：

$$q_{2b}^* = \frac{a - c_{2b} - q_1}{2} \tag{3-18}$$

但是由于厂商1并不知道厂商2的具体成本类型，它将选择期望利润最大化的产量作为最优产量。

$$Eu_i = 0.5 \times q_1(a - c - q_1 - q_{2a}^*) + 0.5 \times q_1(a - c - q_1 - q_{2b}^*) \tag{3-19}$$

对上式求导，得：

$$q_1^* = \frac{a - c - Eq_2}{2} \tag{3-20}$$

式中：Eq_2是厂商1关于厂商2产量的期望值$(q_{2a}^* + q_{2b}^*)/2$，将式（3-17）、式（3-18）代入该期望值，解式（3-20），得：

$$q_1^* = \frac{1}{3}(a - 2c + \frac{c_{2a} + c_{2b}}{2}) \tag{3-21}$$

那么将其代入单位成本分别为c_{2a}和c_{2b}的最优产量等式中，即得贝叶斯均衡。

2.不完全信息动态博弈应用实例[①]

不完全信息动态博弈的应用模型最为典型的就是信号博弈和声誉模型。

（1）信号博弈

早在1973年斯宾塞就运用信号博弈模型对就业市场中的文凭信号传递进行了分析。该博弈包含两个参与者：

一是雇员，其发出的信号是教育水平或文凭。假设雇员的类型是其工作能力，分为高和低两种，并且他的类型是私有信息。

二是劳动力市场上的招聘企业。在劳动力市场上，招聘企业往往很难知道应聘者的实际能力高低，应聘者往往通过文凭信息（受教育程度）来传递能力信息。因为求学过程是要付出成本的，且能力愈强的人愈能忍受这个代价，因此这个信号愈强，成本就愈高。应聘者在既定成本下追求工资的最大化，而招聘方在支付一定的工资水平下追求应聘者能力的最大化，因为能力越强的，预期产出可能越高。招聘方一般会根据收到的文凭信息对应聘者的能力作出判断，然后确定相应的工资水平。

（2）声誉模型

只要重复博弈次数是有限的，则合作性的子博弈精炼均衡总是不可能出现的。但这种情况似乎与我们在现实中所观察到的许多合作现象不太吻合，因为现实中的重复博弈一般总是有限次的。1981年，罗伯特·阿克塞尔罗德（Robert Axelrod）通过实验证明，即使在有限次重复博弈中，合作行为也是频繁出现的，特别是在距博弈结束仍比较远的阶段。1982年，克瑞普斯、米尔格罗姆、罗伯茨和威尔逊指出：在完全信息动态博弈中，之所以存在"只要重复博弈次数是有限的，合作就不可能出现"的结论，原因在于"理性人是共同知识"及"信息完全"的两个假定。因此，他们在有限次重复博弈中引入了不完全信息和理性人非共同知识的假定，由此发现存在合作型子博弈精炼均衡解，从而解开了这个悖论。这就是著名的声誉模型（Reputation

① 郎艳怀. 经济数学方法与模型教程 [M]. 上海：上海财经大学出版社，2004：155-159.

Model)，也被称为KMRW[1]声誉模型。他们证明，参与者对其他参与者得益函数或策略空间的不完全信息对均衡结果有重要影响，只要博弈重复的次数足够长（不一定是无限次的），合作行为在有限次博弈中也会出现。

以囚徒困境为例说明声誉模型的结果。假定囚徒 A 有两种类型，理性的或非理性的概率分别为（1-p）和 p；囚徒 B 只有一种类型，即理性的，理性的囚徒可以选择任何策略。阶段博弈的收益矩阵如表 3-2 所示。

表3-2　　　　　　　　　　　　　　囚徒困境阶段博弈

收　益		囚徒 A			
		理性（1-p）		非理性 p	
		坦白	抵赖	坦白	抵赖
囚徒 B	坦白	-5，-5	0，-10	-5，-5	0，-10
	抵赖	-10，0	-2，-2	-10，0	-2，-2

非理性的囚徒 A 由于某种原因，只有一种策略——抵赖。如果囚徒 A 在 t 阶段选择抵赖，囚徒 B 在（t+1）阶段的选择就是"你抵赖，我就抵赖；你坦白，我就坦白"。博弈的顺序如下：

① 自然首先选择囚徒 A 的类型；囚徒 B 知道自己的类型，囚徒 B 只知道囚徒 A 属于理性的概率是（1-p），非理性的概率是 p。

② 两个囚徒进行第一阶段博弈。

③ 观测到第一阶段博弈结果后，进行第二阶段博弈；观测到第二阶段博弈结果后，进行第三阶段博弈；依此类推。

④ 理性囚徒 A 和囚徒 B 的收益是阶段博弈收益的贴现值之和（假定贴现因子 δ=1）。首先讨论博弈只重复两次的情况，即 t=2。与完全信息情况一样，在最后阶段（t=2）时，理性囚徒 A 和囚徒 B 将选择坦白，非理性囚徒 A 的选择依赖囚徒 B 在第一阶段的选择。在第一阶段，非理性囚徒 A 选择抵赖（根据假定）；理性囚徒 A 的最优选择仍然是坦白，他的选择不会影响囚徒 B 在第二阶段的选择。我们只需要考虑囚徒 B 在第一阶段的选择 X，他的选择将影响非理性囚徒 A 在第二阶段的选择，如表 3-3 所示。

表3-3　　　　　　　　　　　　　　博弈重复两次的均衡

参与者　　次数（t）	t=1	t=2
非理性囚徒 A	抵赖	X
理性囚徒 A	坦白	坦白
囚徒 B	X	坦白

① KMRW 是 Kreps、Milgrom、Roberts、Wilson 的缩略。

如果囚徒 B 在第一阶段选择了抵赖,即 X 等于抵赖,则囚徒 B 两阶段的期望收益是:

$$[p \times (-2) + (1 - p) \times (-10)] + [p \times 0 + (1 - p) \times (-5)] = 12p - 5$$

如果囚徒 B 在第一阶段选择了坦白,即 X 等于坦白,则囚徒 B 两阶段的期望收益是:

$$[p \times 0 + (1 - p) \times (-5)] + [-5] = 5p - 10$$

因此,如果满足 12p-15>5p-10,即 p>5/7,那么囚徒 B 将选择合作行为,即抵赖。也就是说,如果囚徒 A 非理性的概率大于 5/7,那么囚徒 B 在第一阶段将选择抵赖。

下面我们假定 p≥5/7,t=3,来讨论博弈重复 3 次的情况。当博弈重复 3 次时,如果理性囚徒 A 和囚徒 B 在第一阶段都选择合作行为,即抵赖,那么第二、三阶段的均衡路径如表 3-4 所示。

表3-4 博弈重复3次的均衡

参与者　　　　　次数（t）	t=1	t=2	t=3
非理性囚徒 A	抵赖	抵赖	抵赖
理性囚徒 A	抵赖	坦白	坦白
囚徒 B	抵赖	抵赖	坦白

首先考虑理性囚徒 A 在第一阶段的策略。当博弈重复 3 次时,坦白不一定是理性囚徒 A 在第一阶段的最优选择,因为尽管选择坦白在第一阶段有可能得到 0 单位的最大收益,但他的选择将暴露出他是理性的,囚徒 B 在第二阶段就不会选择抵赖。理性囚徒 A 在第二阶段的最大收益是-5;如果在第一阶段理性囚徒 A 选择抵赖,不暴露自己是理性的,则理性囚徒 A 可能在第一阶段得到-2;如果囚徒 B 在第二阶段选择抵赖,则囚徒 A 还可能在第二阶段得到 0。

给定囚徒 B 在第一阶段选择抵赖,如果理性囚徒 A 选择抵赖,那么囚徒 B 的后验概率不变,因而在第二阶段和第三阶段分别选择抵赖和坦白,理性囚徒 A 的期望收益为:(-2) +0+ (-5) =-7。如果理性囚徒 A 在第一阶段选择坦白,暴露自己的理性特征,那么囚徒 B 将修正后验概率,在第二阶段和第三阶段都选择坦白,理性囚徒 A 的期望收益为:0+ (-5) + (-5) =-10。根据期望收益,理性囚徒 A 在第一阶段的最优选择是抵赖,他将没有兴趣偏离表 3-2 的均衡路径。

现在考虑囚徒 B 的策略。囚徒 B 有 3 种策略,分别是(抵赖、抵赖、坦白)、(坦白、坦白、坦白)和(坦白、抵赖、坦白)。给定理性囚徒 A 在第一阶段的选择为抵赖(第二、三阶段选择为坦白),囚徒 B 选择(抵赖、抵赖、坦白)的期望得益为:

$$(-2) + [p \times (-2) + (1 - p) \times (-10)] + [p \times 0 + (1 - p) \times (-5)] = 13p - 17$$

如果囚徒 B 选择(坦白、坦白、坦白),博弈路径如表 3-5 所示。

表3-5　　　　　　　　　　　　　　　囚徒B 3个阶段都选择坦白

次数（t） 参与者	t=1	t=2	t=3
非理性囚徒 A	抵赖	坦白	坦白
理性囚徒 A	抵赖	坦白	坦白
囚徒 B	坦白	坦白	坦白

其期望收益是：$0+（-5）+（-5）=-10$，因为我们前面假定 $p \geqslant 5/7$，所以（抵赖、抵赖、坦白）的收益（$13p-17$）大于（坦白、坦白、坦白）的收益-10。显然，第一种策略较优。

如果囚徒 B 选择（坦白、抵赖、坦白），博弈路径如表 3-6 所示。

表3-6　　　　　　　　　　　　　　　　囚徒B的第三种策略

次数（t） 参与者	t=1	t=2	t=3
非理性囚徒 A	抵赖	坦白	抵赖
理性囚徒 A	抵赖	坦白	坦白
囚徒 B	坦白	抵赖	坦白

其期望收益是：$0+（-10）+[p×0+（1-p）×（-5）]=5p-15$；同理，因为 $p \geqslant 5/7$，所以策略（抵赖、抵赖、坦白）优于（坦白、抵赖、坦白）。

综上所述，只要囚徒 A 非理性的概率 $p \geqslant 5/7$，表 3-4 所示的策略组合就是一个精炼贝叶斯均衡：理性囚徒 A 在第一阶段选择抵赖，然后在第二阶段和第三阶段选择坦白；囚徒 B 在第一阶段和第二阶段选择抵赖，然后在第三阶段选择坦白。我们将任何一个囚徒选择坦白的阶段，称为非合作阶段；两个囚徒都选择抵赖的阶段，称为合作阶段。只要 t>3，非合作阶段的总量等于 2，与 T 无关。在以上的讨论中，我们假定只有囚徒 A 的类型是私有信息（单方非对称信息）。这个假设下，如果 $p \geqslant 5/7$，合作均衡不可能作为精炼贝叶斯均衡出现（在假定的参数下）。但是，如果假定两个囚徒的类型都是私人信息，每个囚徒都有 p>0 的概率是非理性的，那么不论 p 多么小（但严格大于0），只要博弈重复的次数足够多，合作均衡就会出现。

KMRW 定理：在 T 阶段重复囚徒博弈中，如果每个囚徒都有 p>0 的概率是非理性的，如果 T 足够大，那么存在一个 $T_0<T$，使得下列策略组合构成一个精炼贝叶斯均衡：所有理性囚徒在 $t \leqslant T_0$ 阶段选择合作（抵赖），在 $t>T_0$ 阶段选择不合作（坦白）；非合作阶段的数量（$T-T_0$）只与 p 有关，而与 T 无关。

KMRW 定理告诉我们：每一个囚徒在选择合作时冒着被其他囚徒出卖的风险（从而可能得到一个较低的现阶段得益），若他选择不合作，就暴露了自己是非合作型的；若对方是合作型，他将失去获得长期合作收益的可能。如果博弈重复的次数足够多，未来收益的损失就超过短期被出卖的损失。在博弈的开始，每一个参与者都想树立一个合作形象，即使他在本性上并不是合作型的；只有在博弈快结束的时候，参与者才会一次性地把自己过去建立的声誉利用尽，合作才会停止。

声誉模型在经济活动中有较高的应用价值，如政府的货币政策。假定公众认为政府有两种可能的类型：强政府或弱政府。强政府从来不制造通货膨胀；弱政府有兴趣制造通货膨胀，但通过假装强政府，可以建立一个不制造通货膨胀的声誉。公众不知道政府的类型，但可以通过观测通货膨胀率来推断政府的类型。特别地，一旦政府制造了通货膨胀，公众就认为政府是弱政府，在理性预期下，政府在随后阶段的通货膨胀不能带来任何产出或就业的好处。

博弈论在不对称信息经济学研究问题中都有极高的应用价值。用博弈理论分析契约理论具有很强的经济和管理意义。其主要体现在对委托-代理关系、道德风险、逆向选择、信号理论等问题的研究和分析，关于这些问题的分析我们将在第4章详述。

思政园地

解决食品质量安全问题的法治化路径

关于食品质量安全相关利益主体之间的博弈关系，在理性经济人的假设下，食品商家如无约束或限制，将会出售劣质食品，以达到自身效益最大化；对食品质量安全规制的政策安排和制度效率源自各规制机构之间的博弈结果；在内在行为要素以及特殊社会制度基础的驱使等多重作用下，食品质量安全的各方利益主体在食品链条上会呈现出种种不同的行为举动，加大对商品信息透明化的支出，会导致生产者提高生产不符合安全标准食品的成本，而同时提升监管者的奖励与惩罚力度能促进整体监管效率的优化。

基于囚徒困境博弈理论对生产者、消费者和监管者分别适用的情形来看，要想形成合作并达到整体效益最大化是极其困难的，但是合作也并非不可实现。已有经济学家通过一系列实证模拟实验，得出结论：只要参与者都非常关心未来的利润，他们就将放弃违规带来的一次性好处。因而在多次进行的囚徒困境博弈中，各个参与者可能会得到合作的结果。

解决我国食品质量安全问题"困境"，其法治化的"最佳"路径选择，是建立一套严厉惩罚"利己"（违法者）和多元奖励"合作"（守法者）的制度体系，并切实以奖惩两大措施并行不悖，来提高各个利益主体对未来收益的期望值，充分发挥奖惩机制在食品安全中的保障作用。

资料来源　张昊."囚徒困境"理论与我国食品质量安全的法律探析［J］.江西社会科学，2017，37（2）：184-190.

本章小结

本章主要阐述了博弈论的相关内容，主要包括：

（1）博弈论的基础知识：博弈论的发展、博弈论的构成要素、博弈的分类。

（2）阐述博弈论与经济学之间的内在联系。

（3）主要说明四种重要的博弈均衡理论：①完全信息静态博弈——纳什均衡；②完全信息动态博弈——子博弈精炼纳什均衡；③不完全信息静态博弈——贝叶斯纳什均衡；④不完全信息动态博弈——精炼贝叶斯纳什均衡。

（4）博弈论在信息经济学领域的应用：①完全信息静态博弈——古诺模型；②完全信息动态博弈——斯塔克尔伯格模型；③不完全信息静态博弈——不完全信息古诺模型；④不完全信息动态博弈——信号博弈和声誉模型。

复习与思考

1.博弈论的定义以及发展历程分别是什么？

2.博弈论的构成要素是什么？

3.博弈的分类是什么？

4.完全信息静态博弈的含义是什么？

5.简述完全信息静态博弈和纳什均衡。

6.简述完全信息动态博弈和子博弈精炼纳什均衡。

7.简述不完全信息静态博弈和贝叶斯纳什均衡。

8.简述不完全信息动态博弈和精炼贝叶斯纳什均衡。

9.简述古诺模型的纳什均衡。

10.简述斯塔克尔伯格模型的子博弈精炼纳什均衡。

11.声誉模型对我们的启示是什么？

第 3 章即测即评

第 4 章
经济机制设计理论

学习目标

4.1
委托-代理理论
4.2
逆向选择与信号理论
4.3
道德风险与激励机制
4.4
经济活动中信息不对称的应用

思政园地
本章小结
复习与思考

学习目标

◆ 重点掌握委托-代理理论、逆向选择与信号理论、道德风险与激励机制。

◆ 掌握委托-代理关系存在的基本条件、基本模式、主要分类，信号传递与信息甄别的关系，激励机制模型的设计与分析。

◆ 了解委托-代理的均衡合同、经济活动中委托-代理关系的主要应用。

在信息不对称的市场环境中以及信息不完全及决策分散化的条件下，设计一套机制（规则或制度），使经济活动和市场活动参与者的个人利益和设计者的既定目标相一致，需要利用信息经济学的机制设计方法来处理，主要包括委托-代理关系、信号理论与激励机制。

经济机制设计理论是研究在自由选择、自愿交换、信息不完全及决策分散化的条件下，能否设计一套机制（规则或制度）来达到既定目标的理论。由莱昂尼德·赫维奇（Leonid Hurwicz）开创并由埃里克·马斯金（Eric Maskin）和罗杰·迈尔森（Roger Myerson）作出发展和运用的机制设计理论（Mechanism Design Theory）的基本思想和框架，已经深深地影响和改变了包括信息经济学、规制经济学、公共经济学、劳动经济学等在内的现代经济学的许多学科。目前，机制设计理论已经进入了主流经济学的核心部分，被广泛地运用于垄断定价、最优税收、契约理论、委托-代理理论以及拍卖理论等诸多领域。本章内容包括委托-代理、信息传递与甄别、激励机制等内容，都可归结为机制设计问题。

4.1 委托-代理理论

委托-代理理论的正式提出者是美国经济学家伯利（A. A. Berle）和米恩斯（G. C. Means）。他们洞悉企业所有者兼经营者的做法存在极大的弊端，于是倡导所有权和经营权分离，企业所有者保留剩余索取权，作为委托方，而将经营权让渡给作为代理方的专业管理者。委托-代理理论已成为现代公司治理的逻辑起点。

4.1.1 委托-代理关系

委托-代理理论是制度经济学契约理论的主要内容之一，所以该理论主要研究的是委托-代理关系，即一个或多个行为主体根据一种明示或隐含的契约，指定、雇用另一些行为主体为其服务，同时授予后者一定的决策权，并根据后者提供的服务数量和质量对其支付相应的报酬，其中授权者是委托人，被授权者是代理人。

在许多信息不对称的情况下，市场参与者双方各个方面所掌握信息的差别，导致了双方经济活动受阻，严重影响了市场经济的正常运行。为了有效解决这种弊端，引入了委托-代理理论，只要在建立或签订合同前后，市场参与者双方掌握的信息不对称，这种经济关系就可以被认为属于委托-代理关系。掌握信息多（或具有相对信息优势）的市场参与者被称为代理人；掌握信息少（或具有相对信息劣势）的市场参与者被称为委托人。

部分委托-代理关系见表4-1。

表4-1 委托-代理关系举例

委托人	代理人
政府	国务院国有资产监督管理委员会
国务院国有资产监督管理委员会	国有资产运营机构
国有资产运营机构	董事会
董事会	经理
证券投资者	经纪人
厂商（批发商）	零售商
病人	医生
加工制造业	第三方物流
承保人（保险公司）	投保人
⋮	⋮

4.1.2 委托-代理关系的基本条件

委托-代理关系并不必然导致委托-代理问题。以下几种情况将不会出现委托-代理风险问题：

① 委托人有完全的理性且具有高的诚信度，那么在签订委托-代理契约时，可以把代理人可能的机会主义行为全部列出并写进契约中；

② 委托人与代理人不存在信息不对称，委托人可以不费成本地监督代理人；

③ 代理人没有机会主义动机，完全忠诚可靠；

④ 两者的目标函数完全同构。

因此，构成委托-代理关系的两个基本条件包括：

第一，市场中存在两个以上相互独立的个体，且双方都是在约束条件下的效用最大化者。在这两个个体中，其中之一（代理人）必须在许多可供选择的行动中选择一项预定的行动，该行动既影响其自身的收益，也影响另外一个个体（委托人）的收益。委托人具有付酬能力，并拥有固定付酬方式和数量的权利，即委托人在代理人选择行动之前就可能与代理人确定某种合同，该合同明确规定代理人的报酬是委托人代理行为结果的函数。

第二，代理人与委托人都面临市场的不确定性和其他风险，且两者之间掌握的信息处于不对称状态。首先，委托人不能直接观察代理人的具体操作行为。其次，代理人不能完全控制选择行动的最终结果，因为代理人选择行动的最终结果是一种随机变量，其分布状况取决于代理人的行为。由于存在该项条件，委托人不能完全根据对代理人行为的观察结果来判断代理人的成绩。

4.1.3 委托-代理关系的基本模式与分类

1.委托-代理关系的基本模式

可以将委托-代理关系的基本模式划分为如下几类：

① 单个委托人与单个代理人的对策模型，如病人与医生；

② 单个委托人与多个代理人（复合代理人）的对策模型，如批发商与多个零售商；

③ 多个委托人（复合委托人）与单个代理人的对策模型，如多个汽车投保人与某家保险公司；

④ 多个委托人与多个代理人的对策模型，如保险市场上多家保险公司争夺多个投保人的竞争；

⑤ 单个或多个委托人与代理人之间彼此互为委托人和代理人的对策模型，如盲人背腿脚不方便的人后，彼此均为委托人与代理人。

2.委托-代理关系的分类[①]

委托-代理理论是建立在不对称信息博弈论的基础上的，也就是说，不对称信息博弈论将作为委托-代理理论的重要研究基础之一，按照不对称发生的时间和不对称信息的内容划分委托-代理关系（见表4-2）。

表4-2　　　　　　　　　　　　委托-代理关系的分类

项目	不对称信息的内容		
		隐藏行动	隐藏信息
不对称信息发生的时间	事前		（1）逆向选择模型 （2）信号传递模型 （3）信息甄别模型
	事后	（4）隐藏行动的道德风险模型	（5）隐藏信息的道德风险模型

（1）逆向选择模型

逆向选择模型是指委托人和代理人签订合同之前，代理人知道自己的类型，委托人不知道。

（2）信号传递模型

信号传递模型是指：自然选择代理人类型；代理人知道自己的类型，委托人不知

① 张守一. 现代经济对策论 [M]. 北京：高等教育出版社，1998：97-99.

道；为了显示自己的类型，代理人选择某种信号；委托人观测到信号后与代理人签订合同。与逆向选择模型不同的是，在信号传递模型中，委托人会根据代理人的信号来修正对代理人的主观概率，然后签约。

（3）信息甄别模型

信息甄别模型是指：自然选择代理人类型；代理人知道自己的类型，委托人不知道；委托人会提供多份合同供代理人选择，代理人根据自己的类型选择一份合同，并根据合同规定选择相应的行动。

（4）隐藏行动的道德风险模型

隐藏行动的道德风险模型是指签约时双方信息是对称的；签约后，代理人选择行动（努力工作，还是不努力工作），自然选择"状态"；代理人和自然状态一起决定可观察到的结果；委托人只能观察到结果，不能观察到人的行动和自然状态。委托人要设计一份激励合同，以诱使代理人从自身利益出发选择对委托人最有利的行动。

（5）隐藏信息的道德风险模型

隐藏信息的道德风险模型是指签约时双方信息是对称的；签约后，自然选择"状态"（可能是代理人的类型）；代理人观察到自然选择，然后选择行动；委托人观察到代理人的行动，但不能观察到自然的选择。委托人要设计一份激励合同，以诱使代理人在自然的状态下选择对委托人最有利的行动。

4.1.4　委托-代理的均衡合同[①]

委托-代理关系的建立依赖双方签订的均衡合同。如果A为委托人、B为代理人，则B的行动原则是使其自身的效用最大化。也就是说，委托人A必须设计出一种代理人B能够接受的合同。在这种合同的约束下，A必须根据B的某些行动或操作结果给予B一定的收益；同时，A根据B的实际操作结果向B支付合同中所规定的收益，即在B追求自身效用最大化的约束条件下，A的效用也达到了最大化。

事实上，上述的委托-代理的均衡合同将作为委托-代理关系持续发展的纽带与链条。如果在实施中，相互遵循其事先约定好的合同，委托-代理关系将会给双方带来双赢的效应，也解决了由信息阻塞给市场参与者带来的负面影响。

维持委托-代理双方的合同关系应建立在相互信任、相互竞争、相互促进、相互依存、相互努力的基础上，并在市场上具有双赢的均衡合同，以保证合同一步一步地实施与实现。但是因为存在许多的差异，势必在实施中存在一定的问题和困难：

① 在选择代理人方面，A（委托人）不知道在所有应聘者中哪个管理者是最适合的人选；

② 难以轻松地设计出在各种复杂条件下都能够对B（代理人）产生最大化刺激的合同；

③ 难以或不可能从企业利润中明确划出由B的努力带来的利润额；

④ B有可能利用其信息优势降低努力程度，从而损失A的利益。

① 谢康. 信息经济学原理 [M]. 长沙：中南工业大学出版社，1998：53-55.

因此，达成委托–代理的均衡合同的条件应该包括：

（1）参与约束

参与约束条件说明，代理人履行均衡合同后所获得的收益不能低于某一个预定收益额；或者说，代理人接受委托人合同的预期收益不能低于其在同等成本约束条件下从其他委托人那里获得的收益水平。

（2）激励相容

激励相容条件说明，代理人以行动效用最大化原则选择具体的操作行动，在自身获得预期效用最大化的同时，也保证使委托人的预期利润最大化。在机制设计理论中有以下解释：激励相容是使参与者理性实现个体利润最大化的策略，与机制设计者所期望的策略一致，从而使参与者自愿按照机制设计者所期望的策略采取行动。

委托–代理之间的彼此信任关系，构成市场经济的灵魂；没有对委托–代理的均衡合同的信任，就难以有持之以恒的发达的市场经济。阿罗指出，"道德因素"在不同程度上进入了每份合同，没有它，任何市场都不能正常地运转。在每次交易中都包含委托–代理的信任因素。在市场经济发展中，委托–代理的信任体现在两个方面：一是对委托–代理合同的承诺或规则的承认和自觉遵守；二是所谓的"敬业精神"，即为严格执行合同中的条款所付出的努力程度。

拓展阅读 4-1

4.2　逆向选择与信号理论

在委托–代理关系中，由于当事人之间存在信息不对称现象，可能出现逆向选择问题，损害某些当事人的利益，同时影响社会经济效率，信息传递和信号甄别模型为规避逆向选择问题提供了解决途径。

4.2.1　逆向选择

微课 4-1

逆向选择

1.逆向选择的含义

逆向选择是指在建立委托–代理关系前，代理人就已经掌握某些委托人不了解而又可能对其不利的信息，即私人信息，所以代理人利用于己有利的信息鉴定对自己有利的合同，委托人由于信息劣势而处于对己不利的选择位置上，也称不利选择。

比如在保险市场上，投保人与承保人之间有关保险业务的信息总是处于不对称状态。投保人知道自己的风险概率，承保人不知道这一信息，不能根据风险来区分投保人。因此，承保人不能对不同风险的投保人给出不同的保险费率，只能给出以风险的平均概率为基础的保险费率。在这个市场费率的价格水平上，高风险投保人将会多买保险，而低风险投保人会少买保险，甚至不买保险而退出保险市场。这样，高风险投保人实际上把低风险投保人赶出了保险市场，从而导致风险承担均衡分配的无效率，这就是逆向选择问题。

尽管经济学家们早就认识到逆向选择问题导致市场效率低下，会干预市场的有效运行，然而对于该问题的开创性研究真正起始于乔治·阿克尔洛夫的柠檬理论（Lemon Theory）。1970年，在《柠檬市场：质量的不确定性和市场机制》（The Market for "Lemons": Quality Uncertainty and the Market Mechanism）这篇经典论文里，阿克尔洛夫以二手车市场为例，说明当市场委托方仅仅知道交易商品的质量分布，而不知道在二手车市场中的每一辆车的确切质量时，二手车市场最终将高质量的二手车全部排斥出去，只剩下低质量的二手车，这是由买卖双方的信息不对称造成的，逆向选择会导致市场上出现格雷欣法则（Gresham's Law）所描述的"劣品驱逐良品"的现象。阿克尔洛夫不仅解释了信息不对称导致市场缺乏效率均衡的原因，还进一步分析了买方和卖方的数量以及风险态度对均衡的影响。该研究开创了逆向选择研究的先河，该论文被诺贝尔经济学奖评奖委员会誉为"信息经济学最为重要的奠基性文献"。

在阿克尔洛夫研究的基础上，1973年，斯宾塞以劳动力市场为例，提出了解决逆向选择问题的信号传递理论。斯宾塞指出，在竞争性的劳动力市场中，具有较高才能的劳动者可以通过采用某些有成本的行为进行信号传递，以解决劳动力市场中由信息不对称而引发的逆向选择问题。

斯宾塞的研究引发出另外一个问题，即处于信息劣势的委托方是否可以通过某些有成本的行为对产品质量进行甄别。针对这个问题，1976年，罗斯柴尔德（M. Rothschild）和斯蒂格利茨提出了解决逆向选择的信息甄别方法。他们以保险业为背景，分析处于信息劣势的保险公司首先行动，提供一系列合同供处于信息优势的投保人选择来实现分离均衡，最终达到对投保人风险状况进行甄别的目的。

阿克尔洛夫、斯宾塞、斯蒂格利茨等三人由于在逆向选择及解决方案研究上的开拓性贡献，共同获得了2001年的诺贝尔经济学奖。逆向选择理论及信号理论被广泛应用于对金融市场、保险市场、劳动力市场、产业组织等领域的分析。

2.逆向选择模型[①]

根据乔治·阿克尔洛夫对二手车市场的分析，卖者拥有二手车市场中的每一辆车

---

① 张维迎. 博弈论与信息经济学［M］. 上海：格致出版社，上海三联书店，上海人民出版社，2012：324-329.

的详细信息；买者缺乏对整个二手车市场中的每一辆车的具体信息，买者只好以平均质量的价格购买二手车。在市场中，通过讨价还价将质量较高的二手车逐出市场后，最终留下的将是质量较差的二手车。在均衡情况下，只有低质量的车成交；在极端情况下，市场可能根本不存在，交易的帕累托最优也不能实现。乔治·阿克尔洛夫认为：二手车市场有多个潜在的买者与卖者，买者与卖者均为风险中性。卖者知道自己出售的车的质量 θ；买者不知道 θ，但知道 θ 的分布函数 $F(\theta)$。假设买者出价 P，卖者决定接受或不接受。如果交易不成功，双方的效用均为 0。如果交易成功，则买者、卖者的效用分别为：

$\pi_B = V(\theta) - P$

$\pi_S = P - U(\theta)$

【模型1】买卖双方有相同的偏好，只有两类卖者。

假定卖者出售的车有两种可能的类型：$\theta=6\,000$（高质量）或 $\theta=2\,000$（低质量），每一种的概率都为 1/2。

买卖双方有相同的偏好且对车的评价等于车的质量：$V(\theta)=U(\theta)=\theta$，那么，如果没有交易发生，支付为效用向量 $(0, 0)$；如果在价格 p 下成交，买者的效用为 $\pi_B=\theta-p$，卖者的效用为 $\pi_S=p-\theta$。

如果买者知道车的质量，均衡价格为 p=6 000（高质量）或 p=2 000（低质量）。当买者不知道车的质量时，如果质量高和低的两类车都存在，车的平均质量为 $E\theta=1/2\times6\,000+1/2\times2\,000=4\,000$，买者愿意出的最高价格为 p=4 000；但在此价格下，高质量车的卖者将退出市场（因为 $\pi_S=4\,000-6\,000=-2\,000<0$）；只有低质量车的卖者愿意出售（因为 $\pi_S=4\,000-2\,000=2\,000>0$）。买者知道，愿意出售的卖者一定是低质量的卖者，因此，p=4 000 不可能是均衡价格，唯一的均衡价格是 p=2 000，只有低质量的车成交，高质量的车退出市场。

【模型2】买卖双方偏好相同，但卖者的类型是连续分布的。

对模型1中关于车的质量仅分为两种类型的条件进行扩展，假设车的质量 θ 在区间 $[2\,000, 6\,000]$ 上服从均匀分布，其密度函数 $f(\theta)=1/(6\,000-2\,000)=1/4\,000$。偏好函数与模型1相同。

如果所有的车都在市场中，买者预期的质量为 $\theta'=4\,000$，愿意支付的价格也是 4 000；此时，只有 $\theta\leq4\,000$ 的卖者才愿意出售，所有 $\theta>4\,000$ 的卖者都将退出市场。结果，市场上车的平均质量由 4 000 降到 3 000，买者愿意支付的价格也由 4 000 降到 3 000，但在价格为 3 000 时，只有 $\theta\leq3\,000$ 的卖者才愿意出售，所有 $\theta>3\,000$ 的卖者都将退出市场。留在市场上的车的平均质量进一步下降到 2 500。如此下去，市场上车的质量 θ 和购买价格 p 的变化过程为：

$E\theta=4\,000\rightarrow p=4\,000\rightarrow E\theta=3\,000\rightarrow p=3\,000\rightarrow E\theta=2\,500\rightarrow p=2\,500\rightarrow E\theta=2\,250\rightarrow$

$p=2\,250\cdots\rightarrow p=2\,000$

唯一的均衡仍是 p=2 000，此时，只有低质量的车成交，高质量的车（$\theta>2\,000$）将逐步退出市场。进一步，因为 θ 是连续分布的，$\theta=2\,000$ 的概率为零，整个市场消失了。

如果用需求曲线表示买者愿意支付的最高价格与市场上车的平均质量的关系，则有：

$$p = E\theta \tag{4-1}$$

如果用供给曲线表示市场上车的平均质量与价格的关系，则有：

$$E\theta = \frac{\frac{1}{4\,000}\int_{2\,000}^{p}\theta d\theta}{\frac{1}{4\,000}\int_{2\,000}^{p}d\theta} = \frac{p}{2} + 1\,000 \quad \theta \in [\,2\,000,\,6\,000\,] \tag{4-2}$$

供给曲线表示，尽管市场上出售的车的平均质量随着价格的上涨而提高，但平均质量提高的幅度小于价格上涨的幅度，因为均衡意味着价格等于平均质量，均衡价格一定在过原点的45度线上，即p=Eθ=2 000。如图4-1所示，需求曲线的斜率为1，供给曲线的斜率为2，唯一的交点是2 000。

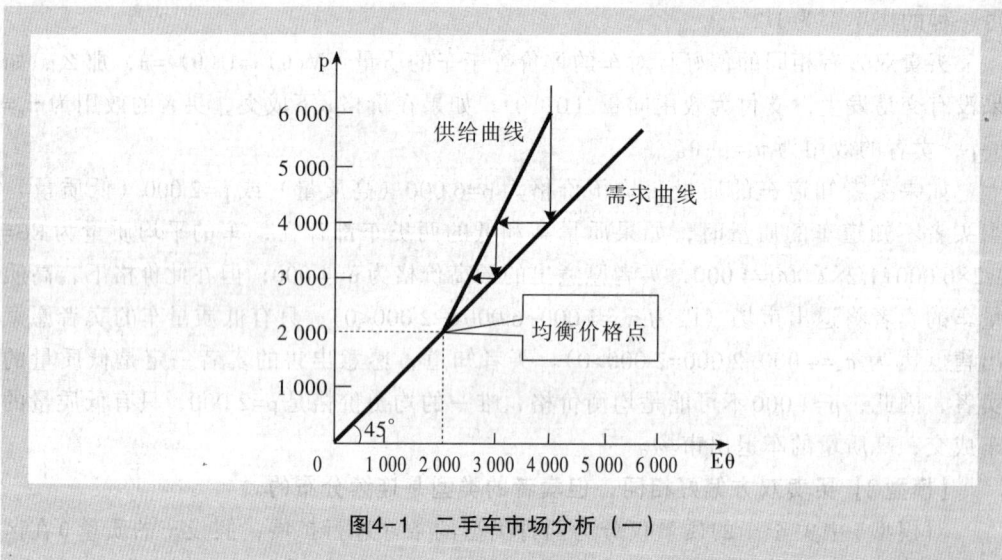

图4-1　二手车市场分析（一）

上述供求曲线也可以转化为供给量和需求量与价格的关系。如通常情况下一样，供给曲线是向上倾斜的，因为价格越高，愿意出售的卖者越多。但与通常情况不同，需求曲线可能向上倾斜，而不是向下倾斜。这是因为给定效用函数，较高的价格诱导出较高的质量，从而诱导出较多的买者。这一点并不意味着传统微观经济学的需求理论是错误的。传统需求理论假定产品质量是给定的，与价格无关；但在这里，质量与价格有关，需求曲线的准确形状依赖两种因素的共同作用，可能向上或向下倾斜。

【模型3】买者对车的评价高于卖者。

模型2中关于整个市场消失的结论当然有些极端，假设基础为质量连续分布和买卖双方对车的评价相同。一般来说，交易之所以发生，是因为买者对同一物品的评价高于卖者。如果假定买者对二手车的评价高于卖者，二手车的交易就会发生，尽管较高质量的车仍然不会进入市场。这一点很容易证明。假定存在 $V(\theta) = b\theta >$

$U(\theta)=\theta$，即对给定质量的车，买者的评价是卖者的b倍（b≥1）。如果交易成功，则买者的效用为$\pi_B=b\theta-p$，卖者的效用为$\pi_S=p-\theta$；若交易不成功，则双方效用均为零。

（1）当买者的评价高于卖者时

交易带来的净剩余为（b-1）θ，买卖双方的讨价还价决定这个净剩余的分配。为了简化分析，首先假定买者的人数多于卖者，从而卖者占有全部剩余。此时，卖者的供给曲线与图4-1相同，仍为Eθ = p/2 + 1 000，但买者的需求曲线为p(Eθ) = b(Eθ)，而不是p(Eθ) = Eθ。

均衡价格为：

$$p = \begin{cases} 2\,000b/(2-b) & (1 \leqslant b < 1.5) \\ 4\,000b & (b \geqslant 1.5) \end{cases} \qquad (4\text{-}3)$$

均衡质量为：

$$E\theta = \begin{cases} \min\{2\,000/(2-b),\ 4\,000\} & (1 \leqslant b < 1.5) \\ 4\,000 & (b \geqslant 1.5) \end{cases} \qquad (4\text{-}4)$$

具体分析如下：

① 如果b=1，则变为模型2的情况。

② 对于所有b>1，均衡价格和均衡质量均高于模型2中的均衡价格和均衡质量，都是b的增函数。也就是说，买者和卖者的评价差距越大，均衡价格越高，交易量越大。例如，当b=1.2时，均衡价格等于3 000，这时所有满足p≤3 000条件的车都进入交易，而所有p>3 000的车都退出交易，市场上出售的车的平均质量Eθ=2 500。当b≥1.5时，所有的车都成交，平均质量为Eθ=4 000，均衡价格为p=4 000b。

图4-2给出了对应不同b值的均衡点的几何解释。

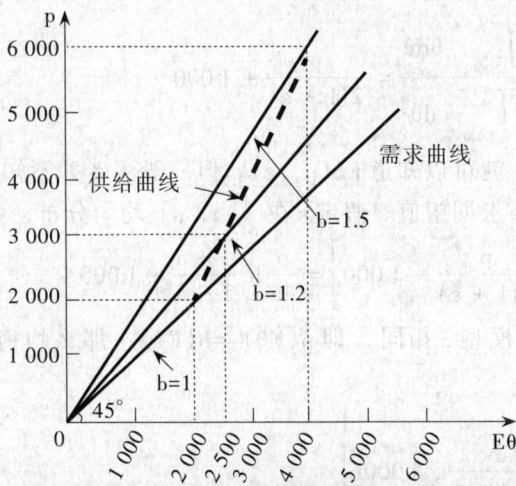

图4-2　二手车市场分析（二）

在买者的评价高于卖者时，市场会部分存在，不过除非b足够大；否则，交易的数量不是最有效的。在对称信息下，所有的车都应该从卖者手中转到买者手中，但是在不对称信息下，逆向选择使得所有 $\theta > \dfrac{2\,000b}{2-b}$ 的车仍留在卖者手中。

（2）当卖者的人数多于买者时

假定b=1.2，那么在p=3 000时，所有θ=3 000的车都愿意出售，从而Eθ=2 500。但并非所有的卖者都能找到买者。此时，要价较低的卖者仍然可以找到买者，期望质量也降低。买者要在较低的价格和较低质量之间进行权衡取舍。比如，在p=3 000时，消费者剩余为 $\pi_B=1.2\times2\,500-3\,000=0$；在p=2 000时，消费者剩余为 $\pi_B=1.2\times2\,000-2\,000=400$。显然，如果θ=2 000的卖者足够多，从而使得在p=2 000时供求平衡，则均衡结果为p=2 000和θ=2 000；如果卖者的人数相对较少，则均衡价格也将较高。

需求曲线的斜率随卖者人数对买者人数比例的上升而下降（卖者人数越多，买者愿意付出的最高价格越低），从而均衡价格和均衡质量都随卖者人数的增加而下降，即劣质品的供给者越多，优质品的供给者越少，这是逆向选择的一种特殊表现形式。

【模型4】卖者的评价不同

以上3个模型中都假定卖者对车的评价是相同的（都等于车的质量θ）。在现实中，不同的卖者对相同质量的车的评价可能不同。导致卖者不同评价的因素之一是卖车的原因不同。例如，有些人只是因为不喜欢车的样式而卖车，有些人可能是因为要搬家而卖车。假定卖者对车的评价为 $U(\theta)=(1+\varepsilon)\theta$，这里ε是一个均值为0的随机变量，那么只有当 $(1+\varepsilon)\theta\leqslant p$ 时，卖者才会卖车。例如，θ=2 000，当ε=-0.15时，卖者愿意接受的最低价格为p=1 700，而当ε=0.15时，卖者愿意接受的最低价格为p=2 300。一般地，给定ε，市场上出售的车平均质量为：

$$E\theta(p,\varepsilon)=\frac{\dfrac{1}{4\,000}\int_{2\,000}^{p/(1+\varepsilon)}\theta d\theta}{\dfrac{1}{4\,000}\int_{2\,000}^{p/(1+\varepsilon)}d\theta}=\frac{p}{2(1+\varepsilon)}+1\,000 \tag{4-5}$$

如果买者知道ε，就可以知道 $E\theta(p,\varepsilon)$。但一般买者并不知道ε，因此，买者心中的平均质量还要对ε求期望值。假定ε在 [-a, a] 均匀分布，供给函数为：

$$E\theta(p)=\frac{1}{2a}\int_{-a}^{a}\left[\frac{p}{2(1+\varepsilon)}+1\,000\right]=\frac{p}{4a}\ln\frac{1+a}{1-a}+1\,000 \tag{4-6}$$

假定需求函数与模型3相同，即 $p(E\theta)=b(E\theta)$，那么均衡价格和均衡质量分别为：

$$p=\min\left\{\frac{4\,000ab}{4a-b\ln\dfrac{1+a}{1-a}},\ 4\,000b\right\} \tag{4-7}$$

$$E\theta = min\left\{ \frac{4\,000a}{4a - b\ln\frac{1+a}{1-a}},\ 4\,000 \right\} \tag{4-8}$$

图 4-3 与图 4-2 不同，即使 p≥6 000，有些卖者仍然不愿意出售（比如，θ=5 000 和 ε>0.2 的车主在 p=6 000 的价格下就不愿意售车），而他们的评价（1+ε)θ>6 000，因此，p=6 000 时的平均质量低于 p=4 000 时。即使 p=2 000，有些卖者也愿意出售（比如，θ=2 500 和 ε≤-0.2 的车主都愿意在 p=2 000 时出售），而他们的评价（1+ε)θ≤2 000，因此，在 p=2 000 时市场上出售车的平均质量大于 p=2 000 时的。一般来说，均衡交易量小于对称信息下的有效交易量，逆向选择时有些卖者评价低于买者的车不能出售。均衡交易量取决于买者评价参数 b 和卖者评价参数 ε 的共同作用，而 b 和 ε 与均衡交易量的关系并不是单调的。

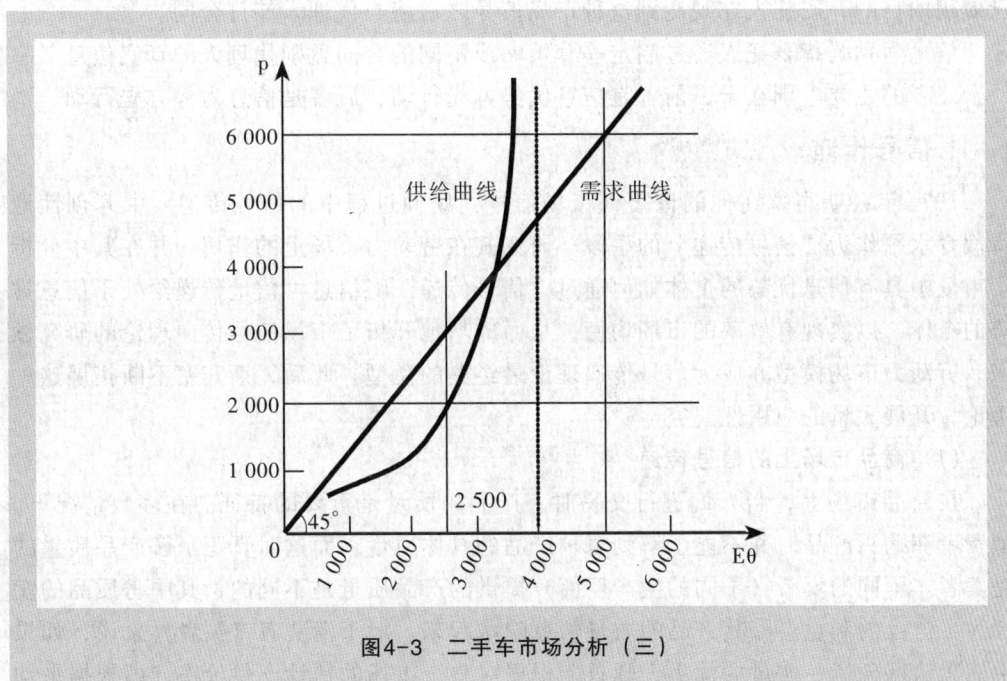

图4-3　二手车市场分析（三）

以上 4 个模型的一个基本结论是：在不对称信息下，市场在多大程度上存在，依赖质量的分布函数和买卖双方评价的差异程度。

4.2.2　信号理论

在建立委托-代理关系之前，关于代理人的信息代理人自己知道，委托人却不知道代理人的信息，这时有可能出现"低质量"代理人驱逐"高质量"代理人，委托人只能无奈选择"低质量"代理人的逆向选择问题。在这种情况下，"高质量"代理人虽然处于信息优势，但处于竞争劣势；委托人因信息劣势而在选择中也处于不利位置。所以，要减少逆向选择，就必须解决信息不对称问题。解决思路是委托人或"高质量"代理人通过信息决策，改善博弈环境中的信息结构，减少委托人与代理人之间信息不对称的程度。

与信息一样，信号具有减少或消除不确定性的作用，因而能够影响人们在经济活动中的行为和决策。市场信号实际上就是生产加工产品的企业表达自己意图、动机或目标的行动，也能提供各企业竞争对手的意图、动机、目标或内部状况的任何行动和直接或间接的暗示。换句话说，市场信号是企业传递关于自己意图和能力的信息的行动或通告。

信号理论解决逆向选择的途径有两个：信号传递和信息甄别。

信号传递是指通过可观察的行为传递商品价值或传递该信息商品质量的确切信息。代理人知道自己的类型，委托人不知道。为了显示自己的类型，代理人选择某种市场信号，主动"显示"出自己的特征，以减少信息不对称的程度，进而达到提高自己效用的目的，委托人在观测到这种市场信号之后将与代理人签订合同。

信息甄别是指委托人通过制定一套策略或不同的合同甄别代理人的真实信息。

二者的主要差别在于，前者是信息优势方先行动，后者是信息劣势方先行动。

1.信号传递

1974年，斯宾塞在他的论著《市场信号：雇佣过程中的信号传递》中开创性地将教育水平作为"信号传递"的手段，研究其在劳动力市场上的作用，并在其中分析了市场中具有信息优势的个体如何通过"信号传递"将信息可信地传递给处于信息劣势的个体，以实现有效率的市场均衡，从而成功地开拓了市场信号传递理论的研究领域。劳动力市场模型亦成为信号传递理论最经典的模型。此后，斯宾塞不断拓展这一理论，开展大量的应用性研究。

（1）商品市场上的信号传递

在商品市场上，当人们进行交易时，产品的质量是重要的特征。在多数情况下，消费者在购买产品时并不能了解到每种产品的具体质量，而这时真正了解产品质量的是卖者。不同的卖者（不同的生产厂商）提供的产品质量是不同的，其中劣质品的卖者为了自己的利益会将其产品的质量信息隐藏起来。对于消费者（买者）来说，如果他们无法区分产品质量的优劣，则只能根据对整个市场的估计支付价格，即根据平均质量支付价格。当优质品和劣质品被消费者以同样的方式对待时，劣质品在成本上具有优势，从而有可能在销售上占据优势。这时的优质品因其机会成本超过市场价格，从而可能会像二手车市场中的高质量汽车那样从市场退出。但是，优质品的提供者也不会甘心被劣质品逐出市场，为了使自己的产品与劣质品区分开来，他们会选择适当的信号，向消费者传递自己的产品是优质品的信息，以改善信息不对称的状况，减少逆向选择的不利影响。优质品的提供者可以采用多种方式发送信号，具体的做法如下：

①质量保证和承诺。这是指质量保证书、包退、包换、保修、保证质量的退一赔二和返修等承诺。这是一种成本低廉而且短期效果明显的信号传递方式，因为真正的

优质品因质量原因退换的概率非常小，保修期内的返修率非常低，因此从整体上不会增加更多的成本。而劣质品的卖者即使提供了这种保证和承诺，也会因为其成本太高而退出市场。

②名牌。这是一种投入成本较高但长期回报十分丰厚的信号传递方式。企业要使自己的产品长期保持竞争优势，不被劣质品生产者挤出市场，必须建立自己的名牌产品，使消费者能够依据品牌识别自己的产品。如海尔电器的品牌和售后服务理念、麦当劳的标准化餐饮和服务理念等企业文化信息，其品牌本身就传递了产品是优质品的信息。在消费者心目中，名牌代表优质。尽管不是每件名牌产品都是优质品，但是消费者在非名牌产品中搜寻优质品的成本通常很高，而在名牌产品中搜寻优质品的成本较低，因此，希望购买优质品的消费者通常会优先考虑选择名牌产品或自己熟悉的品牌。因为创名牌和保名牌需要长期的努力，需要过硬的质量和优质的售后服务，也需要消耗大量的成本，这些都是劣质品生产者无法做到的。因此，作为一种市场信号，名牌可以传递优质品的信息，可以严格将优质品与劣质品分离开来。

③中间商或经纪人的信誉。在产品市场上，中间商或经纪人的出现使不对称信息导致的逆向选择得到一定程度的扭转。特别是在产品鉴别要求较高的专业知识水平的市场上，如二手车市场、信息市场、房地产市场等，中间商或经纪人的作用尤为明显。这些中间商或经纪人利用自己的专业知识可以鉴别产品的优劣，通过以高价格出售高质量产品、以低价格出售低质量产品建立信誉。优质品的提供者可以通过有信誉的中间商以合理的价格出售其产品，希望购买优质品的消费者也可以通过有信誉的中间商以合理的价格买到优质品。因此，优质品的提供者就可以通过中间商的信誉，间接向消费者传递其产品优质的信息。比如，某种品牌汽车销售代理，其可以帮助该品牌汽车加工制造厂真实介绍汽车的特征和新工艺，以及与其他产品的不同之处，如油耗低、价格便宜、售后服务相关细则等。这样，通过不同产品的销售人员的宣传，即信息传递，可以让消费者通过这些市场信息的传递和显示来选择自己满意的产品。

④广告。广告也是一种信号传递的手段，是减少信息不对称的非常有力的工具。广告是给潜在的买者提供有关卖者信息的手段之一，因为广告提供的信息具有不可分割性和共享性，其根本作用是降低信息的不对称性，降低消费者的搜寻成本，提高其净收益。信息经济学中所指的广告的信号传递功能不单指一般意义上的对产品有关信息（如价格、质量、出售地）进行披露，而是更强调其发出的信号可以起到区分优劣的作用。这是因为广告对高质量产品的生产者比对低质量产品的生产者更具有价值。高质量产品的生产者更希望能够反复销售其产品，而低质量产品的生产者希望或不得不从事"一锤子"买卖行为。所以，广告的竞争效用在于其信号传递功能。优质产品的厂商通过花大价钱作广告就可能成功地将伪劣产品的竞争者排除在市场之外，达成"分离均衡"。这种花大价钱作广告是信息经济学或博弈论中著名的"承诺行动"，作为一种信号显示，可以避免消费者逆向选择给优质产品厂商带来的劣品驱逐良品的厄

运。广告要充分发挥其应有的作用，应满足两个假设：广告所传递的信息是真实的、客观的；广告提供的真实信息能够有效地传递给消费者。

（2）劳动力市场上的信号传递

劳动力市场上也存在信息不对称导致的逆向选择，也需要信号传递有关信息。假设劳动力市场上存在两类雇员：高能力雇员和低能力雇员，其各占一半。如果信息是对称的，雇主将给高能力雇员支付高工资，给低能力雇员支付低工资。但一般情况下，有关雇员能力的信息是不对称的，雇员知道自己的能力，而雇主不知道。这时，雇主只能根据市场上雇员的平均能力支付他们工资。由于雇主支付的工资水平低于高能力雇员的预期值，所以高能力雇员将可能选择放弃该工作或者跳槽到一个工资更高的企业去工作，结果只有低能力雇员愿意参加工作。这就是劳动力市场上的逆向选择。

如果高能力雇员不愿主动退出市场，也不甘心接受与低能力雇员相同的工资水平，他们就必须设法向雇主传递一些信号，以显示自己的真实能力。最常见的信号是受教育水平或文凭、专业技术职称、个人的各种证书等，把自己的信息传递给别人。教育程度是雇员求职时需要向雇主传递的一种重要信息。受教育水平只是一种信号，可能并不与劳动生产率有相关关系。可以这样理解：受教育水平较高的人常常是更具有学习能力的人，较高的教育水平传递了这么一种信息："我具有较强的能力。"这时候，教育程度就成为一种可信的传递信号的工具。那些上过名牌大学的人一般讲要比普通学校的学生更聪明、更勤奋，也更专注、更有自制力。当然，高学历也不一定就意味着高能力，名牌大学有时候也会出现一些能力及知识较差的学生，但这是极少的情况。一般来说接受教育越多，意味着拥有更多的知识，也意味着更具有学习能力等。于是，大家看到，文凭在寻找一份满意工作的过程中发挥了重要作用。雇主们只能相信学历所传递的信号。

2.信息甄别

信息甄别理论（模型）研究是由罗斯柴尔德和斯蒂格利茨于1976年开创的，他们进一步发展了阿克尔洛夫和斯宾塞的研究成果，提出通过一定合同的安排，即缺乏信息的一方可以将另一方的真实信息甄别（筛选）出来，实现有效率的市场均衡。

罗斯柴尔德和斯蒂格利茨研究的是保险市场的私人信息问题。根据他们的研究，在信息甄别模型中，均衡是指存在一组合同和一个选择规则，使得每一类型的雇员在所有可选择的合同中选择一份最适合自己的合同，并且只存在唯一的分离均衡结果。这主要因为在信号传递模型中存在非均衡路径，且非均衡路径上的后验概率具有任意性，从而对应于不同的后验概率出现不同的均衡。然而，后验概率对于信息劣势方先行动的信息甄别模型是没有任何意义的。

4.3　道德风险与激励机制

微课 4-2

道德风险与激励机制

由于存在信息不对称现象，可能会导致道德风险问题，而解决道德风险问题的关键在于设计有效的激励机制。

4.3.1　道德风险

道德风险是指在签订委托-代理合同后，代理人利用自身拥有而不被委托人所观察到的隐蔽行动，从中获取更大的预期收益，同时损害委托人或其他代理人效用的行为，也称败德行为。[①]道德风险是人们利用市场的不成熟或者扭曲进行背离道德准则的经营活动，从而给社会造成不良影响的可能性。这种风险是人们追求利润或效用最大化的本性在不正常市场条件下的反应，所以，在培育市场的过程中尽可能减少对市场的扭曲，以便将道德风险降到最低限度。

道德风险是信息不对称所导致的结果。道德风险最早是在保险业中被发现的一个现象：一个人购买保险之后，就会产生一种依赖心理或思想上的麻痹，以至于反而降低了他防范风险发生的努力行动。[②]例如，一个道德水平低的汽车车主，当他买到汽车之后，马上去买汽车保险，然后把汽车停放在不安全的地方，其原因是他已经有了车险。在他看来，即使汽车被别人弄坏或被盗窃，也有保险公司给自己赔偿。其对应于保险范围的行为反差被称为道德风险。[③]

经济学家由此把涉及契约或合同的其他经济领域的本质相同的问题，称为道德风险。现代经济学广泛使用道德风险来描述偶发事件的不可观察性，并运用这样有关偶然事件的不可观察性来设计效率最高的契约或确定契约均衡性。道德风险是委托-代理的一种特殊形式，它导致关系中的当事人之间的效用冲突，其根源在于契约委托人的信息不对称与契约代理人的风险分担。比如，某企业从银行贷款后并没有按照其贷款合同上的要求去运用这笔款项，而银行对该贷款企业怎样有效地运用这笔贷款"不知情"，就如消费者对生产者不知情、股东对经理不知情一样。[④]

在市场经济中，市场的不成熟或者市场的扭曲表现为商品价格不能随行就市地波动，经济单位可以高价卖出产品，或者低价购入生产要素。在这种情况下，生产单位

① ［1］谢康. 微观信息经济学［M］. 广州：中山大学出版社，1995：113.［2］谢康. 信息经济学原理［M］. 长沙：中南工业大学出版社，1998：112.
② 高闯. 企业管理总论［M］. 沈阳：辽宁大学出版社，1990：201.
③ 考特，尤伦. 法和经济学［M］. 张军，等译. 上海：上海三联书店，1991：85.
④ 黄国石. 道德风险与逆向选择分析［C］//张嗣瀛. 2002中国控制与决策学术年会论文集. 沈阳：东北大学出版社，2002：671.

实现边际成本等于边际收益的努力，一定会盲目扩大生产规模，使之超过正常市场条件下的生产规模（所谓正常的市场条件是指要素和产品的价格都能真实地反映它们的市场供求，而没有被扭曲）。在这种情况下，经济单位获得了更多的利润，而社会承受这种生产规模过大所可能产生的危害，这就是道德风险，可能导致社会福利的定量配给和隐蔽行为的次优消费，以及保险、金融等风险市场的不完备性，所以，道德风险使完备的经济刺激不可能达到最优的资源配置。[①]

应该注意的是，尽管代理人的道德风险是道德风险问题的主题，但在代理人业绩度量有很大的主观随意性，且代理人可能无法证实委托人的观测值的条件下，也可能产生委托人的道德风险问题。

4.3.2 防范道德风险的激励机制[②]

詹姆斯·马尔科森（James M. Malcomson）研究指出激励机制与制度的建立是解决道德风险问题的首要途径和有效方法。激励机制（incentive mechanism）是诱导和驱使那些追求自己个人利益的代理人能够为委托人所要实现的目标投入足够努力的机制。

按照委托人与代理人之间的合同约束，除保证利润最大化之外，还要在委托人与代理人之间进行利益协调，有效防范道德风险，即可以将其转化为信息激励机制的设计问题，以达到激励机制的目标。激励就是委托人拥有一个价值标准或一项社会福利目标，这些标准或目标可以是最小个人成本或社会成本约束下的最大预期效用，也可以是某种意义上的最优资源配置或个人的理性配置集合。因此，激励机制的核心就是"我怎样使某人为我做某事"。这样，代理人为完成高质量、高效益的产品而拼命努力工作；同时，委托人也会为高质量、高效益的产品而愿意支付更多的成本，来作为努力工作的回报。[③]

激励机制的几种主要类型是：

1. 显性激励机制

显性激励机制（explicit incentive mechanism）通常是一次性或临时性的激励，可解决单次委托-代理关系的静态模型；委托人根据代理人可观测的行动结果，用有明确奖惩规定的契约的方法来使代理人选择委托人所希望行动的激励方式。在委托人与代理人签订的契约中，规定代理人的报酬与业绩直接挂钩，从而使得代理人在追求自身利润最大化的动机支配下，选择符合委托人利益的行动。

2. 隐性激励机制

隐性激励机制（implicit incentive mechanism）是通过长期建立的委托-代理关系来解决多次重复委托-代理关系的动态模型。隐性激励是委托人根据代理人以前可观测行动的结果，用是否继续与代理人签订有利于（或更有利于）代理人的契约使代理人选

① 陈禹. 信息经济学教程［M］. 北京：清华大学出版社，1998：50-51.
② 胡振华. 环境·贸易·可持续发展［M］. 北京：中国科学技术出版社，2004：238-244.
③ 范里安. 微观经济学：现代观点［M］. 费方域，等译. 上海：上海三联书店，1992：771-772.

择委托人所希望行动的激励方式。在长期关系中，一方面，委托人可以相对准确地从观测到的变量中推断代理人的努力程度；另一方面，长期契约向代理人提供了一定程度的保险，使代理人部分地免除风险，这可以在一定程度上遏制代理人的道德风险。

隐性激励机制包括声誉模型（参见本书3.3部分）、棘轮效应（Ratchet Effect）等解决多次重复委托–代理关系的动态模型。声誉模型和棘轮效应对激励机制的影响又正好相反，前者根据代理人过去的业绩推断代理人的经营能力将强化激励机制，后者根据代理人过去的业绩推断企业的内在生产率将弱化激励机制，造成二者局限性的原因在于忽略了相对业绩比较的保险功能。

3.锦标制度①

锦标制度（rank-order tournament）是相对业绩比较的一种特殊形式。每个代理人的报酬取决于他在所有代理人中的排名，而与他的绝对业绩无关。爱德华·莱瑟（Edward P. Lazear）和舍温·罗森（Sherwin Rosen）证明，当代理人业绩相关时，锦标制度是有效的。本特·霍姆斯特罗姆（Bengt Holmstrom，1982）进一步指出，如果将代理人的相对排序和绝对业绩结合起来使用，委托人可进一步改进效率。

4.3.3 激励机制模型设计分析②

令雇员接受这项工作的劳动量为 x，则产量为：

$y = f(x)$

为简化，假设工作产品的价格为1，这样 y 就确定了产品的价值。

假定 $s(y)$ 为雇主在雇员生产价值 y 美元的产品后付给雇员的报酬，并且雇主希望选择能使 $y - s(y)$ 最大化的函数 $s(y)$。从雇员的角度看，劳动量 x 必然是有成本的，该成本计为 $c(x)$，且 $c(x)$ 与一般成本函数相同，总成本与边际成本都随劳动量的增加而递增，选择 x 的雇员的效用等于：

$$s(y) - c(x) = s(f(x)) - c(x) \tag{4-9}$$

如果雇员获得的效用有 u_1 种选择，那么激励机制首先需要解决的问题是使雇员从事这项工作获得的效用至少等于他在其他可选方案中获得的效用，以满足参与约束条件，即

$$s(f(x)) - c(x) \geqslant u_1 \tag{4-10}$$

在此条件下，雇主可以确定雇员将提供多少产量。由于雇主试图刺激雇员在既定的约束条件下发挥最大剩余劳动量 x，即 $\max f(x) - s(f(x))$ 使得满足式（4-10）的要求，即

$$\max f(x) - s(f(x)) \geqslant u_1 \tag{4-11}$$

在一般情况下，雇主希望雇员选择的 x 恰好满足约束条件，即

① 张维迎. 博弈论与信息经济学 [M]. 上海：上海三联书店，上海人民出版社，1996：463-464.
② 范里安. 微观经济学：现代观点 [M]. 费方域，等译. 上海：上海三联书店，1992：772-776.

$$s(f(x)) - c(x) = u_1$$

将该式代入目标函数 $\max f(x) - s(f(x))$，则出现无约束的最大化问题，即

$$\max f(x) - s(f(x)) - u_1 \tag{4-12}$$

求解该问题，只要所选的 x^* 使边际产量 MP 等于边际成本 MC，即

$$MP(x^*) = MC(x^*) \tag{4-13}$$

可见，式（4-13）的最大化将出现在曲线 $f(x)$ 与 $c(x)$ 之间的垂直距离最大化的点上。此时，曲线 $f(x)$ 与 $c(x)$ 的切线斜率相同。

由于不能满足边际产量等于边际成本条件的任何选择 x^* 都不能使得利润最大化，这就存在如何确定刺激雇员选择 x^* 的函数 $s(y)$ 的问题。不满足 x^* 的其他 x 值都不会使其利润最大化，进而无法获取雇主希望得到的劳动水平。

激励机制的常见方法是：通过 $s(y)$ 使雇员在选择 x^* 时获得的效用大于他选择其他可供选择的效用，即对于所有的 x 来说，有：

$$s(f(x^*)) - c(x^*) \geqslant s(f(x)) - c(x) \tag{4-14}$$

式（4-14）被称为激励相容约束或者刺激一致性。该约束条件是：

① 委托人必须使代理人得到总效用 u；

② 委托人必须使代理人劳动量 x^* 的边际效用等于边际成本。

基于上述分析，分析各类激励机制的效果。

1. 收取租金

当信息对称时，土地所有者（委托人）只按一定价格 R 向劳动者（代理人）收取地租，而劳动者（代理人）得到交纳地租 R 后的所有产量，即

$$s[f(x)] = f(x) - R$$

这里，参与约束条件决定了地租率的高低。由于劳动者的总效用必须等于 u_1，所以：

$$f(x^*) - c(x^*) - R = u_1$$

因此，地租为：

$$R = f(x^*) - c(x^*) - u_1$$

如果劳动者（代理人）使 $s(f(x)) - c(x) = f(x) - R - c(x)$ 最大化，那么，劳动者将选择 $MP(x^*) = MC(x^*)$ 的劳动水平和努力程度，这个结果恰好是土地所有者（委托人）所希望的。也就是说，对于劳动者来说，努力劳动优于不劳动，而不劳动又优于偷懒。

当信息不对称时，如果委托人将技术租给代理人，那么代理人能够得到支付了固定租金后剩余的全部产量。如果产量存在随机分量，意味着代理人将不得不承担随机因素引发的所有风险。如果代理人比委托人更希望避免风险，那么这种激励机制只能是一种低效率的机制。在一般情况下，为了获得风险较小的收入，代理人往往愿意放弃一小部分剩余利润，或者代理人要求委托人承担部分风险，以此维持委托-代理关系。

2.劳动工资

当信息对称时，委托人（土地所有者）规定单位劳动工资率 W，代理人（劳动者）可获得两部分报酬：一次性总付报酬或固定收入 K；按不变工资对代理人的每单位劳动支付的报酬或"按劳分配"工资。因此，该激励机制的形式为：

$$s(x) = W(x) + K$$

式中：劳动工资率 W 等于代理人在最优选择水平 x^* 上的边际产量 $MP(x^*)$，含义是 W 需要确定在这样一个程度和水平上：使代理人恰好愿意付出 x^* 水平的劳动量。此时，常数 K 被 W 唯一确定，即满足参与约束条件。所以，$s(f(x)) - c(x)$ 的最大化转化为 $\max W(x) + K - c(x)$。

这意味着代理人将选择他的边际成本等于工资（$W = MC(x)$）的 x。由于工资是 $MP(x^*)$，所以代理人的最优选择是 x^*，满足 $MP(x^*) = MC(x^*)$，使该利润得到最大化，这正好是委托人所希望的理想水平。

当信息不对称时，委托人只能观察到代理人的上班时间，而不能观察到代理人投入的真正劳动量，但工资必须依赖劳动量。显然，如果委托人不能观察劳动的投入量，那么这种激励机制是不可行的。

3.目标产量承包[①]

当信息对称时，委托人给予代理人一项简单选择，如果代理人付出劳动量 x^*，那么能从委托人那里获得报酬 B^*；否则，报酬为零，即 $B^* = 0$。其中，B^* 的数量由参与约束条件 $B^* - c(x^*) = u_1$ 决定，故 $B^* = u_1 + c(x^*)$。设计这种激励机制的两个约束条件是：

① 委托人必须使代理人得到总效用；
② 委托人必须使代理人的劳动量 x^* 的边际产量等于边际成本。

代理人的最优选择是 $x = x^*$。显然这是一种不允许讨价还价的单点报酬激励机制。

当信息不对称时，结果与劳动工资的情况相同。如果报酬取决于产量，该机制使代理人承担全部风险，并且如果代理人稍微偏离"目标产量"，将导致报酬为零的结果。在这种状况下将难以建立委托-代理关系。

4.分成制

上述 3 种激励机制表明，如果委托人拥有代理人的全部信息，即信息对称，且产量由劳动的努力程度决定，那么激励机制是使代理人在付出 x^* 水平的劳动量后，恰好得到稍高于不劳动的净收益，偷懒将使净收益低于不劳动的净收益。同时，代理人付出 x^* 劳动量也使委托人达到其所希望的理想效用水平。

一般来讲，在对称信息环境中，这 3 种激励机制都具有同样效用，没有必要在它们之间再作选择。然而，如果信息不对称，那么这 3 种机制同时存在局限或都不适用，除非进行改造。在不对称信息的条件下，有效的激励机制应一方面能对代理人产生激励，另一方面能分担代理人的风险，于是产生了第四种激励机制——分

① 谢康. 微观信息经济学［M］. 广州：中山大学出版社，1995：101-102.

成制。

分成制在对称信息条件下不是一个最优的激励机制。因为当信息对称时，在分成制下，委托人与代理人双方都按一定比例从收益中获得各自的利润。计算双方的利润是按照一定的比例分配的。假设代理人的份额采取的形式是：

s(x)=af(x)+F

式中：F是常数，a<1。

由于代理人利润最大化的问题是：

max af(x)+F-c(x)

即代理人将选择劳动量 x'，在该水平上 $aMP(x')=MC(x')$，不能满足 $MP(x^*)=MC(x^*)$。因此，分成制在对称信息条件下不是一个有效的激励机制。

在不对称信息的条件下，分成制却具有其他3种机制所不具备的效率。在分成制下，代理人的报酬仅仅部分取决于可以观察到的产量，但委托人和代理人双方共同承担了其产量波动所带来的风险。因此，分成制在不对称信息条件下是一种有效的激励机制。

4.4 经济活动中信息不对称的应用

传统经济学基本假设前提中重要的一条就是"经济人"拥有完全信息。事实上，现实生活中的市场主体不可能占有完全的市场信息。

4.4.1 绩效考核的信息不对称问题①

南京珠江路上的"老兰州牛肉面馆"的老板感慨颇多。"人心坏着呢！"老板说，"我当时雇了个会做拉面的师傅，但在工资上总也谈不拢。开始的时候想，为了调动师傅的积极性，按销售量提成，一碗面师傅提5毛。但是他发现自己的收入与销售数量直接相关，于是师傅就用在每碗里多放牛肉来吸引客人。一碗面才4块，我本来靠的就是薄利多销，他每碗多放几片牛肉我还怎么赚！后来看看这样实在不行，钱全被他赚去了！我就换了另一种分配方式，给他每月较高的固定工资。我猜想这样他不至于多加牛肉了吧？因为销售量与他的收入没有直接关系。但你猜他怎么着？"老板有点激动了，"他在每碗里少放牛肉，慢慢把客人都赶走了！这是为什么？牛肉的分量少，客人就不满意，回头客就少，生意肯定就清淡。他拿固定的工钱巴不得你天天没客人才清闲，哪里还管你赚不赚钱呢！"

从上面这个案例片断中，我们知道牛肉面老板遇到了一个委托-代理问题，老板是委托人，而师傅是代理人。我们尝试运用委托-代理理论来获得解决办法。

首先，这个问题属于一个与签约后信息不对称相关的问题，因为老板不能直接监督师傅的工作（或者说由于监督成本太高而使得监督不划算）。由此，这个问题就变成了如何设计一个制度，使得师傅能够按照老板的要求完成老板的目标——赚钱。

① 农卓恩. 西方经济学［M］. 北京：中国财政经济出版社，2007：247-249.

假设老板的目标是利润最大化，利润取决于师傅的努力工作和运气——市场状况。市场状况是师傅和老板都不能控制的，如来一场疯牛病，牛肉面就没有人敢吃，师傅再怎样努力也是白搭。为了简便起见，我们假设一些数据（见表4-3）。

表4-3　　　　　　　　　　　　　　　牛肉面馆的利润　　　　　　　　　　　　　　单位：元

项　目	市场状况（50%）	市场状况（50%）
低努力（C=1 000）	10 000	20 000
高努力（C=2 000）	20 000	40 000

如果市场状况差，而师傅又付出低努力，则利润只有10 000元；如果市场状况差，但师傅付出高努力，则利润可以达到20 000元；如果市场状况好，而师傅只付出低努力，则利润为20 000元；如果市场状况好，而师傅也付出高努力，则利润可达到40 000元。表4-3中的C代表师傅工作的成本：假设低努力的成本为1 000元，高努力的成本为2 000元。

老板的目标是利润最大化，而师傅的目标是工资减去努力的成本后的期望净工资最大化。事实上，老板的问题是如何使师傅选择"高努力"。老板应该设计什么样的激励机制来达到利润最大化的目标？

【方案1】固定工资3 000元。显然，这时师傅有两种选择：

（低努力，净工资）=3 000-1 000=2 000（元）

（高努力，净工资）=3 000-2 000=1 000（元）

可见，师傅的最优选择是低努力。

【方案2】如果利润≤20 000元，则工资=2 000元；如果利润>20 000元，则工资=4 000元。在这个方案下，师傅如果选择低努力，则利润肯定不会超过20 000元，所以师傅拿到的净工资=2 000-1 000=1 000（元）；如果选择高努力，则在市场状况好的时候（50%的概率）得到利润40 000元，从而师傅可以拿到4 000元工资，而在市场状况差的时候（50%的概率），有20 000元的利润，从而师傅只可以拿到2 000元工资，所以，师傅的期望净工资=4 000×50%+2 000×50%-2 000=1 000（元）。可见，师傅将选择低努力。

【方案3】如果利润≤20 000元，则工资=1 500元；如果利润>20 000元，则工资=4 500元。在这个方案下，师傅如果选择低努力，则净工资=1 500-1 000=500（元）；如果选择高努力，则有50%的概率拿到4 500元（市场状况好的时候），有50%的概率拿到1 500元（市场状况差的时候），所以，师傅的期望净工资=4 500×50%+1 500×50%-2 000=1 000（元）。可见，师傅将选择高努力。

结论是：委托人（老板）应该按照方案3向师傅支付工资。那个牛肉面老板选择固定工资和选择工资与销售数量挂钩，都不是正确的方法。

这是一个简单地运用委托-代理理论进行激励制度设计的例子。事实上，支付工资的方案不仅只有方案3，因为委托-代理理论已经发展出许多模型和方法来处理最优契约问题。

4.4.2 物流与供应链管理中的信息不对称

1.信息不对称对物流与供应链管理的影响[①]

(1) 信息不对称将增加物流市场的交易成本

物流外包属于服务贸易，形成市场交易成本的主要原因是信息不对称导致的信用风险。物流服务实际上是一系列委托与被委托、代理与被代理的关系，是完全以信用体系为基础的。物流外包通过契约形式来规范物流经营者和物流消费者之间的关系。生产经营企业以合同方式将物流活动委托给第三方物流企业，第三方物流企业为能及时响应客户要求，又以合同方式汇集了众多仓储、运输合作伙伴。因此，物流活动的交易和结算主体往往涉及多方面的参与者，其中任何一个环节出现信用问题，都将影响物流服务的效率。

(2) 信息不对称对供应链绩效的影响

实施供应链战略可以降低成本、缩短提前期、提高服务水平，然而其中最关键的是相关信息的实时性和有效性。[②]供应链中一个企业绩效的增加可能是以其他企业付出代价为基础的，这样的风险在绩效测定含糊性较大时会频繁出现。绩效测定的含糊性是由信息不对称引发的测定方面的困难。如果信息不对称，就难以监测供应链绩效，也不能保证信息沟通的准确性、及时性和可靠性。合作是基于分工基础上的合作，因而要求供应链中上下游参与方在磋商合作协议时，必须在合作中对各自的责任进行明确分工，同时建立激励与约束机制，更有效地增强各方合作的积极性，避免信息不对称导致欺诈行为。

2.物流外包中的信息不对称问题分析[③]

第三方物流（third party logistics，TPL）又称合同物流、契约物流或物流外包（logistics outsourcing），是指由供方与需方以外的物流企业提供物流服务的业务模式。它能使物流外包方集中核心业务，把原来属于自己处理的物流活动，以合同方式委托给专业物流服务公司。因此，第三方物流中的物流服务外包方与物流服务提供商之间的关系演化为一种委托-代理关系。处于信息优势地位的物流服务提供商是代理人；处于信息劣势地位的物流服务外包方是委托人。

(1) 逆向选择

由于信息不对称，物流服务需求企业无法识别潜在的第三方物流企业的条件禀赋，很有可能误选了不适合自身实际情况的第三方物流企业。物流服务提供企业比物流服务需求企业更了解自己真实的物流能力，但可能向物流服务需求企业提供不充分或不真实的信息。物流服务需求企业可能由于项目决策人没有能力或没有严格设计和

---

① 刘语佳，文映春.物流领域信息不对称问题及其对策［J］.铁道运输与经济，2006（7）：33-34.
② 辛奇-利维 D，凯明斯基 F，辛奇-利维 A.供应链设计与管理：概念、战略与案例研究［M］.季建华，邵晓峰，王丰，等译.上海：上海远东出版社，2000：283-284.
③ 彭玉兰.第三方物流及其风险分析［J］.商业研究，2004（24）：147-150.

按照招标规程去了解物流服务提供商，对物流服务需求企业的投入指标、能力指标等方面把握不足，从而选择了不合适的物流服务提供商。这样，不仅不能为企业降低成本，还可能对企业的经营造成隐患。

（2）道德风险

假设第三方物流服务需求方与物流服务供给方在签订契约时各自拥有的信息是对称的，但签约后，物流服务需求方不可能时时事事、全面细致地了解物流服务供给方的运营全过程，就可能产生隐藏行动的道德风险和隐藏信息的道德风险。

道德风险对物流服务需求方能够造成的隐患包括：

① 可能导致物流企业服务质量的降低。由于信息不对称问题的存在，货主企业（委托人）很难对物流企业的具体行为进行实地考察和监督。此时，出于机会主义动机，物流企业有可能利用自身的信息优势侵害货主企业的利益，为自己牟私利，如在服务上以次充好，降低自身营运成本，从而损害委托人的利益；双方期望存在的差异，致使它们在合作过程中不够默契，产生摩擦，从而影响物流企业提供的服务质量。

② 可能造成货主企业内部运营信息外泄。任何一个企业的内部运营信息都是处于比较封闭的环境中，为了保持其核心竞争优势，要对某些重要的运营环节保持一定的隐秘性。货主企业引入物流企业经营其内部物流时（如原材料的仓储、配送、装卸等），其基本的运营情况就不可避免地向物流企业公开。如果物流企业出于机会主义动机或不慎将这些信息泄漏给货主企业的竞争对手，货主企业将陷入市场竞争的被动局面，使其遭受巨大损失。

③ 可能引起货主企业的业务流程失控。货主企业在将物流业务外包后，其生产运营便在一定程度上依赖一个或多个物流企业。在货主企业将其众多的物流业务外包给物流企业后，其企业内部可能出现的一个重要问题，就是企业丧失对某些业务的控制权，难以控制物流业务。这将导致物流企业具有与货主企业讨价还价的能力，从而出现"敲竹杠"的现象，对货主企业形成潜在的威胁。

为了有效防范合作伙伴的道德风险问题，物流外包方需要在完善物流协议上下功夫，这可以从以下两方面进行重点突破：

一是对较难观察的努力水平进行有效激励，弱化代理人发生道德风险的动机；

二是对可观察到的努力水平进行有效监督，弱化信息的不对称基础，以降低道德风险发生的概率。

3.防范物流外包道德风险的监督机制模型[①]

假定物流企业有通过违约操作获利的动机，它可以选择"违约操作"和"不违约操作"，而与此对应的货主企业则可以选择"监督"和"不监督"。假设双方签订的契约是一份完全契约，这就意味着如果货主企业选择监督，一旦物流企业存在违约操作就会被发现，进而要对其进行处罚。

假定货主企业选择监督所需的成本为 C（C>0）；物流企业违约操作被发现时遭受

---

① 王雷震. 物流运筹学 [M]. 上海：上海交通大学出版社，2008：261-263.

的罚款为 F（F>0），违约操作所带来的额外收益为 P（P>0）；物流企业违约操作而给货主企业带来的损失为 Q，其中，Q 除了有形损失，还包括无形损失，如企业服务质量下滑、企业形象下降等，而这部分损失往往高于有形损失，因此在数值上 Q>P。由此可知：

① 若物流企业选择违约操作，货主企业选择监督，则物流企业的损失为 F，货主企业的收入为 F−C；

② 若物流企业选择违约操作，货主企业选择不监督，则物流企业的额外收入为 P，货主企业的损失为 Q；

③ 若物流企业选择不违约操作，货主企业选择监督，则物流企业的额外收入为 0，货主企业的损失为 C；

④ 若物流企业选择不违约操作，货主企业选择不监督，则物流企业的额外收入为 0，货主企业的损失为 0。

从上述分析中可知，若 F−C<−Q，即 F+Q<C，那么货主企业的监督成本很高，以至于超过了罚款与违约操作给货主企业带来的损失的总和，显然这严重违背了货主企业的利益，因而需要增大 F+Q 的值。由于已指出 Q 的值较大，而且 F 作为契约中规定的罚款，是可以计算和控制的，因此，一般情况下可以保证 F+Q>C 成立。

当 F+Q>C 时，设 γ 为物流企业违约操作的概率，θ 为货主企业监督的概率。给定 γ，货主企业选择监督（$\theta=1$）和不监督（$\theta=0$）的期望收益分别是：

$$R_{a1}(1, \gamma) = (F - C) \times \gamma + (-C) \times (1 - \gamma) = F\gamma - C$$
$$R_{a1}(0, \gamma) = -Q \times \gamma + 0 \times (1 - \gamma) = -Q\gamma$$

（4-15）

令 $R_{a1}(1, \gamma) = R_{a1}(0, \gamma)$，得到：

$$g^* = C/(F+Q)$$

（4-16）

如果物流企业违约操作的概率超过了 C/（F+Q），那么货主企业的最优选择是监督；反之，货主企业的最优选择为不监督。若货主企业的违约操作的概率等于 C/（F+Q），则货主企业可随机选择监督或不监督。

若给定 θ，物流企业选择违约操作（$\gamma=1$）和不违约操作（$\gamma=0$）的期望收益分别为：

$$R_{a2}(\theta, 1) = -F \times \theta + P \times (1 - \theta) = P - (F + P) \times \theta$$
$$R_{a2}(\theta, 0) = 0 \times \theta + 0 \times (1 - \theta) = 0$$

（4-17）

令 $R_{a2}(\theta, 1) = R_{a2}(\theta, 0)$，得到：

$$\theta^* = P/(F+P)$$

（4-18）

如果货主企业监督的概率超过 P/（F+P），那么物流企业的最优选择是不违约操作；反之，物流企业的最优选择是违约操作。如果货主企业监督的概率等于 P/（F+P），则物流企业可随机选择违约操作或不违约操作。

若 $\theta^* = P/(F+P)$，$\gamma^* = C/(F+Q)$，即货主企业以 P/（F+P）的概率监督，物流企业以 C/（F+Q）的概率违约操作。这一较合理的解释为：在第三方物流市场上，其中有 C/（F+Q）的比例的物流企业在经营时选择违约操作；货主企业以 P/（F+P）的比例随机监督物流企业的操作情况。

综上可知，货主企业更关心的是物流企业出现违约操作的概率与哪些因素有关。

（1）从 $\gamma^*=C/(F+Q)$ 中可以看出

监督成本越小，对违约操作的罚款越多，物流企业出现违约操作的概率就越小。另外，当违约操作给货主企业带来的损失越大时，物流企业违约操作的可能性就越小，因为违约操作带给货主企业的损失越大，货主企业选择监督的决心就越大，由此，一些理性的物流企业选择违约操作的概率就会降低。

（2）从 $\theta^*=P/(F+P)=1-F/(F+P)$ 中可看出

罚款越多，违约操作带给物流企业的额外收入越少，货主企业选择监督的可能性就越小。也就是说，罚款越多，物流企业往往不愿意因一些小利铤而走险，理性的货主企业明白这一点后，选择监督的概率就变得越小；违约操作带给物流企业的预期利益越大，在一定程度上就意味着对货主企业造成的损失越大，货主企业自然就更有可能选择监督。但值得注意的是，高额的罚款对风险偏好和风险中性的物流企业的行为有很大的约束作用；但如果罚款过高，反而有可能使"风险偏好"的物流企业产生投机的倾向。

4.4.3 电子商务环境下的信息不对称消减策略

1.电子商务环境下信息的表现形式

在电子商务环境下，所有信息都以数字形式存取和传递，这无疑会对信息搜寻和获取机制产生深刻而持久的影响。不少人乐观地认为：网络数字化将降低信息的不完全性和不对称性。网上信息似乎是完全而充分的，因为消费者可以通过搜寻海量的网络信息识别品牌和信誉等因素。但实际上，在电子商务的条件下，不完全信息和不对称信息问题并不会得到根本改观，不完全性以及由此引起的交易双方的信息的不对称性依然存在。同时，电子商务环境下的不完全信息问题具有一些新的特点。

（1）电子商务环境下的不完全信息

① 信息安全问题引发的不完全信息。互联网的安全风险和电子商务安全问题，可能会使得电子商务交易数据和用户交易信息在数据传输过程中被截取，这将造成新的不完全信息问题，使公司在商业竞争中处于不利地位。

② 缺少信息认证导致的不完全信息。缺少电子商务各参与方的安全认证（数字签名、数字证书、第三方CA认证等），无法确定各方的身份，将使电子商务交易各方都处于不完全信息的状态中，从而会阻碍电子商务的开展。

③ 为了获得完全信息而产生的企业损失。最常见的例子就是员工在工作时间利用互联网浏览电子商务网站信息，为了获得完全信息，从事非工作目的的活动。利用工作时间上网，交换个人电子邮件，下载游戏、图像及与工作无关的其他软件，参加与业务无关的聊天小组，都将给企业造成损失。

（2）电子商务环境下的不对称信息

与传统市场比较，电子商务市场所存在的由产品的质量不确定引发的信息不对称不仅存在，而且更加严重。因此，电子商务环境下的不对称信息主要是关于产品质量的信息和买卖双方的信誉信息。

① 关于产品质量的信息。因为数字产品多为经验产品（experience goods），它们的质量只能在使用之后才能被了解，而许多信息商品只会被购买一次，这使得厂家没有一个好的方式来使消费者相信他们产品的质量。同时，因为经验产品只能通过经验和消费者的实际使用来了解其质量，所以即使是大量的广告和产品信息也不足以使消费者相信其质量，消费者也不会购买。由于网络购物无法触摸商品，网站中关于商品的信息，如对材质、质量、尺寸等的描述是由卖方生成的，买方对产品的真实质量存在不对称性。①

② 买卖双方的信誉信息。在电子化市场上销售商的身份很难辨认，由于这种不确定性的存在，市场运作的效率比较低，甚至根本无法运作。卖方对产品的定价、描述和品质的保证等，对于网络另一端的消费者存在不对称性。买方在购买商品后，是否会及时付款，根据收到货物的实际情况客观公正地对商品作出评价，而不是恶意差评（这将使卖方受到电子商务平台的重罚以及影响其他消费者的购买决定，对卖家产生严重影响），也存在不对称性。

③ 电子商务平台上的信息不对称。B2C和C2C电子商务运营商在电子商务活动中扮演重要角色。买方对于卖方的甄别将依赖电子商务平台的准入机制，因此，如果电子商务平台对卖方监管不严，使得出售伪劣低质商品的卖方进入平台经营，将可能使买方蒙受损失。

2.电子商务环境下的信息不对称

电子商务是利用信息技术在虚拟空间中进行的的商务交易，在电子商务中身份、产品和信息技术引起的信息不对称，势必会给电子商务的正常交易带来一定的影响。

（1）B2C环境下的道德风险

B2C模式的主导是网络中介，网络中介是电子市场中以网络为基础的中介（network-based intermediary），独立于买方和卖方，通过集中交易来打造经济的规模与范围，为买卖双方提供交易信息和相关服务，降低质量的不确定性，并以此提高电子市场交易过程的效率。虽然网络中介是为了解决网络交易中的信息不对称而引入的，但其作为一个经济体与消费者构成委托-代理关系，也存在信息的不对称。

消费者是诚信交易的需求者，而监督在线卖方并进而提供诚信交易的具体操作由网络中介来完成，即消费者把监督在线卖方的业务委托给网络中介，两者因此构成委托-代理关系：消费者是委托人，网络中介是代理人。网络中介作为代理人为消费者（委托人）控制交易风险，并收取一定的佣金。网络中介了解自己的工作行为，包括努力程度、工作态度等，但消费者很难观察到网络中介的有关行为。B2C网络中介的道德风险可以表现为：

① 不认真对在线卖方进行核查、监督。因为严格的核查和监督可能使在该网络中介注册的卖方减少，从而潜在地减少中介的收益，也需要付出较高的努力成本。

---

① 潘勇. 论电子商务市场中的"价格歧视"[J]. 商业经济与管理，2003（1）：22-25.

② 与在线卖方合谋，表现为放纵在线卖方的欺诈行为，从中收取贿赂。由于电子市场较大的不确定性，网络中介可以将某些欺诈现象归咎为偶然。

显性的激励合同可以在一定程度上克服网络中介的道德风险，但是由于 B2C 交易中消费者群体的松散性以及单个个体能力微弱，因而消费者没有制定显性合同的能力。基于消费者信誉度评价的激励和引入网络中介竞争机制是有效防范 B2C 网络中介道德风险的有效监督机制。

（2）C2C 电子商务市场的信息不对称问题

C2C 电子商务是指个人与个人之间的二手拍卖市场，当前已演变成个人在网上开店铺，面向买方经营全新的个人消费品的经营方式，如在淘宝网上开店。在 C2C 电子商务市场的交易中，在对自身信誉和产品质量的了解方面，卖方比买方拥有更多的私人信息，导致交易双方的信息不对称。信息不对称具体体现在两个方面：

① 店铺信息不对称。与传统商务相比，C2C 电子商店不需要专门的门店，广告及促销成本也相应大幅减少。因此，无论是申请网上开店，还是在经营失败后退出，其进入和退出成本都比开设实体店低很多。这无疑会造成网络市场的高度不稳定性。商家何时会退出市场，消费者是无法知道的，双方的信息不对称给消费者购买的商品以及享受的服务大大增加了风险。

② 商品描述信息不对称。在电子商务的交易中，由于交易虚拟化，买方无法接触到实物，看到的仅仅是由商家提供商品的文字介绍或者图片展示，文字的真实性无从考证，甚至附带的图片有时也是经卖方处理过的。即使卖方提供的公开信息都是真实可信的，买方亦无法得知卖方的私人信息。事实上，有过网上购物经历的人，常常会遇到买到的商品与预想的相去甚远的情况。而卖方拥有所售商品的所有信息，处于绝对的信息优势。

③ 商品评价信息不对称。出于利润最大化的目的，商家提供给买方的均是有关商品正面的信息，很少会有商家公布商品的负面信息；同时，对于买方的负面评价加以屏蔽，如功能缺陷和质量问题。因此，从这个角度审视，商家拥有商品的所有的正负面信息，而买家只能获得正面信息，双方的信息是严重不对称的。

3. 消减电子商务环境下信息不对称的策略

在电子商务市场中，信息不对称将会带来买方利益受损、交易成本增加、信用缺失、优质产品市场萎缩等一系列不良后果，需要消费者、电子商务网站、专业人才、电子商务监督管理机构、相关法律和政策等多个方面共同努力采取有效的治理对策。

（1）提升消费者的电子商务应用能力

① 对卖方进行客观公正的评价，这些评价构成了商家的信用度。

② 建立消费者交流社区，方便买方就商品和商家信息互相交流，这些信息是对卖方提供信息的有效补充，可以进一步改善买卖双方的信息不对称的状况。

③ 增强消费者维权意识，遇到卖方侵害消费者权益的行为，应及时维权，有效减少自身的信息劣势。

（2）加强电子商务网站的管理

① 建立信息发布平台，一旦发现虚假信息和广告，网站就可以强制删除或更改信息，并在信息公布平台予以公布。

② 有权强制降低消费者评价低和信誉差的商家的信用度。

③ 对商家的进入与退出采取有效的审核机制，防范风险。

④ 完善消费者服务系统，加强售后服务和退还服务。

（3）培养电子商务运营管理与网络营销的专业化人才

坚持以需求导向、教育先行、学用结合、自主创新的原则培养电子商务相关人才，这是保证电子商务行业健康、快速发展的重要前提。

此外，还应建立专门的电子商务监督管理机构，能够有效地规范和净化电子市场。加快电子商务的政策、法规建设，电子商务只有借助完善的法律规范才能健康地发展。

思政园地

委托–代理理论视角下大学生综合素质培养探索

一、大学生综合素质培养中蕴含的委托–代理关系

在大学生综合素质培养的多类参与者中，主要关注高校、用人单位、学生三者之间的委托–代理关系。其中，高校与用人单位之间的委托–代理关系对于大学生综合素质培养的指导意义显著。

1.高校与用人单位间的双向委托–代理关系

用人单位作为委托人，委托高校为其培养具备相应技能的学生，并扩大企业知名度，用人单位负责提供就业信息、就业实践、就业岗位等，使高校委托人一方毕业生就业需求得到满足，高校知名度得到扩大。

2.高校与学生之间的双向委托–代理关系

学生作为委托人，委托高校为其赋能，进行体系化培养获得良好就业的必要能力，高校作为代理人，负责人才培养全过程的安排实施。高校通过优秀毕业生的就业发展获得良好社会声誉，由此形成高校与学生之间的委托–代理关系。

3.用人单位与学生之间的双向委托–代理关系

学生作为委托人，委托企业为其提供就业机会，实现自我价值，企业负责提供实践机会和相应岗位。同时，企业通过吸收优秀大学生引进人才，实现企业利益最大化，由此形成学生与企业间的委托–代理关系。

二、校企委托–代理关系下大学生综合素质培养问题的解决途径

1.校企联动，共创"订单式"人才培养信息共享新格局

建立高校企业联合体，由用人单位发出"人才订单"，高校及时把握趋势，作出有效调整，按照订单要求，结合自身人才"设备条件"，及时进行信息交流，而后拟定"生产"方案，安排"生产"计划，保证"生产"产量，由此可形成双向良好互动的激励机制，显著提高高校毕业生满意度，用人单位获得"定制化"的高校人才，形成"双赢"的委托-代理关系理想局面。

2.提高大学生综合素质

全面化建设课程大思政，发挥育人育德实效。结合专业学科特点，将学科思想内核融入对当代青年社会主义核心价值观的塑造，使学生在潜移默化中接受思想政治教育。建立激励性体育运动常态制度。完善高校心理素质体系化建设。重视美育、劳育顶层设计，设立美育劳育实践化机制。

资料来源 赖茗薇，封亮，曹玉丹. 委托代理理论视角下大学生综合素质培养探索［J］. 文教资料，2021（21）：141-142.

本章小结

针对经济信息的表现形式，分析经济机制设计理论的内容。委托-代理问题起因是信息不对称。信息的不对称性可以从两个角度划分：一是不对称发生的时间；二是不对称信息的内容。从不对称发生的时间看，不对称性可能发生在当事人签约之前，也可能发生在当事人签约之后，分别称为事前不对称和事后不对称。防范逆向选择，加强信号传递、信息甄别；设计激励机制来防范和监督道德风险。

复习与思考

1.解释委托-代理关系的基本条件。

2.举例说明逆向选择与道德风险的概念以及区别。

3.简述设计均衡合同实施中存在的问题和困难。

4.简述信号理论的两个方面。

5.简述信息不对称对物流与供应链管理的影响。

6.B2C网络中介的道德风险可以表现为哪两个方面？

7.为什么企业除了工资之外还有奖金、职务津贴、岗位津贴或分红股权奖励等区别？

8.在电子商务环境下，信息表现形式的新特点有哪些？

9.分析电子商务环境下的信息不对称问题。

第4章即测即评

第 5 章
信息商品

学习目标

5.1
信息商品的基础知识
5.2
信息商品的价值与价格
5.3
价格离散与信息搜寻
5.4
在线市场的价格离散与搜寻

思政园地
本章小结
复习与思考

学习目标

◆ 重点掌握信息商品的内涵与特征、价值与使用价值、成本与价格形成、需求弹性、价格离散与信息搜寻。

◆ 掌握数字商品、虚拟商品的定义及特征，信息商品的定价机制。

◆ 了解价格离散与信息搜寻的定义及原理。

◆ 熟悉在线市场的价格离散与搜寻问题。

在市场经济条件下，随着计算机与互联网的普及，许多信息已经具有增值作用并成为信息商品，也就是说，信息商品已经进入整个商品的生产、分配、流通和消费的各个环节或过程中。随着人们对信息商品的需求逐渐增加，信息商品的规模也逐年扩大。目前信息商品在社会、经济生活中所起的作用比以往任何时期都要大。本章主要介绍信息商品的内涵和特征、价值与使用价值、成本与价格，分析信息商品的定价机制，阐述价格离散与信息搜寻理论以及在线市场的价格离散与搜寻。

5.1　信息商品的基础知识

信息商品是人类社会经济发展到一定历史阶段的产物和必然趋势。从人类进化和发展的历程来看，人类的生存是头等重要的事，因此，物质资料的生产就成为人类社会前期的主要活动，而人类的经济活动也就主要围绕着物质商品的生产、分配、交换和消费。到了现代社会，随着社会分工越来越细，在直接生产过程中脑力劳动和体力劳动分离，导致一种专门开发与利用信息的行业或产业出现。物化于商品之中的信息成分的比重逐渐加大，而且在许多情况下超过了物质成分。现代科学技术的飞跃发展，特别是信息科学技术革命浪潮，不但改变了商品中物质成分的比重，而且创造出一种全新的信息商品。现代通信技术、信息处理技术（特别是微型计算机的出现）等各种信息技术的迅猛发展，为信息在经济活动中发挥商品作用提供了更加雄厚的物质基础和技术支持，大幅度地扩展了信息交流的规模，推动了信息商品化的深度和广度，确立了信息商品的坚实地位。[1]

5.1.1　信息商品的内涵与特征[2]

对于信息商品，不同的人有不同的描述。

娄策群和桂学文认为：信息商品是凝结着信息和人类的信息劳动，并能满足人们信息需求的成果。[3]

[1] 王学东，唐军荣. 论信息产品向信息商品的转化 [J]. 特区经济，2005 (12)：124-125.
[2] 耿允玲，刘培刚. 网络时代信息商品及其特征研究 [J]. 图书情报，2005 (2)：60-63.
[3] 娄策群，桂学文. 信息经济学通论 [M]. 北京：中国档案出版社，1998：94.

陈禹认为：如果信息（无论其形式如何）具有独占性和使用价值，它就成为具有市场价值和价格的商品。[①]

厉以宁主编的《市场经济大辞典》认为：信息生产活动的成果是信息产品，信息产品在市场上用于交换，并以其特殊的使用价值为用户服务就成为信息商品。

尽管信息产品与物质商品相比是一类特殊的商品，具有很多特点，然而它也必须具有商品的基本特征，即是"用来交换"的"劳动产品"。

概括起来看，信息商品必须是用来交换，并能满足人们和社会需求的信息产品。从"商品是用来交换的劳动产品"这一科学定义来分析，凡是商品都是为别人生产的，而获取它都是用交换的方式实现的。在社会经济活动中，信息生产者生产的信息产品基本上都是为别人生产的，信息产品消费者只有通过交换才能获取。也就是说，信息生产者生产信息是为了获取信息的价值，不是为了获取信息的使用价值；信息消费者获取信息是为了实现信息的使用价值，并通过信息使用价值的实现达到自己的目的。从信息产品交换的全过程中可以看出，信息具有鲜明的商品特征，其价值和使用价值都是通过市场实现的。

1.信息成为商品的基本条件

信息要成为商品，必须具备三个基本条件：

（1）信息商品与物质商品一样，是具有使用价值的劳动产品

并非所有的信息都是信息商品，那些不具有使用价值，即不具有信息增值作用的信息肯定不是信息商品。就信息商品而言，它必须具有使用价值，也可以说它必须具有经济价值，只有这样它才可能用于交换。另外，仅具有使用价值，对人们有用的信息也只能是信息资源，因为信息是客观存在的，从不同方面、不同角度，在不同程度上、不同时期对人们有用，即具有使用价值。与此同时，世界上还存在大量的没有经过人类劳动处理、加工的人类社会活动所产生的原始信息（数据、源数据、信息或信息资源）、自然信息（如自然界的动物、植物和其他自然现象发出的信息等），这些都不能成为信息商品。任何人都可以搜集、加工信息并加以利用而不必付费。当原始信息、自然信息通过搜集、加工、处理、存储、传递等过程后，就凝结了人类劳动，变成了信息产品。此时的信息产品不仅具有使用价值，而且具有价值。信息产品是使用价值和价值的统一体，其使用价值得到极大提升。这是信息成为信息商品的前提条件，但它仍不是信息商品。

（2）信息商品是供他人和社会使用的劳动产品

信息产品不是信息商品，如某人编写了一款游戏软件，但只是供自己玩或与朋友一起玩，而不将其用于交换以实现其价值，那么这款游戏软件就不是信息商品，而只能是信息产品；再如一些由国家有关部门发布的、用来交换的信息产品（劳动产品）才能成为信息商品，那些供自己使用和消费、满足自己需要的公共信息（普通天气预报、政策法规等）不是信息商品。只有将信息进行再加工，形成新的信息产品，并用

---

① 陈禹. 信息经济学教程 [M]. 北京：清华大学出版社，1998：101.

于交换，它才成为信息商品。

（3）信息商品必须通过交换才能实现其使用价值和价值，满足人们和社会的需求

在交换过程中，信息产品的形态发生了变化，先是在产品形态上出让其使用权，交换后占有一定数量的货币，实现它的使用价值和价值，信息产品转化为信息商品，从而也就满足了他人的某种需求（如精神需求）或社会生产发展的需求。应该注意区分的是，为别人无偿提供的信息产品，如律师为委托人提供的法律援助、同事和朋友间的信息咨询、专家等的义务咨询等，因信息没能实现其价值，就不能成为信息商品。以交换为目的生产的信息产品，若因为种种原因，在市场上得不到消费者和社会的承认，无法交换出去，其使用价值和价值就不能实现，就不是信息商品。信息产品在交换出去之前，只能是潜在的信息商品。

2.信息商品的共性与个性特征[①]

信息商品同其他商品相比，既具有一般商品的共性特征，又有信息商品的个性特征。

（1）共性特征

① 信息商品同其他物质商品一样，都具有使用价值和价值；

② 信息商品同其他物质商品一样，其使用价值和价值都要通过市场交换得到实现；

③ 信息商品同其他物质商品一样，其交换活动必须遵循价值规律。

（2）个性特征

① 在商品形态上，信息商品更多的是通过一定的物质载体表现出来的；

② 在使用价值上，信息商品具有间接性、参与性和多元性；

③ 在价值上，信息商品具有积累性、再生性和非排他性；

④ 在流通过程中，信息商品具有很强的时效性；

⑤ 在所有权上，信息商品具有不可转移性。

我们将信息商品的这些特征主要归纳为两大类，即信息商品的生产特性与信息商品的经济特性。

3.信息商品的生产与经济特性

（1）信息商品的生产特性

①信息商品的生产具有明显的阶段性。由信息商品的生产过程可知，任何类型、任何层次的信息商品要进入流通和消费领域，其生产过程必然包含两个必不可少的阶段，即信息商品本身（指信息商品的信息内容）的生产阶段和信息商品内容的物化复制阶段。

在第一阶段，信息商品本身的生产具有非物质性，是智力劳动过程，包括信息商品构思、信息搜集、信息整理和加工、信息分析和研究等环节，属于知识生产。

在第二阶段，信息商品内容的物化复制就具有明显的物质商品生产特征。例如，科学论文的撰写过程、软件的编写过程等属于信息内容生产，其成果是信息产品；印

① 周鸿铎.信息资源开发利用策略［M］.北京：中国发展出版社，2000：18-19.

刷、复制过程则具有完全不同的性质和意义，属于物质生产，其产品已包含物质生产过程的种种特征。复制这些产品时，物品本身的自然属性已经具有重要意义，如书籍的纸张和印刷质量、光盘的磁碟及刻录质量等。信息商品的生产也有广义和狭义之分，狭义的信息商品生产仅指信息的采集、整理、分析和研究等环节——第一阶段信息商品本身的生产，而广义的信息商品生产包括从生产的动因产生到信息商品复制的所有环节。

②信息商品的生产具有知识创造性。信息商品的生产是对未经加工的信息资源进行加工，或对已加工的信息资源、信息产品进行再加工而形成的信息商品，因此信息商品的生产是以信息为原料并在加工过程中注入了人类的创造性脑力劳动，是以信息劳动为主而形成的产品，其主要成分是信息。由于人类的劳动具有目的性，在信息商品的生产中，人类的劳动主要是有目的的知识输出，可以说信息商品的生产是一种智力劳动或知识劳动。由于知识输出并非原有知识简单累加后的输出，而是经过人脑的创造性思维形成新的知识之后才输出并注入信息商品的，因此，信息商品的生产具有知识创造性。此外，信息商品也只有作为创新产品才具有现实价值。

③信息商品的生产具有很大的或然性。信息商品尤其是一次信息商品的生产具有很大的或然性。信息商品的生产融入了人类丰富复杂的脑力劳动，人们的一个想法、一个设计在开始实施并进行信息商品生产时，其结果是无法预知的，投入与结果之间并没有绝对的必然联系。一个人投入了大量的资金和劳动，最终可能一无所获，也可能获得意想不到的结果。这对于科学研究、技术发明来说尤为突出。人类的这种创造性劳动的成果是不可预知的，即信息商品的生产具有或然性、不确定性。

④信息商品的生产具有非重复性。一般情况下，物质商品的生产具有重复性，某一商品投产后，就可按一定标准重复生产，直到出现更新换代产品为止。而信息商品的生产具有非重复性，如科技成果、发明专利等，一旦生产出来并公之于众，就标志着该科技成果或发明专利等永远从发明和发现的领域被排除了，在其生命周期内，不需再生产就可以满足多次需要。正因为如此，在实际工作中，应避免重复进行信息商品的生产，在进行信息商品生产之前应进行充分、全面的检索，若是已有的信息商品就可以通过一定的途径直接加以利用，而不必再进行生产，以免造成重复生产而浪费资源。

信息商品生产的非重复性还表现为信息商品生产者之间知识结构、思维方式的不同，以及在不同时间、不同环境中，同一信息商品生产者也会有不同的思维结果，因此，即使是在拥有相同信息资源和生产条件的情况下，不同的信息商品生产者也会生产出不同的信息商品，甚至同一信息商品生产者在不同的时期也会生产出不同的信息商品。

⑤信息商品的生产具有不可分割性。这是由信息商品在使用中的不可分割性造成的。信息商品在结构上是不可分割的，仅当其为整体时才有价值。就生产某一药品（或食品）的配方而言，如果你仅获得了配方的一半，甚至是绝大部分，即便仅差一种成分，也没有任何价值。有时信息商品在交换中是可分的，某一信息商品的一部分也具有市场价值（具有不完全使用价值），然而即便如此，也只有将全部信息商品集

合并付诸应用，其使用价值才能得以发挥或得以发挥到最佳状态。例如，对于一台电脑的多媒体系统来说，多媒体产品（如光驱、光卡等）是进行多媒体欣赏和应用的基础，而多媒体播放软件是一种必不可少的"驱动力"。没有多媒体播放软件，最完善的多媒体产品也是一堆"死"商品，是没有直接的使用价值的。在实际的市场交换中，多媒体商品和多媒体播放软件往往分属于不同的生产厂家，它们从各自不同的生产厂家出发，经各自不同的流通渠道到达信息市场并进行交换，因而具有各自不同的分市场价值。就多媒体系统而言，只有当它们汇聚到某一使用者手中并以完整的信息集合形式应用时，其使用价值才能得到最充分的发挥。

（2）信息商品的经济特性

①信息商品具有非物质性。信息商品是一定量信息的有序集合，无论它存在于何种物质载体中，都会表现为非物质的信息状态。从信息商品的生产过程中可以看出，信息是信息商品的唯一内容。信息物化的物质载体的主要作用是信息的存储、传播与交换。信息商品的价值实际上就是信息内容的价值，而信息商品载体的价值对于信息的价值来说，是微不足道的，即信息商品复制的成本是非常低的，几乎可以忽略，这一点将在信息商品成本构成中详细论述。信息与信息载体的关系是主从关系，信息为主、载体为从，信息不能脱离载体但又独立于载体。信息商品不能没有载体，但可以没有物质载体，如信息咨询服务的信息商品仅需口头传递即可，特别是互联网的应用，使得原来具有传统物质载体的信息商品也可以抛弃物质载体而独立存在。

②信息商品具有无损性。信息商品和物质商品不同，物质商品在使用和消费过程中是以自身的消耗和磨损为代价的，在物质商品的独立形式被破坏之后，其原有的使用价值也随之消失，它的商品功能也告结束。而信息商品在使用和消费过程中是不会被消耗和磨损的，仅表现为信息内容在不同信息载体上的转移，但无论如何都不会对信息内容造成任何磨损和消耗，该信息商品也不会失去原有的使用价值和效用。因为信息商品的无损性和物质商品的消耗性同时存在于有形的信息商品中。"一般说来，实物信息商品具有双重使用价值：一是作为信息商品的使用价值；二是作为相应的物质商品的使用价值。在消费时，作为物质商品的属性消灭了，作为信息商品的属性则是不可消灭的。"当然，信息商品的使用价值也会降低，但这主要是由它的无形损耗引起的，即由于更为先进的同类产品出现，原来信息商品的使用价值下降了。这不是对信息商品本身的消费或利用所引起的磨损或消耗，而是由科学技术的发展所引起的新陈代谢现象。

③信息商品具有使用的共享性和出售的非一次性特征。物质商品的使用和消费表现为占有和消耗，商品交易的双方必以其中一方的失去为前提。而信息商品不同。由于信息商品的信息内容可独立于物质载体而存在，其交易也仅表现为载体的转移，原信息商品的所有者不会失去该信息商品的内容，该信息商品也不会损耗和丧失，结果是交换的双方都拥有了该信息商品。信息商品拥有者 A 在将此信息商品出售给 B 后，还可以再次出售给 C、D 等，当然 B、C、D 等也可以将此信息商品转手、出售而不影响他们自身的使用，即信息商品在出售或转让过程中具有非一次性特征。从以上分析可知，信息商品可由不同的使用者、消费者同时使用和消费，而不影响它的使用价值和效用，这也是我们要对知识产权进行保护的最重要原因。

④信息商品具有累积性。每一代信息商品生产者都是在继承前人成果的基础上开展自己的工作的，他们的产品和前人的成果一起又构成后人生产的基础和条件，这样信息商品的内涵及种类就会越来越丰富，科技和社会经济就会不断向前发展，这就是信息商品在时间上的累积性。信息商品不仅表现为随时间的延续而发生累积，而且在空间范围上存在累积性。一般来说，信息商品可被多个用户同时使用，因此信息商品使用的空间范围越广，信息商品使用价值的累积就越多，可以说信息商品使用价值的积累过程是永无止境的。

此外，信息商品在使用过程中又会得到创新和发展，产生增值。这也是另一种意义上的累积性。如前所述，有时信息商品的传播和使用过程也是信息商品的生产过程。

⑤信息商品具有较强的时效性。一般来说，任何商品都会有时效性，但信息商品是一种比其他任何商品对时间都敏感的商品。信息商品的时效性有两种情况：

一是信息商品本身就有很强的时间性，其使用价值随着时间的延续而降低，如证券市场、金融市场、商品生产和营销市场的经济信息商品，使用者越早获得，该信息就越有用，其使用价值也就越高；相反，使用者获得该信息越迟，其使用价值就越低，有时可能就毫无使用价值了。专利技术也有一定的保护期限，过了保护期，该专利就成了公共信息，任何人都可以无偿获得。

二是因替代商品的出现而使得早期的信息商品的市场价值降低，如计算机应用软件类信息商品的积压或传递失误都会使信息商品的使用价值受损，信息商品不会被磨损、消耗，但会老化、过时。只有不断、及时地搜集和传递新的信息，更替和补充已积累的信息，保持信息商品的时效性，才能使信息商品具有更大的使用价值。

⑥信息商品具有较强的针对性。信息商品的使用和消费与物质商品不同，具有很大的创造性和技术性，对使用者的素质有较高的要求，如科学论文、科技文献、专利技术等对于外行和普通人来说就很难懂，也不具有什么使用价值，它们只对同行专家才有使用价值。因此，同一信息商品的使用价值对于不同的使用对象来说也表现出明显的不同。

⑦信息商品具有增值性。由于网络外部性和正反馈等原因，信息商品具有信息增值作用，且该信息商品或多或少地含有知识价值，所以，信息商品具有增值性、创造性也是信息商品生产的重要特征。

5.1.2 数字商品

微课 5-1

数字商品

1.数字商品的定义与分类

信息商品是基于信息的交换物，数字化商品是指包含数字化格式的交换物，而数字商品是信息内容基于数字格式的交换物。三者之间的关系如图 5-1 所示。数字商品是将产品的信息属性以及产品的数字化特点相结合的概念，它是指被数字化的信息商品。

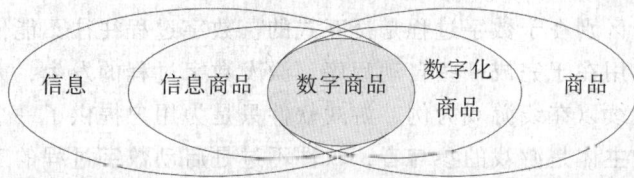

图5-1 信息商品与数字商品的关系与边界

资料来源 谢康，肖静华，赵刚. 电子商务经济学［M］. 北京：电子工业出版社，2003.

根据数字商品的用途和性质，数字商品可分为三类：

（1）内容性数字商品

内容性数字商品是指表达一定内容的数字产品，是数字商品极为重要的组成部分。主要的内容性数字商品包括：

① 被数字化的书籍、报纸和杂志等资料信息；

② 被数字化的照片、卡片、日历、地图等图形产品；

③ 被数字化的音乐唱片和语音产品等音频产品；

④ 被数字化的电影和电视节目等视频产品；

⑤ 被数字化的产品说明、用户手册和营销培训广告等产品信息。

内容性数字商品在网络传播中涉及较多的版权保护问题。内容性数字商品可以被轻易地复制，这对版权所有者的利益构成了威胁。网络市场促进了大量内容性数字商品的聚集，为消费者带来了福利，但同时对数字商品提供者提出了更高的要求，即如何在高盗版率的市场上形成可持续发展的盈利模式。

（2）交换工具

交换工具是指代表某种契约的数字商品，如数字门票、数字化预订等身份识别工具。我们通常采用纸质货币作为交换工具，但是在网络环境下，货币和传统的金融工具都可以被数字化成数字商品。大多数金融信息都已经被数字化并存储在计算机硬盘中，或者以数字格式在互联网中传播。随着个人电脑和网络银行终端的普及，数字化交换工具在现代商业社会中的作用越来越突出。

从数字化银行卡等金融交换工具到数字化高速公路缴费卡等运输交换工具，从政府公共管理事务活动的交换工具到社区活动交换工具，数字化交换工具提高了社会运行效率，降低了社会交易成本。例如，航空公司采取电子客票方式取代传统的纸张售票来提高管理效率、降低交易成本，乘客可以使用手机显示二维码充当门票。

（3）数字过程和服务

任何可以被数字化的交互行为都是一个数字过程，具体包括电子政务、电子商务

（如网络购物、网上支付、网络拍卖）、网络游戏交互式服务、远程教育和远程医疗交互式服务等。

数字过程本身必须由软件来驱动，这是数字过程与内容性商品的一个显著区别。例如，当你与朋友进行在线游戏时，必须首先启动游戏软件。数字过程与内容性商品的第二个区别在于数字过程是交互式的。数字过程往往不能依靠软件来单独完成。软件的作用在于完成一些自动程序，激发数字过程的发生，完成数字过程需要人的参与。继续以在线游戏为例，游戏软件只是为用户提供了一个进行游戏的平台，真正游戏的主体是游戏的参与者，软件不过是启动数字过程的工具。由于内容性商品的交互性不断增强，数字过程与内容性商品很容易被混淆。目前，数字商品的厂商正在强化内容性商品的交互功能，并将其作为个性化服务的一个新的发展方向。

2.数字商品的特征

（1）数字商品的物理特征

① 不易破坏性。数字商品的存在依托一定的物理载体，这种物理载体可能会损坏，但是数字商品本身是不易被破坏的。数字商品产生后，无论被反复使用多少次，其质量也不会下降。

② 可改变性。数字商品的内容是可改变的。该特征允许厂商对商品进行定制化和个性化。另外，数字商品用户购买数字商品后，可以对其内容进行修改、组合等，从而改变商品的最初面貌。然而，数字商品生产厂商不愿意用户轻易地修改内容，于是采取了一系列加密技术、合同约束或者其他措施来控制用户修改。

③ 可复制性。这是指数字商品复制的边际成本几乎为零的特征。数字商品的这个特征在给产品生产厂商带来丰厚利润的同时，也造成了严重的盗版问题。

④ 速度优势。这是虚拟的数字商品所特有的。数字商品通过网络可以在极短的时间内，在不同地区与不同消费者之间进行交换和共享，具有非数字商品无法比拟的速度优势。

（2）数字商品的经济特征

① 非排他性。其产生了两个重要的经济结果：一是数字商品易于形成规模经济效益；二是数字商品能有效降低社会交易成本。

② 易被定制化和个性化。这导致数字商品市场易于出现范围经济。寡头垄断厂商充分利用数字商品这一经济特征谋取超额利润。

③ 时效性。其是影响数字商品定价的一个因素，也决定了数字商品的使用频度。

④ 网络外部性。其是指当消费同样商品的其他使用者的人数增加时，某个使用者消费该商品获得的效用增加。数字商品的网络外部性具有两个相互矛盾的特征：其一，负外部性，使用数字商品的人越多，数字商品的价值就越小；其二，正外部性，使用数字商品的人越多，数字商品的价值就越大。以电子邮件（E-mail）为例，如果使用它的人增多，它的价值就提高，使用它的用户可以得到额外的效益，这是 E-mail

体现出的正网络外部性；如果大家都在使用 E-mail，又可能出现网络拥堵，使用者因登录 E-mail 速度太慢而降低了效用，这时就会出现负网络外部性。

⑤ 商品竞争性。由于数字商品的可复制性很强，满足同一需求的商品在本质上相差不会太大，商品之间的竞争性很强，企业可能为争取消费者而压低价格，但是，企业仍然会获得长期利润。这通常通过两种方式来实现：一是加快研发速度来制胜市场；二是将自己的商品与其他商品进行主体区别。

⑥ 特殊的成本结构。这可以概括为"研究与开发成本高，生产制造成本低；生产过程中固定成本高，变动成本低；销售过程中生产成本低，销售成本高"。数字商品的沉淀成本高，边际成本低。这种成本结构决定了它与非数字商品的成本定价方式相比，更适合市场价值定价。

5.1.3　虚拟商品

1.虚拟商品的特征

虚拟商品是指网络市场中的数字产品和服务（专指可以通过下载或在线等形式使用的数字产品和服务），具有无实物性质，是在网上发布时默认无法选择物流运输的商品，是可由虚拟货币或现实货币交易买卖的虚拟商品或者虚拟社会服务。虚拟商品主要包括计算机软件、股票行情和金融信息、新闻、书籍、杂志、音乐影像、电视节目、搜索、网络游戏中的一些产品和在线服务。[①]

虚拟商品的物理特征：

① 具有不易破坏性，是一种知识含量极高的经验产品，它给消费者提供的是有用的知识和信息，其形式是无形的，无法观察和触摸；

② 其内容是可以改变的；

③ 具有可复制性，且复制的边际成本几乎为零；

④ 具有速度优势。

虚拟商品的经济特征：

① 一般是一种高沉没成本、低边际成本的产品；

② 具有非排他性；

③ 易被定制化和个性化，这使得虚拟产品市场易于出现范围经济；

④ 具有时效性；

⑤ 具有网络外部性（其价值依赖使用虚拟商品的用户数量）。[②]

目前，虚拟商品主要有如下几类：①网络游戏点卡、网游装备、QQ 号码、虚拟货币等；②中国移动、联通等电信公司的充值卡；③IP 卡、网络电话、软件序列号；④网店装修、图片储存空间等；⑤电子书、网络软件等；⑥辅助论坛功能商品等；⑦网站类产品（包括域名、虚拟空间、网站、搜索服务等）。[③]

①　孟静，武玉英. 浅析电子商务市场中的虚拟产品定价策略 [J]. 2006（2）：99-101.
②　丁化美，任碧云. 交易所：功能、运转及效力 [M]. 北京：中国金融出版社，2014：160.
③　吴秀丽. 出版物编辑与发行 [M]. 沈阳：辽宁大学出版社，2013：294.

2.虚拟商品的一种特殊形式——虚拟货币

虚拟货币是指由一定的发行主体以公用信息网（互联网等）为基础，以计算机技术和通信技术为手段，以数字化形式（二进制数据）存储在网络或有关电子设备中，并通过网络系统（包括智能卡）以数据传输方式实现流通和支付功能的网上等价物。

虚拟货币的电子商务特征主要包括：

（1）高风险性

虚拟货币是不同机构自行开发设计的，其担保要依赖各个发行者自身的信誉和资产，而网络市场竞争强、风险高。

（2）发行机构的无组织化

虚拟货币的发行机制与纸质货币不同，发行机构是网络服务提供商，而且发行机构众多，其发行虚拟货币的目的和原则是完全的市场行为，即自身经济利益的最大化。发行机构各自为政、各负其责，几乎不需要接受任何部门的监督和管理。

（3）形式多样化

虚拟货币的存在形式并不是单一的。虚拟等级是一般网站给予活跃会员的奖励，等级高的会员可以享受更高级的服务。有些网站通过向积极会员发放虚拟货币的形式进行奖励，会员在享受收费服务时可用虚拟货币支付。此外，虚拟货币还有积分、游戏装备、虚拟头衔等奖励形式。

（4）兼具存款特性

由于虚拟货币可以按照客户指令在不同账户上转账划拨，它能够随时成为各种存款的生息资产。

（5）地域无限性

一般来说，虚拟货币只要双方认同，可以使用多国货币进行交易。

（6）使用成本低廉

虚拟货币都是以数字化形式存储和流通的，故其造币成本和发行成本较低，而且客户进行交易结算的成本也远远低于其他结算方式，如信用卡、现金等。虽然虚拟货币在一定程度上可以促进买卖流通，并且活跃经济，但它最大的问题在先天上，它不是国家信用法币，而是以发行公司的信用为担保的"货币"。这导致了一个悖论的产生：发行虚拟货币的公司既能进行无上限的发行，又能遵循商业原则，将虚拟货币作为商品进行价格控制，如打折促销、兑换提价。因此，虚拟货币的本质是一种信息商品。

与虚拟货币相似的是电子货币，对电子货币的狭义界定是指中央银行发行的法定货币的电子信息；电子货币的广义界定是指在零售支付机制中，通过销售终端、不同的电子设备之间以及在公开网络（如互联网等）上执行支付的储值和预付支付机制。二者截然不同，见表5-1。

对表5-1有两个重要解释：

① 电子货币的发行机构主要是商业银行等金融机构，一般要取得金融业务的法

性　质	电子货币	虚拟货币
发行主体	商业银行等金融机构	普通企业或者公用事业机构
信用保证	银行信用	商业信用
发行性质	为社会提供方便的交易媒介	发行商销售网络虚拟商品
支付范围	全局性支付	局部性支付
借币收费	不存在借币收费过程	具有借币收费过程

表5-1　　　　　　　　　　　电子货币与虚拟货币的性质比较

律许可证，并接受中央银行和中国银保监会的金融监管，提供的是一种银行信用。虚拟货币的发行主体不是金融机构，而是普通企业或者公用事业机构。如腾讯公司发行Q币，消费者可以购买Q币用来支付QQ行号码、QQ会员服务等。网络活动卷入型虚拟货币的发行目的比较复杂，主要有两个：一是吸引网民对于网站的关注，是一种营销手段与管理手段；二是提供网站注册用户之间进行虚拟商品交易的交易媒介，是一种服务手段。

②电子货币是全局性支付工具，在一个国家或社会内可以购买所有商品；虚拟货币是局部性支付工具，只能在有限范围内购买指定商品。

5.2　信息商品的价值与价格

与其他物质商品一样，信息商品也是使用价值和价值的统一，信息价格则是信息价值在信息市场上的表现形式，即信息价格是通过货币形式表现的信息价值。

5.2.1　信息商品的价值①

在信息商品的交换过程中，信息商品的价值一般可分为完全的价值表现形式和不完全的价值表现形式。所谓完全的价值表现形式，一般是指信息商品在市场交换活动中能够使其价值得到同等的或超出价值的补偿。所谓不完全的价值表现形式，一般是指信息商品中所包含的劳动没有得到或没有完全得到同等的价值补偿。不管在理论上怎样分析信息商品的价值，我们都必须承认这样一种现实，即信息商品实现的价值和创造信息商品的劳动量（包括必要劳动和剩余劳动）不完全是等量的，这是信息商品区别于其他商品的最为突出的特点。为什么会这样呢？这是由信息商品使用者的素质决定的。在社会环境一定的条件下，素质较高的信息商品使用者和素质较低的信息商品使用者所实现的信息商品价值是不同的，前者可能获取高于信息商品价值几倍、十几倍、几十倍的价值，或者更高的价值；后者可能一无所获，甚至出现赔本现象。

1.商品价值的数学表述

商品价值可表示为：

① 王文举，高振生. 信息学概论［M］. 北京：中国商业出版社，1995：220-222.

$$W = C + V + M \qquad\qquad (5-1)$$

式中：W为商品的价值；C为不变资本，即转移价值；V为可变资本，即必要劳动；M为剩余价值。

2.信息商品价值的数学表述

信息商品价值可表示为：

$$W = C_1 + C_2 + V_1 + V_2 + M \qquad\qquad (5-2)$$

在这个数学表述中，不变资本C分为两个部分：C_1指生产信息商品时投入的物质材料的价值，这与物质商品相同；C_2指生产信息商品时投入的信息材料的价值，C_2的投入是创造、生产信息产品的客观条件。必要劳动V也分为两个部分：V_1等同于同类性质的体力劳动者的体力劳动支出；V_2是指劳动者具有的创造性脑力劳动支出。一般来说，在生产信息商品时，V_2的价值量要远远大于V_1。M是剩余价值，为体力劳动与脑力劳动共同创造的剩余价值。式（5-2）的各项原则上是可以量化的，但具体计算相当困难，特别是V_2及M。

5.2.2 信息商品的使用价值[①]

在信息商品的使用价值上，其理论意义仍然是指信息商品的有用性，但是，信息商品的实际使用价值又不同于一般商品，它具有效用价值和效益价值。所谓信息商品的效用价值，是指信息商品的使用者在具备某种信息商品和不具备某种信息商品前后在物质财富和精神财富上的差异，也就是信息商品使用价值通过使用者使用所产生的一种绝对性的效益。所谓信息商品的效益价值，是指信息商品的使用者在获得信息商品后所产生的绝对效用价值减去对这种信息商品投资费用后的所得，这是信息商品使用价值的一种相对表现。

1.信息商品使用价值的特征[②]

（1）共享性

信息在同一时点上可为有关人员共同利用，具有共享性。信息商品承袭了这一特点。信息商品的使用价值在商品交换过程中为购买者获得时，销售者并没有失去它，因而其具有共享性。信息商品出售后，只要卖方不自愿放弃对该商品的信息内容的所有权和使用权，他还能再次出售或自用同一种信息商品。更有甚者，某些人可以不付代价，也享受某些信息商品的使用价值。

（2）再开发性

消费者是否获得信息商品的使用价值，并不在于获得该信息商品的形式或载体，而在于掌握信息商品的本质内容。信息商品一般不能立即独立地给使用者带来直接的利益，其使用价值的实现必须结合使用者自身的硬件及软件条件予以实施。在实施过程中，要进行再开发，才能转化为经济效益，这也称为二次开发。所以说，信息商品的使用价值具有再开发性。

① 乌家培，等. 经济信息与信息经济 [M]. 北京：中国经济出版社，1991：90-92.
② 陈颖. 市场信息学教程 [M]. 保定：河北大学出版社，2004：91.

（3）与使用者的相关性

由于信息商品使用价值的实现需要二次开发，因此，这种使用价值的实现程度必然与使用者自身的素质、水平、能力、实力等条件相关。对于同一信息商品（如一项科技信息），有的使用者购得后，可能致富；但有的使用者购得后，可能一无所获。

（4）效用滞后性

普通商品是买来就能用，它的使用价值可以说是立竿见影。但信息商品使用价值的实现一般都有一个过程，也就是说，相对于付费购买来说，其效用在时间上是滞后的。当然，这个过程可长可短。有些信息商品使用价值的实现不仅取决于信息商品本身固有的使用价值和使用者的素质及实力，还取决于社会整体的科技、经济水平。

（5）时效性

尽管信息商品的使用是无消耗的，不会因使用损失其载体上的信息，但是载体上的信息会随着时间而变得过时或无用，也就是老化。这使信息商品的使用受到时间限制，这就是信息商品使用价值的时效性。

2.信息商品使用价值的测度

在某些条件下，信息商品的使用价值是可以测度的。下面，我们介绍几种信息商品使用价值或效用价值的测度公式及方法。

（1）信息商品的使用价值与信息量之间的关系[①]

设从某对象（信源）输出 n 个消息：x_1，x_2，$\cdots$，x_n，它们出现的概率分别为 p_1，p_2，$\cdots$，p_n，则该信源的平均信息量可表示为式（5-3），这在信息学中被称为信息熵或申农熵。

$$H(X) = -\sum_{i=1}^{n} p(x_i)\log p(x_i) \tag{5-3}$$

当 $p(x_1) = p(x_2) = \cdots = p(x_n) = p = \dfrac{1}{n}$ 时，信息熵达到最大值，称 $H(X)$ 为最大熵。

$$H(X) = -\log p = H_{max} \tag{5-4}$$

信息熵是从信息的语法形式上考虑信息的测度。显然，信息熵越大，信息商品的信息含量就越大，其使用价值也越高。但这里仅考虑了信息商品信息量的使用价值。除了信息量（语法信息）之外，还有信息的质（如语义信息）等作为信息商品的组成部分，它们有自己相应的使用价值或效用价值，其测度或计算可根据具体情况建立数学模型（如经验公式）来进行。

（2）信息价值模型

不同环境状态下的信息生产成本各不相同，信息效用也千差万别，因而在不同的环境中，信息价值也有所不同。斯蒂格勒的信息价值观是建立在他所创立的搜寻理论基础上的。他认为，信息的价值可以用购买中买主预期成本的减少额来表示。设买主

① 张远. 信息与信息经济学的基本问题［M］. 北京：清华大学出版社，1992：46.

搜寻1、2、3……次的预期成本减少额为Δ1、Δ2、Δ3……对于买主来讲，信息的价值可表示为：

$$V \approx \sum_{m=1}^{t} \frac{r!}{m!(r-m)!} \lambda^m (1-\lambda)^{r-m} \Delta C_m \qquad (5-5)$$

式中：r为卖主人数；m为搜寻次数，为任意一个卖主的信息被任意一个买主接收到的概率，即已经识别卖主的买主在买主总人数中的比例。一般来说，掌握较多信息的买主在市场上采取的搜寻行动次数也较多，因此，信息的实际平均价值要比式（5-5）所表达的数值高得多。斯蒂格勒的分析表明，站在不同的角度，信息价值的表现形式及影响价值的因素将有所变化。

综上所述，分析信息本质上是依据概率对预期收益进行计算，因此，在统计决策领域，分析信息的价值主要是通过计算完全信息的预期价值和不完全信息的预期价值来实现的。

（3）科技信息使用价值的估算[1]

对于给用户提供的科技信息，其使用价值可用以下半定量经验公式作粗略计算：

$$W = e^{-\lambda t} \times M \times R \times H \qquad (5-6)$$

式中：W为信息的使用价值；R为信息对用户的适宜性，可根据用户对该信息商品的需求及消化能力确定；M为信息质，可根据信息商品的价值确定；H为信息量，可根据信息商品的类型计量；t为时间；$e^{-\lambda t}$为信息的衰老系数；λ为常数，可由信息商品的寿命性质决定。

5.2.3 信息商品的成本与价格

微课5-2

信息商品的成本与价格

1.信息商品的成本

信息成本或信息费用是指作为信息生产和传播的信息成本以及作为交易成本的信息成本，即不同种类的信息、不同经济领域的同样信息会有不同的成本，主要包括三个方面：一是信息生产的成本；二是信息传播的成本；三是市场交易过程中获得信息的成本。[2]

按照阿罗的观点，在不同的信息经济环境中，信息成本可能具有不同的表现形式和特征。因此，信息成本与其他产品成本相比，具有以下四个明显且相互联系的经济特征：

特征一：代理人本身就是一种信息投入，它是输入代理人信道中的主要信息，如

---

① 卢晓宾. 信息研究论 [M]. 长春：东北师范大学出版社，1997：338.
② 陈禹. 信息经济学教程 [M]. 北京：清华大学出版社，1998：104.

代理人所受的教育就是他所投入的一种固定的教育成本。这也是信息成本最为重要的经济特征。

特征二：信息成本的不可逆特征，人们注意到信息投资方面的问题——信息的价值较为确定时，信息的投资需求减少；信息的价值不确定时，对其投资的需求反而增加。当对资本货物的需求出现波动，尤其是呈现随机波动时，信息成本的不可逆特征显得十分重要。

特征三：不同领域、不同方面（或方向）的信息成本各不相同，所以代理人本身就是一种经济信息或市场信号，他们的个人行为对其他代理人可能具有信息导向作用。人们在经济市场中处于无知状态，即在未知领域中获得信息，要比在熟悉的领域中获得信息花费更大的成本。

特征四：由于大多数信息商品可以复制和传递，所以信息成本与信息的使用规模无关。因此，通过信息商品的成本实现定价在现实中存在难题：

第一，信息生产成本与信息使用规模无关，而信息使用和销售规模及由此而形成的预期收益是确定信息价格的主要尺度。

第二，信息的预期收益通常不确定，甚至含有相当大的风险。

由于"信息供给往往不能被分割，且多数可以被多次转让"这一特征，可以断言，信息商品的交易模式可能相似于普通商品的交易模式。[①]

2.信息商品的价格[②]

根据经济学的市场价格理论可知，市场上的价格存在均衡价格和波动价格。当市场需求和市场供给相等时，我们称市场上的商品价格达到均衡，称商品的价格、产量为均衡价格和均衡产量；当市场需求大于市场供给时，消费者希望购买比生产者的产量更多的商品，这种情况推动了市场价格上升；当市场供给大于市场需求时，生产者希望卖出比消费者的需求更多的商品，即市场上存在超额供给，这种情况势必造成市场价格下跌。

信息价格是信息价值（使用价值和风险价值）在信息市场上的表现形式，即信息价格是通过货币形式表现的信息价值。但是，在竞争的信息市场上，信息商品的交易可能不依赖信息商品价值，而是依赖其他供给商品集合的价格。在物质商品价格体系中，存在商品价格与价值相互背离的现象。与物质商品相比，信息商品价格与价值相互背离表现得更加明显，这也构成了信息价格的主要特征。由于信息价值的复杂性和多维性，信息的市场价格也表现出不同的特征：

第一，在搜寻边际成本等于搜寻预期边际收益时点上的信息价格，是信息市场上消费者愿意支付的最高信息价格。

第二，在最优信息系统选择环境中，决策者获得最优信息系统后采取最优行为获得的最大预期效用与获得该系统前采取最优行为获得的最大预期效用之差，构成信息市场上决策者愿意支付的最高信息价格。

① 谢康. 微观信息经济学 [M]. 广州：中山大学出版社，1995：205-208.
② 陈禹. 信息经济学教程 [M]. 北京：清华大学出版社，1998：109-110.

第三，在信息价值理论中，完全信息与不完全信息的预期价值均可以作为信息购买者购买信息时愿意支付的价格上限。

3.信息商品价格形成因素[1]

影响信息价格的社会因素主要包括两方面，即买方市场和卖方市场。买方市场是形成信息商品价格的最主要因素。

（1）影响（买方）信息价格的社会因素

① 社会信息化程度，特别是企业内部信息系统、国家二级信息部门以及其下属的下级部门的发展程度；

② 买主现在的生产领域与方向以及现有的生产能力、技术条件、研发资源，特别是新开发投入规模等；

③ 由于信息商品未来收益有不确定性，买主对信息商品应用及发展远景的估计，以及买主对信息商品的需求弹性，特别是买主对信息商品的预期收益，将极大影响买主的经济行为；

④ 市场竞争与垄断的发展程度，特别是买主竞争对手的技术与发展方向和策略，将刺激买主采取交易行为；

⑤ 买主搜寻到适合自己应用且在市场上交易的信息商品的概率，也与信息商品价格相关；

⑥ 买主的经济性需求类型以及非经济性需求，如心理需求等，也影响信息商品的市场价格；

⑦ 买主的风险意识与风险水平的类别，也极大地制约着信息商品的价格。

上述7种因素互相组合的特征与互相联系的概率，以及由此而导致的风险水平，构成信息商品买方价格形成的最后一项内容。

（2）影响（卖方）信息价格的社会因素

在一定条件下，卖方市场也能够决定信息商品的市场价格，如双方对信息商品所掌握的信息不对称，将引起价格的不均衡。

总之，按照经济学的观点，由于信息商品价格既非完全形成于其生产成本、市场价值，也非完全受制于市场供求法则；信息商品价格也不像普通商品价格那样，买卖双方对价格的影响力大体相近，而是买方价格比卖方价格对信息商品的最终成交价格具有更强的影响，即需求拉动价格，而不是供给拉动价格。下一节我们将介绍信息商品的需求弹性问题。

5.2.4 信息商品的需求价格弹性

1.信息商品需求价格弹性的概念及类型[2]

信息商品的需求弹性是指信息商品需求的价格弹性，即某种信息商品（或服务）的需求量对其本身价格变动的反应程度或敏感程度。

① 陈瑞华. 信息经济学 [M]. 天津：南开大学出版社，2003：380-382.
② 马费成，王槐，查先进. 信息经济学 [M]. 武汉：武汉大学出版社，1997：241-242.

假设 ε_d 表示信息商品需求价格弹性系数；P、δP 表示信息商品价格及价格变化量；Q、δQ 表示信息商品需求量及需求变化量，则信息商品需求弹性可以用下式表示：

$$\varepsilon_d = \frac{\delta Q}{Q} \bigg/ \frac{\delta P}{P} = \frac{\delta Q}{\delta P} \cdot \frac{P}{Q} \tag{5-7}$$

当 δQ 与 δP 变化很小时，上述公式又可表示为：

$$\varepsilon_d = \frac{dQ}{dP} \cdot \frac{P}{Q} \tag{5-8}$$

根据信息商品需求弹性系数的大小，可以将其分为五类：

① 需求富有弹性，即 $1<\varepsilon_d<\infty$，说明信息商品价格稍有变化就会引起其需求量较大变化；

② 需求缺乏弹性，即 $0<\varepsilon_d<1$，说明在信息商品价格有较大变化时，其需求量只有较小变化；

③ 需求单一弹性，即 $\varepsilon_d=1$，说明由价格引起的信息商品需求量变化幅度等于信息商品价格变化的幅度；

④ 需求完全无弹性，即 $\varepsilon_d=0$，说明信息商品价格无论怎样变动，需求量都保持不变；

⑤ 需求有无限弹性，即 $\varepsilon_d\to\infty$，此时信息商品价格维持不变，而其需求量无限增长。

在以上 5 类信息商品的需求弹性中，后 3 种是需求弹性的特例，在市场机制调节的开放信息市场中是很少见的。

2.信息商品需求价格弹性的回归测算

通常情况下，信息商品需求弹性的影响因素主要有信息商品的效用、信息商品能够满足用户需求的范围和程度、用户消费预算中信息消费支出的比例、信息商品的使用寿命、信息商品的可替代性等。通过对这些因素进行分析，我们可大致判断和估计信息商品需求弹性的大小。但信息商品的知识性、交易的复杂性及价格的特殊性，客观上决定了信息商品需求弹性的大小及变化没有统一规律可循，因此定性估计的结果往往不可靠，缺乏实际指导意义。信息商品的生产者、经营者要进行正确的价格决策，获得更多的经济收入，就必须掌握较为精确的信息商品需求弹性值。下面我们给出信息商品需求弹性的回归测算方法。

信息商品的价格和其需求量之间存在线性反比关系，其函数关系式可表述为：

Q=a+bP　　（a、b 为常数，b<0）

将其用图形表示就是一条由左上向右下倾斜的直线。a 为直线在纵轴（即价格轴）上的截距，b 为直线斜率，即

b=dQ/dP

取若干组待测信息商品在某一时期的价格与其销售量变化的观察数据作为样本，用样本中的信息商品销售量（即需求量）的平均值 $\bar{Q}$ 代替 Q，用信息商品的平均价格

$\overline{P}$代替P，则待测信息商品需求弹性的计算式（5-8）可变为：

$$\varepsilon_d = \frac{dQ}{dP} \cdot \frac{P}{Q} = \left| b \cdot \frac{\overline{P}}{\overline{Q}} \right| \qquad (\varepsilon_d \geq 0) \qquad\qquad (5-9)$$

利用式（5-9），我们以某字处理软件需求弹性的测算为例作进一步说明。表5-2给出了待测信息商品（某字处理软件）在某时间段的价格与销售量的观察数据。

表5-2　　　　　　　　　某字处理软件在某时间段的价格与销售量的观察数据

样本数（n）	价格（P）	销售量（Q）	P^2	PQ
1	90	21	8 100	1 890
2	120	14	14 400	1 680
3	80	23	6 400	1 840
4	100	18	10 000	1 800
5	90	20	8 100	1 800
6	70	25	4 900	1 750
7	100	19	10 000	1 900
8	110	16	12 100	1 760
合　计	760	156	74 000	14 420

由表5-2得知，样本个数n=8，则：

$$\overline{P} = \frac{\sum P}{n} = \frac{760}{8} = 95$$

$$\overline{Q} = \frac{\sum Q}{n} = \frac{156}{8} = 19.5$$

以表5-2中8组Q与P的观测值按数量-价格观察，可用回归直线Q=a+bP拟合。用最小二乘法估计参数a和b，有：

$$b = \frac{n\sum PQ - \sum P \sum Q}{n\sum P^2 - (\sum P)^2} = \frac{8 \times 14\,420 - 760 \times 156}{8 \times 74\,000 - 760^2} = -0.22$$

$$a = \frac{\sum P^2 \sum Q - \sum P \sum PQ}{n\sum P^2 - (\sum P)^2} = \frac{74\,000 \times 156 - 760 \times 14\,420}{8 \times 74\,000 - 760^2} = 40.6$$

由此得到回归直线：

Q = -0.22P + 40.6

因此，该字处理软件的需求弹性为：

$$\varepsilon_d = \left| -0.22 \times \frac{95}{19.5} \right| = 1.07$$

结论：由于ε_d=1.07>1，因此，该信息商品的需求富有弹性。

需要注意的是：回归分析公式的推导及显著性检验非本书重点，此处略去，必要时可参看有关一元线性回归分析的文献。

5.2.5　信息商品的定价机制①

对信息商品实行差异化定价，即所谓的价格歧视，是信息商品定价的基本策略，在此基础上综合利用多种定价策略，灵活把握市场变化，就能及时制定出合适、有效的商品价格。这有利于企业实施商品差别战略和低成本战略，可以创造竞争优势，获取更大的经济效益。

企业要实行差异化定价需要具备三个条件：一是价格歧视必须在相互分离的市场上进行，如果市场不是分离的，消费者可以获得有关价格的信息，他们就不可能在定价高的市场上购买商品；二是企业必须是一个垄断者或者拥有一定的市场垄断力；三是企业了解不同层次的买主购买商品的意愿或者能力。

价格歧视主要分为三类：

1.完全价格歧视

这也称个性化价格或一级价格歧视（first-degree price discrimination），是指具有垄断能力的企业确切地了解买主的意愿，对每一个买主索取的价格都等于该买主愿意付出的最高价格。这里常见的信息商品定价方式为"版本定价"。厂商针对不同需求划分不同版本（version）来定价的方法可以视为个性化定价的市场细分结果之一。厂商将数字产品划分为不同级别或功能的产品，让消费者自己选择合适的版本。例如，在软件产品市场上，微软公司就将其产品划分为学习版、家庭版、专业版、企业版和黄金版等，让消费者自己选择而索取更高的价格。

2.以数量为基础定价

这也称数量定价或二级价格歧视（second-degree price discrimination），是指企业将商品按照买主的购买量划分为两个或者两个以上级别，针对不同的购买量索取不同的价格。这里常见的定价方案是简单的块定价（block-pricing）方案。块定价的一般形式都不是线性定价方案，因为在块定价中厂商收入上升不是其销售数量的线性函数。块定价的一个极端例子是要求入门费的"一致定价法"，就像消费者购买第一单位时要付出一个更高的价格一样（由入门费加第一单位价格构成），这种定价方式也称两部收费制（two-part tariff）定价。例如，我国以前安装固定电话需要先交纳一笔初装费，再按照使用电话的情况每月缴费。在有垄断厂商的情况下，最优的两部制资费定价由一部分正的固定收费和另一部分低于垄断价格的可变收费组成，由此获得的总剩余大于统一定价时的总剩余。例如，移动电话的通信费用一般都是由固定的套餐费用和每月的变动费用组成的。

3.以身份为基础定价

这也称群体定价、信号选择（selection by indicators）或三级价格歧视（third-degree price discrimination），是指企业以消费者的身份为基础的定价模式，厂商按照

①　余世英.电子商务经济学［M］.武汉：武汉大学出版社，2011：220-228.

买主的某个或多个交叉特征值将价格划分为两个或者两个以上类别来索取不同的价格。这也称市场分割（market segmentation）。在电子商务中，网站最常见的群体定价方式是针对会员与非会员提供不同的价格和服务组合，非会员只能免费浏览部分网页内容，会员则可以根据不同的级别享受不同的组合服务。在群体定价下，厂商在需求弹性大的市场中必须实行低价竞争策略。

在现实中，为了获得更多的访问量、赢得顾客的青睐，厂商往往综合采用上述三种价格歧视策略，如在群体定价中进一步细分消费者群体、在不同群体内部实行个性化定价或数量定价等。

拓展阅读 5-1

5.3 价格离散与信息搜寻

市场的价格离散现象与信息搜寻行为是诺贝尔经济学奖获得者斯蒂格勒在《信息经济学》一文中进行的开创性研究。价格离散催生了有利可图的信息搜集行为，诱发了信息搜寻的动机并提供了信息搜寻的可能，也刺激了搜寻行动的出现。

5.3.1 价格离散及其原因

价格离散是指同质商品在市场中存在不同的价格。在这里，同质商品既可以指同一品牌、同种型号的商品，也可以指具有同种功能的商品。

价格离散在现实中是普遍存在的。具体来讲，价格离散包括以下方面的内容：价格的范围（range of prices），即最高价减去最低价（价差）；最高价和最低价不同的百分比（percentage difference of highest and lowest price）；价格分布的变化（standard deviation of the price distribution）；价格分布的不一致性（variance of the price distribution）；相对平均价格的变动率（coefficient of variation of the price distribution）。

通过研究价格离散，可以反映市场信息的充分与否，反映市场发育的状况；可以深刻理解与研究市场经济中的现实问题，为经济管理工作提供帮助；能够对市场发展提出符合实际的宏观协调建议。

专家们将信息商品价格离散的具体原因归纳为以下方面：

1.市场的变化性和分散性

信息市场的快速变化使得市场参与者获得价格体系传递的价格信号有一定的滞后性，从而某些买方和卖方很难捕捉到商品的市场交易价格，仍按利润最大化原则定价，这导致了价格离散。同时，由于市场的分散性，不同地区居民的消费偏好、文化素质、风俗习惯、收入状况等有很大的不同，这些也会形成价格离散。

2.价格歧视

价格歧视不仅在垄断市场存在，在垄断竞争市场、寡头市场也是存在的。

一级价格歧视是厂商对每一单位产品都按消费者愿意支付的最高价格出售，这显然是一种严重的价格离散，但此时资源配置是最有效率的。

二级价格歧视是厂商对不同的消费数量制定不同的价格，这也会导致价格离散，只不过程度没有一级价格歧视严重，同时市场资源配置是有效率的。

三级价格歧视是厂商对同一种产品在不同的市场索取不同的价格，这种现象较为普遍，是市场分割造成的价格离散。

3.产品的异质性

具有同样功能的产品因质量的差异，其价格肯定是不同的，质量差别越大，价格离散程度就越高，即价格离散率也就越大，这也是导致价格离散的主要原因。同时，由于产品质量呈现不同的等级，买方和卖方掌握的产品信息不对称，这也可能形成价格离散。

4.产品的价格水平

产品的价格水平也是形成价格离散的重要原因。一般来说，产品的价格水平越高，就越容易形成价格离散，价格离散率也就越高；价格水平低的产品，就很难形成价格离散，价格离散率也就较低。其主要原因是产品的价格水平越高，其质量的多样性和不确定性就越大，厂商为了实现利润最大化，常常使用不同的价格策略，从而使得价格离散很容易产生。

5.市场竞争者数目

完全竞争市场的厂商数目很多，厂商是既定市场价格的接受者，产品的价格由市场决定，因此在完全竞争市场上，不会出现价格离散现象。在垄断市场、寡头市场等不完全竞争市场上，厂商的数目很少，产品价格在相当程度上由厂商控制，受利润最大化的驱动，市场价格很容易出现价格离散现象。由此我们可以推断，市场竞争者数目越多，价格离散就越不容易形成，价格离散率越小；相反，市场竞争者数目越少，价格离散就越容易形成，市场发育状况也越不成熟，也就越需要政府对市场进行宏观调控和管理。

6.厂商的服务营销策略

不同厂商服务营销策略的差异是造成价格离散的主要原因之一。例如，有的厂商通过提供更优质的服务以索取更高的产品价格，有的厂商通过采用薄利多销策略以获取更多的销售利润，有的厂商则利用节假日做各种产品降价活动，以提高产品的知名度和市场份额，这些不同的服务营销策略都会形成价格离散。如果厂商对于它们的成本函数有不同的反应，那么价格离散更容易形成。

5.3.2　价格离散的度量——价格离散率

价格离散率用来测度市场中某种商品的价格离散程度，也可以用来比较不同商品在不同市场中的分布。引入价格离散率有一定的现实意义，它可以为市场管理提供理论依据，还可以通过对市场离散度的测度来确定市场的无知程度。价格离散率越高，市场的商品信息越不对称，市场发育越不完善；反之，价格离散率越低，市场发育越成熟。因此，价格离散率可显示市场的成熟度，有助于做好市场管理和资源配置工作。

价格离散率的基本模型关注一种同质商品的价格离散状态，而不同时涉及两种以上商品的价格离散状态，即排除了两种以上商品的市场价格离散状态之间的相互影响，是只对同一地区的一种同质商品的价格离散率进行测度的模型。

假设某市场 S 中有 m 家商店，在某个既定时刻（或时期），它们对某种同质商品 Q 的标价有 P_1，P_2，…，P_n 种（n≤m），$P_1<P_2<\cdots P_n$，并且 P_1，P_2，…，P_n 分别对应 x_1，x_2，…，x_n 组商店，令 x_1，x_2，…，x_n 组内的商店数分别为 t_1，t_2，…，t_n，显然，$t_1+t_2+\cdots+t_n=m$。

1.市场价格离散幅度

$$D=P_n-P_1 \tag{5-10}$$

式中：D 为市场价格离散幅度，即在既定时刻（或时期）Q 在市场 S 中价格的最大波动范围。

2.平均市场价格

$$\overline{P}=\frac{t_1P_1+t_2P_2+\cdots+t_nP_n}{t_1+t_2+\cdots+t_n} \tag{5-11}$$

式中：$\overline{P}$ 为 Q 在市场 S 中既定时刻（或时期）的平均市场价格。

3.价格离散曲线

当 t_1，t_2，…，t_n 依次累加时，每次累加的累加值 $\sum t_i$ 必然有一个与之对应的 P_n 值，将这些对应值连接起来形成的曲线，就是市场 S 中商品 Q 的价格离散曲线 F(Q)（如图 5-2 所示）。

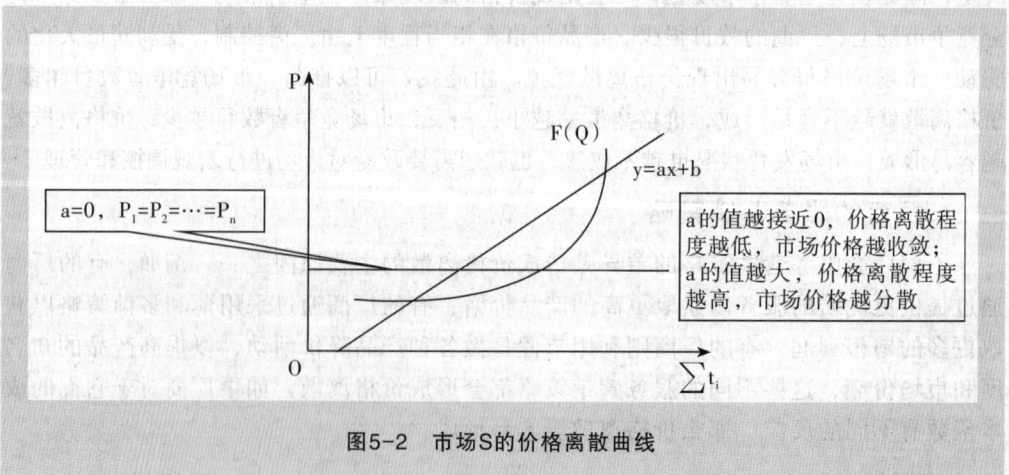

图5-2　市场S的价格离散曲线

4.价格离散率

用直线 y=ax+b 拟合价格离散曲线 F(Q)，可以求得回归直线的斜率 a。a 被称为市场 S 中 Q 在既定时刻的价格离散率。用最小二乘法求解，令 $Z=\sum t_n$，$y=P_n$，则：

$$a = \frac{n\sum Zy - \sum Z \sum y}{n\sum Z^2 - (\sum Z)^2} \quad\quad\quad (5\text{-}12)$$

从价格离散率模型中可以看出，市场价格离散率受到以下因素的影响：

一是市场价格的离散幅度 D；

二是经营同质商品的商店数目 m，特别是经营商店的分类数目 n；

三是价格在经营商店中的次数分布，这是主要因素。

结合价格离散率模型，我们在以下几方面作进一步讨论：

① 如果将价格离散曲线化为直线，该直线的斜率称为价格离散率。事实上，要得到一条与价格离散曲线拟合最好的直线，有很多方法，最小二乘法只是其中的一种。使用最小二乘法的前提是：样本点应落在某条直线的附近。如果样板点比较分散，继续用直线拟合，就会有较大的误差，甚至在统计检验上不显著。因此，用这种方法测试市场价格离散状况是有条件的，误差可能比较大。

② 斯蒂格勒认为，组织比较好的市场，其价格离散程度为 5%~10%，这里的 5%、10% 是客观的，可以在不同商品市场间进行比较。市场价格离散率是一个没有计量单位的无名数，然而模型中的价格离散率就是回归直线的斜率，是使用最小二乘法求出的直线的斜率，该值的大小会因为价格的计量单位不同而有较大的变化，用一个变化的量来说明客观存在的市场组织和发育状况是不合适的。

③ a 越接近 0，价格离散程度越低，即市场价格越收敛；a 越接近 1，价格离散程度越高，即市场价格越离散。显然，a 的取值在 0~1 时，隐含着其对应的价格离散程度的低与高。事实上，回归直线的斜率是可以大于 1 的，甚至可以是负数。如果 a 大于 1 或者为负数，则以此来说明市场的无知状况或者发育状况是解释不通的。

④ 用回归直线的斜率表示的价格离散率，其大小不受市场平均价格的影响。这意味着汽车市场价格相差 10 元与方便面市场价格离散幅度为 10 元，具有相同的价格离散率，两个市场的无知状况是一样的，市场发育状况也是一样的。这显然是不符合实际的，因此需要进一步改进模型。

【例 5-1】假设在某个既定时刻，某市场 S 中经营某一同质商品 Q 的商店有 20 家，即 m=20，见表 5-3，求市场价格离散幅度、平均市场价格和价格离散率。

表5-3　　　　　　　　　　关于某市场 S 的相关数据举例

n	P_n	t_n	$\sum t_n$
1	9	2	2
2	10	6	8
3	11	8	16
4	13	1	17
5	14	2	19
6	17	1	20

根据表5-3中的数据，可以得出如下计算结果：

①市场价格离散幅度：

$D = P_n - P_1 = 17 - 9 = 8$

②平均市场价格：

$$\overline{P} = \frac{t_1 P_1 + t_2 P_2 + \cdots + t_n P_n}{t_1 + t_2 + \cdots + t_n} = \frac{2 \times 9 + 6 \times 10 + 8 \times 11 + 1 \times 13 + 2 \times 14 + 1 \times 17}{2 + 6 + 8 + 1 + 2 + 1}$$

$$= \frac{224}{20} = 11.2$$

③令 $Z = \sum t_n$ 为累积商店总数量，$y = P_n$ 为商品单价，当 $n=6$ 时：

$\sum Z = \sum \sum t_n = 2 + 8 + 16 + 17 + 19 + 20 = 82$

$\sum y = \sum P_n = 9 + 10 + 11 + 13 + 14 + 17 = 74$

$\sum Z^2 = \sum \left(\sum t_n \right)^2 = 2^2 + 8^2 + 16^2 + 17^2 + 19^2 + 20^2 = 1\,374$

$\sum Zy = \sum \left(\sum t_n \right) y = 2 \times 9 + 8 \times 10 + 16 \times 11 + 17 \times 13 + 19 \times 14 + 20 \times 17 = 1\,101$

价格离散率为：

$$a = \frac{n \sum Zy - \sum Z \sum y}{n \sum Z^2 - \left(\sum Z \right)^2} = \frac{6 \times 1\,101 - 82 \times 74}{6 \times 1\,374 - 82 \times 82} = 0.3539$$

【例5-2】本例用来说明价格离散幅度与市场成熟程度之间的关联。假设在某个既定时刻，3个相邻市场 M、N 和 R 中经营某一同质商品 Q 的商店分别有8、12、20家，即 m(M) =8，m(N) =12，m(R) =20；Q 在 M、N 和 R 中的价格离散分布见表5-4。

表5-4 Q在市场M、N和R中的价格离散分布

项目	市场M			市场N			市场R		
	P_n	t_n	$\sum t_n$	P_n	t_n	$\sum t_n$	P_n	t_n	$\sum t_n$
1	9	1	1	8	2	2	9	1	1
2	10	4	5	9	1	3	10	6	7
3	12	2	7	10	7	10	11	9	16
4	13	1	8	14	2	12	13	1	17
5	—	—	—	—	—	—	14	2	19
6	—	—	—	—	—	—	15	1	20

根据表5-4可知：

①市场 M、N 和 R 中价格离散幅度分布为：D(M) =4，D(N)=6，D(R)=6；平均市场价格分别为：$\overline{P}$(M)=10.75，$\overline{P}$(N)=10.25，$\overline{P}$(R)=11.2。

②根据表5-4中的数据，绘制图5-3。

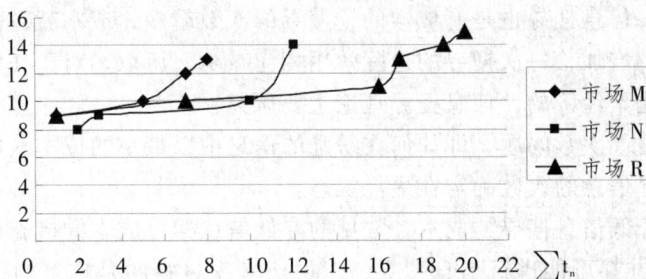

图5-3 市场M、N和R价格离散曲线

经过计算，商品Q在市场M、N、R中的价格离散率分别为：a(M)=0.5565，a(N) =0.458，a(R)=0.2834。

就商品Q而言，根据上述价格离散模型的计算结果可知：

① 由于M、N、R 3个市场的价格离散率有如下关系：a(M)>a(N)> a(R)，所以，市场M无知程度最高，即市场M的发育最不成熟；市场N无知程度较高；市场R的发育最成熟。在市场M中进行信息搜寻的收益比在市场R中进行信息搜寻的收益要高一些。对此，政府需要做的事情是借助新闻传媒将某个既定时刻若干种主要商品的市场价格离散率及时公布于众，这种做法可以避免市场上大的价格波动。

②尽管商店数量、价格离散幅度是价格离散率的主要影响因素，但是，起决定作用的还是价格在商店中离散的概率分布。例如，市场M、N、R中经营商品Q的商店分类数目一致，即n=4，但是由于市场M、N的价格幅度不一致，市场M和N就具有不同的价格离散率。

③价格离散幅度大的市场的价格离散率不一定比价格离散幅度小的市场的价格离散率高。例如，D(N)>D(M)，而a(N)< a(M)。

④价格离散率不受市场平均价格的影响。例如，假设市场R的价格分别为9、10、11、13、14、15，则D(R)=6，市场平均价格$\overline{P}$(R)=11.2，高于其他两个市场，但是该市场的价格离散率是最低的。

本部分仅对多个市场单一同质商品的价格离散率进行分析。实际上，现实中还存在单一非同质商品和多种同质（或非同质）商品的情况，与单一同质商品的分析比较起来，其分析要复杂得多。

5.3.3 信息搜寻

价格离散催生了有利可图的信息搜集行为，如市场信息的收集、储存、传播和利用等；价格离散诱发了信息搜寻的动机，并提供了信息搜寻的可能，也刺激了搜寻行动的出现。购买者在信息搜寻过程中可以获得更充分的商品信息，如商品的质量信息、价格信息等；购买者可以向卖方讨价还价，进行交易。只有通过信息搜寻，买方才会获得相关的信息，进行价格比较，最后决定购买，完成交易。

通过信息搜集，可以增加信息占有量，可以减少决策（决定购买某商品的行动）的损失。然而，信息搜寻也是有成本的，搜寻的次数越多，成本就越高。同时，随着信息搜寻次数的增加，每次搜寻的边际效用相应减少。所以，对于任何搜寻活动，无限制地进行都是不经济的。信息搜寻理论主要研究：

一是最佳搜寻次数问题，即如何在纷乱的信息中以最小的成本获取最有价值的信息，并且把搜寻信息的次数确定在最优状态。

二是如何降低信息搜寻的成本。常见的降低信息搜寻成本的措施包括：

① 买卖双方都可能进行信息搜寻，但由于卖家进行的是重复的、大量的货品销售，所以其信息搜寻的效益大，因此一般由卖方搜寻买方。

② 交易区域化和集中化，如集市、商业街、银行、证券交易所、人才市场等。

③ 专业化，如专卖店、某商品的品牌店、房屋中介、猎头公司、专业资讯平台等。

④ 分类广告，尤其是价格广告，如学校公告栏中的家教信息、二手货售卖广告、超市的打折广告等。

⑤ 信息共享，如买方之间、卖方之间的信息交流，电子商务交易平台，以及社区网络、网络论坛等。

拓展阅读 5-2

1. 搜寻次数理论

消费者之所以不可能掌握价格的全部信息，是因为了解这些信息是需要成本的。消费者寻找价格低、质量高的商品及其出售地点的过程，被称为"消费者搜寻"。显然，搜寻所带来的收益是以较低的价格购买某种商品，搜寻时间越长，调查的卖家越多，消费者发现的价格就越低，消费者剩余也就越多。

另外，搜寻信息是需要付出代价的，搜寻信息的活动也给消费者带来一定的搜寻成本。搜寻成本由两部分组成：一部分是调查不同的商店以及了解不同品牌商品的价格、质量和性能所需要的时间成本，这主要是一种机会成本；另一部分是实际支出的成本，如购买购物指南的费用、网络费用、交通费用、鞋底磨损费用等。这些成本用制度经济学的一个核心概念来概括，就是交易成本。

消费者在不断搜索的过程中所得到的收益和成本是不断变化的。

搜寻成本是边际递增的，其原因在于：如果消费者只是粗略地搜寻，那么只要抽出一小部分空闲时间即可，时间的机会成本很低。若消费者想进一步搜寻，就不得不挤占一部分本来有其他安排的时间，单位搜寻的时间成本是递增的。此外，消费者搜寻的范围通常是从附近地区或中心商业区开始的，随着搜寻范围不断扩大，消费者不得不转向那些位于偏远社区或比较分散的商店，此时交通费用等搜寻成本也是递增的。

搜寻收益却不是简单地递减，而是在开始的一段搜寻时间内递增，然后才开始递减。这是因为，在搜寻的初始阶段，消费者通过搜寻获得的信息可以大大降低其行为的不确定性，从而增加消费者剩余；但是，由于信息是有层次性的，信息的层次越多，获取和挖掘信息的难度就越大，这也导致单位搜寻成本越大。因此，当搜寻进行到一定阶段之后，搜寻收益便开始递减。虽然消费者通过对信息的搜寻可以获得一定的收益，即增加消费者剩余。但是，追求信息完全对称是不经济的，因为随着信息逐渐趋于完全对称，单位搜寻成本也趋于无穷大，可能远远大于因此而获得的消费者剩余。

一般来说，当边际消费者剩余大于边际搜寻成本时，搜寻者才会继续进行搜寻行为；当边际消费者剩余等于边际搜寻成本时，或者说，当消费者的边际收益等于边际成本时，搜寻次数达到最佳，这便是搜寻决策的基本法则。最佳搜寻次数由搜寻成本和搜寻的预期收益之间的相互关系来确定，即最佳搜寻次数就是搜寻边际成本等于预期边际收益时的搜寻次数（如图5-4所示）。图5-4中的CC'代表搜寻成本曲线，DD'代表搜寻收益曲线，nn'代表最佳搜寻次数临界线，n'为最佳搜寻次数。当N≤n'时，搜寻是经济的；当N>n'时，搜寻是不经济的。

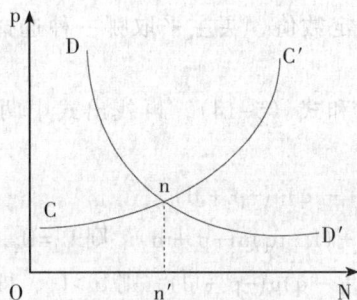

图5-4　最佳搜寻次数

综上所述，通过对搜寻行为进行分析，可以总结如下：

① 价格离散程度越高，每次搜寻所获得的节省额就越高，有效搜寻次数就越多。

② 当商店给予的折扣增加（即价格离散幅度扩大）时，买主的搜寻收益将有所增加，买主停止搜寻、作出有利选择时的边际搜寻成本也提高了。

③ 购买的商品价格越高，或购买商品的数量越多，就越值得进行搜寻。因为买主用于购买商品的开支越大，通过搜寻所获得的节省额就越高，这又刺激了买主的搜寻欲望，使搜寻次数增加。

2.信息搜寻理论的一般化数学模型

一般来说，信息搜寻有两种原则：

第一，最多搜寻n个商店，一旦遇到最低价格，就停止搜寻；

第二，搜寻n个商店才停止，并从n次搜寻所获得的价格中选择最低价格。

假设市场M中有一商品Q的正常价格为p，且M中部分商店对每件商品都给予d的折扣，不给予折扣的商店比例为q，且q<1，那么，给予折扣的商店比例可以表达为（1-q）。现以函数u表示效用，买主搜寻商店的成本为c，这样，买主每次搜寻都

承担 $u(-c)<0$ 的负效用。

这时，买主搜寻商店会出现三种结果：

第一种结果：在买主没有购买的情况下，买主将承担 $u(-c)$ 的负效用。

第二种结果：买主无折扣地按价格 p 购买商品，其总效用为 $u(-c)+u(-p)$。

第三种结果：买主购买有折扣 d 的商品，其效用为 $u(-c)+u(-p+d)$。这时显然有 $u(-p)<u(-p+d)$。

为计算方便，我们再假设买主有两种选择：

① 无论是否有折扣，买主只搜寻一家商店并购买商品。

② 搜寻一家商店，只在有折扣时才购买商品；否则，搜寻第二家商店，并且不论第二家商店是否有折扣都买下商品。

计算买主从第一种选择中得到的预期效用：

$$U_1 = u(-c) + [qu(-p) + (1-q)u(-p+d)] \tag{5-13}$$

计算买主从第二种选择中得到的预期效用：

$$U_2 = u(-c) + (1-q)u(-p+d) + q[u(-c) + qu(-p) + (1-q)u(-p+d)] \tag{5-14}$$

如果对 p、d 和 q 赋予一定数值，买主采取哪一种选择行动将取决于搜寻成本的大小。

首先，考虑式（5-13）和式（5-14），再找出式中两种选择相等的表达式，于是有：

$$(1-q)u(-p) = u(-c) + (1-q)u(-p+d) \tag{5-15}$$

即如果 $(1-q)u(-p) = u(-c) + (1-q)u(-p+d)$，则 $U_1=U_2$，说明两种选择效用相同。如果 $(1-q)u(-p) > u(-c) + (1-q)u(-p+d)$，则 $U_1>U_2$，即第一种选择比第二种选择更好。如果 $(1-q)u(-p) < u(-c) + (1-q)u(-p+d)$，则 $U_1<U_2$，说明第二种选择更好。

把 U_1、U_2 和 c 的关系表示在图5-5中，对于 C 的任意值来说，U_2 曲线都比 U_1 曲线陡峭；如果 $U_1<U_2$，则该搜索成本较低，因为这时 $C<c_0$，显然该搜寻是受欢迎的；如果 $U_1>U_2$，则该搜索成本高，因为这时 $C>c_0$，显然买主更愿意在第一家商店购买商品。

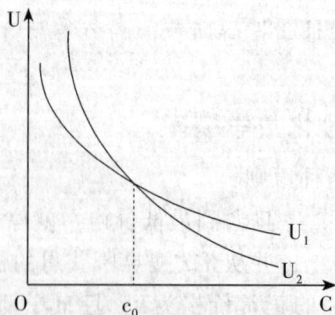

图5-5　搜寻数学模型

以上讨论的搜寻数学模型的约束条件是：将市场上买主的搜寻次数规定为两次。

假设现在考虑的约束条件是：不限制搜寻次数，仅考虑每次搜寻的收益，会如何呢？

假设市场 M 中有 m 家商店，其中，m/2 家商店对商品 Q 给予折扣 d，开价为 $p_1=12$ 元；m/2 家商店维持原价，开价为 $p_2=13$ 元。从表 5-5 中可以看出，随着买主搜寻次数增加，直至 m 次搜寻，搜寻的最低预期价格不断下降，直至最低价格 12 元。

表5-5　　　　　　　　　　　按照搜寻次数不同所假设的最低价格分布

搜寻次数	最低价格的概率		计算预期最低价格	预期最低价格（元）
	$p_1=12$元	$p_2=13$元		
1	0.5	0.5	12×0.5+13×0.5	12.5
2	0.75	0.25	12×0.75+13×0.25	12.25
3	0.875	0.125	12×0.875+13×0.125	12.125
4	0.9375	0.0625	12×0.9375+13×0.0625	12.0625
M	1	0	12×1+13×0	12

根据表 5-5 的计算结果，可以得出如下两个结论：

第一，价格离散程度越大，每次搜寻所节省的成本就越多，其相对应的有效搜寻次数也越多。这一点可以根据图 5-5 的搜寻数学模型得出来。当增加折扣 d 时，对于每一个 C 都会有 U_1 和 U_2 的增加，但是增加 d 对 U_2 的影响要比对 U_1 的影响更大。因此，这些变化的结果也将使 c_0 增大。这充分说明当给予商品的折扣增加时，其对应的价格离散幅度也随之增加，这时买主的搜寻收益也随之增加，买主停止搜寻、作出有利选择时的边际搜寻成本也随之提高。

第二，购买的商品价格越高（或者购买的商品数量越多），就越值得搜寻。因为买主用于购买商品的开支大，其必然在多次搜寻中节省更多的资金，这样既刺激了搜寻欲望，也使搜寻次数增加。如果综合考虑搜寻成本所带来的负效用，那么搜寻不可能无限延续下去，搜寻成本与搜寻次数负相关。通过一定的中介手段，可以有效减少买主和卖主之间的信息不对称，降低搜寻成本。

5.4　在线市场的价格离散与搜寻[①]

随着电子商务的发展，在线市场的规模越来越大。搜索成本的下降，价格弹性的增加和价格的敏捷调整，都意味着在线市场更趋向于完全竞争市场，因而将会促使在线销售产品的价格离散程度有减弱的趋势。但也有实证研究的数据表明，在线市场仍然具有较高程度的价格离散。同时，在网络信息经济中出现了相对独立、自我激励的自动软件主体，利用算法最大化它们所代表的所有者的效用和利润，也将对在线市场

① 王明明. 在线市场的价格离散现象研究 [J]. 商业研究，2006（15）：35-37.

的效率产生广泛影响。

5.4.1 在线市场价格的理论与实证研究

从消费者方面看，搜寻成本包括耗费的时间、交通成本、其他查寻费用，以及机会成本。在线市场中，消费者通过网络进行价格搜寻，从耗费时间、费用等方面均比在离线市场要低得多。搜寻成本的下降将使得均衡的搜寻密度增加，而搜寻密度的增加将使价格离散程度下降。同时，由于消费者对价格信息的获取更廉价和便捷，商品的价格弹性增加了，即当价格有稍许变化时，将引起较大的销售量的变化。

从厂商的价格调整成本看，在离线市场上，厂商改变标签价格是有成本的，即所谓的菜单成本，包括印刷新价格清单和目录的成本，把这些新价格表和目录送给中间商和顾客的成本、为新价格作广告的成本、决定新价格的成本，甚至包括处理顾客对价格变动怨言的成本。而在线销售的产品改变价格时的菜单成本比传统销售要低得多。同时，由于在线市场价格弹性比相对应的离线市场大，因此厂商对在线价格调整的频率将会远高于传统市场环境下的价格调整频率，而价格调整幅度小于离线市场的价格调整幅度。此外，与离线市场相比，在线市场具有更高的价格灵敏度，因而在线市场上利润最大化的价格水平比离线市场更低。

从上述分析看，在线市场的搜索成本下降、价格弹性增加和价格调整迅速，都意味着在线市场更趋向于完全竞争市场，因而将会促使在线销售产品的价格离散程度有减弱的趋势。但迄今为止，学者们所作的实证研究并没有证实这一结论；相反地，许多实证研究的数据表明，在线市场具有强而持久的价格水平离散。在线市场中价格离散度的来源有以下几个方面的原因：产品的异质性、便利性和购买经历（时间的价值）、认知（思维的真正价值）、零售商品牌和信任、锁定（即通过调整消费者的转换成本来收取溢价）以及价格歧视等。

5.4.2 在线市场价格离散的原因分析[①]

微课 5-3

在线市场价格离散的原因分析

"电子商务市场与传统市场相比，是否有更高的市场效率?"这一直是经济学家们谈论的一个话题。不同学者对这个问题有不同的结论。从理论上看，信息搜寻成本在电子商务市场变得很低，网络技术降低了零售商和消费者之间信息不对称的程度，价格离散程度应该下降，搜寻成本下降，则市场竞争效率变得更高了。然而近来的实证研究并不支持这个结论。电子商务市场产品的价格离散程度为什么会高于传统市场产

① PAN X, RATCHFORD B T, SHANKAR V. Can price dispersion in online markets be explained by differences in e-tailer service quality? [J]. Journal of the Academy of Marketing Science, 2002, 30 (4): 433–445.

品的价格离散程度？不同的学者给出了不同的理由。在线市场价格离散的原因和影响因素归纳如下：

1.商品差异性

特定的商品市场特征也影响价格离散度，如市场竞争者数量、消费者参与的程度（即他们有多大的努力去搜寻更低的价格）、产品的流行程度（即是否有很多消费者购买）。这些因素可能会加大也可能会减小价格离散度。

① 导致电子商务市场销售的商品价格差异的一个最明显的原因就是其所销售商品的某些特征的差异。由于所销售商品的价值包含了不同差异的不同成本，这样，在线市场所销售的同种商品的价格离散度也就更大。

② 消费者的搜索行为与产品的价格水平有关。由于通过搜索获得的潜在利益不同，一般假设消费者更加倾向于努力搜索贵重商品，因而贵重商品中价格离散度更小（米勒，1993）。

③ 畅销产品是那些被许多消费者接受和购买的商品，吸引了在线消费者的注意力，人们能够更快地交流信息，所以畅销商品比滞销商品的价格离散度小。①

④ 产品具有数字属性和非数字属性。数字属性是那些主要通过视觉检查来评价，能够利用互联网来传递的产品属性。非数字属性是那些只能通过对产品的物理检查来评价，无法通过互联网来传递的产品属性，如衣服的质地与合身程度。任何产品都具有这两类属性，但不同类型的产品中，两类属性的相对重要程度不同。在区分数字属性与非数字属性的条件下，在线市场降低的主要是产品的数字属性方面的信息获得成本，但无助于获得产品非数字属性方面的信息。②

2.购物的便利性及采购经历

对于对时间很敏感的消费者而言，零售商如果能够使消费者在采购过程中很快地搜索到所需商品，则零售商可以索取一份额外的溢价收入。这种便利性产生的原因可能是零售商提供了一种便利的搜索工具、一般性的建议标志、密度较大的产品展示、快捷安全的结算系统等。上述这些便利性可以使在线消费者很快地搜索到所欲购买商品的所有相关信息，在对这些信息进行充分比较后，在线消费者很快作出是否购买的决策，而不会太关注所欲购买商品的价格水平差异。这一因素的存在也使得零售商可以实施商品价格差别战略，为具有不同消费特征的购物者提供不同的商品价格水平。

3.转换成本

转换成本是指消费者用一种产品替代原来的产品所产生的隐性机会成本。消费者从原有购物网站到另一个不熟悉的网站购物是有机会成本的，这使得消费者更乐意在原有网站购物，因为这些网站为他们提供了充分的商品信息和快捷的结算服务。这样，这部分消费者基本上被原有购物网站锁定，成为该网站的忠实消费者。在线零售商可获取一份额外的溢价收入，这导致同种商品会产生差异较大的价格离散度。

---

① 赵冬梅. B-C电子商务市场价格离散及其动因分析 [M] //王秀清，谭向勇. 百年农经（2003—2005年）. 北京：中国农业出版社，2005：3831-3848.
② 罗玲丽. 中国在线商品价格离散影响因素的实证研究 [D]. 重庆：重庆大学，2007：5.

4.在线零售网站的知名程度和信誉租金

电子商务市场具有无边界特点，这使得在线零售商十分关注其网站的知名度。在线零售商花大量的钱在网络上或报纸、电视等传统媒体上做广告，通过竞价排名或者与一些著名网站建立超级链接来提升自己网站的知名度。在电子商务市场中，消费者的关注程度对于在线零售商来说十分重要，这导致同一种商品价格离散度的产生。企业的信誉和品牌对在线商品价格离散度有显著影响，因为信誉和品牌的价值能够降低消费者可察觉的风险，消费者愿意为值得信赖的企业支付高额费用。

5.零售商品牌效应和网站可信度

由于电子商务市场中零售商和消费者在时间和空间上的分离，信誉是在线交易得以顺利进行的一个很重要的因素。消费者在选择零售商时，会考虑零售商的物流配送系统和网络支付系统的完善程度，他们更愿意为其所信任的在线零售商支付一部分额外溢价。这就说明了另外一个因素——零售商的品牌效应和网站的可信度同样是在线市场商品交易中价格离散度产生的原因。

6.市场特征

市场特征与网络零售市场的成熟程度密切相关，在不同成熟程度的网络零售市场中，消费者对价格的敏感程度存在很大差异。市场特征主要包括如下一些因素：

一是市场中的竞争者数量。在电子商务市场中，随着竞争者数量的增多，价格离散度以递减的速率减小。

二是消费者参与。消费者的价格搜寻行为与消费者参与程度密切相关，消费者参与度高，他会付出更大的努力去寻找，去追求更大的利益。

三是商品的普及率。消费者对普及率高的商品接受度高，购买也多，这使得普及率高的商品比普及率低的商品的价格离散度小。

7.消费者锁定战略

通过增加消费者的转换成本，零售商可以获取一份额外溢价收入。对于消费者而言，当其在在线市场选择另外一个零售商时，其可能面临一系列的转换成本。例如，当消费者由一个在线零售商转向另外一个在线零售商时，其首先就面临着不熟悉网站界面的问题；其次，其面临着信息搜寻成本增加的问题；最后，消费者还面临着零售商可信任程度如何、物流配送系统如何、银行支付系统安全与否等一系列问题。这样，消费者在转换在线零售商时，就可能面临着较大的转换成本，零售商可以就此实施消费者锁定战略。

8.价格歧视战略

在线零售商可以通过以下途径实施价格歧视战略：一方面，利用部分对价格敏感的消费者愿意花更多的时间来搜索到他们最满意的价格的特点来实施该战略；另一方面，专设一个商品价格信息菜单，让在线购物者搜索到最低的价格，但是为了获得这个最低的价格，在线购物者必须使用一些不便利的工具进行搜索，或是通过较慢的搜索过程进行搜索。一个较便利的搜索工具则与一个较高的价格支付水平相联系，在线零售商完全可以通过改变访问入口的大小来实施这一战略。

9. 交易风险

目前对在线市场价格离散的解释多与在线市场的交易风险有关。在传统商品交易模式下，物流和资金流是同时完成的；在电子交易中，消费者要先完成网上支付，经过一段时间后商品才能通过线下配送到消费者手中。消费者看不到实物，无法试用、试穿，难以辨别真伪，网上的保质、保修承诺也并不能让消费者完全放心。因此，人们在进行网上交易时，并不是仅仅关注价格，对在线市场交易风险的忧虑，会使信誉好的厂商定价于一个相对较高的水平而仍然具有竞争力，从而造成持续的价格离散。在线市场的交易风险，从本质上讲，可以归属于商品"质量"问题，这里把"质量"概念扩展开来，包括厂商提供的配送与支付服务、交易的可靠性、退货条款等，在线商品给消费者带来的效用不仅取决于商品本身，而且与上述多种因素有关。因而在这些方面的差别都将构成商品的"质量"差异，影响消费者的决策。对于在线市场的消费者来说，质量甄别的难度加大了，当消费者比较价格时，还要同时考虑在一个低价位上，会不会隐含诸如能否及时配送、商品质量是否与网上宣传相符、不满意能否顺利退货等质量风险。商品质量差异的加大将使价格离散现象加剧。

5.4.3 在线环境下信息搜寻的特点[①]

尽管网络信息呈现爆炸式增长，但趋于成熟的信息组织理论和技术能够使信息向有序化方向流动，而谷歌、百度、必应等著名搜索引擎又可以使用户以最快的速度检索信息，电子商务企业和企业电子商务的出现使商务信息流汇聚于公共网络信息平台，买方和卖方都能更方便地搜寻所需要的商务信息。电子商务环境下的信息搜寻与传统方式下的信息搜寻极为不同，具体来讲，它有以下几方面特点：

1. 虚拟性

传统方式下的信息搜寻需要人们亲身到销售地进行实地考察，这显然受到成本、时间和地域的限制。电子商务环境下的信息搜寻则是虚拟现实的。

首先，商品是虚拟的，所有商品都经过数字化处理并集成到某一公共平台，用户查询到的有关商品的信息和多维图片与现实非常相似。

其次，搜寻过程是虚拟的，用户足不出户就可以游逛于世界范围内的各大商场，查找相关商品的信息。商品虚拟性是搜寻过程虚拟性的基础，搜寻过程虚拟性则是商品虚拟性的结果。

2. 高效率

为了尽可能多地搜集到某商品的信息，扩大期望收益，消费者通常要"货比三家"；但传统方式下的信息搜寻由于市场和商场的分散性、搜寻方式的局限性，效率很低。电子商务环境下的信息搜寻是高效率的，消费者可以借助各种优秀的搜索引擎

---

① 汤坚玉，王磊. 论电子商务环境下的信息搜寻模型 [J]. 管理科学文摘，2006 (6): 12-13.

和电子商务平台，快速地搜集到数个商场某商品的信息，既准确又全面，大大节约了消费者的搜寻时间和精力。

3.低成本

信息搜寻的成本一般包括时间成本、交通成本和其他费用。传统方式下的信息搜寻由于低效率，时间成本很高。另外，传统方式下的信息搜寻是实地考察型的，这必然会带来一定的交通成本和其他费用。因此，传统方式下的信息搜寻成本一般较高。

由于成本因素的制约，消费者通常不得不降低预期效用来减少搜寻成本。电子商务环境下的信息搜寻首先由于其高效率，时间成本很低；其次由于其虚拟性，消费者免去了交通成本和其他费用，搜寻成本较低。当然，这可能要加上一定的上网费用，但这对搜寻成本几乎没有影响。

4.无时空限制

由于地理位置、工作时间、成本等因素的制约，传统方式下的信息搜寻在很大程度上受到限制。在电子商务环境下，各商务网站和平台都提供全天候服务，消费者的搜寻在任何时间都可以进行，不受时间的限制。此外，由于信息技术的深入应用和发展，几乎世界的每一个角落都可以上网，互联网的无国界性和无地域性使得消费者可以随地查询到世界各地某商品的信息。

5.自主性

消费者在商场搜寻商品信息时，由于多种因素的制约，通常处于被动状态，自主性不强。在电子商务环境下，消费者控制了智能手机的屏幕、计算机的鼠标和键盘，选择何时搜寻、选择哪一种商品、选择在哪个网站购物都由消费者决定，其自主性大大增强。

6.搜索引擎在消除价格离散方面的局限

互联网提供的各种搜索引擎可以帮助消费者在线购买产品，只要在搜索引擎中输入相应的关键词，就可以得到一系列相关的商品信息。很多特定商品的比价网站，使消费者能够以搜索到的最低价格购买所需要的商品。但它仍然不能消除在线市场的价格离散：

首先，无论是搜索引擎还是价格比较工具，得到的信息都是不全面的。

其次，出于策略考虑，销售商不会提供商品的所有相关信息，而只是有选择地提供商品信息，这是其细分市场、增强市场势力的常用的策略手段。

在实际中，消费者的信息搜寻次数不仅跟搜寻成本和预期收益有关，还与消费者的购物心情、习惯、文化素质、掌握信息的程度、使用网络搜寻的技能等有关。例如，在电子商务环境下存在的锁定效应和转换成本使得消费者倾向于到经常购物的网站查找信息进而购买，这对该网站的经营方式和信誉都是一种认可。另外，消费水平和收入水平对消费者的搜寻次数以及搜寻效用都有不同的影响，互联网应用程度高、掌握较多商品知识的消费者会提高对自身搜寻能力的认知。

思政园地

国家促进电子商务写入法律

《中华人民共和国电子商务法》（以下简称《电子商务法》）从 2019 年 1 月 1 日起施行。电子商务法是指调整平等主体之间通过电子行为设立、变更和消灭财产关系和人身关系的法律规范的总称；是政府调整、企业和个人以数据电文为交易手段，通过信息网络所产生的，由交易形式所引起的各种商事交易关系，以及与这种商事交易关系密切相关的社会关系、政府管理关系的法律规范的总称。

1. 法律规定政府必须将电子商务发展纳入国民经济和社会发展规划

《电子商务法》第六十四条规定：国务院和省、自治区、直辖市人民政府应当将电子商务发展纳入国民经济和社会发展规划，制定科学合理的产业政策，促进电子商务创新发展。

2. 法律要求政府重视电子商务物流及标准体系建设

《电子商务法》第六十五条规定：国务院和县级以上地方人民政府及其有关部门应当采取措施，支持、推动绿色包装、仓储、运输，促进电子商务绿色发展。第六十六条规定：国家推动电子商务基础设施和物流网络建设，完善电子商务统计制度，加强电子商务标准体系建设。

3. 法律明确国家推进电子商务融合发展

《电子商务法》第六十七条规定：国家推动电子商务在国民经济各个领域的应用，支持电子商务与各产业融合发展。第六十八条规定：国家促进农业生产、加工、流通等环节的互联网技术应用，鼓励各类社会资源加强合作，促进农村电子商务发展，发挥电子商务在精准扶贫中的作用。

4. 法律明确国家维护电子商务交易安全、推动数据共享

《电子商务法》第六十九规定：国家维护电子商务交易安全，保护电子商务用户信息，鼓励电子商务数据开发应用，保障电子商务数据依法有序自由流动。国家采取措施推动建立公共数据共享机制，促进电子商务经营者依法利用公共数据。

5. 法律明确中国坚持开放发展电子商务

《电子商务法》的第七十一至七十三条表明了中国在电子商务新领域，同样以坚定不移的开放发展决心，与世界各国协同发展，共同推进全球电子商务资源共建共享。

资料来源　郑敏．系列解读五："国家促进电子商务"已写入法律［EB/OL］．（2019-01-30）［2022-06-30］．http://www.mofcom.gov.cn/article/zt_dzswf/ImportNews/201901/20190102831816.shtml.

本章小结

本章重点介绍了信息商品的内涵和特征、价值与使用价值、成本与价格，以及价格离散和信息搜寻等内容，介绍了价格离散的概念，解释了价格离散的原因，并且给

出了推导价格离散率的数学方法，阐述了信息搜寻理论，并建立了信息搜寻理论的一般化数学模型，介绍了电子商务环境下价格离散与信息搜寻的特点，讲述了在线市场的价格理论、价格离散的原因以及和影响价格离散的因素。

复习与思考

1. 简述信息商品的内涵。
2. 信息成为商品的基本条件是什么？
3. 信息商品的共性与个性分别是什么？
4. 信息商品的生产特性是什么？
5. 信息商品的经济特性是什么？
6. 根据数字商品用途和性质对数字商品进行分类。
7. 虚拟商品的物理特性与经济特征分别是什么？
8. 简述信息商品的价值与使用价值的定义。
9. 简述信息商品的市场价格的特征。
10. 简述信息商品成本的特征和影响。
11. 简述信息商品的生产过程和基本特点。
12. 信息商品使用价值的特征是什么？
13. 根据信息商品需求弹性系数，对信息商品进行分类。
14. 什么是价格歧视？
15. 信息商品价格离散的原因是什么？
16. 电子商务市场商品的价格离散程度高于传统市场商品的价格离散程度的原因是什么？
17. 电子商务环境下信息搜寻的特点是什么？
18. 分析在线市场价格离散的原因。
19. 解释价格离散幅度及价格离散率。
20. 试用信息搜寻理论分析"货比三家"的信息经济学原理。

第5章即测即评

第 6 章
信息市场

学习目标

学习目标

◆ 重点掌握信息市场的内涵和不同分类划分方法、格罗斯曼–斯蒂格利茨悖论。
◆ 掌握典型的信息市场模型、信息市场的主要运行机制。
◆ 了解电子商务市场的经济特征与价值创造方式。
◆ 掌握信息市场营销的产品、价格、促销和分销策略。
◆ 了解信息市场管理的职能和手段。

信息商品化的趋势必然形成大规模的信息市场，信息市场是一种新兴的市场形态。[①]本章将主要介绍信息市场的相关内容，包括信息市场的内涵及分类、信息市场模型、信息市场的运行机制、电子商务市场的经济特征与价值创造方式、信息市场的营销策略与信息市场管理的职能和手段。

6.1 信息市场的基础知识

信息市场作为一种市场形态，虽然早就以一种"隐性"形式与物质市场同时存在，并一直发挥着情报交流和传播的功能；但长期以来，它仅仅是物质商品交换的附属形式，没有形成独立的市场。独立的信息商品市场是一种新兴的市场形态。[②]

6.1.1 信息市场的内涵[③]

从狭义上说，微观信息市场是在普通商品市场中生产、传播和分配信息所形成的信息市场，市场价格体系是这类信息市场的核心内容。换句话说，信息市场是进行信息商品交换的场所。也就是说，信息市场是把信息商品纳入整个经济活动中，和其他商品一样进行流通、交换。实际上，信息市场不仅涉及信息商品、信息商品交换场所，还涉及信息生产者、经营者、用户及其经济活动和经济关系。

从广义上说，信息市场不仅指信息商品交换的场所，还包括购买信息商品的用户及其与信息生产者、经营者之间的经济关系，即信息商品从生产到消费之间的整个流通过程和领域，是信息商品供求关系的总和。这里所指的商品既包括信息本身，也包括信息服务和信息流通市场、技术商品市场、劳务信息市场等。

6.1.2 信息市场的分类[④]

信息市场可以按照如下几个方面进行分类：

---

① 吴振坤. 中国市场体系建设通论 [M]. 广州：广东教育出版社，1995：428.
② 马费成，王槐. 情报经济学 [M]. 武汉：武汉大学出版社，1991：194.
③ 谢康. 微观信息经济学 [M]. 广州：中山大学出版社，1995：30-31.
④ [1]金建. 信息产业经济学论纲 [M]. 北京：北京出版社，1993：380-381. [2] 禹柯夫. 应用信息学引论 [M]. 北京：中国铁道出版社，1995：131-132. [3] 乌家培，等. 经济信息与信息经济 [M]. 北京：中国经济出版社，1991：97-99.

1.按照信息商品的所属层次划分

(1) 一次信息商品市场

一次信息商品市场主要经营人们在科研、生产和管理等活动中的成果，最有代表性的是技术市场，它提供各种技术产品和技术服务，如科技开发的技术合同、技术服务、技术咨询等业务。

(2) 二次信息商品市场和三次信息商品市场

二次信息商品市场和三次信息商品市场主要以信息工作成果和信息系统提供的产品为交换对象。二次信息商品市场中最有代表性的就是数据库市场，这是以计算机为中心的各种信息技术用于信息加工处理和存储传输所形成的信息商品的流通领域。三次信息商品市场主要向用户提供各种信息研究成果、研究报告、可行性论证报告、决策支持报告、市场调研报告等。

2.按照交易的性质和形式划分

(1) 产品型信息市场

产品型信息市场如转让科研成果、出售成套技术设备、出售数据库、发布专题信息、出售资料等。

(2) 服务型信息市场

服务型信息市场主要提供智力型劳务，如信息咨询、技术咨询、技术培训、专利代理、信息检索、代译等服务。

3.按照组织形式划分

(1) 固定型信息市场

固定型信息市场即有固定的经营机构和交换场所，进行长期的信息交易活动，如信息机构设立的信息商店、科技信息咨询服务中心以及银行开办的经济信息咨询公司等。

(2) 通信型信息市场

通信型信息市场采用通信联系的方式进行信息业务洽谈和信息商品交易，以及通过商品介绍，促使用户直接购买某一信息商品或进一步洽谈。

(3) 临时型信息市场

这类信息市场发布信息集中、及时、影响大、受益面广，具体有信息发布、科技成果和新产品展销会、交易会、科技集会、科技大篷车等。

(4) 联营型信息市场

联营型信息市场由若干个信息商品经营机构联合组建一个经营市场，互为代办信息商品的交易业务。

4.按照编制属性划分

(1) 公办型信息市场

公办型信息市场即国家设置的常设性信息机构。

(2) 民办型信息市场

民办型信息市场主要指个体劳动者经营的信息市场，包括私营信息公司、信息服务站、信息旅店等。

5.按照信息商品的种类划分

按照信息商品的种类，信息市场可分为经济信息市场、科技信息市场、综合信息市场等。

6.按照信息商品流通的方式划分

按照信息商品流通的方式，信息市场可分为单向对应型信息市场、网络咨询型信息市场、大众传播媒介型信息市场等。

6.1.3 信息市场的要素[①]

上述对于信息市场的划分并不是绝对的，还可以从其他角度划分。但是，无论怎样划分，都可以抽象出信息市场的共同结构，那就是包括信息商品、供给方、需求方、中介方和管理方。

信息商品是信息市场赖以存在和发展的基础和源泉；需求方作为信息市场的主体角色，代表信息市场经营的导向；供给方是信息商品的提供者和直接来源；中介方与管理方是促进信息市场有效运行的重要因素。信息市场的这五个要素缺一不可，它们相互作用、相互依存，决定了信息市场的主体结构。只有形成合理的信息市场结构，才能保证信息市场的正常运行，充分发挥其功能。

6.2 信息市场模型[②]

通过四种经典的信息市场模型，能够更加清晰地判断信息市场供求与普通产品市场存在差异。

6.2.1 赫什雷弗模型

赫什雷弗提出"信息市场"理论，并建立了赫什雷弗模型。假设信息市场存在两种个人：第一种个人是信息拥有者A；第二种个人是信息消费者（或搜索者）B。其中，A与B都被假定在信息供给与需求方面的行为是合理的。表6-1给出了A与B行为的四种可能。赫什雷弗通过信息拥有者与信息消费者行为之间的相互关系，分析了信息市场上信息商品交易的模式，但该模型没有涉及信息市场效率的问题。

表6-1   A与B行为的四种可能

A行为的四种可能	B行为的四种可能
（1）独自使用信息	（1）直接调查或询问而得到信息
（2）直接将信息卖给信息搜索者	（2）在信息市场购买信息
（3）免费传播信息	（3）搜索公共信息或免费信息
（4）为了商业目的，区分真实与虚假信息	（4）对所获得的信息进行评估

① 周毅. 近期中国信息产业发展中的主要任务 ［M］//王东明，王家全. 当代中国信息观 ［M］. 北京：机械工业出版社，1993：236-237.
② 陈禹. 信息经济学教程 ［M］. 北京：清华大学出版社，1998：96-97.

6.2.2　格罗斯曼-斯蒂格利茨模型

该模型讨论的是关于信息市场的效率问题，假设存在两类资本：一是能够带来回报的安全资本；二是具有风险的资本，其回报 u 随阶段的变化而变化，计算公式为：

$$u=\theta+\varepsilon$$

式中：θ 是付出成本 c 就能观察到的变量；ε 为不能观察到的随机变量。

假设市场上存在两类个人：一是已经观察到的个人，称拥有信息的贸易者；二是仅仅能观察价格的个人，称无信息的贸易者。可以认为，拥有信息的贸易者需求将依赖 θ 和风险资本 P 的价格；无信息的贸易者需求仅依赖 P。

假设 X 代表风险资本的供给，当已知贸易者的一个既定比例 λ 时，均衡就是这样一种价格函数 $P_\lambda(\theta, X)$。假设无信息的贸易者不能观察 X，那么这些无信息的贸易者不能从对 $P_\lambda(\theta, X)$ 的观察中了解 θ，因为他们不能从那些由于总供给的变化而变化的价格变量中区别由于拥有信息的贸易者的信息而发生变化的价格变量。

通过 $P_\lambda(\theta, X)$，无信息的贸易者揭示了拥有信息的贸易者具有的某些信息，或者说，无信息的贸易者能够了解到拥有信息的贸易者所掌握的某些可能他们自身不愿意传递的信息。

当更多的个人成为拥有信息的贸易者时，相对于无信息的贸易者的预期效用而言，拥有信息的贸易者的预期效用将会有所下降，存在两方面下降的原因：

其一，在 θ 中的变量对总需求的变化具有巨大的影响，促使更多的贸易者观察 θ，从而使 θ 对于价格的影响更加显著，于是价格体系在传播信息方面也就变得更为敏感。

其二，即使 θ 对价格的影响并不重要，但是，相对于无信息的贸易者而言，拥有信息的贸易者比例增加，意味着每个拥有信息的贸易者在无信息的贸易者中获得的收益相对地减少了。

综上所述，以价格为中心的信息市场均衡特征可以通过以下两个推测作概要说明：

① 市场中更多的个人成为拥有信息的贸易者，则市场的价格体系在传播信息方面更为敏感。

② 市场中更多的个人成为拥有信息的贸易者，则相对于无信息的贸易者的预期效用，拥有信息的贸易者所获得的预期效用的比率更低。

进一步推测，得到以下结论：

① 信息成本越高，拥有信息的贸易者在均衡中的百分比就越小。

② 如果拥有信息的贸易者所掌握的信息质量有所提高，则拥有信息的贸易者的需求更多地随着他们所拥有的信息的变化而变化。

③ 噪声量越大，价格体系在传播信息方面就越迟钝，因此，无信息的贸易者的比例也就越高。

④ 在限制条件下，当市场中不存在任何噪声时，价格体系则传播市场上产生的

全部信息（没有任何购买信息的刺激）。

⑤ 在其他条件不变的情况下，如果几乎所有的个人成为拥有信息的贸易者（λ接近0），这时，信息市场中的噪声非常小；或者如果几乎所有的个人都是无信息的贸易者（λ接近1），这时，信息市场的信息成本非常低，市场将变得呆滞，或者说贸易不好。

⑥ 信息市场的极高效率并不能有效地提高市场的效率；相反，有可能阻碍市场效率的发挥，因为任何一个市场参与者都可以不付出信息成本而获取所需的市场信息，则不会有人对信息传播感兴趣，而信息的高效率传播使市场参与者之间难以出现信息差别。

6.2.3 格罗斯曼-斯蒂格利茨悖论[①]

格罗斯曼-斯蒂格利茨悖论（Grossman-Stiglitz Paradox）对有效市场假说的结论（个人依靠收集信息无法获得超额收益）提出了疑问。

该悖论证明，由于信息成本的存在，市场效率和竞争均衡是不相容的，价格不可能是充分显示的。因为如果价格是信息有效的，就不会有人花费成本来收集信息并承担前期风险；如果没有人去获取信息并据此决定其需求，新信息又不能被汇总或以最快的速度体现到资产的价格中，价格就不会是信息有效的。该悖论也可以表述为：如果市场完全收集了市场参与者的私人信息，市场参与者的需求将不再依赖他们自身所拥有的信息，但是，市场（价格体系）又怎么可能完全收集到所有个人的信息呢？

在完全竞争的市场中，如果不确定性仅仅来源于未来收益的随机性，则完全揭示的竞争性理性预期均衡不具有稳定性，甚至不存在。因为在完全竞争市场中，交易者是价格接受者，如果均衡价格完全揭示私人信息，那么交易者都有"搭便车"的动机，即不愿意自己搜寻有成本的私人信息，而只想从价格中推测信息。如果全体交易者都不搜寻私人信息，价格就没有什么信息可汇总、传递；如果大家将不搜寻信息视为共识，搜寻信息就会产生超额收益，因此个人又有搜寻私人信息的动力。

6.2.4 沃尔金信息市场模型[②]

沃尔金信息市场模型假设：信息市场由信息生产者或拥有者A与信息需求者或消费者B构成。B以价格c向A购买信息商品x，这时，A和B的交易准则分别是：

$$J_A = cx - g(x)_{max}$$
$$J_B = f(x) - cx_{max} \quad (6-1)$$

式中：$g(x)$为信息成本函数，且$g(x)>0$；$f(x)$为信息价值函数；c为信息购买的价格；x为信息的数量。购买的最优条件为$J'_A=0$和$J'_B=0$，即

① GROSSMAN, STIGLITZ. On the impossibility of informationally efficient markets [J]. The American Economic Review, 1980, 70（3）：393-408.
② 谢康. 微观信息经济学 [M]. 广州：中山大学出版社，1995：232-233.

$$\begin{cases} f'(x) = c \\ g'(x) = c \end{cases} \qquad (6\text{-}2)$$

由于 f'(x) 和 g'(x) 是非线性的，所以，能够解方程组（6-2），得出交易信息商品的最优量 x 及最优价格 c。

从沃尔金信息市场模型中获得以下启示：

① 信息市场上信息商品价格的确定，一方面与信息生产条件及规模相关，另一方面取决于信息利用的技术水平和条件，而且后者更重要。

② 如果出现信息市场均衡价格，该价格应是偏好需求而非供给的均衡价格。因此，沃尔金信息市场模型再次表明：尽管卖方市场是形成信息商品价格的不可缺乏的要素，但买方市场才是形成信息商品价格的最为主要的因素。

以上几个信息市场模型都说明：信息商品供求与普通商品供求之间存在差别。从信息商品的价格角度看，完全信息商品与不完全信息商品的预期价值，可分别看成它们的最高市场需求价格。信息商品的供给价格既严重地依赖信息生产者的生产成本，也与信息传播成本有密切的联系。交易商品的市场价格往往背离其价值，构成信息市场最重要的经济特征。

6.3 信息市场的运行机制[①]

市场运行机制是市场上直接发生作用的价格、竞争、供求、利率、工资等市场因素相互适应、相互制约、自行协调、自行组织的有机体系。[②] 从广义上说，信息市场的运行机制是信息商品经济运行的内在规律，它是商品经济规律（包括价值规律、竞争规律、货币流通规律）互相作用形成的对经济过程的有机制约功能，具体表现为信息商品货币关系中的价格、供求、信贷、利率等要素间相互制约、相互联系的关系，通过信息商品供求的变化、自由竞争、价格波动，实现社会劳动在各信息部门之间按比例分配。从狭义上说，信息市场的运行机制是指信息市场上信息商品供求关系和信息价格变动对信息商品的交换以及信息商品的生产和消费所发生的刺激或抑制作用。[③]

信息市场的运行机制是一个具有传动、应变、调节和感应能力的综合系统机制。其内在动力是物质利益的差别，它的传动器是由各种经济信息的传动、经营服务而决定的。影响信息市场的运行机制的因素有信息商品价格、税收、利息及财政补贴等，其效果是市场机制运行表现在信息商品的生产、交换、消费、分配等过程中的各项经济变动的结果。[④]

信息市场运行机制具体分为供求机制、价格机制、竞争机制、激励机制、风险机制、利润机制、控制机制等。

① [1] 靖继鹏，卢晓宾．信息市场运行机制与发展战略研究 [J]．中国信息导报，1996（9）：12-14．[2] 金建．信息产业经济学论纲 [M]．北京：北京出版社，1993：390-394．
② 陈征，黄家驹．政治经济学 [M]．2 版．北京：高等教育出版社，1994：342．
③ 臧运平，姚淑云．信息经济学导论 [M]．北京：中国三峡出版社，1997：168．
④ 罗季荣．宏观经济计划学 [M]．北京：中国物资出版社，1986：152．

6.3.1　信息市场的供求机制

信息供给与信息需求是信息市场上相互联系和相互对立的两个概念。信息供给要求由信息需求来实施，而信息需求又要由信息供给来满足。供给制约需求又必须适应需求，需求依赖供给又给予供给以出路。供给与需求都要求对方与之相适应。如果相互适应了，供求就平衡协调；否则，就是供求不平衡、不协调。

信息市场的供求矛盾由于实际情况的变化和差异可以表现为三种形态，即供过于求、供不应求、供求平衡。由于信息具有非消耗性和共享性，某种信息商品一旦生产出来，就可以在不同时间、不同地点进行多次转让，从而满足多次的、反复的消费需求。所以，在信息市场中一般不存在长期供不应求或供过于求的情况，有些需求得不到满足，只可能因为无货供应。

1.信息市场需求机制

信息市场需求是指信息使用者对信息的内容、数量、质量和规范的需要和需求，广义的信息需求还包括信息使用者对信息服务（模式）方式及质量方面的需求。同时，信息市场需求具有易转化性、多样性和均衡性的特点。

2.信息市场供给机制

信息市场供给指的是将信息产品作为商品在市场上向信息商品使用者提供。信息供给的实质是为社会、自身提供信息增值产品。信息产品生产是信息市场供给的源泉，也是信息市场供给的基础；信息市场供给是信息产品的动力和条件；信息产品生产也制约着信息市场供给，反过来，信息市场供给也影响信息产品生产。信息市场供给与信息产品生产在品种、数量和质量方面存在一定的差异：

① 就信息产品的品种而言，从总体上看，信息市场供给品种少于信息产品生产品种；但就短期而言，有可能信息市场供给品种多于或少于同一时期内生产的信息产品品种。

② 就信息产品的数量而言，一般情况下，信息市场供给量大于信息产品生产量。由于信息商品在信息市场中存在信息不对称的情况，因此会产生同质商品的价格离散问题，从而导致信息商品化对信息市场发育程度的影响，也可能出现信息市场供给量小于信息产品生产量的情况。

③ 就信息产品的质量而言，有可能信息产品生产时质量高于信息市场供给时的质量。

3.信息市场需求与供给的平衡

就信息产品的多种因素的作用而言，信息产品的供给弹性与需求弹性一样，存在复杂性，必须找出信息产品供给与需求不平衡的真正内在根源，运用经济学原理解决供给与需求的不平衡问题，例如：

① 针对供给与需求的平衡是动态的事实，运用科学的预测、决策手段，力争在市场上起到主导作用。

② 针对信息产品的特殊性，如具有复制性和成本低等特点，对信息产品实施知识产权保护。

③ 信息产品作为商品在市场上销售时，必须掌控销售的所有环节，如产品的产、销、存和售后服务环节。

④ 应该保证每个信息产品生产者的技术与素质达到标准。

总而言之，一旦某信息产品在市场上出现供给与需求的不平衡矛盾，必须采取一定的策略去解决和化解这些矛盾。

6.3.2 信息市场的价格机制

价格机制是指价格变动与市场供求变动之间相互制约的作用和联系。价格机制对信息市场运行的作用是多方面的，在不同的作用层次上价格机制有不同的功能。价格机制对生产同种商品的企业来说是竞争的工具，因为生产同种商品的企业为了在市场上占据更有利的地位，必须在保证质量的前提下尽量压低价格，以商品的物美价廉取胜。价格机制对生产不同商品的企业来说，是调整生产方向和生产规模的信号，从而促使生产各部门大体上按比例协调发展。

价格并非一成不变。信息商品的价格在流通中必然随着市场的供求变化而涨落。信息市场某种商品卖不出去时，就应当适当降价，以便压缩生产量，扩大需求；信息市场中某种商品"无货供应"时，就应当适当提高价格，以刺激企业扩大生产，增加供给量，限制需求。

运用价格机制，不但要考虑商品的供求关系，还要考虑商品的需求弹性。对不同商品来说，价格变动所引起的需求量变动幅度是不同的。信息商品的需求弹性较小，其价格与总收益呈同方向变化，即价格上升，总收益增加；价格下降，总收益减少。

6.3.3 信息市场的竞争机制

信息市场的竞争是信息商品的供给、需求和中介各方在信息商品的生产、开发、经营管理和消费过程中，为争取生产经营的优势地位、消费的有利条件和求得自身的生存和发展，获得更大的经济利益而进行的较量。信息市场呈现典型的垄断结构，领先企业享受着收益递增带来的发展优势，居于优势地位的厂商有进一步扩大优势的倾向，而位居其次的厂商生存空间越来越小。

1.信息市场竞争的主要表现形式

① 信息生产经营之间的竞争，即争夺信息用户，包括：同行业信息生产者和供给者之间的竞争；信息市场内不同信息产业（行业）之间的竞争；信息市场经纪人（中介）之间的竞争。

② 信息市场需求方之间的竞争，即争夺信息商品，如信息市场和其他商品市场之间的竞争。

③ 供给方与需求方之间的竞争，即争夺货币。

2.信息市场竞争存在的条件

① 各经济主体彼此生存利益的存在；
② 竞争对手的存在；
③ 个体差异的信息不对称的存在；
④ 资源的稀缺性和需求满足的有限性的客观存在。

3.信息市场竞争发展的条件

① 有较完善的市场体系；
② 变封闭型市场为开放型市场；
③ 政企分开，给企业充分的自主经营权；
④ 有合理的价格机制；
⑤ 有完善和规范的信息市场管理法规；
⑥ 有信息商品的营销策略；
⑦ 检测信息产品质量；
⑧ 及时掌握信息产品市场需求和预测市场状况；
⑨ 存在信息交易模式；
⑩ 存在强强联合的战略发展模式。

6.3.4　信息市场的激励机制

随着我国信息市场的逐步建立和完善，信息市场范围必将日益扩大，奖勤罚懒、奖"活"罚"死"的激励作用也将日益显著。在现阶段，我国既有公办、民办信息机构，也有各种各样的个体信息经营者。民办、个体性质的信息经纪人与瞬息万变的信息市场紧密联系，在信息市场经营中处于主动地位，使其自身的发展表现出更大活力，这说明信息市场的激励功能已经开始显现出来。

1.激励约束的含义

激励约束（incentive and restraint）的含义是：激励约束主体根据组织目标、人的行为规律，通过各种方法，去激发人的动力，使人有一股内在的动力和要求，迸发出积极性、主动性和创造性，同时规范人的行为，朝着激励主体所期望的目标前进的过程。

激励与约束存在不同的功能，是相辅相成、缺一不可的。但应将激励作为第一要素，如果没有激励，人就没有积极性；没有积极性，一切经济发展就无从谈起。同时，每个人要对他的经济后果负责任，即他的行动要受到约束。在实际工作中，要具体情况具体分析，在偏重激励或者约束之间适当地作出选择。只有把二者很好地结合起来，才能调动经营者的积极性，并与所有者利益协调一致，以实现激励与约束兼容。

2.激励约束的基本要素

激励约束是现代经济学和管理学的重要内容。它一般包括五个基本要素，即激励约束的主体、客体、方法、目标和环境条件。这五个基本要素是解决谁去激励约束、对谁激励约束、怎样激励约束、向什么方向激励约束以及在什么条件下进行激励约束的问题。正确把握激励约束的五个要素，对建立有效的激励约束机制十分重要。

（1）激励约束主体

激励约束主体即激励约束执行者。不同类型的企业，其激励约束主体是不同的。例如，国有企业的激励约束主体是国务院国有资产监督管理委员会，股份有限公司的激励约束主体是股东等。只有分清激励约束主体，才能够明确出资者和经营者、职工等之间的责、权、利，才能真正起到激励约束的作用，达到公司治理的目的。

（2）激励约束客体

激励约束客体即激励约束的对象。其积极性发挥的程度、行为规范的程度，是激励约束机制优劣性、作用发挥程度的标志。激励约束客体也因企业类型的不同而不同。

（3）激励约束目标

这是指激励约束主体在一段时间内，对激励约束客体的行为所达到某种结果的期望。激励约束目标为激励约束主体和客体行为指明了方向。不同类型的企业在不同时期，其激励约束目标是不同的。

（4）激励约束环境

激励约束机制是在一定环境条件下形成、发挥作用的，这些环境条件主要包括：

① 企业的外部环境，就是企业所处的外部市场环境，通常包括声誉机制与外部经理市场、资本市场、产品市场、债权人、政府制定的与公司运作有关的法律和法规、一些组织制定的非强制性的公司治理准则等。

② 企业的内部环境，指企业内部的组织结构、各方面的制度、产品结构和财务政策、股权结构和人事安排等。

（5）激励约束方式

激励约束方式多种多样，根据不同的标准，可以划分为不同的类型。

激励方式分为：

① 物质激励，主要包括年薪、福利和津贴等短期激励，以及经营者持股、股票期权等长期激励。

② 精神激励，主要分为事业激励、声誉激励、地位激励、荣誉激励、权力激励、晋升激励等。

约束方式主要包括企业内部约束、市场约束、法律约束、银行约束等。

实际上，作为信息市场的激励约束机制，仅仅依靠上述五个方面还是不够的，还应该结合具体产品、市场管理模式、人员的素质来综合考虑。例如，可以采取物质刺激、专业技术人员职称的晋级、行政管理人员的提拔、生产产品质量（数量）与奖金挂钩，以及实行能者多劳多得，对业绩突出的要实行特殊奖励等激励机制。

用图6-1表示企业生产者、中介方与需求者在竞争市场中的激励约束机制及之间的关系。

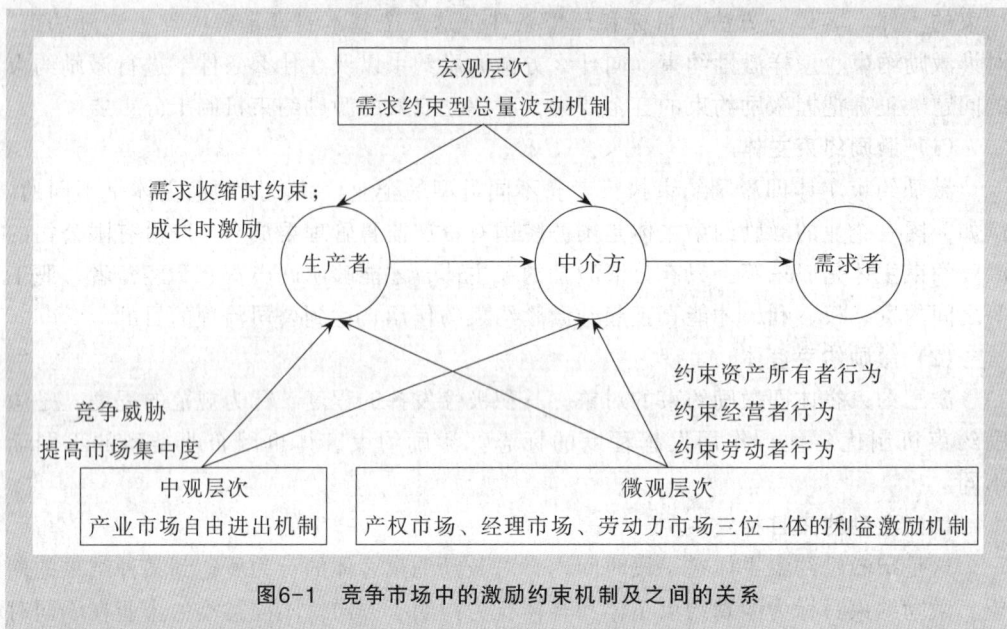

图6-1　竞争市场中的激励约束机制及之间的关系

激励机制和约束机制的同步与对称是保证信息机构采取合理的信息行为的前提，并决定着信息机构的决策和行为。如同缺乏激励的约束会窒息信息机构的生命和活力一样，没有有效约束的激励也会导致信息机构行为的紊乱。经济利益的激励有助于增加信息机构和信息人员的活力，激发他们的积极性、创造性，从而使生产出的产品或提供的服务在市场竞争中处于有利地位，以获取更大的经济效益。而信息商品质量的提高、效用的增大又进一步刺激了信息市场的繁荣。

6.3.5　信息市场的风险机制

微课6-1

信息市场的风险机制

1.信息市场风险的含义与特征

信息市场的风险是指在信息市场运行中由于各种因素的影响而随机出现的对信息市场主体利益损害的可能性。

信息市场的风险机制的作用是在与其他机制的联合互动中发挥出来的。首先，信息企业获取利润以增加财产是诱惑力，而生存、发展与破产的压力是动力因素。其次，信息市场及它的运行机制、要素在发展变化中为风险机制的作用创造条件。

信息市场风险存在的原因主要有：

① 由于信息商品的时效性强，处于流通过程中的信息商品的使用价值可能低于生产完工时的使用价值。

② 由于信息市场价格的波动性、供求关系的隐蔽性，信息商品的生产经营者面临着产品开发政策、市场营销决策失误的风险。

③ 由于信息商品生产的或然性，信息商品的投资者、生产者还面临着投入大于产出的风险。

④ 在信息市场上，各经济主体面临着激烈的市场竞争，时刻面临着生存、发展与破产的考验，存在盈利与损失风险的选择。

信息市场风险的主要特征包括：

（1）客观性

风险是一种客观存在，是不可避免的。旧的风险源消失了，又会产生新的风险源。信息商品的生产经营者和消费者只能把风险减少到最小限度，而不能完全消除它。

（2）偶然性

风险虽然是一种客观存在，但在何时何处发生何种风险，以及怎样发生、损失有多大，则是一种偶然的、无序的组合和不定的结果。从理论上讲，只要信息商品生产经营过程中的各种联系和影响因素存在，风险就一定存在。

（3）可缓解性

风险的出现通常有一定征兆，因此只要重视风险，密切关注信息商品的生产与传递过程，就可以避免或缓解风险可能带来的损失。首先，通过市场调查、研究和分析，可以预测某些风险的发生。其次，对可能发生的风险通过采取各种有效措施，可以预防、控制、回避、驾驭，从而使风险降低。

（4）孪生性

风险与机遇同时存在，并且相互转化。一般来说，风险与机遇是正比例关系。风险越大，发展机遇越多，盈利机会就越大，一旦成功，便可获得高额风险利润；反之，低风险投入，只会有低风险收益。

一般而言，信息商品生产经营的风险性强于物质商品生产经营的风险性，这主要是由信息商品生产的或然性和信息商品的时效性决定的。信息商品生产经营活动的收益也应高于物质商品生产经营活动的收益，这既源于信息产业的高附加值，也源于信息商品生产经营的高风险。因此，既要正视信息商品的风险，又要敢于和善于冒风险。只有不断进取的信息商品生产经营者才可能在风险条件下获得发展，取得良好的效益。

2.信息市场风险的承担者

下面将分别论述信息生产者、经营者及使用者所要承担的风险。

（1）信息生产者承担的风险

信息生产者由于以下三方面的原因，会使生产出的信息有一定的误差：

①信息商品本身不能直接体现效用。信息商品的需求与社会经济发展水平密切相关，对它的需求一般都是潜在的、间接的，因此这就给信息生产者对市场的预测带来障碍，往往影响预测的准确性。

预测失准对产品销售将产生三种不同影响：

一是预测完全错误，也就是市场对该信息产品需求几乎为零，这将可能导致生产者严重亏损甚至破产。

二是预测过低，包括需求量过低和产品档次过低。其将使市场需求得不到满足，生产者也无法得到最大利润。

三是预测过高，包括需求量过高和产品档次过高。由于信息商品可以经过多次转让，所以需求数量过高不会影响生产者，而产品档次过高会使产品价格昂贵，从而影响产品销售数量，导致产品积压，使生产者资金无法正常周转。由此可见，市场预测作用大，风险也大。

②信息研究方法本身的误差。信息工作最基本的功能在于从已知信息推测未来的发展，从而为决策提供必要的依据，但是任何预测都不可能是百分之百可靠的。从技术上说，任何的预测手段都是有条件的、有误差的。例如：有的预测方法需要大量的、完备的、准确的基础数据；有的方法，特别是数理统计方法本身就规定了其误差范围，也就是说，其准确度只能保持在某个范围内。

③信息生产者工作失误。工作失误的类型有很多，如选用方法不当、数据不准确、提供报告迟于要求而造成损失等。

（2）信息经营者（中介方）承担的风险

经营者在信息市场中起到疏通营销渠道的作用，将信息交易活动由现实可能性转化为必然性。中介方的利益与交易成交额息息相关，因此，他们在经济活动中承担风险。中介方承担的风险来自供给方和需求方。中介方在供求双方之间既要为供给方负责，也要为需求方负责。

① 在对需求方负责的时候，风险是由供给方带来的。需求方从中介方购得信息商品以期发挥作用，若质量不高、效益不好，将会使需求方追究中介方责任。这就要求中介方有较高的知识水平和良好的职业道德，才能使自己在交易中保持不败。

② 在对供给方负责的时候，风险是由需求方带来的。需求方不一定将信息商品使用费一次付清，而是在该信息商品发挥效用、取得经济效益之后才付清。因此，当需求方因某种原因不能从信息商品中取得预期效益，或无资金时，往往拒付费用，使中介方不能及时收回资金，也就不能向供给方付款。

③ 信息商品转让与使用是受一定法律约束的，中介方也可能要承担一定的法律责任。这样看来，中介方的风险是与其参与的交易活动的交易额成正比的。

（3）信息用户承担的风险

一般需求者都追求最大效益，但效用大的信息商品价格也高，这就使购买信息商品给需求方带来风险，主要包括：

① 信息商品本身的质量，即效用。生产者对自己产品的估价也可能有一定程度的误差，所以价格高的产品，其效用不一定大，甚至有些重复开发的产品也会以高价出售，这就要求需求方有较强的鉴别能力，在鱼龙混杂的情况下购买真正高效用的产品；否则，将造成损失。

② 需求者本身能否吸收利用该信息商品。信息商品的效用是隐性存在的，这就要求需求者自身具有较高的专业知识水平，能够判断该信息商品对于自己的效用大小。也就是说，如果需求者没有相应的技术水平，可能对信息商品所涉及的高技术内

容不能理解和运用，致使该信息商品不能完全甚至根本不能发挥作用，或者资金不足，使效用延缓发挥或发挥不充分，这些都将给需求方带来损失。

③ 需求方对某信息商品的垄断性。信息商品具有共享性，这与需求方要求的使用权的垄断是矛盾的。这就形成了同一信息商品在不同需求者之间取得使用权后，在发挥其效用方面进行竞争。竞争总有失败者，即给需求者带来风险。需求方应尽快发挥信息商品的效用，尽可能保持自身的垄断性。

3.信息市场风险曲线分析

（1）供给方风险曲线分析

信息市场供给方风险曲线如图6-2所示。

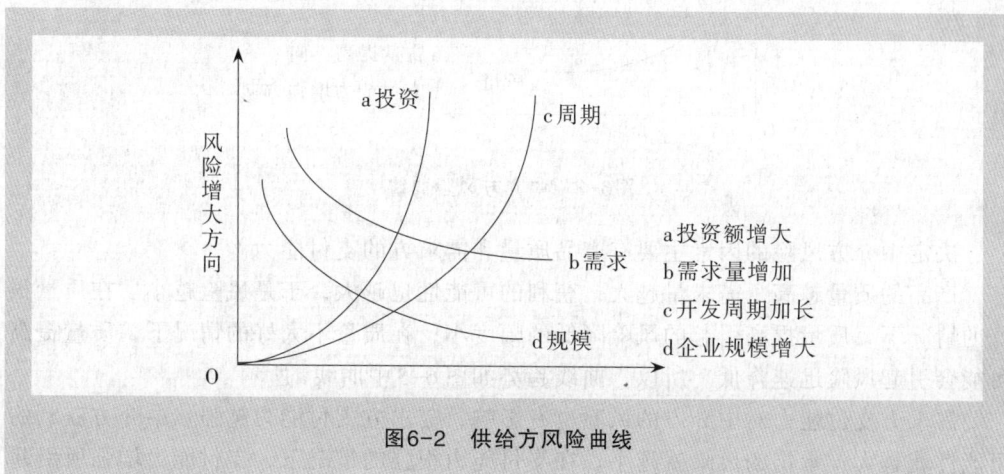

图6-2　供给方风险曲线

投资额越高，成本越高，产品的价格也就越高，产品转让不出去的可能性越大，因而供给方亏本或破产的风险越大。当投资额很低的时候，投资增加引起的风险增大幅度也小；在投资额很高的情况下，投资增加会引起风险大幅度增加。所以，构造出的投资额与风险之间的关系曲线应该是先缓后陡的趋势，如图6-2中曲线a所示。

市场需求量越大，供方产品卖出的可能性就越大，赢得的利润就越高，因而风险也越小。在需求量很大的情况下，需求量增加引起的风险降低的幅度小；当需求量很小时，需求量增加引起的风险降低的幅度大。因此，需求量与风险之间的关系是下凹曲线，如图6-2中曲线b所示。

产品的开发周期越长，投资量就越大，而且市场的变化就越大，原来的目标市场被其他生产者占有的可能性也越大。这样一来，供给方所要承担的风险越大。在开发周期短时，周期加长引起的风险增加的幅度不大；在开发周期已经很长的情况下，再延长周期就可能带来很大的风险了。所以，开发周期与风险之间的关系曲线应是先缓后陡的趋势，当开发周期为零时，风险亦为零，如图6-2中曲线c所示。

生产者的企业规模、开发能力本身对其承担的风险也有一定的影响。企业规模越大，开发能力越强，生产的产品质量越高，售出去的可能性越大，因而风险越小。在企业规模很大的情况下，规模增大所引起的风险降低的幅度不大；在规模很小的情况下，规模增大就可能大幅度地降低风险。所以，企业规模与风险之间的关系曲线应该是先陡后缓的趋势，如图6-2中曲线d所示。

在这四个因素中，对供给方风险影响更大的是投资额和需求量，所以将投资额曲线和需求量曲线分别置于开发周期曲线和企业规模曲线之上。

（2）中介方风险曲线分析

信息市场中介方风险曲线如图6-3所示。

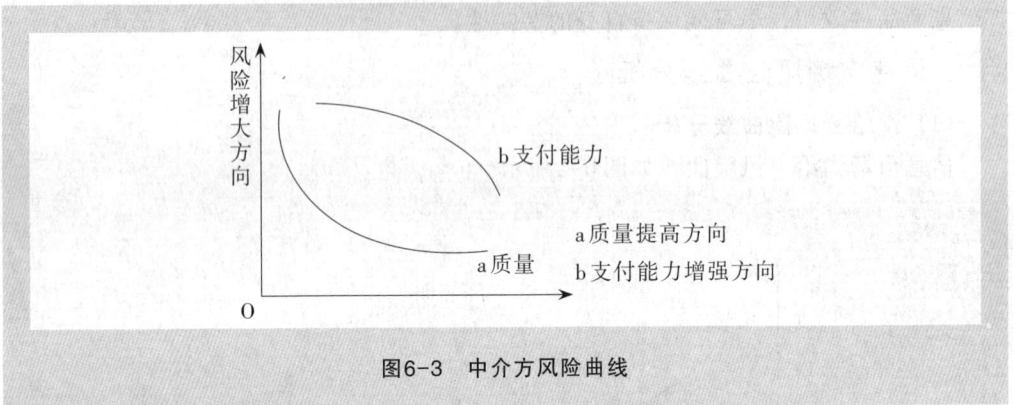

图6-3　中介方风险曲线

决定中介方风险的因素主要有产品质量和需求方的支付能力。

产品的质量越高，需求量越大，获利的可能性也越大，于是风险越小。在质量很好的情况下，质量提高引起的风险降低的幅度小；在质量不太好的情况下，质量提高可能会引起风险迅速降低。所以，曲线趋势如图6-3中曲线a所示。

需求方支付能力对中介方的风险也有影响，需求方支付能力越强，中介方获利的可能性就越大，承担的风险就越小。在支付能力很强的情况下，支付能力增强所引起的风险降低幅度越大；在支付能力很弱的情况下，支付能力增强所引起的风险降低幅度越小。所以，曲线趋势如图6-3中曲线b所示。

在这里，两条曲线之间不具有可比性，置于一个坐标系中只表示决定中介方风险的两个因素。

（3）需求方风险曲线分析

信息市场需求方风险曲线如图6-4所示。

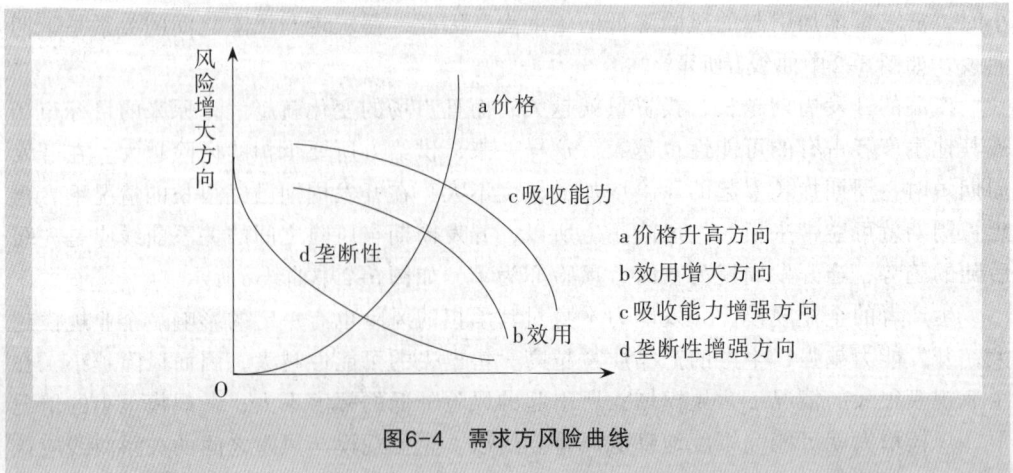

图6-4　需求方风险曲线

需求方的风险取决于四个方面：商品价格、商品效用、需求方本身吸收利用能力及对该商品的垄断性。

信息商品价格同需求方的风险呈反向趋势，即价格越高，风险越大。价格很低时，价格的提高对风险的影响幅度小；价格很高时，价格的提高对风险的影响幅度大；当价格为零时，风险亦为零。所以，曲线趋势如图6-4中曲线a所示。

信息商品的效用越大，带来的经济效益、社会效益越高，需求方使用以后产生的效果越好，因而风险越小。分析原理同前，曲线趋势如图6-4中曲线b所示。

信息商品多为高技术产品，这就要求需求者本身具有较高的专业知识水平，以使信息商品所涉及的高技术内容能够被充分理解和运用。需求方对产品的吸收利用能力越强，信息产品被利用的程度越大，获得的收益越多。在吸收利用能力很强的情况下，能力增强对风险降低的影响很小；在吸收利用能力很弱的情况下，能力增强对风险降低的影响很大。所以，曲线趋势如图6-4中曲线c所示。

需求方对某商品的垄断性也决定了需求方的风险。对某商品的垄断性越强，同其他用户之间的竞争越小，风险也就越小，所以，曲线趋势如图6-4中曲线d所示。

4.信息市场风险控制

信息市场主体需要以客观存在的各种风险为控制对象，探求其发生、变化的规律，认识和估计风险所造成的危害，选择适当的处理风险的方式，使风险损失尽量减少或避免，以保证生产经营活动的稳定性。信息市场风险控制的主要任务是分析各种不确定因素的变动趋势，判断未来风险的性质，并采取灵活的对策，趋利避害，以实现信息市场主体的经营目标。

风险控制的方式主要有：①回避风险；②驾驭风险；③预防风险；④转移风险。

风险控制要实现的三个相互关联的目标是：①减少风险因素；②减少风险事故；③减少风险损失。

6.3.6　信息市场的利润机制

利润不仅是企业从事生产经营的动机，也是企业评价生产经营的标准；不仅影响整个社会的信息资源利用，也影响到整个社会的收入分配。预期利润的刺激，使企业从事创新和冒险来促进总投资和总产量，这对社会是有利的。利润机制是信息经济的动力源，是指利润变动与生产者经济利益变动之间的相互制约的联系和作用。

在信息市场经济中，平均利润率规律在起作用，不同的生产部门投入等量的资金要取得等量的利润。这个规律是通过部门之间的竞争，使资金由利润率低的部门转移到利润率高的部门而实现的，也就是通过资金的转移，最终使得各个部门高低不同的利润率平均化。所以，这里讲的利润机制是以平均利润为基础的。运用利润机制可以实现生产者生产规模的最优化，即实现利润最大化的生产规模。生产者追求自身经济利益，是立足于总收益的绝对值最大，还是立足于利润的绝对值最大，或者利润率最高，关键取决于对利润机制的灵活运用。

由于利润是构成价格必不可少的一部分，所以利润势必影响价格，从而影响供求双方，图6-5曲线即反映了利润对供需双方的影响。利润增加，刺激生产者的生产积极性；同时，利润增加引起的价格升高必然限制需求，所以其趋势如图6-5所示。在两条曲线相交处，供需双方达成一种平衡，这时成交的可能性最大。

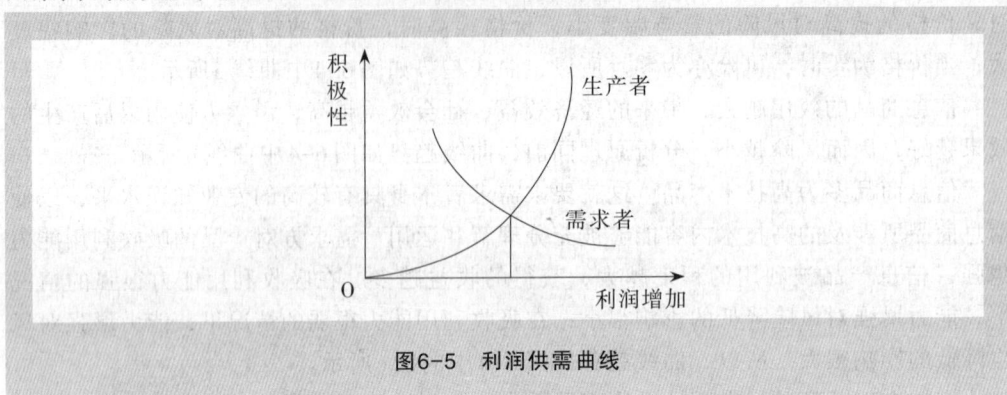

图6-5　利润供需曲线

6.3.7　信息市场的控制机制

信息市场的控制机制是指核查交易行为的发生是否和已采用的计划、原来的指标和原有的原则一致。它的主要目的是指出弱点和错误，以便加以改正和避免重蹈覆辙。

1.信息市场控制系统包含的要素

把信息市场看成一个控制系统，其主要包含以下三个要素：

（1）目标与标准

根据经营的目标，设立适当的标准，是计划程序中的第一个步骤。标准设定的目的在于对信息交易中将来与实际的行动互相比较，以作为将来是否要管制及如何予以管理的基础。

（2）衡量、比较与评价

通常标准的设立必须明确，而且是可以衡量与比较的。实际上顾及成本的因素，控制工作不可能对每一项工作、每一个进度都作周密详细的衡量，所以通常都选择几个重点（重要的参数），定期及不定期地予以确认。比较与评价的目的在于将原来的计划数值与实际结果数值相减，再将此差异作为检讨与采取校正行动的基准。由于计划数值与实际数值间完全相等的可能性是少之又少的，一般均设立一个允许误差，只要差异值在允许误差范围之内，我们均承认其是合理的，而只对那些超过允许误差的参数，予以特别的检讨与控制。

（3）矫正行动的控制决策

信息经营者就如同船长一样，比较自己的航向与标准间的差距，然后深入分析差异产生的原因，对症下药，提出改进的行动，并予以实施。就整个控制程序而言，前述的设立标准、衡量、比较与评价等，只是发现偏差之所在，提供我们一个问题的信号，而只在采取校正行动后，才能真正显示控制程序的价值。在采取任何矫正行动前，必须先深入探求偏差发生的原因，研究一下，到底是当初计划不正确、方法不适当、组织不合理，还是人为因素造成的问题，才不致盲目地从事行动。原因一经确定，我们便需迅速采取矫正性的调整措施，有时甚至要事先预期问题可能产生的方向，从而事先予以补救。矫正行动的优劣，可由比较其所花费的成本与矫正结果的功效判断，两者予以比较，以决定选用最高效率者。

2.信息市场的两类控制系统

依照采取行动修正偏差的不同特质，控制可分为以下两类：回馈控制和前瞻控制。

（1）回馈控制系统

如果操作是一再重复的，那么回馈控制检讨所得经验，不论成功还是失败，皆可作为下次的参考而有所改进。如果操作是有限次的，甚至是唯一的，但是适当的正确性相当重要，则回馈控制应有助于修正行动，以求满足标准所需。一般的回馈控制系统可以由图6-6来表示。

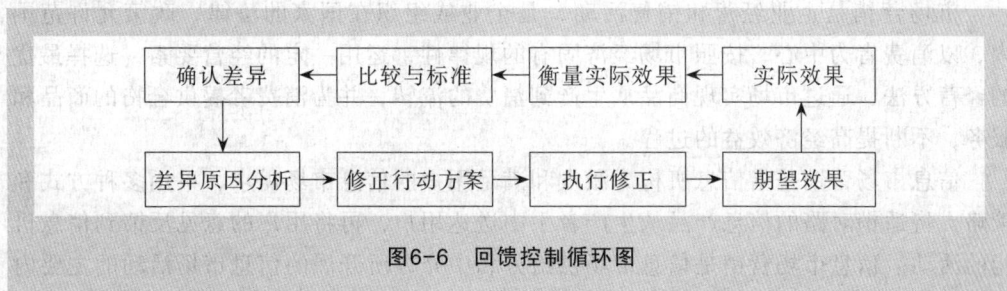

图6-6 回馈控制循环图

（2）前瞻控制系统

由于整个控制循环必然有时间的先后，为了使控制能有效发挥功能，我们只有采用控制未来的导向。也就是说，经营者所要的控制系统是能即时告诉他有关的数据，使其能够采取行动以防止可能的偏差。在管理上，未来导向的控制已经有所发展，一般信息经营者最常做的是：依据手头最新的资料预测出未来可能的状况，将预测得到的情况和期望情况相比较；若有差异，则采取某些有计划的行动，将情况导向所希望的。

在实际应用的信息市场控制系统中，我们常常进行系统分析，找出与所希望控制的项目有关的任何项目，以及这些项目对所要控制项目的交互作用，然后借助对次系统的预测或次系统所发生的征兆而对所欲控制的项目加以控制。

6.4 信息市场的营销

在传统的计划经济模式下，信息产品通常是作为一种公益性服务免费提供使用的，信息机构不是以营利为目的的企业，因而也不需要过多地考虑市场需求问题。随着市场经济的发展，信息产品生产者已不可能完全依赖政府的财政资助，因而，营利性目标就成为关系到其生存和发展的重要问题，就需要重视信息产品的市场营销工作。如今，信息市场营销是信息市场供给方和中介方所开展的信息市场活动的主要内容，其好坏直接关系到信息企业生产经营的成败，影响着信息市场供给方和中介方的利益，制约着信息市场的运行和发育。信息企业要想在激烈的市场竞争中求生存、图发展，就必须重视信息市场营销工作。

6.4.1　信息市场营销的内涵

微课6-2

信息市场营销的内涵

1.信息市场营销的含义与内容[①]

市场营销是企业经营和销售活动，是企业或组织在国家的法律、政策允许范围内，以消费者为中心，按照市场经济固有的规律性，运用一定的经营要素，选择最优的经营方法，通过市场实现商品从生产到消费的流转，并为消费者提供合格的商品和服务，不断提高经济效益的过程。

信息市场营销是指信息机构为激发和满足用户的信息市场需求，采用多种方式和策略，将适销对路的信息产品从生产者手中送达用户，再将用户的意见反馈到信息机构的活动。信息市场营销是信息市场供给方和中介方所开展的信息市场活动的主要内容，其好坏直接关系到信息企业生产经营的成败，影响着信息市场供给方和中介方的利益，制约着信息市场的运行和发育。

信息市场营销的内容主要包括：

① 信息商品生产和形成之前的信息市场需求调查预测活动，以及制定信息产品开发战略和策略的活动；

② 信息商品生产出来后的促销、分销、定价及交易活动；

③ 信息商品出售以后的服务及信息反馈活动。

信息市场营销强调以下几点[②]：

① 以用户为中心的现代市场营销观；

② 市场营销是信息机构的整体活动，包括生产和流通两个环节；

③ 信息市场营销是一个动态的过程，包括营销创新的机制。

2.信息市场营销的特征[③]

信息商品与信息市场的特殊性决定了信息市场营销也具有自身的一些特征，主要包括以下几方面：

（1）信息市场是带有卖方市场特点的买方市场

信息市场营销是建立在买方市场上的，消费者具有最大限度的选择权，如何满足消费者需求是这类市场营销的核心问题。信息市场的买方市场性质主要表现在：

---

① 娄策群，桂学文．信息经济学通论［M］．北京：中国档案出版社，1998：220-221．
② 马费成，王槐，查先进．信息经济学［M］．武汉：武汉大学出版社，1997：278-279．
③ 马费成，王槐，查先进．信息经济学［M］．武汉：武汉大学出版社，1997：279-281．

第一，用户数量增加较快，且对信息商品和信息服务的质量要求越来越高；

第二，用户对信息商品和信息服务的选择比较谨慎，常常会受到自身心理、认知水平等因素的限制，而一旦他接受了某种信息商品，就会处于一种新的状态，反过来又加强了他对信息商品的依赖；

第三，信息营销不仅满足用户当前的需求，而且创造新的需求，所以必须从观念上赋予信息市场营销新的内容。

（2）**目标市场选择灵活**

信息市场营销在进行信息市场细分和目标信息市场选择时，较多地考虑了需求的层次性，较少考虑民族、文化、政治、自然条件等因素。信息市场细分技术十分复杂，标准多样，方式灵活，市场机会无限，这些导致了目标市场选择的灵活性。但一般来说，信息市场细分较多地依赖信息技术的发展与应用，较多地使用信息重组方式，策略体系集中于某一点或选择差异化。

（3）**营销渠道多种多样**

信息市场营销渠道的多样性表现在既有固定的信息交易场所，又有流动的信息市场；既有固定联系的直接营销，又有通过信息经纪人的间接营销；既有传统的营销渠道，又有电子商务式的营销渠道。

（4）**价格策略灵活**

由于信息商品和信息服务价值的不同表现形式，其定价方式比较灵活，加之信息商品具有自然垄断的特点，价格竞争中策略比较明确，以提高市场占有率为主要目的，因而价格在许多情况下并不反映商品的价值或效用，而是反映市场供求和竞争。

（5）**注重产品质量**

信息市场营销的产品策略必须恪守信息商品的高质量策略。这里，判断信息产品质量的标准主要是看它能否充分满足用户特定信息需求的使用价值；在此前提下，兼顾信息的适用性、先进性和新颖性等指标。

（6）**知识产权保护受到重视**

由于信息商品主要是各类知识或技术，其转让、使用受到知识产权的保护，且这种保护水平越来越高，越来越受到重视。自2008年《国务院关于印发国家知识产权战略纲要的通知》发布之后，我国陆续出台了《中华人民共和国商标法》《中华人民共和国专利法》《中华人民共和国著作权法》《中华人民共和国技术合同法》《中华人民共和国反不正当竞争法》等法律、法规文件，已经在法律制度层面为保护知识产权提供了依据和保障。

3.信息市场营销观念的演变与发展[①]

随着商品经济的发展，市场营销观念也经历了两个不同的发展阶段，并产生了五种营销观念（见表6-2）：

① 传统营销阶段，包括生产观念、产品观念和推销观念；

② 现代市场营销观念阶段，包括市场营销观念和社会市场营销观念。

① 陈颖. 网络环境下的信息市场营销［J］. 情报理论与实践，2001（6）：431-433.

表6-2

五种营销观念的比较

营销观念	生产力	科技	供求	市场	竞争	重点/中心	口号或态度	市场在生产周期中的地位	规划顺序	手段/方法	目的
			市场背景								
生产观念	低下	缓慢发展	供<求	卖方市场	买方间进行	产品	"以生产为中心" "我生产什么，我卖什么"	终点	产品→市场	提高劳动生产率，增加产量	企业增加产量，获取利润
产品观念	进一步发展	加快发展	供<求	卖方市场→买方市场	卖方间已有	产品	"以生产为中心" "只要产品好，不愁没有销路"	终点	产品→市场	改进与提高产品质量，提高劳动生产率	企业增加产量，获取利润
推销观念	扩大发展	加快发展	供>求	卖方市场→买方市场	卖方间进行	产品	"以生产为中心" "我卖什么，你买什么"	终点	产品→市场	推销术、广告术	企业增加产量，获取利润
市场营销观念	高度发展	迅速发展	供>求	买方市场	卖方间竞争激烈	顾客	"以需定产" "顾客是上帝" "用户第一"	起点	市场→产品	整体市场营销手段	企业满足需求，获取利润
社会市场营销观念	高度发展	迅速发展	供>求	买方市场	卖方间竞争激烈	顾客和社会利益	"以需定产" "顾客是上帝" "用户第一"	起点	市场→产品	整体市场营销手段	满足需求、增进社会利益，企业获取利润

随着现代信息技术的不断发展，产生了利用互联网的营销形态——网络营销。网络营销较传统市场营销的优势在于能够更快捷、更准确地获取顾客的需求信息，并能及时、有效地将企业产品与服务的信息传递给目标顾客，而且不受时间和地点的限制，进行一对一的沟通，达成营销组合所追求的综合效益。信息市场营销与网络营销有着密切的联系，因为在信息市场交易的是信息商品，而网络正是推动信息商品销售的最佳媒介，所以网络营销已成为信息市场最重要的营销方式和手段。网络营销方式的成熟和发展必然会大大推动信息市场的繁荣。

4. 现代信息市场的营销观念[①]

信息市场的营销观念是信息机构从事信息市场营销活动的基本思想。在现代市场营销环境中产生的信息市场营销活动必须适应时代潮流、梳理现代信息市场营销观念，有利于坚持正确的信息市场经营方向，科学地组织信息市场营销活动，提高信息市场营销的社会效益和经济效益。具体来说，现代信息市场营销观念的内容如下：

(1) 以满足社会信息需求为导向

信息是一种特殊的资源，可应用于各行各业和人们的日常生活中，也有着广泛的社会需求。信息市场营销不能以生产或推销为中心，而应以用户的客观信息需求为导向，以需定产。以社会信息需求为导向的首要环节是做好调查研究，掌握用户的信息需求规律，了解不同的历史条件和特定环境下不同用户的信息需求特点，并以此为依据，合理确定信息产品开发的战略规划和具体方案。

(2) 以组合四大营销要素为手段

四大市场营销要素即产品、定价、分销和促销。这四个要素相互联系、相互作用。只有围绕这四个要素，综合运用各种可能的营销方法和手段，形成最佳的信息市场营销组合，才能保证信息企业的整体营销活动井然有序，业务部门各司其职，信息市场营销活动正常而有效地进行，较好地满足用户的信息市场需求。如果信息企业在营销中没能制定出完整的信息市场营销战略，各种营销策略未能达到最佳的组合状态，信息企业就有可能在具体的营销活动中步履维艰，甚至造成亏损的情况。

(3) 以提高营销综合效益为目标

信息市场营销的综合效益既包括社会效益，也包括经济效益；既包括信息生产经营者的效益，也包括信息利用者的效益。信息生产经营者的社会效益主要是通过信息市场营销，树立良好的信息企业形象，提高信息企业乃至整个信息行业的社会地位，其经济效益主要是降低信息商品生产经营中的消耗，增加利润。信息利用者的社会效益主要是通过信息市场营销活动获取和利用信息商品后，增加精神财富，其经济效益是利用信息市场营销活动所传递的信息增加物质财富与经济收入。在信息市场营销活动中，我们应兼顾各方面的效益，不可偏废。

(4) 以激发信息市场需求为归宿

信息市场营销不是一般的信息提供与传递，而是围绕商品化的信息产品流通开展

---

① 陈颖. 网络环境下的信息市场营销 [J]. 情报理论与实践，2001 (6)：431-433.

的市场活动。搞好信息市场营销工作，首先应设法使用户的客观信息需求尽可能转化为现实信息需求；其次要设法使用户的现实信息需求转化为信息市场需求，并尽可能满足用户的信息市场需求。因此，激发用户的信息市场需求是信息市场营销的出发点，满足用户的信息市场需求是信息市场营销的归宿。

6.4.2 信息市场的产品策略[①]

信息市场营销是以适销对路的信息产品为基础的，可以说，信息企业的市场营销活动就是为用户提供能满足其需求的信息产品。信息市场营销的产品策略包括产品开发策略和产品组合策略两个方面。

1.信息产品开发策略

信息企业开发信息产品可采用以下几种策略：

（1）补缺策略

信息企业有意回避供过于求或供求平衡的信息产品的诱惑，把注意力集中到发现信息产品的空缺上，积极开发国家建设急需的短线、缺门的信息产品，以及社会需要而又供不应求的信息产品，这就是信息产品开发的补缺策略。在信息产品中，有些产品由于技术条件的限制、市场暂未形成或经营利润较少等方面的原因而被人们忽视或抛弃，但其中也不乏很有前途的信息产品。由于开始时，许多信息企业不愿意开发和生产这类产品，所以，生产这些产品的企业的竞争对手少，容易受到人们的关注和得到有关方面的支持，容易在技术、经济、市场等方面处于领先地位。

（2）配角策略

配角策略是信息企业主动地用自身的技术经济实力，为主导部门服务，大力发展主导企业所需的配套产品。在现代社会经济系统中，部门之间存在密切的互补性。如果某一信息企业不能在社会经济系统中就某一类信息产品的生产经营取得主导地位，就可以采用配角策略，通过主导企业的力量，带动本企业的生产经营活动。当然，采用配角策略时应防止过分依赖主导企业，要甘当配角而又不做附庸。

（3）创新策略

信息企业除了采用上述产品开发策略外，还应采用创新策略，即不落俗套地走新路子，不断开发出富有特色的新信息产品，包括开发市场上没有的全新型信息产品、市场上已有但当地没有的地域性新型信息产品、市场上已有但增加了新的信息内容或深化了原有内容的新型信息产品。创新是信息产品的生命，只有在创新的基础上开发信息产品，不断推出与众不同的"新高奇特"信息产品，才能使信息企业在市场竞争中立于不败之地。

（4）延伸策略

当信息企业在某一种信息产品开发、生产经营取得成功后，以获得成功的信息产品为中心，开发出各种延伸变形的信息产品，这就是信息产品开发的延伸策略。这种策略有利于信息企业利用已有的信息资源、已形成的声誉、已占领的市场、原有的销

① 娄策群，桂学文．信息经济学通论［M］．北京：中国档案出版社，1998：227-232.

售渠道和方式，进一步扩大市场，取得更大的营销效益。具体来说，延伸方式有扩展、配套和变形三种。

2.信息产品组合策略

产品组合是指一个信息企业生产经营的全部产品的结构。产品组合包括产品系列的宽度、深度和关联度三个因素。

产品组合的宽度是指产品组合中包含的产品系列的数量。产品系列数量多，则产品组合宽度大。扩大产品组合宽度，可扩展信息企业的经营领域，充分发挥信息资源的潜力，分散投资风险，增强应变能力。

产品组合的深度是指同一产品系列内包括的产品项目数。每个产品系列中品种规格越多，产品的组合深度越大。挖掘产品组合深度，可以迎合更多用户的不同爱好和特殊需求，提高市场占有率。

产品组合的关联度是指各种产品系列在最终用途、原材料、生产技术条件、销售渠道等方面相互关联的程度。加强产品组合关联度，可以增强信息企业的市场地位，提高信息企业的知名度。

（1）单一产品组合策略

有的信息企业只向一个目标市场或多个目标市场提供某一类信息产品，如某些信息机构只提供信息处理服务，某些出版社只出版普通图书或工具书，很多期刊编辑部只编辑出版一种期刊。单一产品组合策略是指根据信息产品整体概念和用户的实际需求，对信息商品的实质品、形式品和附加品进行组合的策略。信息商品的实质品是其能满足用户实际需要、能给用户带来实际利益的部分，一般是指信息商品的内容。信息商品的形式品是指其载体形态、生产者、出版者、形成时间等。信息产品的附加品是指其为满足用户的需求而提供的附加利益和服务，如信息商品的免费或有偿传送、售后服务，以及对大宗信息商品购买者提供必要的信贷等。单一产品组合策略主要有以下四种类型：

① 侧重实质品的组合策略，即突出信息商品的实质品，而将其形式品和附加品置于次要地位的组合策略。有些信息用户只讲究信息商品的实质效用，而不太注重其形式和附加服务，有的信息商品的形式和售后服务没有多大的意义，用户只希望用较少的资金买到具有较高实用价值的信息商品，这时可采用此策略。这种单一产品组合策略并非完全忽视信息商品的形式品和附加品，只是将它们放在次要位置上。

② 侧重形式品的组合策略，即在一定信息商品内容和质量的前提下，侧重有独特风格的形式品的组合策略，若有两种内容和质量相近的信息商品，其形式新奇、美观、别致者，则更受用户欢迎。此策略适合内容较为简单而形式相对重要的信息商品，或只注重形式而不太注重其内容或附加服务的用户群。

③ 侧重附加品的组合策略，即在一定的信息商品内容和形式的前提下，重点是突出信息商品的附加品的组合策略。大宗、大件、高档或使用复杂的信息商品宜采用这种组合策略。此策略也适合市场疲软、竞争激烈的信息市场营销环境。

④ "三品"全优的组合策略，即信息商品的实质品、形式品和附加品全是最优的一种组合策略。此策略运用成本较高，运用效果较好，是一种创名牌的优质高价策略，适合高层次信息商品的市场营销。

(2) 多种产品组合策略

生产经营多种信息产品的信息企业，可采用以下产品组合策略：

① 系列化产品组合策略，即信息企业生产经营同一类型不同内容、不同深度、不同形式的信息产品，形成系列产品。如《中国人民大学复印报刊资料》系列包含了100多个专题；中国社会科学院文献情报中心编辑出版的国外情报刊物系列有《国外社会科学论文索引》《国外社会科学动态》《国外社会科学快报》《国外社会科学》等；某些出版社出版学术著作、教材、工具书等系列产品。

② 配套化产品组合策略，即信息企业围绕某一产品开发与之配套的产品和服务。例如出版电子出版物，又生产与之配套的检索软件、使用操作规程、学术论著等；编辑出版大型文献数据库，又生产与之配套的年度累积索引和多年累积辅助索引；生产经营技术商品，又开展与该技术商品有关的安装调试、技术培训等售后服务。

③ 多样化产品组合策略，即信息企业生产经营多种关联度较小的信息商品，分主辅型组合和均衡型组合两种类型。主辅型组合是以一种信息产品为主，兼营其他信息产品。均衡型组合是生产经营多种信息产品，且不分主次。多样化产品组合策略可以综合利用信息企业的信息、人才、技术资源，满足多个细分信息市场的需要，扩大销售量，分散和减少市场经营风险，但对信息企业能力和条件的要求较高。

6.4.3 信息市场的价格策略[①]

价格是信息市场营销中的一个十分重要且敏感的因素，信息商品的定价方法和信息市场营销中的价格策略直接关系着信息商品需求量的多少和信息企业利润的高低，并制约和影响着信息市场营销的其他要素及策略。价格策略是信息企业为了在市场上实现其定价目标，根据自身条件和市场环境变化，给本企业的信息商品制定一个关于基本的价格幅度或浮动幅度及定价方法等方面的对策。

1. 垄断价格策略

垄断价格策略是在有限范围内，没有相应的参照价格可供用户对比，用户别无选择，信息企业可以随意定价的一种价格策略。信息商品生产的非重复性与一些信息商品使用的不可替代性使信息企业采取垄断价格成为可能。当某种信息商品只有一家信息企业生产经营，且用户又必需时，可采用垄断价格策略来确定其价格。

2. 免费价格策略

这是指为了达到某些特定的目的，信息企业对非公益性信息商品和信息服务中本来可以收费的商品和服务实行免费供验。免费价格策略适用于信息系统试运行阶段的

① 娄策群，桂学文. 信息经济学通论［M］. 北京：中国档案出版社，1998：239-241.

信息服务、刚投入市场的新信息商品、国家政策规定必须免费的信息商品等。运用此策略时应严格限制免费信息商品的范围，并预先声明免费只是暂时的、照顾性的，以免以后收费时引起用户的不满。

3.折扣价格策略

折扣价格策略是信息企业在一定的市场范围内，以目标价格为标准，为保持和扩大市场占有率而采取的降价促销价格策略。折扣价格策略计算简单，折扣率灵活多样，适用范围较广。信息商品的折扣主要有两种：一种是数量折扣，即用户在一定时间内购买的信息商品数量越多，给予的折扣越大。另一种是现金折扣，当用户的货款一次性付清时，折扣可大些；分期付款时，折扣应小些。

4.声望价格策略

声望价格策略是指信息企业依据其在用户中的声望，对同类信息商品实行高价的一种价格策略。如有些出版社和学术期刊编辑部在用户中已有了良好的声誉，所出版的图书和期刊的质量得到了学术界的认同，用户对这些编辑出版机构有了信任感，则这些机构编辑和出版的书刊价格可定高一些。

5.区别价格策略

区别价格策略是信息企业将同一信息商品根据不同的情况制定不同价格的一种策略。同一信息商品的价格可从四个方面进行区分：

一是按信息商品的质量等级确定不同的价格，质量好的信息商品，其价格也高。

二是按使用时间确定不同的价格。如有的信息服务项目在投入使用初期的价格较低，以后价格提高；有些信息服务项目在晚间、节假日的价格较低，其他时间价格较高。

三是按用户类型确定不同的价格。如正式用户可享受优惠价格，临时用户则没有优惠。

四是分地区确定价格。如同一信息商品在经济发达地区的价格高于经济不发达地区的价格。

6.厚利限销价格策略

信息企业对资源稀缺、严重供不应求的信息商品实行高价策略，以便抑制需求，调节供给，获取高额利润，这就是厚利限销价格策略。这种价格策略适用于资源短缺的信息商品、容易造成精神污染或产生不良影响的限用信息商品、具有较大心理价值和观赏价值的字画等信息商品、严重供不应求的信息商品。采用这一价格策略必须正确处理厚利与限销的关系，不能只顾厚利而抬高非限销的信息商品的价格。

7.薄利多销价格策略

薄利多销价格策略是信息企业有意识地以相对低廉的销售价格来刺激需求、促进生产、扩大市场占有率的一种价格策略。对于社会需求量较大、信息资源丰富、值得推广的信息商品，可采用此价格策略。

8. 零/整数价格策略

零/整数价格策略是当信息商品价格处于整数与零数的分界线时，价格取零数或取整数的一种价格策略。取零数而不取整数可以迎合用户的求廉心理，给用户一个价格较低的印象，有些地方也常将尾数定为合乎当地风俗习惯的数字，以博得用户欢心。取整数而不取零数能迎合用户"价高质优"的心理，也能给交易带来方便。

6.4.4 信息市场的促销策略①

促销是信息企业为了激发用户的信息市场需求、影响用户的信息市场行为、扩大信息产品的销售而进行的一系列宣传、报道和说服工作。良好的促销活动，可以传播信息商品信息，沟通信息商品生产者与信息用户的联系；激发用户的信息市场需求，引导用户合理购买与使用信息商品；提高信息企业的声誉，塑造信息企业的形象。促销的方式主要有人员推销、广告宣传、公关活动和营业推广等。

1. 人员推销

人员推销是一种具有较强人性因素的、独特的促销手段。它具备许多区别于其他促销手段的特点，可完成许多其他促销手段所无法实现的目标，其效果是极其显著的。相对而言，人员推销比较适合性能复杂的产品。当销售活动需要解决更多的问题和做更多的说服工作时，人员推销是最佳选择。说服和解释能力在人员推销活动中尤为重要，它会直接影响推销效果。人员推销有沟通直接、信息反馈及时、可当面促成信息商品交易等优点，但也存在占用人员较多、费用较高、影响范围较小、传递信息速度较慢等不足。

2. 广告宣传

广告被认为是运用媒体而非口头形式传递的具有目的性信息的一种形式。它旨在唤起人们对商品的需求，并对生产或销售这些商品的企业有所了解和产生好感。广告宣传的信息传播面广，信息传播速度快，节省人力；但难以立即促成信息商品交易。

3. 公关活动

公关活动是指公关活动策划与实施。它是企业策划部、公关公司、策划公司、广告公司在工作中常用的技术手段。成功的公关活动能持续提高品牌的知名度、认知度、美誉度、忠诚度、顾客满意度，提升组织品牌形象，改变公众对组织的看法，累积无形资产，并能从不同程度上促进销售。公关活动的最大优点是能提高信息产业及其产品的声誉，但见效较慢。

---

① 娄策群，桂学文. 信息经济学通论［M］. 北京：中国档案出版社，1998：241-242.

4.营业推广

营业推广是一种适宜于短期推销的促销方法，是企业为鼓励购买、销售商品和服务而采取的除广告、公关和人员推销之外的所有企业营销活动的总称。营业推广的形式多样，短期效益明显，能迅速得到市场的反馈，促成当面成交；但使用过多，会引起用户的怀疑和逆反心理，降低信息商品的身价。

因此，信息企业应根据信息产品本身的特点和信息市场的情况，选择有效的促销方式，形成科学的促销组合，充分发挥促销的作用，避免促销过程中的不良影响。对于用户需求量大且所需用户分布广泛的信息产品、价格低廉的信息产品，宜以广告促销为主，辅以营业推广；对于用户需求量小的信息产品和一些比较专业的信息产品，宜以人员推销为主，辅以广告宣传和营业推广。网络信息服务的促销可以广告宣传为主，辅以人员推销；技术咨询服务则应以人员推销为主，辅以广告宣传。在各类信息产品的促销中，都应注意运用公共关系手段，以发挥促销的长远效应。

6.4.5 信息市场的分销策略[①]

信息市场分销策略是指信息企业合理地选择分销渠道的策略。分销渠道又称销售渠道或分销途径，是信息产品从信息生产者向信息用户转移时所经过的路线。分销渠道的合理与否，直接关系到信息商品传递速度的快慢、传播面的大小、信息的失真程度以及生产者的获利多少。

1.分销渠道的类型

(1) 长渠道和短渠道

按分销中间层次的数量不同，信息市场分销渠道有长渠道和短渠道之分。

长渠道所经过的中间环节较多，能扩大信息商品的销售面；但流通费用较高，在流通过程中可能会引起信息商品失真。

短渠道所经过的中间环节较少，可使信息商品较快地转移到用户手中，可减少信息商品在流通中的失真，在总体上减少信息商品的流通费用，降低信息商品的市场价格。

(2) 直接渠道和间接渠道

总体说来，信息市场分销渠道有直接渠道和间接渠道两种。

直接渠道是指信息商品生产者直接向信息用户销售信息商品。其优点是信息失真少，传递速度快，生产者获利多，便于生产者直接了解信息市场需求和控制市场价格。

间接渠道是指信息商品生产者通过中间商向用户销售信息商品。其特点是信息商品传播面广，节约生产者的时间和费用，方便用户购买信息商品，有利于提高信息商品的市场占有率。

---

① 娄策群，桂学文. 信息经济学通论 [M]. 北京：中国档案出版社，1998：242-244.

（3）密集分销、选择分销和独家分销

按分销中同一层次中间商的数量不同，信息市场分销渠道有密集分销、选择分销和独家分销三种。

密集分销是指信息商品生产者在同一区域市场内的各个层次的中间环节中广泛选择尽可能多的中间商。其特点是能使用户及时、就近、方便地购买信息商品，在更大的范围内推销信息商品；但中间商的专一性不强，难以承担专业的信息商品的经销，生产者需增加促销费用。

选择分销是指信息商品生产者选择少数中间商为其销售信息商品。其特点是有利于中间商与生产企业维持产销关系。

独家分销是指信息商品生产者只选择一家中间商为其销售信息商品。这对信息商品生产者来说，易于与中间商达成促销协议、控制中间商、决定信息商品的市场价格，可提高中间商的推销积极性；但难以物色到理想的中间商，对信息市场变化的适应性较差。

2.分销渠道的选择

合理选择分销渠道，必须考虑到信息企业的条件、信息商品和信息市场的状况。

（1）信息企业的条件

就信息企业的条件来说，规模大、信誉好、营销水平高的信息企业可以直销为主，并选择适当的分销渠道；反之，则应充分利用中间商的作用，以路径较短的分销渠道为主。

（2）信息商品的状况

就信息商品的类型而言，专业性信息产品宜采用短、窄分销渠道，独创性和垄断性信息商品宜直销。就信息商品的生命周期来说，处于导入期和成长期的信息商品宜采用短、宽分销渠道，处于成熟期的信息商品宜采用长、宽分销渠道。

（3）信息市场的状况

就信息市场状况而言，市场需求量大、需求面宽的信息商品宜采用长、宽分销渠道；市场需求量小、需求面窄的信息商品宜采用直销或短、窄分销渠道。在选择分销渠道时，还应避免使用与竞争对手相同的销售渠道。

拓展阅读6-1

6.5 信息市场的管理

信息市场管理是指由国家政府机构依靠经济组织、行政组织和法律组织以及消费者群体，按照客观经济规律的要求，运用科学的方法对在市场上从事信息交换活动的单位和个人，在商品、价格、合同、税收、利润、场地等各个方面所进行的计划、组织、调节和监督。其目的是维护信息市场的正常秩序，保障供给方、需求方、中介方的合法权益，使信息商品市场更加稳定、繁荣。信息市场是一种新型的市场结构，同物质商品市场相比，它的管理要复杂得多。①

6.5.1 信息市场管理的内涵②

1.信息市场管理的含义

市场管理有狭义和广义之分。狭义的市场管理是以市场监督管理、税务管理为主的传统市场管理，包括对商品价格、质量、经济合同、广告宣传、商标、票据、交易场所和交易凭证、税收等方面的管理。广义的市场管理是国家依据市场管理的职能，采取经济、法律、行政的手段，对市场运行目标、运行方式、运行主体及运行过程进行干预、协调、指导和监督。

信息市场管理的概念是将管理引入信息市场而形成的。信息市场管理应从广义概念来理解。根据市场管理的一般概念，结合信息市场的特点，可以认为，信息市场管理是信息市场管理主体运用经济、法律、行政、教育、说服等手段，对信息市场管理客体及信息市场交易活动进行计划、组织、监督、协调和控制。这里，信息市场管理主体是指国家和代表国家行使信息市场管理职能的管理机构和管理人员；信息市场管理客体包括信息市场主体（信息商品供给方、中介方和需求方）、信息市场客体（信息商品）和信息商品交易活动。信息商品交易活动涉及信息商品的交换环境、交易时间、交换行为、交换价格、交易合同和交易秩序。

2.信息市场管理的内容

从上述信息市场管理的概念中可以看出，信息市场管理有着较为广泛的范围，主要包括以下几个方面：

（1）信息市场主体的管理

信息市场的主体包括信息商品的供给者、信息市场的中介方、信息商品的需求者和信息市场的管理者。

信息市场和物质市场一样，信息商品不会自动地实现交换，它的流动是市场当事人意向的体现。这种意向是以经济利益为客观基础的权利反映。所以，信息市场交易实际上是上述四类主体之间的一种合法经济权利的让渡过程。这四方面缺一不可，还必须有一个合理的结构，才能保证信息市场的正常运行。一般来说，合理、优化的信息市场主体结构应该具有稳定性和层次性。稳定性是指信息市场的供给、需求、中介、管理四方之间，在时间、空间上保持稳定联系。层次性是指信息市场主体四方之间，在相同的等级或不同的等级上保持稳定联系。

对信息市场主体的管理，主要是通过法律、经济、政策等手段规范信息市场主体

① 陈颖. 信息经济学教程 [M]. 保定：河北大学出版社，2006：86.
② 陶长琪. 信息经济学 [M]. 北京：经济科学出版社，2001：220-223.

的行为，包括如下方面：

一是信息市场主体应该身份明确、资格合法。所以，必须对于信息市场的主体进行统一、全面的资格审查，确定主体的合法身份，制止不符合要求的信息市场主体的一切活动。

二是信息市场主体的经营范围、经营项目和方式，既要明确，又要规范，制止一切超越经营范围、经营项目和经营方式违规的经营活动。

三是信息市场主体在退出市场时也要符合规范，以保证市场上供求格局的合理性，制止某些市场主体企图以退出市场来导致市场垄断和不规范信息市场行为的产生。

（2）信息市场客体的管理

信息市场的客体是指进入信息市场的信息商品，是信息市场当事人之间发生法权让渡的媒介物，是信息市场交换关系的客观载体，包括具有有形载体的信息产品和纯粹信息服务的信息服务。

信息市场客体的管理内容包括：

① 信息商品的交易内容和范围的控制；

② 信息商品质量管理；

③ 信息商品所有权、转让权、使用权的管理。

（3）信息市场价格管理

信息市场价格管理是指国家对信息商品交易活动中发生的价格关系，包括价格的制定、调整和执行过程所进行的组织、领导、协调和监督。其具体内容包括：

① 信息商品价格的拟定和宏观调控；

② 信息商品价格的监督和检查。

（4）信息市场交易秩序的管理

信息市场交易秩序的管理，主要是通过一系列规则的制定和实施来规范所有市场参加者的行为，以保证信息市场行为的规范化、制度化、法律化。

信息市场交易秩序管理的主要内容包括：

① 信息市场竞争环境管理，即通过建立一系列法规和措施对信息商品供给方和中介方进行约束，限制垄断，反对不正当竞争，保证信息市场公平交易，促成一个合理的信息市场竞争环境。

② 信息商品交易行为管理，即对信息商品交易合同的公证和认可，对交易过程中的不道德行为和违法行为进行制止和制裁，解决信息商品交易过程中出现的各种纠纷。

③ 履约行为的管理，即对合同签订双方按照合同规定的内容、所承担的义务和行为进行指导和监督，信息商品交易合同一旦生效，就应该进行履约行为管理。

一是用经济合同法约束合同签订双方，使双方都重合同、守信用、严格履约，以维护合同的严肃性；

二是由审计、财税、银行和公证部门检查双方的行为是否符合合同的规定；

三是对违反信息商品交易合同的行为进行督导、纠偏和调解；

四是对违约行为给予处罚。

6.5.2 信息市场管理的职能①

微课 6-3

信息市场管理的职能

1.信息市场管理的职能

信息市场管理的职能是指管理机构执行与其主要目标相联系的、有一定程序的特殊职责。其目的是认识信息市场，制定和实行保证其以社会规定的目标运行的措施。信息市场管理的职能表现了管理的实质、内容、目标和任务，是合理建立管理组织结构的依据，是确定管理机构职能范围和隶属关系的基础。管理职能只有借助与其相符的管理组织结构才能实现相应的信息市场管理任务，管理机构则是为执行一定的职能而存在的。

信息市场管理的职能包括计划、组织、调节、核算、监督、教育等方面的内容，各项职能相互联系、相互作用，从而达到管理目的。

（1）计划管理职能

在市场经济条件下，信息市场的计划管理必须自觉地遵循国民经济按比例发展的规律，认识信息市场的客观规律和运行机制，明确市场的具体条件和要求，确定目标、任务和计划拟定达到的水平，并确定实现的手段。其内容包括信息市场发展纲要，即总体构思、长期规划、年度计划以及实现战略目标而采取的政策、策略和技术途径等。

在现阶段，我国信息市场计划管理应具备以下特点：

① 指令性计划逐步减少，指导性计划不断增加；

② 以经济手段为主，以行政手段为辅；

③ 以市场调节为主，以计划指导为辅。

市场实现资源配置，通过价格调节生产与需求，使得计划管理的价值规律和经济效益得以发挥。因此，计划应具有一定的动态性，目标与市场需求应紧密联系。

（2）组织管理职能

组织职能同计划职能一样在信息商品市场管理中占有重要地位，因为只有建立起稳定又灵活的市场组织结构并不断地完善它，才能把市场的各种要素有效地结合起来，才能合理地利用系统资源。组织职能的实现是有效地组织市场要素分布的条件。它是借助规则、命令以及其他标准行为等来实现的，其行为应以客观要求和现实条件为依据。

---

① ［1］马费成，王槐，查先进. 信息经济学［M］. 武汉：武汉大学出版社，1997：272-274.［2］马费成，王槐. 情报经济学［M］. 武汉：武汉大学出版社，1991：210.

（3）调节管理职能

如果说计划职能和组织职能是确定目标、拟定任务和选择完成任务的方法，调节职能则是对信息市场的直接管理，通过对信息市场各要素、信息市场行为和信息市场有序状态的维持，保证信息市场正常运行。

信息市场与任何系统一样，其内部各要素的作用都必然产生两种相反的趋势：受有目的的行为保障的系统稳定状态和因偏离目的而导致的混乱状态。调节的任务便是以可能性和具体情况为转移，及时地中和外来干扰或内部干扰，使信息市场这一系统回到最小熵的动态平衡。目前，调节职能采取的主要方式有各种强制性的命令、限制和规划，经济手段、行政手段和法律手段，提高社会信息意识，利用社会道德舆论宣传等。

（4）核算管理职能

核算职能与调节职能一样服务于计划和组织职能，其目的在于对信息市场活动结果（中间和最终结果）进行数量上的测量、登记和分类。缺乏核算信息，管理机构就无法掌握信息市场的状况及管理实施的结果，无法实施定量化管理。目前，我国信息市场由于产业和产品的分类标准未确定，导致信息市场核算中指标难以确定、统计材料难以计量，解决这些问题是管理面临的重要任务。

（5）监督管理职能

监督职能的发挥实质上是以管理信息为依据，检查信息市场管理实施的情况，削弱监督职能就意味着减少管理的责任。监督所需的信息来源于调查和核算，它与核算都是系统的参数，通过信息反馈，保证管理者在系统参数偏离预定目标的情况下能够及时干预，并保证管理系统有条不紊地发挥职能。

监督职能的发挥应该建立在高度的原则性和实事求是的基础上。监督从形式上可分为内部监督和外在监督、自我监督和互相监督、自上而下的监督和自下而上的监督等，又可分为事先监督、业务监督和事后监督。其中，事先监督是评价提出的任务与选择完成任务的手段和依据；业务监督是通过运用组织措施和技术措施系统地评价管理状况并对它们进行控制；事后监督是最常见、最普通的监督形式，通过评价管理结果，接收反馈信息，改进管理质量。

（6）教育管理职能

教育职能是对所有信息市场参与者进行道德、法律、业务等方面的教育和培训，以便提高其业务水平，适应环境及工作的要求和约束，以熟练的工作技能完成市场运行的目标和任务，这是促进信息市场健康发展的必要条件。

以上各职能相互联系、相互作用、缺一不可，共同组成信息市场管理的职能体系，据此可以构建信息商品市场管理的组织结构。

2. 信息市场各方的职能

信息市场管理是根据市场经济运行规律的要求，运用经济、行政及法律手段对信息市场各方及各项活动进行监督、协调、保护等，从而使信息市场健康、稳定发展。信息市场整体可以抽象描述为包括信息的供给方、需求方、中介方和管理方四个要素在内的一个共同结构（如图6-7所示）。利用建模思想把市场中各方的职能框和所利用的不同手段（经济、行政、法律等）的功能框组合起来。

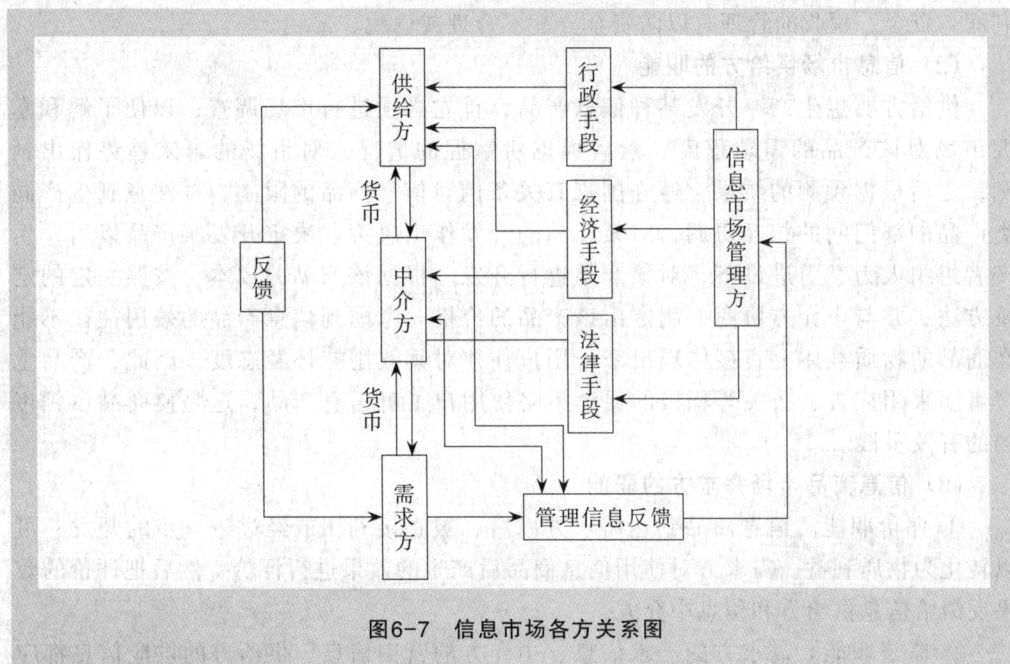

图6-7 信息市场各方关系图

信息市场管理的具体实施，是通过经济、行政、法律手段进行监督、协调和保护的。根据前面对信息市场管理的论述，这个模式将建立在从信息市场管理方对市场其他各方以及对信息产品从生产到消费整个过程的管理这一角度上。其目的不仅是运用各种手段对信息市场各方的管理，而且要突出在整个市场运行过程中管理的作用。

（1）信息市场管理方的职能

① 管理职能。管理方主要通过行政手段、经济手段和法律手段对市场各方及各项经济活动进行管理。管理方对整个过程的管理作用渗透到各个环节，其管理的对象包括人、财、物、时间、信息本身等诸要素在内的信息市场整体系统。管理的目的是要实现从确定目标到制订计划、组织实施、协调控制的整个过程总体目标最优，提高效率，最大限度地增加经济效益和社会效益。

② 协调职能。在供给方完成市场调查和市场预测、准备进行开发决策的时候，管理方通过自己掌握的各种产品的生产信息，对生产同类产品的不同部门进行协调，从而避免不同部门开发同类产品所造成的人、财、物的浪费；同时，管理方应根据有关政策条例，督促供给方遵守关于信息商品范围的限制。在供给方进行信息产品定价的过程中，管理方对其制定的价格进行监督、检查，防止乱收费现象的发生，指导供给方按适当的比例获取利润和计划依法纳税等。

③ 培训职能。管理方要负责对经营管理人员的培训，以使中介方的营销活动更为积极、活跃、灵活。在信息商品交换的过程中，管理方必须采用法律手段，保障产品的质量，保护开发者与消费者的产权利益，还应创造公平竞争的环境，限制垄断，

鼓励公平竞争。合同是供给方、中介方、需求方三方利益的最有效保障，管理方要依据有关法律，保证合同正确执行。交换结束后，管理方还要加强对中介方、需求方的利润、资金、税收的管理，以防资金分配不合理或偷税、漏税。

（2）信息市场供给方的职能

供给方要想生产、开发某种信息产品，首先必须进行市场调查，以便了解和掌握市场对该产品的需求程度；然后根据所掌握的情况，对市场的未来趋势作出预测；之后根据预测的结果，遵守国家有关条例对信息商品的限制，并注意到生产同类产品的部门间的相互协调，对某产品的开发作出决策。决定开发某产品以后，生产者组织人力、引进设备，对该产品进行开发。根据该产品的成本，按照一定的定价方法，并与中介方协商，制定出该产品的价格。考虑到信息产品的效用往往不能在商品的物质载体上直接体现出来，用户往往对其效用持怀疑态度。因此，产品生产者要采用广告、公关等积极的促销策略使用户了解信息产品，这是使商品占领市场的有效手段。

（3）信息商品市场需求方的职能

① 评价职能。信息商品到达需求方以后，被直接利用或经过进一步的开发，可以转化为物质利益。需求方对使用信息商品后产生的效果进行评价，然后把评价的效果反馈给信息供给方和信息中介方。

② 监督职能。需求方的需求信息、中介方的营销信息、供给方的供应信息都应反馈给信息商品市场管理方，以便统一管理、协调。需求方还应充分发挥对市场的监督作用，协助管理方管理信息商品市场。

③ 引导职能。信息商品需求的过程是信息商品从供给方到需求方的功能流向过程，是信息产品从生产到消费的全过程，用户的需求引导产品的不断革新与深化。

（4）信息商品市场中介方的职能

① 组织职能。信息商品市场的中介方通过对信息产品进行存储、分类，然后根据信息产品的特点，对其进行组织，以促成信息商品的交换。

② 服务职能。信息商品市场的中介方运用传统的产品策略、价格策略、销售渠道策略、促销策略以及更适合信息商品的直销策略，随时为其他各方提供有关市场的一切信息，对信息商品市场起到服务的作用。

③ 协调职能。信息商品市场的中介方利用掌握的信息商品的供需关系以及市场供求、价格的发展变化等信息，引导和协调信息商品的生产和消费，对信息市场起到协调、引导的作用。

6.5.3 信息市场管理的手段[①]

1.信息市场管理的组织机构

信息市场管理的职能是由信息市场管理的组织系统通过不同的管理手段来实现

① 马费成，王槐，查先进. 信息经济学 [M]. 武汉：武汉大学出版社，1997：274-276.

的，主要由三类市场管理机构或部门组成。

第一类是国家设置的专门的信息市场交易活动管理机构，包括政府有关的职能机构、检察系统中的有关部门，以及统计、审计、财政、税收、市场监督、银行等管理机构。

第二类是信息市场交易的技术管理机构，如质量管理、计量等有关管理机构。

第三类是社会性监督机构，各行业的协会（学会），如质量监督协会、消费者协会等社会组织。

2.信息市场管理的手段

根据我国的实际情况，信息商品市场管理者在对市场进行计划、组织、监督、调控的过程中，一般采用经济手段、法律手段、行政手段、教育手段等实现对信息商品市场的管理。

（1）经济手段

从广义来看，经济手段是指按照客观经济规律，运用经济政策、经济法规、经济计划、经济组织、经济杠杆、经济责任和其他经济方法对经济活动进行管理和监督。信息市场管理中的经济手段主要是指运用各种经济杠杆并采取经济措施对信息市场进行管理。其中，经济杠杆包括价格、税收、信贷和汇价；经济措施包括物质奖励、惩罚、赔偿等。

经济手段的主要内容包括：

首先，控制发放贷款，以防止那些不成熟、不可靠的信息商品进入交换和消费领域，促成那些成熟的、先进的、可靠的、使用价值大的商品尽快进入市场交换和消费，取得收益；

其次，对交易双方的支付和结算进行监督管理，制止无偿使用、拖延和拒付现象；

再次，对消费者的经济活动进行监督，促使其履行合同；

最后，利用税收杠杆扶持或限制信息商品的交换和消费，使其与其他经济活动相互协调等。

银行可以通过信贷、结算和现金管理业务，对信息商品市场经营活动中所需要的信贷资金及信息商品市场运行中的货币流通情况进行管理和监督，实现对信息商品市场的管理和监督。

（2）法律手段

法律手段是通过信息经济、信息市场、信息产业和相关方面的立法、执法和司法来调节信息市场上各方面的经济关系，如信息商品市场管理法、信息商品市场竞争法等，也包括著作权法、专利法、商标法等。法律手段可以控制信息商品的所有权、使用权和转让权，保证合法的信息市场交易，处理信息市场上的各种矛盾，打击信息市场上的犯罪活动，维护信息市场秩序和良好的信息市场经济环境。目前我国与信息市场关系比较密切的法律和法规主要有《中华人民共和国民法典》《中华人民共和国专利法》《中华人民共和国著作权法》《中华人民共和国商标法》《中华人民共和国专利法》

《中华人民共和国税法》《计算机软件保护条例》等。完善的信息市场法规还应包括数据库保护、信息企业管理、咨询管理、信息市场管理、信息合同管理等方面的法律和法规。

（3）行政手段

行政手段是指国家按照行政系统和行政层次，通过有关政策、命令、条例、制度、规定、计划和干预措施，对信息市场进行指导、监督和调控。行政手段具有高度的控制性、组织服从性和强制约束性等特点，是一种刚性的、快速的管理手段，对于引导信息市场朝着正确的方向按计划发展、协调一定范围内的信息市场行为、制止某些不良倾向十分有效。行政手段主要内容包括监督和检查合同、调解和仲裁纠纷、经常性监督管理等。

（4）教育手段

教育手段是以党政机构、公安司法部门和新闻宣传机构等为依托，并借助社会力量，通过政治思想工作、普法教育、新闻舆论导向、社会监督等对信息市场主体进行教育疏导，从而实现信息市场管理的方法。根据信息市场主体行为和社会经济环境的不同，教育手段可分为事前教育、事中教育、事后教育三种。

拓展阅读 6-2

思政园地

以大数据精准助力疫情防控阻击战，强化"大数据+疫情态势"舆论引导

我国要运用大数据等手段，加强疫情溯源和监测。黑龙江省运用大数据进行疫情数据统计分析，对流动人员进行疫情监测，支撑服务疫情态势研判，高效引导舆论导向。

一、公开透明：强化大数据"查询"疫情态势的基本功能

在疫情防控期间，黑龙江省各地市应积极联合各大网络公司，依托网络平台，发布权威信息，推出实时更新的"疫情地图""发热门诊地图""迁徙地图"等，方便公众随时查询、掌握疫情态势，通过手机定位，查看居住地附近是否有确诊病例；通过输入目的地，可方便民众制订出行计划并做好自身防护，为维护良好的舆论生态提供公开透明的数据支撑。

二、精准预测：强化大数据"读懂"疫情态势的积极变化

黑龙江省相关部门通过对某一网络热点话题的持续关注，如交通运输厅持续关注"返程"话题、商务厅持续关注"复工"话题、卫健委持续关注"治愈率"话题等，绘制相关热点话题的趋势图，通过精准预测、精准解读疫情态势出现的向好变化，坚定民众的必胜信心。

三、权威发布：强化大数据"粉碎"疫情态势的网络谣言

在疫情和舆情相互交织的复杂局面下，公众对官方权威的信息需求激增，也为谣言的滋生提供土壤。黑龙江省积极应对，粉碎相关网络谣言。网信办等部门依据大数据技术，分析、整理网民关注的疫情舆论热点，把脉舆情脉搏，依托官媒微信公众号推出"防疫资讯专栏"，及时前瞻政策布局，发布各级各类政策、方针，实时关注疫情动态，速递抗击疫情正能量故事和形式丰富的文艺作品，体现舆论关怀，有力粉碎谣言。

如今，黑龙江省疫情防控形势依然复杂严峻，要在疫情防控上抢先抓早，持续向科技借力，积极灵活运用大数据技术，打赢黑龙江省疫情防控阻击战。

资料来源 崔胜男. 以"大数据"精准助力疫情防控阻击战〔N〕. 黑龙江日报，2020-02-26.

本章小结

本章重点介绍信息市场的内涵、分类以及要素；经典的信息市场模型；信息市场的运行机制，包括信息市场的供求、价格、竞争、激励、风险、利润和控制七大机制；电子商务市场的分类、经济特征和价值增值模式等；信息市场营销的内涵以及信息市场产品、价格、促销和分销策略；信息市场管理的内涵、职能和手段。

复习与思考

1. 信息市场的定义是什么？
2. 按照信息商品的所属层次划分，信息市场的分类是什么？
3. 信息市场的要素是什么？
4. 格罗斯曼-斯蒂格利茨悖论是什么？
5. 信息市场的运行机制包括哪几个方面？
6. 信息市场竞争的主要表现形式是什么？
7. 信息市场风险的含义与特征分别是什么？
8. 在信息市场中，分别论述信息生产者、经营者及使用者所要承担的风险。
9. 现代信息市场营销观念的内容有哪些？
10. 简述信息市场营销的产品策略。
11. 简述信息市场营销的价格策略。
12. 信息市场管理的职能有哪些？
13. 信息市场管理的手段有哪些？

第 7 章
信息资源

学习目标

◆ 重点掌握信息资源、信息资源管理、信息资源配置的含义、类型与特点，信息资源丰裕系数测度体系、模型和计算方法。

◆ 掌握信息资源结构、信息资源管理的主要阶段、信息资源配置的类型和层次。

◆ 了解信息资源微观测度体系、网络信息资源的发展状况。

◆ 熟悉信息资源的经济特性以及经济功能。

信息资源既然是一种资源，就必然如同物质资源和能源资源一样，存在管理与配置问题。信息资源具有不同于物质资源和能源资源的特殊性，这使得信息资源的管理与配置比其他资源更为复杂和困难，使得关于信息资源的管理与配置发展成为一个独特的研究领域，并呈现出多层次、多角度的研究体系。本章主要介绍的内容有信息资源管理、信息资源配置、信息资源测度、信息资源的经济分析等。

7.1　信息资源的基础知识

随着人类进入信息时代，信息作为一种资源，与物质资源、能量资源一同支撑起现代经济与技术的发展，在社会活动的各个环节中发挥重要的作用。如果说物质向人类提供材料、能源向人类提供动力，那么信息向人类提供的就是知识与智慧，是非物质的社会财富。

7.1.1　信息资源的含义

马费成等认为：所谓信息资源（information resources），就是指人类社会信息活动中积累起来的以信息为核心的各类信息活动要素（信息技术、设备、设施以及信息生产者等）的集合。这里的信息活动包括围绕信息的收集、整理、提供和利用而开展的一系列社会经济活动。[①]

乌家培认为，信息资源有两种解释：一种是狭义的理解，仅指信息内容本身；另一种是广义的理解，指除信息内容本身之外，还包括与其紧密相联的信息设备、信息人员、信息系统、信息网络等。[②]

赖茂生等提出，信息资源是人类活动各个领域所产生的有使用价值的信息集合，包括人类活动各个领域（包括政治、军事、经济、文化和社会生活等）所产生的有使用价值的各种信息集合，如数据集合、知识集合，还包括各种来源、各种载体、各种表示方式、各种传递方式和渠道及各种使用场合和用途的信息资源。[③]

---

① 马费成，王槐，查先进. 信息经济学 ［M］. 武汉：武汉大学出版社，1997：41.
② 乌家培. 经济 信息 信息化 ［M］. 大连：东北财经大学出版社，1996：178.
③ 赖茂生，杨秀丹，胡晓峰，等. 信息资源开发利用基本理论研究 ［J］. 情报理论与实践，2004，27（3）：229-235.

归纳不同学者的观点，可将信息资源划分为广义和狭义的信息资源。广义的信息资源是指可以用来创造物质财富和精神财富的各种信息及相应的人才和技术，是与信息活动相关的资源的总称。[①]狭义的信息资源是指可供人类用来创造财富的各种信息，即信息资源只能是信息内容本身，或者说信息生产和信息活动的产出，即各种形式的信息产品和信息服务。[②]

7.1.2　信息资源的类型[③]

信息资源的分类方法有许多种。本书将信息资源分为体载信息资源、文献信息资源、实物信息资源和网络信息资源四种类型。

1.体载信息资源

这是指以人体为载体并能为他人识别的信息资源。按表述方式，其又可分为口语信息资源和体语信息资源。口语信息资源是人类以口头语言表述出来但被记录下来的信息资源，如谈话、授课、讲演、讨论、唱歌等。体语信息资源是以人的体态表述出来的信息资源，如表情、手势、姿态、舞蹈等。

2.文献信息资源

这是以文献为载体的信息资源。文献信息资源依据其记录方式和载体材料可分为：

① 刻写型，又细分为手稿、日记、信件、原始档案、碑刻等。

② 印刷型，又细分为图书、报刊、特种文献资料、档案、图片、舆图、乐谱等。

③ 缩微型，又细分为缩微胶片、缩微胶卷、缩微卡片等。

④ 机读型，又细分为磁带、磁盘、光盘等。

⑤ 视听型，又细分为唱片、录音带、录像带、电影胶卷、胶片、幻灯片等。

3.实物信息资源

这是指以实物为载体的信息资源。依据实物的人工与天然特性，实物信息资源又可分为：

① 以自然物质为载体的天然实物信息资源。

② 以人工实物为载体的人工实物信息资源（如产品、样品、样机、模型、雕塑等）。

4.网络信息资源

这是指计算机技术、通信技术、多媒体技术相互融合而形成的网络上可查找到的资源。按人类信息交流的方式，网络信息资源可分为：

① 非正式出版信息，是指流动性、随意性较强的，信息量大，信息质量难以保证和控制的动态性信息，如电子邮件、专题讨论小组和论坛、电子会议、电子布告板

---

① 苏芳荔. 网络信息资源的组织和开发利用 [J]. 现代情报，2003（8）：72-73；75.
② 李纲. 信息资源配置的理论问题探讨 [J]. 情报学报，1999（4）：333-339.
③ 丁海斌. 信息检索与利用 [M]. 沈阳：辽宁大学出版社，2001：55-56.

新闻等工具上的信息。

② 半正式出版信息，是指受到一定著作权保护但没有纳入正式出版信息系统中的信息，如各种学术团体和教育机构、企业和商业部门、国际组织和政府机构、行业协会等单位介绍宣传自己或其产品的描述性信息。

③ 正式出版信息，是指受到一定的著作权保护、信息质量可靠、利用率较高的知识性、分析性信息。用户一般可通过万维网查询到正式出版信息，如各种网络数据库、联机杂志和电子杂志、电子图书、电子报纸等。

信息资源是一个发展中的有机体。信息资源的类型也不是一成不变的，而是动态发展的。随着科学技术的发展，新的信息资源类型将不断涌现。

拓展阅读 7-1

7.1.3　信息资源的特征①

信息资源的基本特征主要包括：

1.具有开发、利用和价值转化性

与一般物质资源相比，信息资源是一种具有开发、利用和价值转化性的资源。信息资源首先对作为社会主体的人发生直接影响作用，通过人对信息资源的理解、消化、运用，提高人自身的素质，甚至改变某种传统与习惯，从而有利于启发人的主观能动性，并转化为现实生产力的要素或变革生产方式及生活方式的动力。而一般物质资源，比如矿山、河流、气候、土地等，不具有这种对人的主体作用产生直接影响作用的功能。信息资源的这种特性，要求人们必须以战略眼光认识信息资源，自觉地运用信息资源，立足有利于经济社会战略性发展的高度积极促进信息资源的开发与转化。

2.可传播性

信息资源借助各类媒介可以广泛向社会传播，从而经常地、深入地影响社会，对社会成员产生潜移默化的作用。正是在这种传播过程中，信息资源的价值得以实现。信息资源不断传播的过程，也就是其价值不断得到实现的过程。信息资源的可传播性，要求人们高度重视信息传播渠道的开拓与畅通。信息传播渠道建设是现代经济社会发展的重要组成部分。在发达国家，信息传播经济占有愈发突出的位置，甚至已经成为国民经济的支柱产业，成为新经济的一个重要增长点。

3.可增长性

信息资源是人类智慧与才能的结晶，是无形资产，因而具有可增长性，要求人们

① 刘莉，袁曦临. 法学信息检索 [M]. 南京：东南大学出版社，2006：10-11.

不仅要注重信息资源的利用，而且要注重信息资源的研发。在现代信息化社会，对信息资源研发的力度与水平，成为社会生产力发展的一个突出标志，甚至成为衡量社会进步的一个重要尺度。事实上，人们正是在不断地开发、利用信息资源的过程中不断地提升自己认识世界与改造世界的能力。信息量的不断增加、信息水平的不断提高，是推动社会发展、引领社会进步的强大动力。

4.综合性

信息资源不仅是社会生产力的反映，而且任何一类信息资源，都几乎不是孤立存在的，而是与其他信息资源密切联系的。由一种信息源引发生成另一种信息源，这是信息资源发展中的一种普遍现象。尤其是在现代社会，科技发展呈现出一种"大科学"趋势，自然科学各门类之间相互交融，自然科学与人文科学、社会科学之间相互影响和交融，人们观察世界、分析问题的视角，不仅注重技术层面，而且注重社会及人文层面。信息资源的综合性，要求人们不仅注重自然科学信息资源的开发与利用，而且注重社会科学、人文科学信息资源的开发与利用，善于在各类信息资源的相互影响和渗透中发现、挖掘信息资源的巨大社会价值。

7.1.4　信息资源的结构①

信息资源管理与配置的核心问题就是信息结构问题，一旦信息结构确定下来，与其相对应的信息资源管理与配置模式也就确定下来。任何形式的社会资源配置都是建立在一定的信息结构基础之上的。信息结构的含义是收集、传递、处理、储存和分析经济数据的机制和渠道。研究信息结构，就是分析信息传输渠道和信息传输所使用的语言，其中信息传输渠道以信息流方向来解释。

从理论意义上讲，信息结构可分为三类：团队信息结构、厂商信息结构、经济体制信息结构。

1.团队信息结构

团队信息结构是微观信息经济学分析的最为基础的信息结构。团队的经济理论事实上是一种资源配置（特别是信息资源配置）的经济理论，团队信息结构可以表明团队中的资源配置状况。当团队成员信息结构相同时，信息被集中，决策问题一般都相同；当团队成员信息结构不同时，信息被分散，决策问题一般都不同。作为一种特殊环境，至少有两个的团队成员之间有不同的信息函数，那么我们可以说信息被分散了。

团队的预期效用依赖团队的信息结构、环境状态的概率以及在决策问题上的结构等因素。其中，团队信息结构取决于团队的观察和信息交流的途径及方式。设a代表团队；M代表团队内的成员数量；每个团队成员m控制一个行动，称为a_m；团队的结果效用取决于团队的行动a=(a_1, a_2, …, a_m)和环境状态s。如果用u(a, s)代表团队的效用，那么函数u被称为团队的收益函数。在选择一个行动之前，各个团队成员m都收到一个信息信号η_m，该信息信号由环境s决定，即

① 谢康. 微观信息经济学［M］. 广州：中山大学出版社，1995：164-170.

$$\eta_m = m(s)$$

我们称 η_m 为成员 m 的信息函数，其中，M 元组 $\eta = (\eta_1, \eta_2, \cdots, \eta_m)$ 被称为团队的信息结构。团队效用为：

$$U(s) = U(a(\eta(s)), s)$$

2. 厂商信息结构

为了使厂商某些已知的收益函数最优化，需要解决的问题是如何确定信息资源的配置和个别代理人采取的决策规则。由于厂商在行动中仅仅能够观察到某些适合自身条件的信号，因此，其决策规必定是描述厂商有限行动空间的代理人信号的一个函数。我们将代理人信号的选择方式称为厂商的信息结构，将代理人决策规则的选择方式称为厂商决策结构。

在团队信息结构基础上，企业形成了两类典型的信息结构：垂直信息结构（等级式信息结构）和水平信息结构（民主式信息结构）。前者如采用垂直一体化管理模式的厂商信息结构，后者如采用横向联营管理模式的厂商信息结构。

（1）垂直信息结构

垂直信息结构也称等级式信息结构，是指管理者拥有企业技术可能性的完备的先验知识，强调通过工作的专业化与合理的等级控制获得效率，对突发事件缺乏快捷的反应措施，厂商从整个组织的角度作出一般性合理决策，下级企业无决策权。信息结构成本为：①管理者有限理性带来的控制成本；②由于缺乏对下级的刺激而造成的执行成本。

（2）水平信息结构

水平信息结构也称民主式信息结构，是指次级企业能够参与厂商管理，强调各级组织水平合作，管理者能够对突发事件有更为灵活的反应。由于下级企业对组织的整体操作机制的理解只是局部的，且厂商缺乏对下级活动信息的集中处理机制，因而解决问题的能力也是有限的。

3. 经济体制信息结构

在各个厂商及厂商内部团队成员的信息结构基础上，特别是在厂商所处的社会政治和文化结构基础上，形成了一定范围内经济体制的信息结构。经济学家们将纵向信息结构和横向信息结构统称为经济体制信息结构。

（1）纵向信息流

这是指在等级制的上下部门或组织之间信息流动的数量和质量。纵向信息流有两个主要的标准模式：

① 基层企业向上级主管部门汇报其观察信息，上级主管部门根据各个企业汇报的信息向企业下达生产投入指令；

② 两个基础企业之间的生产联系需要依靠各自按其行政等级结构向上传递需求信息，直到达到对这两个企业都有管制权的某个行政等级单位为止，由该行政单位对这两个企业的生产联系作出指令。

（2）横向信息流

这是指在等级制的同级代理人之间，或没有等级关系的代理人之间信息流动的数量和质量。横向信息流有两个标准模式：

① 等级制的同级代理人之间的信息数量和质量的流动；

② 没有等级关系的代理人之间的信息数量和质量的流动。

以横向信息流为例。在市场经济体制中，厂商之间相互交换信息而达到共享信息，构成直接横向信息流。如果两个厂商通过第三个既不凌驾于它们之上也不从属于它们的代理人发生信息交流，这就属于间接横向信息流。第三方物流运营机制是典型的横向信息流。所谓第三方物流是指生产经营企业为集中精力搞好主业，把原来属于自己处理的物流活动，以合同方式委托给专业物流服务企业，以达到对物流全程的管理和控制的一种物流运作与管理方式。提供第三方物流（外包）服务的企业，其前身一般是运输业、仓储业等从事物流及相关活动的企业。从事第三方物流的企业在委托方物流需求的推动下，从简单的存储、运输等单项活动转为提供全面的物流服务，其中包括物流活动的组织、协调和管理，最优物流方案的设计，物流全程的信息收集、管理等。

纵向信息流和横向信息流的组合将形成四种基本类型的经济体制结构：

① 完全横向信息结构：单纯市场经济体制。

② 完全纵向信息结构：单纯中央计划经济体制。

③ 横向信息流量多于纵向信息流量的信息结构：以市场为主的混合经济体制。

④ 纵向信息流量多于横向信息流量的信息结构：以计划为主的混合经济体制。

市场经济体制在信息方面优于中央计划体制的理由包括两个方面：

① 在市场经济体制下，许多市场参与者同时进行数量较小的多次计算；在中央计划体制下则需要进行庞大的中心计算。

② 市场经济体制所需要的信息量较小，而中央计划体制需要传播的信息量极其庞大。

7.2 信息资源管理

微课 7-1

信息资源管理

信息资源管理（information resource management，IRM）有狭义和广义之分。狭义的信息资源管理是指对信息本身即信息内容实施管理的过程。广义的信息资源管理是指对信息内容及与信息内容相关的资源如设备、设施、技术、投资、信息人员等进行管理的过程。[1]

---

① 霍国庆，孟广均，王进孝，等. 信息资源管理思想的升华 [J]. 图书情报工作，2002（4）：26-40.

7.2.1 信息资源管理的目标和任务[①]

1.信息资源管理的目标

信息资源管理的目标一般可分为总目标和分目标两个方面。

(1) 信息资源管理的总目标

保证社会信息流在不同渠道中有序流动，信息的开发和利用在有领导、有组织的统一规划和管理下协调一致、有条不紊地进行，使各类信息以更高的效率、效能，更低的成本在社会进步、经济发展、人民物质文化生活水平提高中充分发挥作用。

(2) 信息资源管理的分目标

① 信息的生产与开发。根据社会经济的发展来合理组织、规划信息的生产和开发，确保相关的潜在信息能及时、经济地转化为现实的信息资源。

② 信息利用。按照社会化、专业化和产业化的原则合理组织信息的流通和分配，确保信息能得到充分有效的利用。

③ 信息资源管理机制。按照社会信息过程的特征和规律，建立科学、合理的信息资源管理机制，完善信息开发利用的保障体系。

2.信息资源管理的任务

(1) 宏观层次的信息资源管理的任务

宏观层次的信息资源管理是一种战略管理，一般由国家有关部门运用经济、法律和必要的行政手段加以实施，主要是宏观层次上通过国家有关政策、法规、管理条例等来组织、协调信息的生产和开发利用活动，使信息按照国家宏观调控的目标，在不影响国家信息主权和信息安全的前提下得到最合理的开发和最有效的利用。

具体来说，宏观层次的信息资源管理的任务包括：

① 制定信息开发战略、策略、规划、方针和政策，使信息的开发活动在国家统一指导和管理下有条不紊地进行，使信息的开发不仅成本低、价格廉，而且能很好地满足国民经济和社会发展的总体需要。

② 制定信息资源管理的法律、规章和条例，建立信息资源管理的监督和保障体系，使信息资源管理真正有法可依、有章可循，使生产和开发的信息能得到充分、及时和有效的利用。

③ 综合运用经济、法律和行政手段协调各部门、各地区和各企业之间的关系，明确各级信息开发利用机构的责、权、利界限，使信息的开发利用在平等互利的基础上最大限度地实现资源共享。

④ 加强国家信息基础设施和网络建设，使信息的生产、开发、利用和管理得到良好的硬件环境支持。

(2) 微观层次的信息资源管理的任务[②]

微观层次的信息资源管理是在最基层的组织一级上对信息的管理活动，一般由各

---

① 马费成，王槐，查先进. 信息经济学 [M]. 武汉：武汉大学出版社，1997：419-421.
② 赖茂生. 信息资源管理教程 [M]. 北京：清华大学出版社，2006.

级政府部门、信息机构和企业等基层组织负责实施。其主要任务是认清组织内各级各类人员对信息的需求，合理组织和开发信息，实现信息的效用价值。

具体来说，微观层次的信息资源管理的任务包括：

① 调查和了解组织和机构内部各类人员的信息需求，制订一个满足不同需求的折中方案（不能忽视任何一类人员的信息需求），以最大限度地满足不同的信息需求。

② 搞清组织或机构内外信息来源和信息获取渠道，以便在需要时获取所需要的信息或向外输出信息。

③ 选择适用的信息技术，建立组织或机构内部信息系统和网络，确定信息加工处理、存储、检索和传递方法，建立组织或机构内部的高效信息保障体系。

④ 对信息资源管理的绩效进行评价，为改善信息资源管理提供依据。

7.2.2　信息资源管理的特点[①]

1.综合性

管理对象上强调信息管理对象的多样性；管理内容上着眼于人类信息资源处理过程的综合性、全方位控制和协调；管理方法上将一般管理、资源控制、信息管理、政策制定和规划等多种方法集于一体加以综合利用。

2.经济性

作为信息社会发展的三大支柱资源之一，信息资源与物质资源同属经济资源的范畴，因而具备经济资源的一般经济特征。与物质和能量相比，信息资源还有其他资源无法替代的功能。

3.系统性

信息资源管理是对包括信息、人员、设备、资本等诸多要素在内的大信息系统进行管理。大多数学者和专家对信息资源管理的理解都倾向于把它看成信息及其相关要素的总和，与系统理论联系起来。

4.决策性

信息资源管理重视信息资源在战略管理、战略决策中的作用，其开始步入高层管理，成为组织决策层中的重要因素而走向战略管理。

5.技术性

信息技术在纵向领域的升级，逐渐带来一种新的管理思想，将信息视为重要的战略资源的观念日益占据主导地位，从更高层次上提出了对信息资源管理的要求。

6.二重性

信息资源管理既是一种信息时代管理的重要新思想，又是一种将技术、人文、经济手段相结合的高层次战略型信息资源管理模式。

7.2.3　信息资源管理的阶段①

1. 传统管理阶段

这一阶段以图书馆为象征，着眼于文献信息源的收藏管理，同时包含档案管理和其他文献资料管理。早期文献收藏的内容基本上都是社会生活中的各种文字记录，如宗教仪式记录，皇帝的法令、政令，征收赋税、接纳贡物的各种记录，多为各类文书档案。因此，早期管理图书和档案的社会机构是同源的。随着社会经济、科技和文化的发展，文献记录的类型大量增加，图书馆作为最初的文献馆藏与管理机构，逐步与档案管理机构分流，成为知识和文献收藏、整理、提供利用的中心，形成独立意义上的图书馆。在科技领域出现了一类新兴的专职信息服务机构。这类机构的任务是对科技信息进行收集、加工、存储、检索和提供。我国称之为科技情报研究所，主要任务是为科研、生产和决策提供情报服务。科技信息机构与图书馆之间并无实质性差别，它们都是（或主要是）社会公益性事业机构，由国家财政拨款，从事以文献为载体的信息收集、加工、存储、检索和提供工作，着眼于"文献信息源"的管理。20世纪60年代之后，二者都更重视管理，并向"信息管理"发展过渡。

2. 信息管理阶段

这一阶段以计算机为工具，以自动化信息处理和信息系统建设为主要内容，着眼于信息流的控制，是在计算机及其相关信息技术高度发展和广泛应用的背景之下发展起来的信息管理模式。文献信息加工和管理的计算机化，不仅大大缩短了二次文献出版分发的时差，而且文献收录的范围更加广泛，能满足多样化的需求，给用户带来方便，推动数据库的发展。随着计算机技术的发展，信息处理功能越来越强，人们对文献的加工有可能从宏观层次向微观层次深入、从文献的外部走向内部、从局部信息扩展为全文信息，极大地增强了对信息资源的管理能力和自动化控制程度。

计算机在被用于图书馆和情报中心文献信息加工与管理的同时，也被广泛用于企业和其他各类机构的行政记录处理、财务数据处理和经营活动数据处理，管理信息系统（management information system，MIS）及其他各类自动化信息系统应运而生。20世纪60年代以后，MIS在不同的领域有许多应用，产生了很大影响，成为计算机信息系统非常有代表性的、经常使用的工具。在MIS基础上，人们又研制出不同功能的决策支持系统（decision support system，DSS）和专家系统（expert system，ES），在高度发展的信息技术支持下实现对信息资源的有效管理和开发利用。

3. 信息资源管理阶段

信息资源管理着眼于对人类信息过程的综合性、全方位控制和协调。信息资源管理主要被看作人类对信息管理的发展，是综合利用技术、经济、人文手段对信息进行管理的新模式。

一方面，纯粹的技术手段不能实现对信息的有效控制和利用。信息技术的高度发

① 钟守真，李培. 信息资源管理概论［M］. 天津：南开大学出版社，2000：30-33.

展和广泛应用带来了许多新的、复杂的难题，在使用新的信息媒介，追求信息的高效处理、传播、利用和共享的同时，信息安全、信息利益和信息产权等问题变得非常棘手，传统的管理方式和单纯的技术手段都无法应对。各类自动化信息系统仅仅是在微观层次上，面向个别的机构和组织，导致信息系统分散化和小型化，使得信息管理和控制反而变得更加困难，宏观层次的信息共享和信息效益无法实现。应综合利用行政、法律和经济的手段，从微观与宏观结合上协调各种矛盾、冲突和利益关系，妥善处理信息管理中人与物的复合关系，逐步形成信息资源管理的思想和观念。

另一方面，在当代社会经济发展使信息成为一种重要的经济资源背景下，需要从经济角度思考问题，对信息资源进行优化配置和管理，全面考察信息作为经济资源的性质、利用状况以及效用实现的特征与规律，在时间、空间和数量上对其优化配置，从经济角度对其进行管理，使其效益达到最大化。

4.知识管理阶段

伴随着知识经济时代的来临和新的信息技术的进一步推广和应用，人们对信息和知识的管理也步入一个更新的阶段——知识管理阶段。知识管理是信息资源管理的延伸与发展，如果说信息资源管理使数据转化为信息，并使信息为组织设定的目标服务，那么知识管理使信息转化为知识，并用知识来提升特定组织的应变能力和创新能力，在信息交流互动过程中，通过信息和知识的共享，运用群体的智慧进行创新，以赢得竞争优势。

知识管理除管理信息和信息技术外，更重要的是通过对知识的管理，将知识管理和人的管理融为一体，重在对隐性知识的载体——人的管理，特别注重开发人的智力，挖掘人脑中的隐性知识和激发人的创造力，关心、尊重人，体现了一种"人本思想"。

知识管理的作用在于培育集体创造力。知识可以渗透到劳动对象、劳动工具、劳动力，以及科技、教育、经济等各个方面，其作用越来越强化。知识作为无形资产变得日益重要起来，声望、商誉、商标、专利、注册设计、联机网络，以及员工的经验与技能等智力资本，都需要评估和管理。

知识管理是要加快知识流动，其目的就是要推动创新。创新是技术行为与经济行为的有效结合。它表现在技术上有改进、经济上有效益。创新主要有技术创新、管理创新、制度创新。制度创新是前提，技术创新是动力，管理创新是保证。

5.资产管理阶段

应将信息资源作为企业拥有或者控制的一种能够为企业带来未来经济利益的资产。其本质是信息作为一种经济资源参与企业的经济活动，减少和消除了企业经济活动中的风险，为企业的管理控制和科学决策提供合理依据，并预期给企业带来经济利益。信息资产是企业拥有和控制的一项特殊资产，既具有一般物质资产的特征，又有无形资产和信息资源的双重特征。信息资产的首要特征是其共享性，即使用的非排他性，还具有高附加值、高风险性以及显著的时效性。

根据大多数企业的经营状况，信息资产按内容大致可分为四大类：

① 科学技术信息资产，是指企业在生产经营和科学实验等创新过程中所发明创

造的高新技术和核心技术而形成的一种产权形式。其主要包括专利权、著作权、技术机密、计算机软件等。

② 市场信息资产，是指企业通过其所拥有的与市场相关联的信息资产而可能获得的未来经济利益。其主要包括品牌、客户关系和合同等。

③ 生产信息资产，是指企业在日常生产经营活动中的各种生产情况记录形成的信息。这类信息资产对企业成本核算和成本控制有极其重要的作用，包括原材料信息、加工信息、存储信息和传输信息等。

④ 外部宏观信息资产，是指企业针对其所生存的宏观环境进行分析所获取的信息，包括社会发展信息、政策法规信息和技术经济信息等。

7.3　信息资源配置

微课 7-2

信息资源配置

信息资源作为一种资源，决定了它同其他资源一样，需要合理的配置才能发挥最大的效用，又由于信息资源具有不同于其他资源的特性，其配置较其他资源有很大的差异。

7.3.1　信息资源配置的含义①

信息资源的配置包括两层含义：

一是广义的信息资源配置，是指将有用的信息及与信息活动有关的信息设施、信息人员、信息系统、信息网络等资源在数量、时间、空间范围内进行匹配、流动和重组；

二是狭义的信息资源配置，是指将有用的信息在不同时间和不同地区、不同行业、不同部门进行分配、流动和重组。

广义的信息资源配置仅适合于信息产业内部，在信息产业之外，信息设施、信息人员等的配置属于一般性的资源配置。狭义的信息资源配置，既适合信息产业，也适合其他产业。习惯上，信息资源的配置有时指其广义含义，有时指其狭义含义，有时混合使用，并没有进行严格区分。

7.3.2　信息资源有效配置的经济意义②

1. 有效配置信息资源有利于更好地满足人类对资源的需求

在人类经济活动成果——劳动产品的成本构成中，信息成本是重要的组成部分。

---

① 陶长琪. 信息经济学 [M]. 北京：经济科学出版社，2001：107.
② 查先进，等. 信息资源配置与共享 [M]. 武汉：武汉大学出版社，2008：35-38.

有效配置信息资源有利于最大限度地降低产品成本，原因在于合理的资源配置结构不仅有利于提高产品生产及营销管理中信息资源的使用效率，防止信息资源的闲置、浪费和短缺并存的弊端，而且有利于改善产品成本构成中信息资源与非信息资源的关系以及非信息资源之间的关系，提高各类资源的综合使用效果。

2. 有效配置信息资源有利于最大范围内实现资源共享

物质资源和能源资源的利用表现为占有和消耗。在既定的技术和资源条件下，各资源利用者总是存在明显的竞争关系，一部分人利用多了，其他人就只能少利用甚至无法利用。信息资源的利用不存在这种竞争关系。例如，某人阅读了一本书，他从这本书中获取的知识内容并不会因为其他人已经阅读或将要阅读而受到影响。换句话说，在信息资源利用方面，任何利用者都可以同等程度地共享某一份信息资源。

信息资源共享范围直接决定了信息资源开发利用的经济价值。信息资源共享范围的扩大除了取决于政治、经济等环境因素外，主要取决于：

一是信息资源的质量和数量。优良的质量是促进信息资源共享的内在因素，充足的数量是确保信息资源共享的外在条件。

二是信息资源的扩散程度。信息资源的扩散程度越高，信息资源共享的范围就越广。

有效配置信息资源有利于调节和改善上述影响因子，因而有利于在最大范围内实现信息资源共享。

3. 有效配置信息资源有利于防止信息污染，实现社会可持续发展

随着社会经济和科技的发展，反映这一发展过程的信息也在急剧增长。庞大的信息海洋，一方面为人们的科研、教学、生产、经营管理等活动提供了极其丰富的信息源；另一方面导致了一些信息良莠混杂，影响决策的效果。据调查，目前由信息污染导致的社会负效应在扩散速度上已经超过了信息利用而带来的社会正效应。

4. 有效配置信息资源有利于形成最合理的信息资源开发利用体系

在该体系里，信息资源开发利用被提到有效开发和有效利用的高度。此时，信息资源开发过程中的无度和无序，以及信息资源利用中的良莠不分和低利用率都被控制在最小的范围内。在这样的状况下，工业生产中的信息污染实际上是"零污染"，是可持续发展社会的重要特征。

7.3.3 影响信息资源有效配置的主要因素[①]

1. 信息资源的自然条件

信息资源配置是以现有的资源条件为基础的。无论是信息资源的宏观配置、中观配置还是微观配置，其基本特点都是为了生产出更多、更好的信息商品和信息服务，满足用户的需要，并实现我国信息经济的快速增长。因此，在信息资源条件、信息资源配置与信息商品和信息服务三者之间存在一种链式的连带关系，即信息资源本身的

---

① 娄策群，桂学文. 信息经济学通论 [M]. 北京：中国档案出版社，1998.

质量影响着信息商品和信息服务的质量，进而影响着信息资源配置的质量。

2.信息资源的基础结构

信息资源能否合理有效地配置，很大程度上受信息资源的基础结构影响。在当今网络环境下，信息资源存在严重的不均衡性，使其在行业、地理区域的信息量分布和技术水平上存在很大差距，因而不能通过网络按需求和使用方向合理配置信息资源。事实上，现代社会经济一体化使得信息不可能在国与国之间的边界上停止下来，而是通过网络在世界范围内传输，在世界范围内对信息资源进行优化配置。如果没有先进的信息基础结构，一个国家就会毫无疑问地被孤立于世界之外，失去的不仅是信息资源，还有信息控制的所有资源机会以及发展空间。今天，这一问题的严峻性已经为大多数人所认同，即先进的信息基础结构是信息在空间上优化配置的基本条件。

3.信息资源的需求状况

信息资源配置必须符合社会的信息需求状况，只有这样才能实现信息商品生产的目的。就信息资源配置的结果来说，满足社会信息需求的程度越高，信息资源优化配置的程度就越高；反之，满足社会信息需求的程度越低，信息资源优化配置的程度就越低。因此，在信息资源配置中应充分注意到信息商品的质量问题，并将信息商品的质量问题置于首位，从而提高信息资源配置的有效度或优化度。

7.3.4　信息资源配置的类型[①]

信息资源的配置形式有多种，可以分为数量配置、时间配置、空间配置等类型。

1.信息资源的数量配置

信息资源的数量配置包括信息的存量配置和增量配置、总量配置和个量配置。信息资源存储量达到一定规模才能满足信息需求，同时要根据新信息的巨量增长和信息需求的不断变化，及时组织存储新的信息。无论是存量还是增量信息，都要保证有足够的信息资源种类。种类也并非越多越好，而是以满足不同类型信息需求为依据，这需要研究总量和个量的关系。一般来说，信息资源无论是实现存量配置还是增量配置、总量配置还是个量配置，都有相当大的难度，这是因为任何个人或机构都可能既是信息的利用者，也是信息的生产者，这容易导致所需要的信息千差万别、无所不包。

2.信息资源的时间配置

信息资源的时间配置是指在过去、现在和将来三种时态上的配置，既对不同时段上的信息进行存储，又满足用户对不同时段上的信息需求。不同类型的信息时效差别较大。一般来说，科学技术信息相对稳定，其效用随着时间推移逐渐过时，表现为一种老化；商务信息的时效性很强，一条价值连城的信息可能在一夜之间变得分文不值。因此，在不同的时态上对不同种类的信息资源进行配置是保证信息资源结构具有合理时效分布的重要指标，也是满足用户信息需求的前提。

① 　乌家培. 经济　信息　信息化［M］. 大连：东北财经大学出版社，1996：179-180.

3.信息资源的空间配置

信息资源的空间配置是指信息资源在不同地区、不同行业部门之间的分布，实质上是在不同使用方向上的分配。信息资源的地域分配存在严重的不均衡性，各地域、各行业并不能依靠信息需求和使用方向合理使用信息资源。这主要是因为信息资源在不同行业、地理区域的信息量分布和信息基础结构存在很大的差距。信息资源在空间优化配置的先决条件是构建先进的信息基础结构。

无论是从时间上还是从空间上、数量上，信息资源的配置都是以已有的资源条件为基础的。无论是"硬"资源还是"软"资源，相对于一定时期内信息用户的需要和国家信息系统的具体目标而言，都有数量与质量上的相对盈余和相对亏负这两个特点。这就要求通过信息资源配置过程，将信息资源的相对盈余和相对亏负进行合理调节和利用。[1]

7.3.5　信息资源配置的层次[2]

信息资源配置分为三个层次，宏观配置和中观配置是微观配置的前提，微观配置是宏观配置和中观配置的基础。

1.信息资源的宏观配置

宏观层次的信息资源配置具有战略性，一般由国家信息资源管理部门运用经济、法律和必要的行政手段对信息资源进行配置。这种宏观层次上的信息资源配置一般是通过国家有关政策、法规、管理条例等来实现对信息资源的组织、协调、开发和利用，使信息资源按照国家宏观调控的目标，在不影响国家的信息主权和信息安全的前提下得到最合理的开发和最有效的利用。

宏观层次的信息资源配置是保证信息资源开发利用活动顺利进行，以及降低资源开发成本、提高信息资源利用率的最有效的方式，其主要任务是从总量上和结构上组织、协调信息资源的开发利用活动。近年来，随着全球信息资源开发利用问题的日益突出，我国宏观层次的信息资源配置将会逐渐同国际信息市场接轨，以实现国际信息资源的有效配置。

宏观层面的信息资源配置着重需要解决三方面的问题：

① 国家信息资源体系的规划和建设，主要是国家信息资源保障体系组成结构的设计和动态平衡发展；

② 现有信息资源分布状况的调整，主要是地区和行业之间以及地区和行业内部的组织之间不合理的信息资源存量的调剂和互补余缺；

③ 新增信息资源的规划，主要是新增信息资源在地区和行业之间以及地区和行业内部的组织之间的分配及其比例的确定。

国家从宏观层次上对信息资源进行配置应遵循以下基本原则：

① 信息资源是一种重要的经济资源，要从思想上把它提高到战略的高度去认识；

① 陶长琪. 信息经济学 [M]. 北京：经济科学出版社，2001：108.
② 周鸿铎. 信息资源开发利用策略 [M]. 北京：中国发展出版社，2000：170-172.

②　信息资源配置管理体制是一项复杂的社会系统工程，规模巨大，结构复杂，必须实行分级分类配置管理；

③　国家的信息资源配置主要是确定目标，进行投资决策，并为各级政府业务部门的中观层次的信息资源配置提供条件；

④　大力推广使用现代信息技术，以提高信息资源的开发水平和利用效果；

⑤　制定信息资源配置的保密和保存制度，协调与国际的信息资源交流关系。

2. 信息资源的中观配置

中观层次的信息资源配置一般是由各地区、各行业的信息资源配置部门通过制定地区或行业性政策、法规和管理条例来实现对本地区、本行业内部的信息资源的组织、协调和开发利用活动，以及组织、协调本地区、本行业与其他地区、其他行业间的信息资源交流，使本地区、本行业的信息资源开发利用活动在总体上与宏观层次的信息资源配置活动相互协调，以便更好地利用和开发本地区、本行业的信息资源。

中观层次的信息资源配置活动是介于宏观和微观之间的一种信息资源配置活动，它具有承上启下的功能。因此，中观层次的信息资源配置原则上既要符合宏观层次的信息资源配置的需要，又要有利于指导、规划微观层次的信息资源活动，两者缺一不可。中观层次的信息资源配置的主要任务是在本地区、本行业范围内组织、协调信息资源的开发利用活动，因而由此引发的一切信息资源配置效果都是针对本地区、本行业的信息资源开发利用而言的，具有明显的区域或行业性质。中观层次的信息资源配置着重需要解决五个方面的问题：

①　特定组织在其所属地区和（或）行业中的位置及其所决定的信息资源体系的特色；

②　特定组织在其所属的信息网络中的分工及其所决定的信息资源体系的侧重点；

③　特定组织应该满足组织成员哪些信息需求及其所决定的信息资源体系的结构；

④　特定组织内部现有信息资源体系的调整；

⑤　新增信息资源内容和媒体结构的确定。

3. 信息资源的微观配置

微观层次的信息资源配置是最基础的，一般是由企业等基层经济实体负责实施。其主要任务是认清企业等基层经济实体中各级各类人员对信息资源的真正需求，合理组织、协调信息资源的开发利用活动。自 20 世纪 80 年代以来，在以美国为首的西方国家中的一些大型企业里相继出现了首席信息官（CIO）这样一个引人注目的高层管理职位（相当于企业的副总经理），其主要职能是全面负责所属企业（或其他基层经济实体）的信息资源的统一配置、开发和利用，包括负责开发企业的信息技术、健全企业的信息系统、管理信息人员、实现企业内部的信息资源共享、沟通最高决策者与信息部门之间的联系、协调和组织企业内外的信息交流关系等。CIO 的出现，使信息资源配置工作者的行政地位提高到最高决策层次，标志着微观层次的信息资源配置工作的地位与作用日趋重要。CIO 成为微观信息资源配置的"热点"，成为一种微观有效的资源配置机制或制度。

7.3.6 信息资源配置机制[①]

信息资源配置机制有市场配置机制、政府配置机制和产权配置机制。

1.市场配置机制

市场配置机制是指市场通过价格杠杆自动组织信息的生产和消费。市场配置机制的作用有：①减少信息生产的不确定性影响；②为信息生产提供动力；③通过价格信号引导生产；④市场竞争迫使企业不断创新；⑤有助于培育富有创新精神的企业家。

2.政府配置机制

政府配置机制是指政府利用政策、法律、税收工具，或直接通过投资和财政补贴来调整信息产出。

3.产权配置机制

产权配置机制是指通过调整和明晰产权，优化信息资源配置。

7.4 信息资源测度

如何衡量信息资源发展的规模与程度、判断信息资源发展现状的优势与不足，需要对信息资源实施一定的测量。从宏观的国家和地区层面，可采取丰裕系数模型；在微观的市场和企业层面，需要建立有针对性的信息资源有效配置的评价指标模型。

7.4.1 信息资源宏观测度——丰裕系数模型[②]

1.信息资源丰裕系数模型

信息资源生产能力和发展潜力可以通过所谓的信息资源丰裕系数的大小得到测量。信息资源丰裕系数值简称R值，表7-1给出了某地区的主要信息资源的分类。

按照表7-1对该地区计算其信息资源丰裕系数。计算的一般公式为：

$$R = R_1 + R_2 \tag{7-1}$$

式中：R_1表示基本信息资源生产能力；R_2表示基本信息资源发展潜力，其公式为$R_2 = S_1 + S_2$，其中，S_1代表信息资源储备潜力，S_2代表信息资源处理潜力。测度公式分别为：

$$R_1 = \frac{P_1 + P_2 + P_3 + P_4}{M} \tag{7-2}$$

$$S_1 = \frac{I_1 + I_2 + I_3 + I_4 + I_5 + I_6}{M} \tag{7-3}$$

① 马费成，李纲，查先进.信息资源管理 [M].武汉：武汉大学出版社，2001：66-68.
② 谢康，肖静华.信息资源丰裕的测度及其国际比较 [C] //马费成，邱均平，黄宗忠.信息资源与社会发展——1996信息资源与社会发展国际学术研讨会论文集.武汉：武汉大学出版社，1996：107-108.

表7-1　　　　　　　　信息资源丰裕系数一般模式包括的主要信息资源

R_1：基本信息资源生产能力		P_1：数据库数量
		P_2：获得专利和商标数量
		P_3：图书、报刊出版数量
		P_4：视听产品生产数量
R_2：基本信息资源发展潜力	S_1：信息资源储备潜力	I_1：计算机拥有量（计算机绝对数、普及率、用户数量）
		I_2：文化设施（图书馆、信息中心、档案馆、博物馆、文化馆）拥有量
		I_3：新闻设施（电视、电视台）拥有量
		I_4：娱乐设施（电影院、剧院、体育馆、电视机）拥有量
		I_5：邮电设施拥有量（通信网点、邮电业务量）
		I_6：通信设施拥有量（通信网点、电话机拥有数量）
	S_2：信息资源处理潜力	T_1：测度范围内的识字人数（或识字率）
		T_2：代表中小学、高等教育在校人数（或教育机构普及率）
		T_3：代表科研人员数（或科研机构普及率）
		T_4：政府部门人数
		T_5：咨询机构人数

$$S_2 = \frac{T_1 + T_2 + T_3 + T_4 + T_5}{M} \qquad\qquad (7\text{-}4)$$

该模型从信息资源的静态角度较好地覆盖了影响信息资源的因子；同时，模型的计算较为简便，具有一定的可操作性。学者在不同著述中讨论信息资源测度时，都一致认可信息资源丰裕系数模型，把它作为衡量一个国家或地区信息资源数量的尺度。

但是，该模型也存在不足甚至缺陷，具体表现为[1]：

① 该模型不能适应网络经济发展的新特性。在各项指标中，缺少反映网络信息资源发展情况的指标，如互联网用户数，忽视了网络在信息资源测度中的重要性，这与飞速发展的网络经济是不相适应的。

② 某些指标缺乏明确的界定，特别是信息设施与信息设备的区分。如 I_5 代表邮电设施拥有量（通信网点、邮电业务量），I_6 代表通信设施拥有量（通信网点、电话机拥有数量），在具体计算时不知采用哪种指标，再如识字人数的统计口径未明确。

③ 该模型仍不够全面。有些重要的信息活动指标未能体现和包括，如在信息资源的发展潜力分指标中忽略了信息传播量这一指标。

④ 该模型测度方法不科学。其将不同计量单位的指标值简单算术平均求和得出的信息资源丰裕系数没有区分不同因子的贡献大小，掩盖了实质上的差异。

2.对信息资源丰裕系数基本模型的优化

（1）指标体系的调整

在保持其基本结构框架不变的基础上，遵循可操作性、可代表性、准确性和较强时代性的原则，在吸取前人研究成果的基础上，本书对信息资源丰裕系数模型进行了

---

① 徐世伟. 对信息资源测度"信息资源丰裕系数"的解析与优化探讨 [J]. 重庆工商大学学报（社会科学版），2004（3）：51-53.

修正。改善后的模型仍从信息资源的生产能力与发展潜力角度分析信息资源的发展。
表7-2对信息资源丰裕系数指标体系作出了一些调整。

表7-2　　　　　　　　　　　调整信息资源丰裕系数指标体系

测量要素	指标类型	分指标	数据来源
信息资源生产能力	文献信息资源	人均年图书出版数（册）——D1	统计年鉴
		人均年期刊出版数（册）——D2	统计年鉴
		人均年报纸出版数（份）——D3	统计年鉴
		每万人专利批准数（件）——D4	统计年鉴
	模拟信息资源	百万人电视节目套数（套）——D5	统计年鉴
		百万人广播节目套数（套）——D6	统计年鉴
		每百人年均录像制品出版数（张/盒）——D7	统计年鉴
		每百人年均录音制品出版数（张/盒）——D8	统计年鉴
	数字信息资源	每万人CN下注册的域名数（个）——D9	CNNIC
		每万人WWW站点数（个）——D10	CNNIC
		每百万人在线数据库数（个）——D11	CNNIC
信息资源发展潜力	信息设备	每百人电话数（包含移动电话）（部）——D12	统计年鉴
		每百户拥有电视机数（台）——D13	统计年鉴
		每百户拥有电脑数（台）——D14	统计年鉴
	信息设施	每百万人拥有图书馆、档案馆、信息中心、博物馆数（个）——D15	统计年鉴
		每万人拥有邮政局所数（个）——D16	统计年鉴
		每百万人拥有电台、电视台数（个）——D17	统计年鉴
	信息传播量	每百人报纸期刊数（份/本）——D18	统计年鉴
		人均年使用函件数（件）——D19	统计年鉴
		人均年通长话次数（次）——D20	统计年鉴
		每万人互联网用户数（人）——D21	CNNIC
	信息人才与人口素质	成人识字率（%）——D22	统计年鉴
		每百人在校大学生数（%）——D23	统计年鉴
		第三产业人数占就业人口的比重（%）——D24	统计年鉴

注：CNNIC表示中国互联网络信息中心。

（2）计算方法的改进

要使得丰裕系数更客观地度量信息资源，就要消除量纲的因素；同时要考虑不同因子的权重，进行加权求和。首先，确定一个基准期。在基准期，各分指标数量的值对应为1，计算期各分指标数量与基准期数量之比，作为各分指标的值，这样就消除了量纲不同不能直接相加的缺陷。其次，消除权重不同的影响。如何测算和衡量不同因子的权重呢？也就是说，一个图书馆对丰裕系数的贡献相当于多少台电脑对丰裕系数的贡献呢？这有待于研究信息管理和信息经济的学者们共同探讨，对此作进一步的研究。

①标准化处理。对信息资源丰裕度的测量是一项十分复杂的工作，它包括信息量、信息技术、信息人员三大方面的指标，这些指标不仅数量多，而且属性不同、量纲不一。要使众多的指标能够构成一个数值，并能对不同国家或地区的信息资源共享丰裕程度进行评估，就必须考虑用多指标合成的综合测评方法。计算前要对数据进行无量纲处理，即将各绝对值转换为标准值，从而方便分析。数据标准化的方法有很多，如最高值法、最低值法、平均值法、特定数据法等。为了方便操作，我们一般用特定数值法。选择一个基年或基准地区，将其各指标的指数定为100，所测各指标与这个相应的基准数据值的比，即该指标的标准化数值。

②加权处理。在多项指标的综合评价中，权值的确定是一项最基本也是最重要的工作，权值的确定直接影响着综合评价的结果，权值的不同可能引起评价结果的不同。当然，合理权值的确定也是不太容易的，需要做大量的研究工作，但我们不能因此而忽略它。权重是一个动态概念，在不同社会的经济和历史背景下，指标体系所确定的权值都有其合理性和局限性，随着时间的推移、环境的变化，势必要对它们进行修正。例如，收音机或广播在几十年前是人们获取信息的主要方式，而如今它远远赶不上电视机或互联网在人们信息生活中的地位。因而，在具体进行信息资源丰裕度计算时，应根据具体的社会背景，采用合适的权值确定方法进行权值的确定与计算。目前确定指标权数的方法较多，基本上可归结为两大类：

一类是主观赋权法，分为专家咨询法和层次分析法，评价者根据客观环境对指标重要程度给出人为评价；

另一类是客观赋权法，分为主成分分析和因子分析法，根据指标数据变动规律所提供的信息计算出权数值。

当然这两类方法都有各自的优缺点，因而在选择时要根据具体研究情况而定。

③结果计算。调整后的信息资源丰裕度指标体系是由测量要素、指标类型、分指标三个层次组成的指标体系。由于各指标的量纲不一，因而先对各指标采用特定数值法进行无量纲处理，得出各指标的指数。由于各类指标及其分指标对信息资源丰裕度的贡献都不相等，先采用某种权数确定方法，如主观分析法，求出各分指标权重，加权求和后得出各类型指标的标准化数值；再用同样的方法得出3个测量要素的数值之和，即得到最终信息资源丰裕系数。

3.信息资源丰裕系数算例

（1）数据的收集

根据指标体系中所列的指标项目，查找相关资料，网络检索相关文献，如《中国统计年鉴》，各地区统计公报、年鉴等。以中国为例：D1—D8、D12—D20、D22—D24的数据源自第n至n+4年度的统计年鉴；D9—D11、D21的数据源自中国互联网络信息中心统计报告。得到原始数据后，按照各变量的条件，如"人均、每百人、每万人、每百万人、每百户、百分比、比重"等，经过换算得出各年度各变量的绝对值（见表7-3）。

表7-3　　　　　　　　　　　　各年度各变量的绝对值

测量要素	指标类型	分指标	n	n+1	n+2	n+3	n+4
信息资源生产能力	文献信息资源	人均年图书出版数（册）	4.95	4.94	5.35	5.16	4.95
		人均年期刊出版数（册）	2.32	2.26	2.3	2.23	2.07
		人均年报纸出版数（份）	26.00	27.50	28.60	29.60	19.80
		每万人专利批准数（件）	0.83	0.87	1.03	1.41	1.46
	模拟信息资源	百万人电视节目套数（套）	0.95	1.72	1.62	1.75	
		百万人广播节目套数（套）	1.53	1.52	1.54	1.56	
		每百人年均录像制品出版数（张/盒）	6.40	11.28	17.01	27.36	
		每百人年均录音制品出版数（张/盒）	9.60	10.74	17.58	17.03	
	数字信息资源	每万人CN下注册的域名数（个）	0.95	1.00	1.40	2.63	3.32
		每万人WWW站点数（个）	2.10	2.17	2.89	4.61	5.15
		每百万人在线数据库数（个）	36.00	48.20	64.60	131.40	235.40
信息资源发展潜力	信息设备	每百人电话数（包含移动电话）（部）	20.10	25.90	33.60	42.16	51.00
		每百户拥有电视机数（台）	107.10	110.94	115.30	118.80	99.60
		每百户拥有电脑数（台）	9.72	13.31	20.63	27.81	33.10
	信息设施	每百万人拥有图书馆、档案馆、信息中心、博物馆数（个）	7.44	7.11	7.93	7.87	7.97
		每万人拥有邮政局所数（个）	0.56	0.45	0.59	0.49	
		每百万人拥有电台、电视台数（个）	0.52	0.52	0.53	0.47	0.46
	信息传播量	每百人报纸期刊（份/本）	16.40	17.20	13.90	12.90	
		人均年使用函件数（件）	6.40	6.90	8.30	8.08	
		人均年通长话次数（次）	16.65	17.24	15.01	15.17	
		每万人互联网用户数（人）	177.75	264.05	460.10	615.20	723.10
	信息人才与人口素质	成人识字率（%）	84.20	86.10	88.37	89.05	93.30
		每百人在校大学生数（%）	0.44	0.56	0.70	0.86	1.03
		第三产业人数占就业人口的比重（%）	27.50	27.70	28.60	29.30	30.60

（2）数据处理

在测算中，尽可能避免估算和人为计算上的误差，以保证测度结果的准确性，便于同一地区不同年份的纵向比较研究。模型中的24个变量是不同质的量，无法直接进行比较，应先转换为指数，即进行无量纲处理。这里规定第n年各项指标的指数为100，分别将第n+1至n+4年的同类指标值除以基年指标值，再乘以100%，求得各年度各项变量的指数。然后，采用二步算术平均法：先计算出7个指标的指数平均值，再对各组的指数平均值求算术平均值，得出2个要素的指数平均值。这2个数值的总和即最终的信息资源丰裕系数（见表7-4）。

表7-4 数据的无量纲处理

测量要素	指标类型	分指标	n	n+1	n+2	n+3	n+4
信息资源生产能力	文献信息资源	人均年图书出版数（册）	100.00	99.80	108.08	104.24	100.00
		人均年期刊出版数（册）	100.00	97.41	99.14	96.12	89.22
		人均年报纸出版数（份）	100.00	105.77	110.00	113.85	76.15
		每万人专利批准数（件）	100.00	107.57	123.80	169.47	175.48
		文献信息资源	100.00	102.64	110.25	120.92	110.21
	模拟信息资源	百万人电视节目套数（套）	100.00	181.05	173.68	184.21	
		百万人广播节目套数（套）	100.00	99.35	100.65	101.96	
		每百人年均录像制品出版数（张/盒）	100.00	176.25	265.78	427.50	
		每百人年均录音制品出版数（张/盒）	100.00	111.88	183.13	177.40	
		模拟信息资源	100.00	142.13	180.81	222.77	
	数字信息资源	每万人CN下注册的域名数（个）	100.00	105.61	148.15	278.31	351.32
		每万人WWW站点数（个）	100.00	103.33	137.62	219.52	245.24
		每百万人在线数据库数（个）	100.00	133.89	179.44	365.00	653.89
		数字信息资源	100.00	114.28	155.07	287.61	416.82
	信息资源生产能力		100.00	119.68	148.71	210.43	
信息资源发展潜力	信息设备	每百人电话数（包含移动电话）（部）	100.00	128.86	167.16	209.75	253.73
		每百户拥有电视机数（台）	100.00	103.59	107.66	110.92	93.00
		每百户拥有电脑数（台）	100.00	136.93	212.24	286.11	340.53
		信息设备	100.00	123.13	162.35	202.26	229.09
信息资源发展潜力	信息设施	每百万人拥有图书馆、档案馆、信息中心、博物馆数（个）	100.00	95.56	106.59	105.78	107.12
		每万人拥有邮政局所数（个）	100.00	80.36	105.36	87.50	
		每百万人拥有电台、电视台数（个）	100.00	100.00	100.96	89.62	88.27
		信息设施	100.00	91.97	104.30	94.30	
	信息传播量	每百人报纸期刊数（份/本）	100.00	104.88	84.76	78.66	
		人均年使用函件数（件）	100.00	107.81	129.69	126.25	
		人均年通长话次数（次）	100.00	103.54	90.15	91.11	
		每万人互联网用户数（人）	100.00	148.55	258.85	346.10	
		信息传播量	100.00	116.20	140.86	160.53	
	信息人才与人口素质	成人识字率（%）	100.00	102.26	104.95	105.76	
		每百人在校大学生数（%）	100.00	128.25	160.14	196.58	233.71
		第三产业人数占就业人口的比重	100.00	100.73	104.00	106.55	111.27
		信息人才与人口素质	100.00	110.41	123.03	136.30	
	信息资源发展潜力		100.00	110.43	132.64	148.35	
信息资源丰裕系数			100.00	115.05	140.67	179.39	

（3）加权处理

使用二步算术平均法不能区分出 24 个变量对最终信息资源丰裕系数的贡献率，同一要素内所含变量越多，这些变量相对的贡献率就越小。因此，有必要通过赋予权重系数的方法来区别各变量的作用。在调查研究的基础上，选取那些最能反映信息资源丰裕系数的变量，通过专家访问，采取德尔菲（Delphi）法和层次分析法，得出各变量的相对重要性，根据古林算法推算出它们的权重系数；用同样的方法，得到 7 个指标和 2 个要素的权重系数，见表 7-5 "权重" 栏。根据权重系数，可测定最终的加权信息资源丰裕系数。

表7-5　　　　　　　　　变量对信息资源丰裕指数的贡献的加权计算

测量要素	指标类型	分指标	权重	n	n+1	n+2	n+3	n+4
信息资源生产能力	文献信息资源	人均年图书出版数（册）	0.23	100.00	99.80	108.08	104.24	100.00
		人均年期刊出版数（册）	0.23	100.00	97.41	99.14	96.12	89.22
		人均年报纸出版数（份）	0.26	100.00	105.77	110.00	113.85	76.15
		每万人专利批准数（件）	0.28	100.00	107.57	123.80	169.47	175.48
		文献信息资源	0.31	100.00	102.98	110.92	123.14	112.46
	模拟信息资源	百万人电视节目套数（套）	0.35	100.00	181.05	173.68	184.21	0.00
		百万人广播节目套数（套）	0.26	100.00	99.35	100.65	101.96	0.00
		每百人年均录像制品出版数（张/盒）	0.20	100.00	176.25	265.78	427.50	0.00
		每百人年均录音制品出版数（张/盒）	0.19	100.00	111.88	183.13	177.40	0.00
		模拟信息资源	0.33	100.00	145.70	174.91	210.19	0.00
	数字信息资源	每万人CN下注册的域名数（个）	0.32	100.00	105.61	148.15	278.31	351.32
		每万人WWW站点数（个）	0.32	100.00	103.33	137.62	219.52	245.24
		每百万人在线数据库数（个）	0.36	100.00	133.89	179.44	365.00	653.89
		数字信息资源	0.36	100.00	115.06	156.05	290.71	426.30
	信息资源生产能力		0.60	100.00	121.43	148.28	212.19	
信息资源发展潜力	信息设备	每百人电话（包含移动电话）数（部）	0.33	100.00	128.86	167.16	209.75	253.73
		每百户拥有电视机数（台）	0.31	100.00	103.59	107.66	110.92	93.00
		每百户拥有电脑数（台）	0.36	100.00	136.93	212.24	286.11	340.53
		信息设备	0.28	100.00	123.93	164.95	206.60	235.15

续表

测量要素	指标类型	分指标	权重	n	n+1	n+2	n+3	n+4
信息资源发展潜力	信息设施	每百万人拥有图书馆、档案馆、信息中心、博物馆数（个）	0.33	100.00	95.56	106.59	105.78	107.12
		每万人拥有邮政局所数（个）	0.25	100.00	80.36	105.36	87.50	0.00
		每百万人拥有电台、电视台数（个）	0.42	100.00	100.00	100.96	89.62	88.27
		信息设施	0.21	100.00	93.63	103.92	94.42	
	信息传播量	每百人报纸期刊数（份/本）	0.28	100.00	104.88	84.76	78.66	0.00
		人均年使用函件数（件）	0.18	100.00	107.81	129.69	126.25	0.00
		人均年通话次数（次）	0.21	100.00	103.54	90.15	91.11	0.00
		每万人互联网用户数（人）	0.33	100.00	148.55	258.85	346.10	406.81
		信息传播量	0.25	100.00	119.54	151.43	178.10	
	信息人才与人口素质	成人识字率（%）	0.31	100.00	102.26	104.95	105.76	110.81
		每百人在校大学生数（%）	0.34	100.00	128.25	160.14	196.58	233.71
		第三产业人数占就业人口的比重（%）	0.35	100.00	100.73	104.00	106.55	111.27
		信息人才与人口素质	0.26	100.00	110.56	123.38	136.91	152.76
	信息资源发展潜力		0.40	100.00	112.99	137.94	157.80	105.56
信息资源丰裕系数			1.00	100.00	118.05	144.15	190.43	

（4）信息资源丰裕系数测度结果评述

从测度结果看，第（n+3）年的信息资源丰裕系数第 n 年的 1.8 倍，表明信息资源丰裕程度提升较快。

有关指标的比较分析如下：

①信息资源的生产能力。从测度结果看，第（n+3）年信息资源生产能力指数是第 n 年的 2.1 倍。从信息资源生产能力指数的三大类别来看，增长最快的是数字信息资源的生产能力，第（n+3）年数字信息资源生产能力的指数是第 n 年的 2.9 倍；增长最慢的是文献信息资源的生产能力，第（n+3）年的文献信息资源生产能力的指数仅为第 n 年的 1.2 倍。

从文献信息资源生产能力指数的具体指标来看，"每万人专利批准数"增长最快。专利受理量剧增，第（n+4）年是第 n 年的 1.75 倍，表明科技工作者的知识产权意识增强。同时，科技成果的数量越来越多，然而报刊数量出现下滑的现象。

从模拟信息资源生产能力指数的具体指标来看，"每百人年均录像制品出版数"增长最快，第（n+3）年录像制品生产能力的指数是第 n 年的 4.3 倍。

数字信息资源是信息资源的重要组成部分。从20世纪90年代中期开始，互联网迅猛发展，网上中文信息资源快速增长，尤其是在线数据库增长最快，第（n+4）年为第n年的6.5倍。

②信息资源的发展潜力。从测度结果看，第（n+3）年信息资源发展潜力指数是第n年的1.6倍。从信息资源发展潜力指数的4个指标来看，除了信息设施指数下滑之外，其他3项指标指数均在增长，信息设备指数增长最快，信息设备普及率迅速提高，第（n+4）年是第n年的2.4倍。从信息设备指数的具体指标来看，电脑普及率增长速度最快，电话普及率次之。从信息传播量指数的具体指标来看，互联网用户数增长较快，"每百人报纸期刊数"和"人均年通长话次数"在下降。从信息人才与人口素质指数的具体指标来看，普通高校在校大学生人数的增长最快，第（n+4）年是第n年的2倍多。但成人识字率仍偏低，离教育现代化的要求还有一定差距。

4.信息资源建设的可持续发展对策

通过关于信息资源丰裕系数的计算和结果，我们可以看到，具备强大的信息资源发展潜力是信息资源丰裕系数保持增长的最根本基础。归纳总结信息资源建设的可持续发展对策如下：

①制定信息资源建设的目标及发展规划。信息资源建设的重要意义是实现信息资源的共享。要实现我国信息资源建设的可持续发展，就需要统一规划、组织、协调，并在资金和政策方面给予支持和保障。加强国家宏观调控，在统一规划的基础上，重点推进，分步实施，分工合作，以避免重复建设和资源浪费的现象出现。同时，信息资源建设应从本单位的优势出发，制订整体方案，明确规定传统文献、电子出版物和网上资源在建设中构成的具体比重以及优先级次，确定经费的分配比例，走多元化的道路，实现信息资源共建共享。

②加强法治建设，完善政策法规。信息资源的建设要稳定持续发展，必须依赖强有力的法律保障，即用法律的形式，将信息资源建设与共享的各项工作纳入法治化轨道，如信息公开的法律和法规，个人信息保护的法律和法规，内容规范的法律和法规，信息安全的法律和法规，网络环境下知识产权保护的法律和法规，网络环境下保护消费者权益的法律和法规，涉及电子记录管理、信息资源分类和检索、元数据、电子数据交换等方面的标准或指导性文件。

③加强人才队伍建设。信息资源建设要持续发展，人才是关键。如果没有一批既懂得现代信息技术，又能钻研创新、开拓市场的高素质的复合型人才，即使有了充足的财力、物力，也难以实现信息资源的全面建设。各单位、部门必须在人才培养、用人机制和分配制度方面，加快改革和创新。

一是要搞好在职人员的教育和培训，特别是计算机和网络知识及知识产权等知识培训，充分挖掘现有人员的潜力；

二是引进有用人才，选择性地引进具有计算机应用、软件开发以及网络技术等知识的复合型高级人才，以开展信息数据库的建库工作，为实现信息资源建设可持续发展创造条件。

④建立数据资源管理中心并进行国际化开发利用。利用高性能、大容量存储设备和大型、稳定、安全、可靠、功能强大、便于网络查询的应用系统，为实现信息资源共享奠定基础。广泛开展国际信息资源的开发和利用，引进国外先进的信息技术，同时把本地区的信息资源推出去，推向国际市场，走相互流通、互惠互利的发展道路。

7.4.2 信息资源微观测度——企业信息资源评价[①]

企业信息资源配置的评价尤其是定量的评价是企业信息资源配置工作中重要的一环。企业信息资源配置的评价可分为企业信息配置能力和企业信息配置效率的评价。[②]

1.企业信息资源配置能力的评价体系

企业信息资源配置能力直接影响企业信息化建设的进程和企业整体信息战略的有力实施。评价企业信息资源配置能力的目的，就是分析企业过去的信息资源配置情况、评估企业目前所具有的信息资源配置能力，并以其结论指导企业更有效地创造未来收益。

平衡计分卡法从四个方面构建企业的业绩评价体系：客户、内部业务过程、学习与成长、财务。这四个方面分别用一系列的指标来描述，各个指标与企业的信息系统集成，四个方面的指标通过因果关系联系，构成一个完整的评价考核体系。[③]将平衡计分卡法引入对企业信息资源配置能力的评价，构建相应的企业信息资源配置能力的评价指标体系（见表7-6）。

表7-6　　　　企业信息资源配置能力的评价指标体系

企业信息资源配置能力的评价指标体系	客户（A）		a1：信息需求满意度（分）
			a2：市场占有率（%）
			a3：社会影响力（分）
	内部业务过程（B）	信息技术设备能力（B1）	b1：信息化投入总额占固定资产投资比重（%）
			b2：每百人计算机拥有量（台）
			b3：计算机联网率（%）
			b4：网络性能水平（分）
		企业信息资源应用状况（B2）	b5：核心业务流程信息化水平（分）
			b6：管理信息化的应用水平（分）
			b7：企业门户网站建设水平（分）
			b8：专利成果利用率（%）
		信息系统完备度（B3）	b9：数据库规模（分）
			b10：数据的可操作性（分）
			b11：信息系统的可重构性（分）

① 靖继鹏，赵筱媛.企业信息资源配置能力与配置效率的评价体系研究［C］//科学技术部办公厅调研室.第三届软科学国际研讨会论文集.北京：科学技术文献出版社，2005：310-314.
② 赵筱媛.企业信息资源配置理论方法与战略规划研究［D］.长春：吉林大学，2005.
③ 吕鹏.企业全面分析评价体系研究［J］.西北大学学报（哲学社会科学版），2001（4）：88.

续表

企业信息资源 配置能力的 评价指标体系	学习与成长（C）	c1：信息资源配置重视度（分）
		c2：企业R&D经费投入比率（%）
		c3：信息人员受教育程度（分）
		c4：信息人员培训经费投入比率（%）
	财务（D）	d1：信息资源销售收益率（%）
		d2：信息资源应用收益率（%）
		d3：企业财务决算速度（日）

2.企业信息资源配置效率的评价体系

企业不仅要明确自身拥有何种程度的信息资源配置能力，而且在具体实施信息资源配置的工作中以及配置工作结束以后，都必须对信息资源配置的效率进行科学评估，使企业正确认识信息资源配置的投入与收益关系，全面了解信息资源配置的成果，为企业制定和调整未来的信息资源战略提供可靠的依据。

信息资源在企业内部经历从信息资源的开发—信息资源投入—信息资源利用—信息资源产出的过程。因此，企业信息资源配置效率的评价指标与体系的建立也由信息资源的开发、投入、利用及产出这几部分确定。在企业信息资源配置效率总指标之下设四个指标：信息资源开发效率、信息资源投入效率、信息资源利用效率以及企业信息资源配置的环境协调度，每个二级指标下都包括细分的三级指标（见表7-7）。

表7-7　　　　　　　　　　　　信息资源配置效率指标体系

信息资源配置 效率指标体系	信息资源开发效率（K）	内生信息资源产出率（%）
		外生信息资源产出率（%）
	信息资源投入效率（T）	信息资源销售收益率（%）
		信息资源应用效益率（%）
		信息资源需求效率（%）
	信息资源利用效率（L）	信息基础设备使用率（%）
		专利成果利用率（%）
		信息利用率（%）
		信息人员业绩（分）
		信息系统运行协调度（分）
	环境协调度（H）	管理运行协调度（分）
		企业文化适宜度（分）

企业信息资源配置能力的评价和信息资源配置效率的评价方法与丰裕系数的计算步骤相同，都可以使用模糊综合评判的方法得到指标值，即收集各项指标数据并进行无量纲化处理；同时给出各项指标的权重值，利用层次的模糊综合评判方法得到最终的指标值。具体的过程可以参见相关参考书。

7.5 信息资源的经济分析

微课 7-3

信息资源的经济分析

信息是一种资源，由于它在经济活动中的重要作用，人们越来越重视它。然而，信息资源又是一种特殊的资源。它不同于物质资源，也有别于人力资源与资本资源，具有一系列独特的经济学特征，需要人们认识和研究。

7.5.1 信息资源的经济特性[①]

信息资源作为一种经济资源，主要具有以下经济特性：

1.生产性

人类从事经济活动离不开必要的生产要素（即各种生产性资源）的投入。传统的物质经济活动主要依赖物质原料、劳动工具、劳动力等物质资源和能源资源的投入，现代的信息经济活动则主要依赖信息、信息技术、信息劳动力等信息资源的投入。人类之所以把信息资源当作一种生产要素来需求，主要是因为各种媒体（如文字、图像、声音等）的信息不仅本身就是一种重要的生产要素，可以通过生产使之增值，而且是一种重要的非信息生产要素"促进剂"，可以通过与这些非信息生产要素的相互作用，使其价值倍增。

2.稀缺性

所谓稀缺性，是指满足人们某种需要的物品数量相对于人们的需要来说是有限的、不足的。信息资源具有稀缺性，其原因主要有两方面：

一方面，信息资源的开发需要相应的成本（包括各种稀缺性的经济资源）投入，经济活动行为者要拥有信息资源，就必须付出相应的代价。因此，在既定的时间、空间及其他条件约束下，某一特定的经济活动行为者因其人力、物力、财力等方面的限制，其信息资源拥有量总是有限的。如果信息资源具有经济意义，但不稀缺，就不存在投入人力、物力、财力进行开发和利用的问题。

另一方面，在既定的技术和资源条件下，任何信息资源都有一固定不变的总效用

① 马费成，李纲，查先进. 信息资源管理［M］. 武汉：武汉大学出版社，2001：15-17.

（即使用价值），当它每次被投入经济活动中去时，资源使用者总可以得到总效用中的一部分（也可能是全部），并获取一定的利益。随着被使用次数的增多，这个总效用会逐渐衰减；当衰减到零时，该信息资源就会被"磨损"掉，不再具有经济意义。这一点，与物质资源和能源资源因资源总量随着利用次数的增多而减少所表现出来的资源稀缺性相比，虽然在表现形态上有所不同，但在本质上是非常相似的。

信息资源的稀缺性有多层次的表现：

一是认识层次上的信息资源稀缺，即现有信息资源在总体上不能满足人们对于未知世界认识的需求。

二是获取层次上的信息资源稀缺，是指在一定时间和空间范围内，由于存在交易成本和时滞，信息提供者供给的信息资源在数量上不能满足信息需求者的需求。

三是利用层次上的信息资源稀缺。这一层次的稀缺与其说是信息资源的稀缺，倒不如说是人脑或者注意力的相对稀缺，因为它是由于信息数量过于庞大且鱼龙混杂，而人的处理能力和时间有限，从而导致人们在处理过程中无法满足对信息的需求。

3.公共产品特性[①]

信息资源的另外一个重要特性是其具有公共产品的特性。公共产品的两个主要判别标准是非抗争性和非排他性。非抗争性是指在给定的一定数量产品的基础上，额外增加一个人消费不会导致产品成本的任何增加，即消费者人数的增加所引起的产品边际成本等于零。非排他性是指只要某一社会存在该产品，就不能排斥任何社会人消费这种产品。信息资源消费的非抗争性是天然属性决定的。非排他性则是由于信息载体的低成本，信息资源的复制成本几乎为零，导致信息资源的扩散传递非常容易，所以生产某一信息产品，社会其他成员消费它的成本几乎为零。

由于消费的非抗争性和非排他性，信息资源不能像其他资源一样，完全通过市场机制达到资源的优化配置。在这种情况下，图书馆的信息资源配置模式更加有利，因为图书馆多是公益单位，主要提供公共产品。事实上，图书馆向来被证明是进行信息资源有效配置的一种模式，图书馆所提供的就是非抗争性和非排他性的服务，其资源配置大多通过计划的方式来进行。现在人们也在考虑通过法律、技术等手段，消除信息资源的公共产品特性，使得信息产品能在市场上流通。

4.外部效应[②]

外部效应是导致市场非效率的另一个原因。外部效应是由于关于物品的权利和义务缺失或者无法明确界定而造成的，是法律层面上体现出来的经济学问题。信息产品由于其特殊的消费和生产属性，具有非常明显的外部效应。

外部效应有两种情形：

① 消费的外部效应，是指一个消费者的消费直接影响到了另一个经济行为人的生产或消费。由于信息产品的消费具有非抗争性和非排他性，一个人购买的信息产品

---

① 章昌裕，李青. 西方经济学原理——宏观与微观经济学 [M]. 北京：对外经济贸易大学出版社，1995：181-183.
② 范里安. 微观经济学：现代观点 [M]. 费方域，等译. 上海：上海三联书店，1992：694-695.

为多个人共同消费，这样的结果对信息产品生产者带来了很大的影响。

② 生产的外部效应，是指一个生产者的生产可能受到另一个生产者或者消费者选择的影响。外部效应从其结果来看，可以有正外部效应和负外部效应两种状况。信息产品生产的外部效应比较复杂。一般意义上，生产的外部效应会产生资源配置的非效率。但是，信息产品的生产外部性具有很强的两面性。一方面，信息产品的外部效应有助于实现信息资源的公平配置，即使是盗版，也能够在一定程度上消除数字鸿沟；另一方面，对生产者来讲是有害的，由于没有能够衡量其真实价值，会导致需求和供给不协调，影响配置效率。

要控制信息产品的外部效应需要靠技术知识，如加密技术等；同时需要制度保障，如知识产权法等。

5.使用方向的可选择性

信息资源与经济活动相结合，使信息资源具有很强的渗透性，可以广泛地渗透到经济活动的方方面面。同一信息资源可以作用于不同的作用对象上，并可以产生多种不同的作用效果。经济活动行为者可以根据这些不同的作用对象所产生的不同的作用效果对信息资源的使用方向作出选择。这就是信息资源在使用方向上的可选择性。正是由于这种特性，所以产生了信息资源的有效配置问题。

7.5.2　信息资源提高经济决策水平的功能[①]

信息资源提高经济决策水平是通过信息活动减少或消除经济活动中的不确定性因素来实现的。

1.经济活动中的不确定性

"不确定性"是凯恩斯在其就业理论中首先使用的一个概念。他认为，投资决策取决于人们对将来会发生的事情的预期。但因为人们对未来的事情知之甚少，投资者进行投资时，对其判断的正确性非常缺乏信心，所以对投资和就业有严重影响的一般态度就容易发生突然变化。这一概念后来泛指经济活动中对未来预期的不确定性。关于不确定性，在不完全信息与非对称信息理论中已有阐述。

2.经济决策对不确定性的减少或消除

经济决策是对经济现象未来发展前景的测定以及根据测定结果对未来行动作出的决定。习惯上，人们将经济决策过程分为两个阶段：预测与决策。预测是决策的基础。由于预测与决策的密切关系，我们将它们统称为经济决策。随着经济决策实践的发展，经济决策的方法越来越多，越来越系统化、科学化。不论采用何种经济决策方法，其目的都是相同的，即旨在减少或消除未来经济活动中的不确定性。

经济决策作出以后，不确定性的减少或消除还有赖于经济活动中的管理活动。管理活动实质上是对经济决策方案贯彻执行、协调、控制、反馈的过程。管理的好坏，即经济决策方案执行、协调、控制、反馈的好坏，也决定着不确定性减少与消除的程

① 吴淦峰. 数字图书馆信息资源优化配置 [D]. 北京：中国农业科学院，2006.

度。从经济活动过程看，管理活动是经济决策的延续。

3.信息对经济决策的支持

由于影响事物变化的因素有很多，经济决策的方法相应也有很多，归纳起来有三大类：定量经济决策、定性经济决策，以及两种方法的综合。经济决策是信息活动的逻辑起点，不论哪一种决策方式，都必须依赖信息。经济决策从定量经济决策看，它涉及的是影响经济活动变化的主要因素，而这些因素就是数据化的信息。从定性经济决策看，它的依据是过去观察结果的经济信息，是已形成的规律性认识。信息对经济决策的支持，表现在以下几个方面：

第一，信息是经济决策的依据。经济决策前，必须进行信息搜寻，尽可能多地掌握信息。只有在此基础上，方能进行经济决策。一般来说，决策者掌握的信息越多，决策结果越趋于准确。然而，信息往往是呈离散分布的，任何一个决策者所拥有的信息都是不完备的，充分、完备的信息条件只是一种理想状态下的假设。一方面，经济决策根据各种经济数据和规律性认识可以在一定程度上弥补信息的不完备条件；另一方面，经济决策也在一定程度上会造成信息的遗漏，使经济决策的预期结果与实际结果产生偏差。尽管如此，经济决策带给经济主体的收益会远远大于经济活动带给经济主体的收益，这是人们青睐经济决策活动的根本原因。

第二，信息活动是经济决策活动的主体构成。经济决策过程实际上就是对信息进行加工、分析、处理和升华的过程。决策者在信息搜寻的基础上，必须首先对信息进行分类处理，确定信息所反映的各种影响因素的权重；其次，将各种因素糅合在决策模型中，即将各类信息进行定量和定性处理；最后，通过定性分析和量化计算得出决策结果，形成新的信息，即信息的升华。

第三，经济决策的评价靠信息来反映。经济决策的结果形成了一系列定量化和定性化的指标，并通过信息符号记载下来。经济决策方案实施之后，所带来的经济效益和社会效益也通过信息符号定量化和定性化。两者的分析比较，形成了对经济决策的评价。

可见，信息资源提高经济决策水平的功能，最终反映在经济决策对经济活动中不确定性的减少或消除上。由于信息活动本身由经济决策活动的主体构成，可以说，减少或消除经济活动中的不确定性的功能就是信息资源对经济决策的优化功能。

7.5.3 信息资源提高生产力的功能[①]

信息资源的经济功能表现在多个方面，在经济活动中发挥不同的作用，其中最重要的是它对社会生产力系统的作用。除了劳动者、劳动工具和劳动对象这三个要素外，信息也是社会生产力系统中的重要构成要素。信息作为生产力要素，其具有特殊性：一方面，它是一种有形的独立要素，与劳动者、劳动工具、劳动对象一起，共同构成现代生产力的基础；另一方面，它又是一种无形的、寓于其他要素之中的非独立要素，通过优化其他要素的结构和配置、改进生产关系及上层建筑的素质与协调性来施加其对生产力的影响。

① 孙海芳. 信息生产力：一种先进的生产力形态 [J]. 江汉论坛，2008（1）：47-50.

1.信息可以作为独立的生产要素直接创造财富

信息资源本身就是一种独立的生产要素，具有直接创造财富、实现经济效益放大的功能。信息资源可以转化为信息产品，信息产品逐步商品化，实现了信息商品的价值，同时积累资金，大幅度地增加了国民经济收入。在高科技发展的今天，信息资源已经成为一种可以加工的生产要素、原材料，从而生产出信息产品，形成信息产业。在信息产业中的信息服务业的活动内容，其实就涵盖了以信息资源为核心和实质性内容的信息的收集、加工、综合、分类、转化、传输及信息资源的交易等诸多方面的内容。

2.信息要素通过对生产力系统中其他要素的内化作用推动生产力发展

信息资源的生产力功能是在信息要素和信息技术要素（两者同是信息资源的重要因素）有机结合的条件下实现的。在信息技术的支持下，信息可以有效地改善其对生产力各要素影响的条件。它给社会生产力带来的变化不是一般意义上的效率提高和功能的改善，而是从量到质的深刻变革。

（1）从劳动者的角度来看

马克思的劳动价值论在最一般的意义上揭示了商品经济的本质，其认为创造价值的劳动是劳动者的活劳动，而不是作为活劳动结晶的物化劳动。不管物化劳动以什么形式出现，它在生产过程中只能直接发生价值的转移，而不能创造价值。在现代生产力系统中，信息技术等信息资源在劳动者的活劳动中大量内化。一方面，信息资源使其效率大大提高，即劳动生产率大大提高了；另一方面，劳动者的劳动作为抽象劳动，直接创造新的价值，而作为大量内化了知识技术的活劳动可以抽象为多倍的简单劳动，进而可以创造出更多的价值。在信息经济时代，劳动者不再是生产过程的一部分，而是站在生产过程的旁边，对生产过程进行管理和监督，使人类得以从大部分简单的生产过程中解放出来，去从事更富有创造意义的劳动和学习。同时，信息要素的注入有助于提高生产力系统中劳动者的素质，缩短劳动主体对客体的认识及熟练过程，使各生产要素以较快较佳的状态进入生产运行体系，创造和发展更高水平的社会生产力，从而在生产过程的时效性上表现与发挥其生产力功能。

（2）从劳动工具的角度来看

信息要素的投入有助于引发对生产过程、生产工具、操作方法和工艺技术等的革新与创造，提高生产力系统的质量与效率。在农业-手工业社会，人类使用的是人力操纵的（锄、镰、纺车）或畜力驱动的（犁、磨、马车）效率低下的劳动工具；在工业社会，劳动工具有了重大改进，由于蒸汽机、望远镜、显微镜、电报、电话等的发明，开始出现新型动力工具，使工业社会的生产力达到了前所未有的水平。进入到信息社会后，由于信息资源的注入和内化，形成了完备的劳动工具体系，使劳动工具实现了全面的信息化、智能化。一方面，扩展人的信息器官功能的通信与感测技术发展到了空前高的水平；另一方面，出现了扩展人的思维器官功能的计算机技术和控制技术，新型控制技术与高级动力工具有机结合，形成一体化的智能控制系统。这样，从行动器官到思维器官，从体力劳动到脑力劳动，劳动者的全部功能都可能转交给机器工具去执行，甚至出现了"无人车间""无人工厂"。这些自动化的生产方式，使得在劳动耗费大量减少的情况下，企业能够生产出难以计数的庞大物质财富。整个劳动的过程是在信息的指挥下，在材料和能量的支持下，有目的、智能地完成的，极大地促进了社会生产力的发展。

（3）从劳动对象的角度来看

在信息经济时代，由于信息资源的注入，信息技术在生产资料中大量内化，这部分生产资料在活劳动创造价值的同时，可以最大限度地吸收劳动者的抽象劳动所创造的新价值，从而使抽象劳动最大限度地凝结，成为新价值。通过上述过程，产出的产品被融合或叠加成信息资源，或者被赋予吸收、加工、存储、传输信息资源的能力，从而获得价值和使用价值的增加。这样，合格产品的质量大大提高，消耗的生产资料价值最大限度地转移到新产品之中；同时，减少了生产资料的浪费，提高了生产资料价值向新产品价值的转化率。在这里，大量内化在生产资料中的信息技术虽然不直接创造新价值，但它对活劳动创造价值的效能起着乘数作用。

思政园地

信息资源对新常态下经济发展的促进功能

中国改革开放以来，经济发展取得了举世瞩目的伟大成就，中国正在从"制造大国"向"制造强国"转变。经济发展进入新常态，需要通过经济增长速度转换、经济发展方式转换、经济增长动力变化、资源配置方式转换、产业结构调整、经济福祉包容共享等方面的改革，认识新常态，适应新常态，引领新常态。

一、信息资源促进产业结构优化

信息资源对产业结构的合理化、高级化有着十分重要的作用。

1.信息有利于产业结构的合理化

第一，信息通过其反映功能，显示一个国家的产业结构与经济发展条件是否协调。

第二，信息通过其协调功能，促进各产业部门之间的协调，从而使产业结构合理化。

2.信息有利于产业结构的高级化

首先，信息有利于产业部门结构的高级化，使知识密集型产业的比重不断扩大，劳动、资本密集型产业的比重逐渐下降。

其次，信息有利于劳动就业结构的高级化。信息资源的开发和利用使从事信息活动（包括研究、开发、管理、咨询和其他信息服务活动）人员的数量越来越多。

再次，信息有利于产品结构的高级化。一是在各类产品结构中，以信息产品为主体的新型高级产品占据了社会总产品的主导地位，信息产品占社会总产品的比例加大；二是在产品结构内部，信息的含量增大，附加值增大，从而使各类产品都朝着高级化的方向发展。

最后，信息资源有利于投资结构、消费结构、贸易结构等的高级化。

二、信息资源促进经济发展动力转换

在经济新常态下，中国政府在充分认识国际经济新环境的背景下，提出了"一带一路"倡议，在扩大市场、刺激需求、增加投资等举措的同时，注重转变经济增长方式，提出了经济发展创新驱动战略。创新是全方位的，包括技术创新、产品创新、制度创新、文化创新、商业模式创新等多方面。信息资源为创新战略的实施提供了全方位的支撑，如提供市场信息、科技信息、人才信息等，还可以促进创新战略实施过程中各种要素的有机融合，反映实施效果。

三、信息资源促进资源充分利用

在信息资源促进资源充分利用方面，信息体现为知识、技术，通过知识、技术的利用，可以延长资源的使用寿命，也可以使非资源变成有用的资源，还可以节约和替代资源，促进可持续发展。比如，技术进步使沙漠变绿洲，太空育种使产品品质极大提升，等等。又如，在线支付方式极大地提高了资金利用的效率。过去，采用现金支付方式，资金基本上处于三种状态，即职能资本、在途资本、闲散资本；现在，采用在线支付方式，理论上资金可以全部处于职能资本状态，这就使更多的资本发挥作用，社会生产规模极为扩大。

资料来源　[1] 国家行政学院经济学教研室. 中国经济新常态 [M]. 北京：人民出版社，2014. [2] 桂学文，杨小溪. 信息经济学 [M]. 北京：科学出版社，2020.

本章小结

本章主要讲述了以下内容：信息资源的含义、类型、特征和结构；信息资源管理的目标、任务、特点和阶段；信息资源配置的含义、经济意义、主要影响因素，以及类型、层次和机制；信息资源宏观测度和微观测度的评价指标体系、评价模型方法，用来分析信息资源配置的水平与程度；对网络信息资源的发展与趋势进行分析；阐述了信息资源的经济特性以及提高经济决策水平和生产力的能力。

复习与思考

1. 信息资源的概念是什么？
2. 信息资源的分类是什么？
3. 信息资源的基本特征是什么？
4. 什么是经济体制信息结构？
5. 信息结构主要有哪几类？
6. 信息资源管理的内涵是什么？
7. 信息资源管理的特点是什么？
8. 信息资源管理的阶段是什么？
9. 信息资源配置的含义是什么？
10. 影响信息资源有效配置的主要因素是什么？

11.信息资源配置的层次是什么？

12.信息资源测度是什么？

13.信息资源的经济特性有哪些？

14.简述信息资源如何提高经济决策水平的能力。

15.信息资源作为生产要素具有哪些特殊性？

第7章即测即评

第 8 章
信息系统

学习目标

8.1
信息系统的基础知识
8.2
信息系统的成本分析
8.3
信息系统的定价分析
8.4
信息系统的经济效益分析

思政园地
本章小结
复习与思考

学习目标

◆ 重点掌握信息系统的基本概念、开发方法和开发方式。

◆ 掌握信息系统的成本构成、成本估算过程和原则、成本估算的模式和软件成本的测算方法。

◆ 了解信息系统的定价原理和定价模式。

◆ 掌握信息系统的经济效益构成、经济效益评价方法、经济效益预评价的主要模型和后评价的主要方法。

信息系统不仅是一个技术系统，更是一个社会系统。如何评价信息系统对技术进步和管理创新的贡献程度，以及如何重新认识信息的价值、准确评价信息系统的经济效益，都是需要重点关注的。

8.1 信息系统的基础知识

随着科技和经济的发展，信息系统在经济、社会、文化和生活中起着越来越重要的作用。受市场经济大潮的冲击，工商企业之间的竞争越来越激烈，尤其是对信息的利用程度，直接影响到竞争的胜败，信息已成为当今科技进步与社会发展的决定性的因素，成为与物质、能源并列的社会支柱，成为一种具有战略意义的重要资源。[1]

8.1.1 信息系统的基本概念

信息系统（information system，IS）是由计算机硬件、网络和通信设备、计算机软件、信息资源、信息用户和规章制度组成的以处理信息流为目的的人机一体化系统，目的是进行信息的收集、传递、存储、加工、维护和使用。[2]

信息系统是一个新兴的领域，其主要任务是最大限度地利用现代计算机及网络通信技术加强企业的信息管理，通过对企业拥有的人力、物力、财力、设备、技术等资源的调查了解，获得准确的数据，加工处理并编制成各种信息资料及时地提供给管理人员，以便进行正确的决策，不断提高企业的管理水平和经济效益。目前，企业的信息系统已成为企业进行技术改造及提高企业管理水平的重要手段。[3]

信息系统不仅是一个技术系统，而且是一个社会系统。

首先，信息系统的发展是伴随着计算机技术的发展而展开的。之所以有信息系统的产生，计算机技术是其存在的基础，计算机技术的发展直接推动了信息系统从低级、低效发展到了高级、高效。[4]

① 吴荣峰. 论我国的信息政策与信息法律 [J]. 图书情报知识, 1995 (2): 54.
② 国务院学位委员会办公室. 同等学力人员申请硕士学位图书馆、情报与档案管理学科综合水平全国统一考试大纲及指南 [M]. 北京: 高等教育出版社, 2003: 186.
③ 吴川徽, 黄仕靖, 袁勤俭. 社会交换理论及其在信息系统领域的应用与展望 [J]. 情报理论与实践, 2020, 43 (8): 70-76.
④ 秦胜君. 复杂适应信息系统体系结构的研究与应用 [D]. 大连: 大连海事大学, 2011.

其次，信息系统作为一个基于计算机的系统，其数据分析、软件开发等都需要技术的支持；同时，对于信息系统的开发和使用，都需要专业的技术人员来完成，因此说信息系统是一个技术系统。[①]

信息系统是社会系统的抽象表达，社会系统的各个实体之间通过信息发生相互作用，而把这些实体抽象成为信息系统里的节点，将不可见的信息具体化，进行分类、检索和储存，提高信息的质量，就可以提高实体之间交流和相互作用的效率。任何一个实际有效的信息系统都是一个社会系统的映像，信息系统的运作可以提高社会系统的运作效率。[②]信息系统实际上是社会系统的一部分，是社会系统高度发达的产物。

从信息系统的发展和系统特点来看，信息系统可分为数据处理系统（data processing system，DPS）、管理信息系统、决策支持系统、专家系统和办公自动化系统（office automation system，OAS）5种类型。

信息系统的5个基本功能包括输入、存储、处理、输出和控制。

① 输入功能决定于系统所要达到的目的以及系统的能力和信息环境的许可。

② 存储功能是指系统存储各种信息资料和数据的能力。

③ 处理功能是指基于数据仓库技术的联机分析处理和数据挖掘技术。

④ 输出功能是指信息系统的各种功能都是为了保证最终实现最佳的输出功能。

⑤ 控制功能是指对构成系统的各种信息处理设备进行控制和管理，对整个信息加工、处理、传输、输出等环节通过各种程序进行控制。[③]

拓展阅读 8-1

8.1.2　信息系统开发技术

信息系统的开发涉及计算机技术基础与运行环境，包括计算机硬件技术、计算机软件技术、计算机网络技术和数据库技术。

1.计算机硬件技术

硬件基础设施包括网络平台、计算机主机和外部设备。计算机硬件系统是信息系统的运行平台。其中，网络平台是信息传递的载体和用户接入的基础。

2.计算机软件技术

软件分为系统软件和应用软件。

系统软件是指控制和协调计算机及外部设备，支持应用软件开发和运行的系统，是无需用户干预的各种程序的集合。其主要功能是：

① 调度、监控和维护计算机系统；

① 殷卫莉，宋文斌. 大型购物中心管理信息系统的设计与实现 [J]. 商业时代，2009 (32)：15-17.
② 孙东川，柳克俊，赵庆祯. 系统工程干部读本 [M]. 广州：华南理工大学出版社，2012：248.
③ 严怡民. 情报学概论 [M]. 武汉：武汉大学出版社，1983：218-226.

②负责管理计算机系统中各种独立的硬件，使得它们可以协调工作。

应用软件是为满足用户不同领域、不同问题的应用需求而提供的那部分软件，可以拓宽计算机系统的应用领域，扩大硬件的功能，是用户可以使用的各种程序设计语言，以及用各种程序设计语言编制的应用程序的集合。

3.计算机网络技术

计算机网络是用通信介质把分布在不同地理位置的计算机系统和其他网络设备连接起来，以功能完善的网络软件实现信息互通和网络资源共享的系统。计算机网络包括网络介质、协议、节点、链路。计算机网络拓扑结构是网络的链路和节点在地理上所形成的几何结构，并用以表示网络的整体结构外貌，也反映各个模块之间的结构关系。

4.数据库技术

数据库系统包括数据集合、硬件、软件等，有用户层次模型数据库系统、网状模型数据库系统、关系型数据库系统等多种形式。实体联系模型（E-R模型）是对现实世界的一种抽象，它抽取了客观事物中人们所关心的信息，忽略了非本质的细节，并对这些信息进行精确的描述。数据库设计的步骤包括用户需求分析、数据库逻辑设计、数据库物理设计、数据库的实施和维护等主要阶段。①

8.1.3 信息系统开发方法②

1.结构化系统分析及设计法

结构化系统分析及设计（structured system analysis and design，SSA&D）法又称结构化生命周期法，是用系统工程的思想和工程化的方法，按照用户至上的原则，结构化、模块化、自上而下地进行分析和设计，是组织、管理和控制信息系统开发过程的一种基本框架。结构化系统开发法的过程可以归纳为系统规划阶段、系统设计阶段、系统分析阶段、系统实施阶段和系统运行与维护阶段。③该方法适用于一些组织相对稳定、业务处理过程规范、需求明确且在一定时期内不会发生大的变化的大型复杂系统的开发。

2.原型法

原型法（prototyping method）的基本思想是试图改进结构化系统开发法的缺点，凭借系统开发人员对用户要求的理解，在短时间内先定义用户的基本需求，通过强有力的软件环境支持，开发出一个功能并不十分完善的、实验性的、简易的信息系统原型。通过这个原型，与用户一起进行反复补充、修改、完善、发展，直至得到用户满意的系统为止，即对原型的逐渐修改。原型法的开发过程可以归纳为七个阶段：可行性研究阶段、确定系统的基本要求、建造系统初始原型、用户和开发人员评审、修改系统原型、系统调整和完成系统。原型法不太适合大型的系统；对于需要大量运算、逻辑

① 黄梯云，李一军. 管理信息系统［M］. 5版. 北京：高等教育出版社，2014：38-45.
② 才书训. 电子商务安全风险管理与控制［M］. 沈阳：东北大学出版社，2004：179-183.
③ 顾乃学，冯师道. 管理信息系统概论［M］. 西安：西安电子科技大学出版社，1989：62.

性较强的程序模块，原型法很难构造出模型来供人评价；对于信息处理过程存在问题和原基础管理不善的情况，使用有一定的困难。原型法是对结构化方法的发展和补充。

3.面向对象的方法

客观世界是由各个对象（object）组成的，每个对象都有各自的内部状态和运动规律，不同对象之间的相互作用和联系就构成了各种不同的系统。对象是客观世界中的任何事物或人们头脑中的各种概念在计算机程序世界里的抽象表示，是面向对象程序设计的基本元素。面向对象开发方法主要分为分析、设计和实现三个阶段。应用程序具有较好的重用性、易改进、易维护和易扩充的特点。面向对象的开发方法是一种流行的开发方法，适用面很广。

4.计算机辅助开发方法

计算机辅助软件工程（computer aided software engineering，CASE）是近些年才发展起来的一门技术，能够全面支持除系统调查外的每一个开发步骤，使得原来由手工完成的开发过程转变为由自动化工具和环境支持的自动化开发过程。其目标在于使整个软件生命周期各阶段开发过程自动化。

5.不同开发方法的比较与集成应用

考虑到各种算法都有各自的优缺点，在实际应用中经常采用多种开发方法相结合的方式，如原型法与结构化方法相结合、面向对象技术与原型法相结合等。

8.1.4　信息系统开发方式[①]

1.自行开发

由基层单位和行业主管部门自行组织技术力量进行信息系统的开发工作。

自行开发的主要优点是：开发人员熟悉业务处理过程，沟通交流容易。但是，开发人员应专心从事开发工作，不受原来工作的影响，也应克服组织中各方面的干扰因素。自行开发可锻炼本企业计算机开发应用的队伍。当企业管理业务有变化或发展时，可以及时对系统进行变更、改进和扩充。

其主要缺点是：系统开发周期一般较长，难以摆脱长期以来形成的企业管理方式的影响，不易开发出一个高水平的信息系统。

2.IT外包与委托开发

将IT服务外包给第三方或者委托外部技术单位完成系统开发，用户明确提出信息系统建设的规划、目标等方面的要求，采取招标等方式委托软件公司，通过签订合同的方式来完成开发任务。

这种开发方式的优点是：开发周期较短，企业不必组织本企业的开发队伍。如果选择好的开发单位，企业能密切配合整顿管理工作，使之符合现代信息处理的要求，则可开发出水平较高的系统。

① 陈良猷，孙巩，程连珺，等．工业企业管理 ［M］．北京：中央广播电视大学出版社，1986：517-518．

其缺点是：当企业管理发生变化或扩展时，系统维护工作困难，风险较大，对于开发单位需要进行深入调查，所签订的开发合同的条款需要细致、明确。

3.联合开发

企业邀请有信息系统开发实践经验的软件开发公司、科研院所的专家协作进行系统开发，由用户和开发单位共同完成系统开发任务。在双方合作过程中，用户应充分明确自身的职责。联合开发的主要优点是：在合作开发中，双方取长补短，可发挥科研单位技术力量强、本企业人员对管理业务熟悉的优势，共同开发出具有较高水平而又适用性强的系统，有利于企业计算机应用队伍的培养与提高。

4.软件采购

软件采购是指直接购买信息系统软件。优点是购买的软件技术资料齐备、维护可靠。但是，市场上的软件往往具有通用性，对于组织的特殊情况难以充分考虑，需要进行二次开发，这往往会有一定的技术难度，没有有关产品供应商的协助是难以进行的。软件采购对于自身不具备系统开发能力的中小型企业尤为适用。

以上不同开发方式的比较参见表8-1。

表8-1   **不同信息系统开发方式的比较**

项 目	自行开发	IT外包与委托开发	联合开发	软件采购
开发费用	低	高	较低	较低
程序要求	较高	无	需要	较低
维护难易程度	易	较难	较易	较难
系统分析要求	较高	一般	逐步提高	较低
系统设计要求	较高	一般	逐步提高	较低

8.2 信息系统的成本分析

在了解了信息系统的基本概念以及其信息系统的开发技术与方法以后，再来研究在一个具体的信息系统建设中，如何对其成本进行分析。

8.2.1 信息系统的成本构成

微课8-1

信息系统的成本构成

1.信息系统项目的成本

信息系统通常是规模庞大、复杂程度高的人机系统，它的开发、使用、维护和管理等过程是一项复杂的系统工程，需要投入大量的人、财、物等资源，需要各种硬、软件的支持，这一切就构成了信息系统的成本。[①]

在成本分析活动中，根据不同的目的可以从不同角度对成本进行分类，常见的分类方法就达 10 余种（见表 8-2），这些方法原则上也适用于信息系统的成本分析。[②]

表8-2　　　　　　　　　　　　生产成本的构成

序号	分类依据	类　别
1	费用计量范围	总成本、单位成本
2	费用指标来源	计划成本、实际成本、预算成本
3	费用的经济特征	要素成本、项目成本
4	费用涉及范围	车间成本、工厂成本、销售成本
5	费用与产量的关系	固定成本、变动成本、半变动成本
6	概念与应用情况	理论成本、实际应用成本
7	核算程序	直接成本、间接成本
8	可比性	可比成本、不可比成本
9	各部门间的关系	个别成本、部门平均成本
10	效益与责任的关系	宏观经济成本、微观经济成本
11	其他	机会成本、相关成本等

信息系统项目成本一般分为有形成本和无形成本两大类。

信息系统有形成本包括一次直接资金消耗和系统生命周期运行费用。[③]

① 一次直接资金消耗主要包括软件开发费、硬件的购置费和建设调试费，这部分费用占可度量成本的 80% 以上。

② 系统生命周期运行费用中的人工、电力和折旧等成本，有现成的财务计算方法，容易确定。由于信息系统的特殊性，系统生命周期运行费用计量还必须考虑系统故障或瘫痪导致信息流通不畅失去商机而产生的成本，以及由于系统软硬件升级换代频繁，可能大大缩短系统的预期寿命，从而导致折旧费用的提高引起的成本。

信息系统的无形成本主要从以下几方面分析：

① 员工观念陈旧和信息素质低下等因素导致效率低下从而引起的无形成本。

② 信息系统故障或瘫痪引起信息流通不畅从而造成的经济损失或市场机会的损失。

③ 系统安全防护问题造成企业商业机密泄露从而造成的损失。

① 柳克勋，金光熙. 工业工程实用手册 [M]. 北京：冶金工业出版社，1993：556.
② ［1］冶金工业部北京钢铁设计研究总院技术经济科. 实用技术经济 [M]. 北京：冶金工业出版社，1983：28-29. ［2］张剑平. 信息系统经济学——理论体系与微观分析 [M]. 北京：中国铁道出版社，1996：27.
③ 王立荣. 管理信息系统投资决策分析的原则与方法 [J]. 情报探索，2005（2）：94-96.

④ 信息系统质量不可靠或维护不当造成信息输出错误或重要数据丧失引起的经济损失。

⑤ 因企业宣传方式的变化而引起企业形象、文化的改变，导致企业无形资产的损失等。

2.信息系统软件成本的构成

软件成本是指软件在其生存周期（规划、设计、构建、运行维护阶段）内，为取得各种软硬件资源的支持及维持软件的研究、生产经营与管理正常开展，投入的人、财、物等一切费用。软件成本实际上可看作研究、开发、采购、生产和经营的成本与管理费用的组合。表8-3列出了软件生命周期各阶段的成本和简要说明。

表8-3　　　　　　　　　　依据软件生命周期分析软件成本的构成

序号	阶段	成　本	简要说明
1	规划阶段	1.需求调研、需求分析 2.投标竞争、可行性分析	主要是差旅费用、会议费用、相关人员工资及附加费、固定资产折旧费和耗材费用等
2	设计阶段	1.需求分析论证 2.总体设计 3.概要设计 4.详细设计 5.设计评审	主要是分析及设计人员工资及附加费、技术资料和咨询费、评审费、固定资产折旧费和耗材费用等
3	构建阶段	1.支持软件工程项目硬件购置与安装调试 2.支持软件工程项目商用和其他软件购置 3.基建与环境建设 4.技术资料与数据收集 5.各类培训（内部培训和用户培训） 6.软件编程与测试 7.软件集成、调试和测试 8.各类文档编制	主要是硬件和软件购置费用，投入人员工资及附加费，实施过程中水、电、运输、燃料和各类材料消耗费用，以及差旅、会议等费用
4	运行维护阶段	1.运行保障（现场和指导） 2.软件（含交付工程项目）管理 3.软件（含交付工程项目）维护	主要是投入人员工资及附加费、营销费用、差旅费和材料消耗费用等

对表8-3中各阶段成本构成进行分类合并，大致可以分为以下12类：

① 硬件购置费用，是指支持软件工程项目的硬件中有关计算机（服务器和工作站等）及其相关设备（如不间断电源、空调器和接口设备）的购置与安装费用；[①]

② 软件购置费用，是指购买操作系统和数据库系统等支持软件工程项目的商用软件及其他有关软件的费用；

---

① 张必彦，卞光浪，卢远超. 基于DEA-ADC的实时测控软件资源配置方案评价 [J]. 火力与指挥控制，2019，44（6）：123-127；131.

③ 基建及环境费用，包括新建、扩建或改建机房，购置计算机台、柜及空调等费用，也包括为使软件（含交付工程项目）正常运转而发生的网络通信费用，如有关网络通信设备购置与安装费用、租用通信线路费用及特殊网络服务费等；

④ 人力资源费用，包括各类规划、设计、生产（开发）、测试人员与管理人员的工资、福利及其他附加费用；

⑤ 硬件生产测试费用，是指某些软件需要一些特殊性能要求的硬件设备（这些设备通常属于国外禁运设备之列，或费用很高，或有专项用途），故只能采用国内自行制造而需要的分析、设计、生产和测试之费用；

⑥ 软件开发、集成、试验和测试费用，包括软件的分析、设计、开发、集成、各类试验和测试等费用，测试包括内部测试和外部测试；

⑦ 水、电和运输费用，包括在设计生产（开发）、运行与维护期间所消耗的水、电和设备物资运输费用；

⑧ 消耗材料及废品损失费用，包括软件在系统设计、生产（开发）、运行与维护中的消耗材料，如打印纸、墨盒和硬盘等费用及某些特殊性能设备生产中的废品损失费和停工损失费；[①]

⑨ 培训费用，包括生产机构有关技术人员及管理人员的培训进修费用及用户培训费用；

⑩ 营销费用，是指对某些软件产品进行市场营销时，采用广告、分销与代销时发生的佣金和折扣等各类费用；

⑪ 管理费用，包括办公费、差旅费和会议费等；

⑫ 其他费用，包括设备和房屋等固定资产折旧费、筹资的利息和罚款支出、数据与资料收集费用以及技术咨询费等。

8.2.2 信息系统的成本估算指标

成本估算是信息系统进行项目规划、开发和作出实施方案的基础，是企业或社会组织进行项目投标或报价的基础，也是其进行信息系统项目管理和审计工作的有效手段和重要依据。

1. 成本估算的过程

信息系统成本估算是指根据待开发系统的成本特征及当前能够获得的有关数据，运用定量和定性分析方法，对信息系统生命周期各阶段的成本水平和变动趋势作出科学的估计。其主要是指信息系统生命周期中所需投入的工作量，用人月数（man-month，MM）表示，其他如开发工期、需要人数或具体费用等可在此基础上求得。[②]

信息系统成本测算的一般过程如下：

① 对系统的生命周期阶段、规模、系统功能、环境变化作出分析，选择测试人员，初步制订测算方案。一般来讲，选择与项目无关的、有丰富经验的"测算顾问"

① 赵玮. 软件工程经济学 [M]. 西安：西安电子科技大学出版社，2008: 55-70.
② 刘京城. 无形资产的价格形成及评估方法 [M]. 北京：中国审计出版社，1998: 131.

来承担测算任务，可以提高测算的准确度。

②对过去已经完成的类似项目成本的测算与实际变化的情况进行分析，以之作为参照，吸取经验教训，根据系统项目的特性选择合适的测算方法。

③对基础设施、硬件设备、用户培训、数据收集及系统转换的成本进行测算。由于成本项目明确并相对稳定，这部分测算比较容易，也会影响软件成本的分析。

④根据软件的规模或程序量，利用特定的测算模型测算出软件成本。

2.信息系统成本估算的难点[①]

作为一个大规模的复杂系统，技术更新、人员变动、管理质量都会影响信息系统的成本测算，使一些估算模型的精度难以满足要求。信息系统成本估算的难点主要有以下几点：

(1) 新的软件开发技术的挑战

面向对象编程体系、大量的程序自动生成器、计算机辅助软件工程等新技术的应用，使现在的编程工作与在以往字符模式下的编程方式相比有了质的飞跃。人机界面设计等工作可依靠自动生成器完成，而不必像以前那样由程序员逐行编写，使建立在源程序规模基础上的成本测算方式受到挑战。

(2) 人员流动的挑战

信息系统开发是一项高智力劳动，需要创造性和密切的合作；如果开发队伍不够稳定，就会使项目无法继续下去。

(3) 用户需求变化引发的挑战

随着用户对信息系统的认识逐渐清晰，用户会对系统功能提出新的要求，从而使开发内容发生变化，使原有的成本测算不够准确。

(4) 系统的复杂程度引发的挑战

从信息系统本身来说，逻辑模型的抽象程度、业务处理流程的复杂程度、软件的可度量程度都会对成本测算产生影响。

(5) 管理水平的挑战

对于大型项目来说，对各部分开发进度的协调、人力的调配与激励、物力与财力的支持等都在很大程度上影响着信息系统的成本变化。

3.信息系统成本估算的原则[②]

在选择估算模型、进行成本估算的过程中需要满足以下原则：

(1) 准确

估算结果尽可能准确，并能正确反映情况的变化，这是信息系统成本估算的首要要求，因此需要根据项目特点选择合适的估算方法。

(2) 客观

在估算过程中，尽量避免利益相关者的主观影响，使估算结果最大限度地接近真

① 张剑平.信息系统经济学——理论体系与微观分析［M］.北京：中国铁道出版社，1996：30-31.

② 张剑平.信息系统经济学——理论体系与微观分析［M］.北京：中国铁道出版社，1996：8.

实情况。

（3）透明

估算方法、估算过程对于测试人员或其他人员应当透明，能够规范操作，具有可重复性。

（4）方便

在满足上述条件的情况下，使所选择的估算方法和模型简便可行，易于操作。

8.2.3　信息系统的成本估算模式[①]

1.信息系统成本估算的模式

（1）统计基础模式

统计基础模式可分为线性模式与非线性模式，常用的分析工具为回归分析的方法。线性模式将影响因素对软件成本的影响程度视为线性，利用回归分析找出每个成本影响因子和影响强度。如20世纪60年代由系统开发公司（System Development Corporation）发展出一套SDC模式，该模式列举出104个成本影响因素，根据169个开发完成的系统资料进行回归分析，产生出一个14个成本影响因素的线性回归。但往往研究结果的准确度不高，很有可能是因为成本估算模式并不完全是线性关系。非线性模式主要有Doty模式及Walston-Felix模式，这两种模式都是将成本估算表示为投入人月数，而投入人月与软件的源代码行数成非线性关系。

（2）合成模式

所谓合成模式就是将历史资料、专家经验与理论基础模型结合起来的估算模式。典型的有构造性成本模型（constructive cost model，COCOMO）及功能点模式。

（3）其他模式

除此之外，其他模式有专家判定法、价格制胜法、帕金森法、类神经网络估算模式等。

① 专家判定法是依靠专家自己的经验、直觉及对所估算的信息系统项目的理解，给出成本的测算值。如类比法和德尔菲法都属于专家判定法。

② 价格制胜法又称可以接受的投标价格法，是指为了在与同行竞争中取胜——赢得开发项目订单，无条件地在费用和进度上迎合用户要求而制定成本估算的方法。

③ 帕金森（Parkinson）法，是指既然规定此项目应在 X 年内完成，并且又有 Y 位全时制开发人员完全投入，此项目就需要 X×Y×12（人月）的工作量。

④ 类神经网络是一种计算系统，包括硬件和软件。它使用大量简单的相连人工神经元来模仿生物神经网络的能力。一般而言，如果问题之间存在许多不确定性，且输入与输出之间存在复杂的非线性关系，则可利用类神经网络来解决。也正因为类神经网络系统适合应用于预测及分类的问题，因此对于软件开发成本的预测同样适用。

2.信息系统软件成本的测算

软件成本测算是信息系统工程经济分析中的一项重要内容，它既是软件各种技术

① 甘仞初. 信息资源管理［M］. 北京：经济科学出版社，2000：88-90.

设计方案比较选优的依据，也是软件定价的基础。

成本按确定时间可分为预测成本和实际成本。预测成本指在产品规划与设计阶段依据一定的设计方案和某些预测方法来测算可能发生的成本；实际成本则是根据产品生产的实际耗费而计算的成本。显然，在软件工程中，出于实现特定的经济目标，用于软件招投标和软件设计方案评审等的软件成本测算属于预测成本测算；在生产出软件产品后，出于软件发行定价需要的软件成本测算属于实际成本测算。

（1）软件实际成本测算

对于软件实际成本测算并无困难，只需对软件生命周期中在规划、分析、设计和构建阶段所耗费的 12 类费用（见表 8-3）已发生成本累加，记为 P_1，并给定比例因子 α，设 αP_1 为系统运行与维护期间的成本费用，则包含软件生命周期内的总成本用式（8-1）计算，其中，α 取值视不同软件功能而定。

$$P = P_1(1 + \alpha) \tag{8-1}$$

（2）软件预测成本测算

软件预测成本的测算相对复杂和难以确定。对软件预测成本进行测算的基本流程如图 8-1 所示。

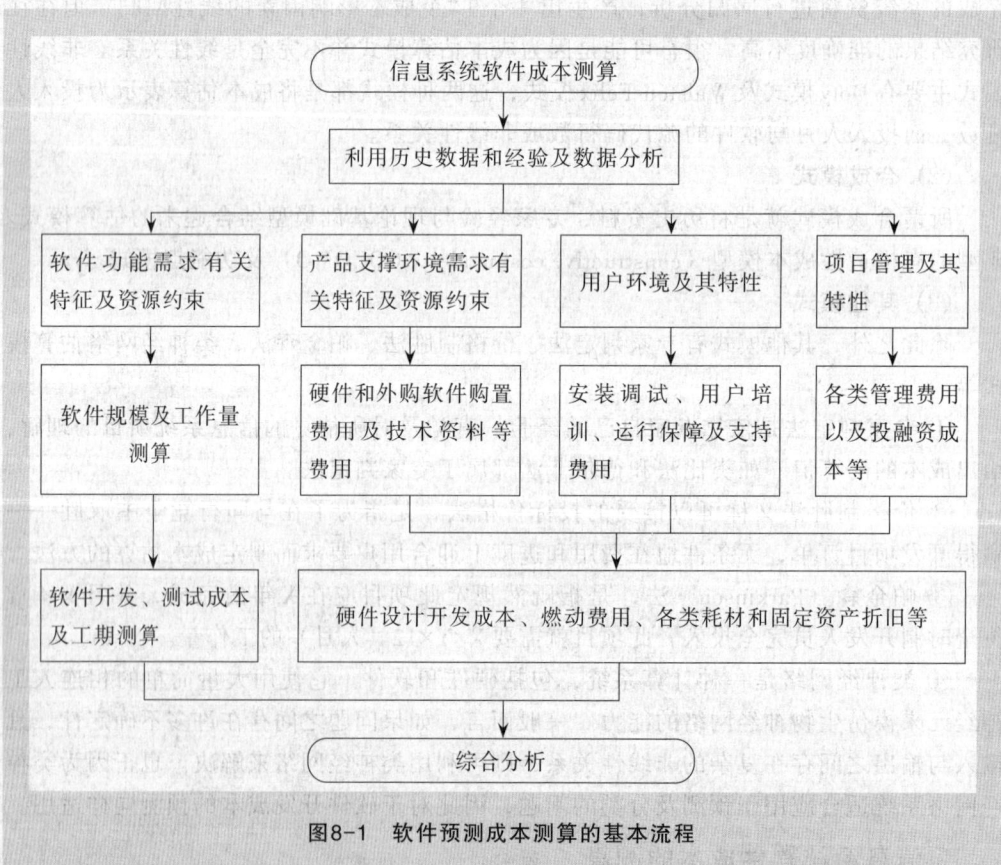

图8-1 软件预测成本测算的基本流程

资料来源 喻涛，刘俊杰，王君. 复杂信息系统软件成本［J］. 指挥信息系统与技术，2012，3（4）：81-86.

从信息系统软件工程的整体规划出发，对软件产品需求、产品支撑环境、用户环境和特性以及项目管理和特性方面进行分析，然后根据这些特性和要求分别对有关成本进行测算，这样就可得到各类成本数据。在此基础上，再对项目全过程各阶段的投入进行汇总测算和综合分析。值得注意的是，在每个环节均可结合经验和对历史数据的分析结论，以求最大限度地接近实际情况。

（3）影响软件预测成本测算的因素

需要注意的是，对于信息系统软件预测成本的测算，很难做到与实际成本相符，主要是由以下因素造成的：

① 预测成本估算大多是在系统规划阶段进行。此时的成本测算人员对目标系统的功能与性能需求及系统环境等情况尚未完全理解，出于某些特殊需要（如投标、申请基金支持和申请贷款等）而开展测算工作。

② 影响软件成本的主要因素为人力资源投入量（含水平）和工期，而在规划阶段要准确度量这两个因素较为困难，它涉及对软件系统的规模与复杂性、用户在系统生产（开发）中的参与程度、生产（开发）队伍的技术经验与技术水平（如对有关硬件设备的使用经验、对用户业务流程的熟悉程度、软件编程人员对编程语言的使用和软件开发模式）等的估计。

③ 为避免对影响系统成本各因素的逐项估算，经济学中常推崇采用各种模型来求解，然而为避免模型复杂化而导致求解困难，每个模型均有一系列相应的假设前提。例如，生产人员具有稳定的劳动生产率（在模型中通常是一个常数），系统设计与生产（开发）的不同时期高、中和低级技术人员的比例恒定等。而在实际生产（开发）过程中，这些假定往往不能完全满足，甚至需要的有关信息不完全准确或收集不到，从而在应用这些模型时产生误差。

④ 不确定性是软件项目本质所固有的。随着信息系统软件工程的推进和深入，用户对其所期望的目标产品的认识与相关知识日益加深，于是用户往往会提出调整甚至新增产品功能与性能，这必然会使原有的预测成本与实际成本发生差异。

3.减少软件预测成本测算误差的策略

为减少信息系统软件成本测算的误差，可以采用以下策略：

① 平时注意积累企业（部门）的有关软件工程项目的经济数据，为今后形成适用于本企业（部门）的统计模型打下基础；同时，注意建设软件产品的信息库，以便收集软件工程技术参数与经济参数，从而对本企业（部门）今后的软件工程实施提供支持。

② 结合实际，采用具有针对性的软件生产、开发策略以尽量减少用户对新系统（目标系统）的功能与性能的不确定性，使需求分析尽量做到细致深入；同时，在软件开发全过程中加强与用户的交流，使用户尽早介入软件规划、设计与生产（开发）工作等。

8.3　信息系统的定价分析

微课 8-2

信息系统的定价分析

信息系统作为一种信息商品，其定价符合一般信息商品的定价规律。但信息系统的开发是一种涉及大量知识和技巧的复杂性劳动，与开发人员的素质和经验有关。即使是同一类信息系统，如财务管理系统，在软件质量、用户界面、易维护性等方面都会存在差异。因此，信息系统特别是软件系统的定价问题，需要考虑软件的成本、利润及不同的定价模式。

8.3.1　信息系统利润的特点[①]

信息系统的利润通常称为纯收益，是指企业销售信息系统产品或提供与之有关劳务的收入扣除成本和税金后的余额。其特点如下：

1.包含对投资风险的报酬

利润是与风险息息相关的，而风险很大程度上来源于信息的不确定性。利润越高，往往风险就越大。

2.包含对技术创新的报酬

创新是有一定风险的，每一次成功的创新出现时，会形成暂时的垄断，为之带来创新利润；但很快会被竞争对手和效仿者的竞争所消除，而新的竞争又会促使新的创新出现。

3.包含系统开发的技术准备费用

软件系统开发是一项复杂的脑力劳动，系统开发人员需要有一个知识汲取、更新、提高和开发经验积累的过程，该过程所消耗的费用即"技术准备费"。

4.包含对机会成本的偿还

在经营决策中，机会成本是以诸项未被选择方案中所失去的最高收益为尺度，来评价被选择方案的一种假定性成本。[②]

8.3.2　信息系统的定价原理

信息系统的定价一般采用开发成本加成定价的方法，即估计开发和销售信息系统

---

①　陈禹.信息经济学教程［M］.北京：清华大学出版社，1998：149-151.
②　蔡北华，徐之河.经济大辞典［M］.上海：上海辞书出版社，1983：206.

产品的平均变动成本，加上间接费用，再加上平均变动成本的一个特定的百分数作为利润（利润提成率）。其公式为：

$$P = ATC + ATC \times I\% \tag{8-2}$$

式中：P 为系统价格；ATC 为平均变动成本；I% 为利润提成率。

平均变动成本是指随着信息系统的复杂程度、规模及产量变动而变动的开发成本，如系统的硬件设备与原材料费用、开发人员的工资、用户培训费等。间接费用则一般上是根据产品的平均变动成本把总固定费用分摊到各个产品上去。

在实际的定价过程中，因为加价的程度与开发方所面临的产品需求状况有很大关系，信息系统标价的高低较多地取决于市场所能承受的程度以及市场竞争的状况。因此，加成百分数既要考虑成本，又依据需求，与产品的价格弹性相关。

在垄断竞争的市场中，企业面临着一条向右下倾斜的需求曲线，企业的边际收益曲线也向右下倾斜，假设二者均为线性，可以证明，产品的需求价格弹性与价格及边际收益之间的关系如下：

$$|E| = P/(P - MR) \tag{8-3}$$

式中：E 为需求的价格弹性，是指产品需求量对于价格变化的适应度，它在数值上等于产品价格变化 1% 所引起需求量变化的百分数；MR 为边际收益；MC 为边际成本；ATC 为系统开发的平均总成本。

上式可以转换为：

$$P = |E| \times MR/(|E| - 1) = [1 + 1/(|E| - 1)] \times MR \tag{8-4}$$

按照利润最大化的原则，MR=MC，则有：

$$P = [|1 + 1/(|E| - 1)|] \times MC \tag{8-5}$$

在企业的实际经营中，由于产品的边际成本在一定的产量范围内变化十分小，因此可以近似地认为：MC=ATC。因此有：

$$P = [1 + 1/(|E| - 1)]) \times ATC = ATC + 1/(|E| - 1) \times ATC \tag{8-6}$$

以上方法可用于信息系统成本加成定价时加成百分数的测算。加成百分数的大小与需求价格弹性的绝对值成反比：产品需求的价格弹性越大，会使得按此价格出售达到企业最大利润所要求的加成百分数越低。对于不同的需求条件，成本加成定价与边际定价是一致的；在一定条件下，利用成本加成策略定价可以得到近似最佳的企业定价。

8.3.3 信息系统的定价模式[1]

作为典型的信息商品，在现实中，信息系统的定价主要有以下几种方法：

1.渗透定价法[2]

渗透定价主要是根据软件产品特殊的成本结构和网络外部性特点，着眼于产品的长期收益，在进入市场初期时采取低价格、零价格或负价格进行产品的销售。软件产品要取得消费规模效应，必须要争取更多的安装基础，达到必要的临界量，采取渗透

① 肖光恩，方凯. 数字化产品定价策略浅析 [J]. 市场经济研究，2001（3）：51-55.
② 周宗朝. JZKJ公司证券交易软件产品定价策略研究 [D]. 北京：北京交通大学，2011.

定价的目的是让消费者获得使用产品的"经验"，形成对产品的偏好，培养消费者对产品的忠诚度。软件产品在刚进入市场时宜采取渗透定价，即低价和零价销售的策略。渗透定价是软件产品开拓市场的一种行之有效的策略。[①]

2. 差别定价法或价格歧视法

实施差别定价必须具备三个条件：

一是企业对价格有一定的控制能力；

二是有可能根据价格弹性的不同把企业的产品市场分为几个不同的市场，企业通过对弹性较小的市场制定相对较高的价格就能增加总利润；

三是企业的市场必须是能够分割的，人们不可能在不同的市场进行倒卖。

软件市场主要属于垄断竞争的市场，并且符合差别定价的条件。软件差别定价的常用方法有以下几种：

（1）版本定价法

版本定价法包括版本划分、升级换代、离线与在线相区别等方法。

版本划分是基于如下考虑：在购买商品时，一般消费者会认为选择系列产品的最高端和最低端都是不可取的，因此在购买时往往采取折中的办法，回避极端价格，大部分消费者会选择中间版本。所以，同一种软件可以设计三种版本。按照不同的价格向不同的市场出售，强调不同版本产品的不同特征，突出产品使用价值的差别。例如，Basic Quicken这种软件产品就分为初级版、专业版和黄金版。初级版售价为20美元，专业版售价为60美元，而黄金版的价格高达500多美元，结果市场反映专业版的销量最好。实际上，初级版只不过是在专业版的基础上关闭了某些功能，而黄金版是在专业版的基础上又添加了一两个新的功能而已。

升级换代定价法是针对软件产品的特征而定的，软件产品的升级换代速度是很快的，根据用户对新版本的急需程度，在开始发行阶段暂时限量发行新版本，抬高新版本的售价；同时，大幅度降低老版本的价格，且不再发行老版本的软件。这样对新版本需求急切的用户就会出高价购买新版软件。这种定价法主要是针对被软件锁定的用户，而且新老版本的差别很大，新版本的很多功能是老版本所不具备的。微软公司在推出新版本的软件产品时就采取的这种策略。

根据销售渠道的不同，软件产品的定价可采取在线定价和离线定价两种。通常的情况是在线销售的价格较低，离线的销售价格较高。这是因为在线的软件没有生产和分销成本，其主要目的是以销售软件来带动客户点击网站，以广告收入回收成本，但对用户来说它也有下载的不便性。离线销售虽然价格较高，但对用户来说它在安装使用上非常方便。在线定价法和离线定价法关键在于在线和离线是互补关系还是替代关系。如果它们是替代关系，就要通过收费来弥补成本，或进行版本划分使它不会直接与离线版本竞争；如果它们是互补关系，就可以大胆推出。

（2）群体定价法

群体定价法、版本定价法以及下文所提到的地区定价法都是"三级价格歧视"的

① 张一清. 软件企业中软件产品的定价分析 [J]. 商场现代化，2006（9）：126-127.

表现形式。由于某些群体对价格比较敏感，向他们提供较低的价格，可以实现利润最大化。向中间商和最终消费者、单个消费者和团体消费者提供不同价格，也是群体定价的一个形式。这种定价方式几乎适用于任何软件的定价。对学生打折、对老年人打折、对失业人员打折、为小企业提供较低价格，都是群体定价的具体形式。

（3）地区定价法

地区定价法就是同种产品在不同地区制定不同的销售价格。这种差别定价的方式在跨国销售中比较常见。

（4）数量折扣定价法

数量折扣定价法主要是根据客户购买的数量进行累计递减定价。如 CD 销售商 Music Maker，它有 3 万首不同歌曲的数据库可供客户进行选择，客户可以批量定制，最低订单是 5 首歌 9.5 美元，以后每增加一首歌仅收 1 美元，超过 20 首，每增加 1 首歌仅收 0.5 美元。

3.捆绑定价法

捆绑定价法是根据产品的互补关系和核心产品的市场垄断地位，把产品捆绑在一起以低于产品单价总和的价格进行销售。捆绑销售最大的优点是它减少了消费者支付意愿的分散，增加了供应商的销售收入。捆绑定价销售最为成功的例子之一就是微软公司的 Office 办公系统。微软公司利用 Office 办公系统的市场垄断地位，开发出 8 个不同的办公组件，且每个组件之间有一定的互补性，结果使 Office 办公系统取得了 90% 的办公市场份额，其成功的原因就在于实行了捆绑定价的策略。

8.4　信息系统的经济效益分析

微课 8-3

信息系统的经济效益分析

信息系统的经济效益包括有形效益和无形效益。一般项目的经济效益分析主要是通过现金流的财务方式计算投资回报率，该方法适用于可度量的有形成本和效益的计算，准确而直接。由于信息系统的无形收益是难以直接度量的，因此传统的分析计算方法不能直接应用于信息系统，必须探求一种全新的经济效益分析方法来满足对信息系统经济效益分析的需求。

信息系统效益的获取不仅取决于企业内部的各种条件和因素，还取决于企业外部诸多环境条件和因素。信息系统的效益发挥与否，不仅与其自身的性能有关，还与企业的管理水平、用户对其认同程度和社会信息化程度等系统外的因素有关。[1]

---

[1] 毛克宇. 基于核心竞争力的协同产品商务管理模式研究 [D]. 天津：天津大学，2006.

8.4.1 信息系统的效益构成[①]

1.信息系统的经济效果与效益

经济效益与经济效果是两个不同的概念。一般来说，"效果"指的是行为产生的有效结果，人们将经济活动中取得的有用成果同消耗的劳动量之间的比值称为经济效果。在经济学范畴内，经济效果与效率是同义词。

信息系统的经济效果是指信息系统所带来的货币成果与为此所付出的资源费用的比值。[②]对于系统开发部门，信息系统的经济效果是指该系统被售出所得的货币收入与系统开发费用之比；对于系统用户来说，信息系统的经济效果则是应用该系统以后所带来的货币成果与为得到并正常使用该系统所付出的费用之比。若用 R 和 C 分别表示货币形式的收入和为此的付出，则可用公式表示信息系统的经济效果：

e=R/C

在信息系统的开发和使用过程中，为了获得一定量的收入，所消耗的成本越小，经济效果就越好；反之，所消耗的成本越大，则经济效果就越差。因此，经济效果可以综合反映信息系统开发部门或用户的经营管理水平。

信息系统的经济效益是指信息系统带来的成果与为此而付出的资源费用之差，即投入与产出或收益与成本之差。信息系统的经济效益用公式表示为：

E=R-C

根据上述定义可以推导出经济效益 E 与经济效果 e 之间的关系式为：

E=C(e-1)

从信息系统的经济效益的定义以及该关系式中可以看出：经济效果着重考虑投入多少、产出多少；经济效益除了考虑上述问题之外，还要考虑收到的实际利益是多少。经济效果的重点是说明经济活动的效率；经济效益的重点则在于说明经济活动的受益情况。经济效果是经济效益的基础，经济效益必须以一定的经济效果作为前提。具体地说，要取得经济效益（E≥0），必须首先有一定的经济效果（e≥0，即产出必须大于投入）。

2.信息系统的经济效益分类

目前还没有统一、严格的信息系统的经济效益分类标准，通常情况下按下列方法进行分类：

① 按所涉及的领域，分为经济效益和社会效益；

② 按受益面，分为直接经济效益和间接经济效益；

③ 按层次，分为宏观经济效益和微观经济效益；

④ 按时间，分为近期经济效益和远期经济效益；

⑤ 按形态，分为有形经济效益和无形经济效益。

信息系统的有形效益在信息系统投入稳定运行前难以准确度量，无形效益则更

① 陈禹. 信息经济学教程 [M]. 北京：清华大学出版社，1998：123-127.
② 骆正山，等. 信息经济学 [M]. 2版. 北京：机械工业出版社，2013：78-92.

难以直接定量描述。事实上，信息系统给企业带来的效益主要是无形效益，无形效益应当作为信息系统项目决策的重要依据。对于已经投入使用的信息系统，有形效益可以通过比较信息系统应用前后的资金流动统计数据较为准确地计算出来；信息系统的无形效益则需要依据信息系统的应用所产生的实际效果，通过专家评估来估算。

信息系统的无形效益可以从以下几方面来度量：

① 对企业运行效率的影响。

② 对企业供应链资源的整合与管理的影响。

③ 对企业内部各部门间的物流与信息流的整合及效率提高和成本降低的影响。

④ 对企业的销售网络的管理、销售渠道的拓展、客户信息的收集及售后服务的改善等方面的影响。

⑤ 对企业预防和抵抗市场风险能力的影响。

⑥ 对改善企业社会形象、促进企业文化和企业品牌建设的影响。

⑦ 对提高企业的技术创新和产品创新能力的影响。企业凭借信息系统获得市场信息，在系统支持下的高效率的技术创新与新产品开发，使企业能够在某一领域拥有先入优势。

⑧ 对改善企业运作协同性的影响。当企业确立某一战略目标之后，信息系统在企业资源优化配置方面对企业战略目标的实现起到支持作用。

一般地说，信息系统的经济效益可以从以下两个方面来实现：

① 面向企业或组织机构的内部实体的管理。它使企业的一系列经营活动及计划管理工作得到改进，从而提高生产率，并为高级管理人员提供决策支持。例如，电子数据处理系统（electronic data processing system，EDPS）及办公自动化系统可以减少数据处理人员的数量，提高数据处理的速度和质量；管理信息系统和决策支持系统能为决策人员提供更完整、更准确的信息，能够提供决策支持模型，减少管理决策中的不确定性等。

② 面向外部实体的信息服务。它通过信息加工或生产信息产品为社会提供信息服务而获利，如办公自动化系统、信息咨询系统等，这方面的经济效益可以直接用市场价格来衡量。

8.4.2　信息系统的效益评价方法

信息系统项目投资巨大，投资的风险性严重地制约了企业信息化建设。通过科学的投资风险评价，明确是否进行信息系统项目投资，是规避投资风险的有效措施。

目前国内外应用于信息系统评价的方法众多，除了主观评价法、经济分析法、运筹学方法、数理统计法等常用方法外，还有一些学科交叉所产生的评价方法和思路，如系统工程法、信息论法、灰色综合评价法、人工智能评价方法等。为了更好地选择评价方法，本书从方法的特征、优缺点及适用对象几个方面，将目前常用的信息系统评价方法分类汇总（见表 8-4）。

表8-4　　　　　　　　　常用的信息系统投资评价方法比较分类表

类别	名称	方法描述	优点	缺点	适用对象
主观评价法	德尔菲法	专家面对面讨论，形成评价结果。其分评分法、类比法和相关系数法等。专家匿名发表意见，通过反复征询、汇总、修改得到评价结果	操作简单、直观，无须复杂计算；可利用专家知识，结论易于使用	过于主观，准确度不高，说服力差；多人评价时结论难收敛	信息化定性或定量经济效益指标评价
经济分析法	总成本法	通过比较不同IT项目方案在整个经济生命期内产生的直接成本和间接成本，选择总成本最低的方案	方法的含义明确，可比性强	重成本，灵活性差；忽略风险、资金时间价值	信息系统经济效益评价、成本预测、大中型投资与建设项目及企业设备更新与新产品开发效益等评价
	投资回报法	根据净现值（NPV）大小判断投资可行性。当NPV>0时，项目投资可以进行；当NPV<0时，则放弃项目		忽略实施管理柔性价值、后续与延迟投资效益	
	实物期权法	项目内含一个等待（wait）或推迟（defer）开始的实物期权。在决策时，除筛选项目外，还应考虑这一实物期权的价值，在时间许可的范围内决定最佳项目的开始时间	用该方法代替标准资本预算效果明显，是目前比较常用的经济评价方法	实物期权种类繁多，至今尚未形成适用的通用模型	适合不确定、保持柔性大、有好处的市场和经济环境，广泛应用于信息系统经济评价
运筹学方法	多目标决策法	通过化多为少、分层序列、直接求非劣解、重排次序法来排序与评价，包括TOPSIS法、目标规划法、加权法、约束法、ELECTRE法等	描述评价对象较精确，可处理多决策者、多指标、动态对象	刚性评价，无法涉及有模糊因素的对象	用于优化系统的评价与决策
	数据包络分析法	以相对效率为基础，按多指标投入和多指标产出，对同类型单位相对有效性进行评价，基于一组标准来确定相对有效生产前沿面	可以评价多输入/输出的大系统，可用"窗口"技术改进单元薄弱环节	只表明评价单元的相对发展指标，无法表示实际发展水平	评价经济学中生产函数的技术、规模有效性，以及效益
	层次分析法	根据层次网络结构评价方案，两两比较确定判断矩阵，取特征向量为权重，综合出总权重，并排序	可靠度比较高，误差小	评价对象的因素不能太多（一般不多于9个）	成本效益决策、权重计算、排序、资源分配

续表

类别	名称	方法描述	优点	缺点	适用对象
数理统计法	主成分分析法	研究原始变量相关矩阵内部结构，找出影响某个经济过程的不相关的综合指标，线性表示原来变量	全面性、可比性、客观和理性	因子负荷符号交替，使函数意义不明确；统计数据需求量大；无法反映客观水平	对评价对象进行分类
	因子分析法	根据因素相关性大小把变量分组，使同一组内的变量相关性最大			反映评价对象依赖关系，对评价对象进行分类
	聚类分析法	计算对象或指标间距离，或者相似系数，进行系统聚类	可以解决相关程度大的评价对象	需要大量的统计数据，没有反映客观发展水平	证券组合投资选择
	判别分析法	计算指标间距离，判断所归属的主体			主体结构选择，经济效益综合评价
系统工程法	评分法	对评价对象划分等级、打分、处理	方法简单，容易操作	只能用于静态评价	新产品开发计划与结果，系统安全性评价等
	关联矩阵法	确定评价对象与权重，对各替代方案有关评价项目确定价值量			
模糊数学法	模糊综合评价法	引入隶属函数 $\mu I_y : C \rightarrow [0, 1]$，实现把人类的直觉确定为具体系数 $R = [\mu I_{ij}(x_{jh})]_{n \times m}$，其中 $\mu I_{ij}(x_{jh})$ 表示指标 μI_{ij} 在论域上评价对象属性值的隶属度，并将约束条件量化表示，进行数学解答	可克服传统数学方法中"唯一解"弊端；根据不同可能性得出多个层次的问题题解；具备可扩展性；符合现代管理的"柔性管理"思想	不能解决评价指标间相关造成的信息重复问题，隶属函数、模糊相关矩阵等的确定方法有待进一步研究	消费者偏好识别、决策中的专家系统、信息系统综合评价、事前的投资决策评价、矩阵排序等，已广泛应用于多个领域的评价
	模糊积分法				
	模糊模式识别法				
人工智能评价方法	人工神经网络评价法	通过BP（back propagation）算法，学习或训练获取知识，存储在神经元的权值中，通过联想使相关信息再现	网络具有自适应能力、可容错性，能够处理非线性、非局域性与非凸性大型复杂系统	精度不高，需要大量的训练样本等	信息系统综合评价、指标体系权重的确定等
	小波网络法	待评价模拟系统通过小波网络学习，得到专家知识，建立映射关系			

续表

类别	名称	方法描述	优点	缺点	适用对象
信息论论法	基于信息熵理论的综合评价方法	熵是系统状态不确定性的度量，是系统可能处于几种不同状态的概率。通过对熵的计算进行决策	可排除人为、风险等因素，客观反映评价对象信息	需要与主观评价方法相结合	项目生命周期投资评价、信息系统权数评价等
灰色综合评价法	灰色关联度评价法	根据待分析系统的各特征参量序列曲线间的几何相似或变化态势的接近程度，判断其关联程度的大小，从而进行决策	可处理信息部分明确、部分不明确的灰色系统，所需数据量小，可处理相关性大的系统	定义时间变量几何曲线相似程度较难，同时考虑所选择的变量应该具备可比性	企业经济效益评价、信息系统综合评价等
	灰色聚类分析法				
其他评价方法	动态综合评价法	先将时序立体数据转换成平面数据，再应用已有的静态综合评价法进行数据集结和评价	TOWA算子灵活，广泛用于解决动态综合评价问题	忽略主观者的偏好	动态经济系统、管理者绩效评价、权重的确定等
	交互式评价法	在智能化的基础上进一步实现人-机交互对话	提高主客观兼顾决策精度和效率	没有考虑评价对象属性、重要度	解决评价主观与客观结合问题
	基于粗糙集理论的经济评价法	建立属性的约简，从决策表中去除冗余属性，产生决策规则，并利用规则对新对象进行决策	考虑属性重要性差异，去除影响评价的不重要因素	算法执行效率低；需对属性离散化	权重确定、多指标综合评价、经济性等决策分析问题
	可拓评价法	将待评对象等级化，由数据库或专家意见给出各等级数据范围，将待评对象指标代入各等级集合，结果按其与各集合关联度大小比较	以定量数值表示评定结果，能较完整地反映实际待评对象综合水平	一般可拓评价方法只局限于一级评价	应用于事物评判问题，如企业核心竞争力、信息系统综合评价等
	正交投影法	形成于改进的TOPSIS方法基础上，用"垂面"距离代替欧氏距离	用线性变换减少计算，操作性强	忽略指标均衡在决策中的作用	信息系统投资评价、企业结构复杂度等

资料来源　王汉斌，齐玥，李忱. 管理信息系统投资决策评价方法分析［J］. 工业技术经济，2009（4）：92-96.

组合评价即针对不同评价目标、评价内容、指标特点等，同时选择多种不同的评价方法，取各方法之长，补各方法之短，达到提高决策准确率的效果。评价方法的组合是信息系统投资决策评价的未来发展趋势。不同的信息系统，其投资的目标、环境各不相同，这就决定了评价方法的选择应该与其相适应。只有选择适合的方法，并将各种方法进行有机组合，才能达到互补的效果，更好地解决信息系统项目评价问题。

此外，为了增强评价模型的可操作性，在基本实现评价目标的前提下，应当尽量简化评价方法。

8.4.3 信息系统的费用效益分析[①]

1. 信息系统经济效益的预评价

信息系统项目经济效益分析主要适用于两种情况：一是在项目立项之初的经济效益预分析，为项目决策提供依据；二是在项目完成后实施的经济效益评估，是事后的总结。前者是后者的评估基础，项目立项前的经济效益分析对企业来说更加重要。

（1）信息系统经济效益分析的前提

采用最基本的经济学分析原理：经济效益=收益-成本。对于信息系统项目的经济效益预分析而言，重点要分析计算其预计收益和预计成本。

对于信息系统项目经济效益分析来说，必须引入比较分析的方法，即经济效益是指在不建立信息系统（或维持现状）与建立信息系统两种情况下所实现的不同业务目标的比较。只有这样，计算出来的结果才能用于投资决策。在不建立信息系统的情况下，企业也可以通过手工管理等方式来实现一定的业务目标。

在进行比较分析的情况下，必须引入假设分析方法。该方法是指在分析项目成本和收益时，对于上线后由计算机工具到位所带来的软件硬件投入、管理流程（包括运转方式、工作方式等）、人员、业务目标等变化必须进行事先的分析假设，这样才能进行相应的成本和收益分析。所以，在具体分析计算时，必须交代各项计算的假设前提。[②]

相关人员必须对未来的系统 4 个要素进行假设分析，包括：

① 需要初步确定未来的计算机工具或系统的基本技术方案，这是预测系统的开发和运行成本的前提条件。

② 分析新的管理流程。只有将运转方式分析清楚，才能进入系统开发阶段。

③ 预测未来系统会有多少用户，这是对系统规模的基本预测，由此可以假设相应的培训成本和人员变化的收益。

④ 预期实现的业务目标，这是收益分析的基本假设前提。比如，人力资源部提出要建立在线学习系统。为了分析其未来收益，就必须假设与该系统相关的业务目标：实现每年 n 人次的在线学习时数，由此就可算出节约的集中培训实施费用或其他相关收益。只有对以上 4 个要素进行基本预测和假设，才能开始下面的经济效益预分析工作。

要明确信息系统项目经济效益分析周期。经济效益分析的起点为预研究开始的时间点，周期是自起点开始 5 年的成本及效益，以月为单位统计。这一周期的规定主要是考虑了计算机项目平均的生命周期。

---

① 陈禹. 信息经济学教程 [M]. 北京：清华大学出版社，1998：134-137.
② 龚靓，陈彦刚. 信息系统项目经济效益分析方法初步研究 [J]. 湖北成人教育学院学报，2010，16（6）：57-60.

（2）信息系统经济效益分析的模型

信息系统项目经济效益分析包括项目收益分析和项目成本分析。

项目收益分析主要考虑的内容见表8-5。

表8-5　　　　　　　　信息系统项目运行收益分析模型

运行收益描述	推荐的计算方法
1.人员变化带来的收益（人员变化是假设应用系统上线后产生的人员转岗或其他人员变更情况）	减少的在岗人员数量×年工作日×平均劳动力日单价
2.库存的减少	减少库存的财务价值×财务机会利率（可用贷款利率替代）
3.机器故障率降低，减少产品损失	加班生产同样数量的产品增加的额外制造成本
4.质量提高	折算为降低的不合格品数量×单价
5.工作时间减少或工作效率的提高	在岗人员每日减少的工作时间（折算为天）×平均劳动力日单价，如应用系统投产前，人均投入工作时间为8小时；应用系统运行后，人均投入工作时间降低为4小时
6.耗材减少	按预估的减少量价值计算
7.某种风险的降低	（该风险发生后产生的损失+补救措施或恢复原状的成本）×该风险发生概率的降低值
8.收益的增加，包括销量增加、利润增加等	自行确定
9.其他方面	视情况而定

注：各子项的具体计算方法还需要遵循相关的财务分析和技术经济分析方法。

项目成本分析必须考虑系统整个生命周期中所有发生的成本，包括项目预研成本、项目开发成本、应用系统运行成本等主要方面（见表8-6）。

表8-6　　　　　　　　信息系统项目成本分析的构成

成本	描述	推荐的计算方法
项目预研究成本	1.研究人员（包括用户、计算机人员、组织人员）成本	总人日数×平均劳动力日单价
	2.技术援助（如咨询）	预估确定或据实计算
	3.培训费用	预估确定或据实计算
项目开发成本	1.人力（包括用户、计算机人员、组织人员）成本	预估的项目实施人日数×平均劳动力日单价
	2.投资（包括软件采购、硬件采购、委外开发）成本	根据系统技术与实施方案预估确定
	3.实施费用（包括培训费、差旅费、委外开发费）	预估确定

续表

成　本		描　述	推荐的计算方法
应用系统运行成本	计算机年运行成本	1.信息系统的组织信息部门的年运行维护成本（人力成本）	上一年的工作量×平均劳动力日单价×所有应用系统的数量
		2.与应用系统相关的网络设施（包括安全产品方面的投资）的年成本分摊	（将过去5年的每年投资按5年平均分摊之和+年维护费用）÷该网络上运行的应用系统的数量
		3.与应用系统相关的硬件平台成本的年分摊	（过去5年在该平台的投资年平均分摊之和+年维护费用）÷（运行在该平台上的应用系统数量+1）
		4.应用系统供应商维护成本（如许可使用版本维护升级费等）	年供应商维护费用+许可使用费用+其他费用
	用户运行成本	1.投入的运行维护工作量	预计投入的人数×年工作日数量×平均劳动力日单价×A%（A%为工作量系数，可取50%）
		2.培训成本（用户更换时的再培训）	根据发生的可能性预估
		3.耗材	按预估消耗量测算

由表 8-5 和表 8-6 计算经济效益分析的判定标准，计算累积净收益（value accumulated net，VAN）：

VAN=运行收益-（项目预研究成本+项目开发成本+应用系统运行成本）

若 VAN>0，则项目有收益；若 VAN<0，则项目无收益。

案例窗 8-1

信息系统经济效益分析实例

测算某信息系统项目的经济效益（部分数据为虚拟）。

一、信息系统项目的预研究成本分析（见表 8-7）

表 8-7　　　　　　　　　　信息系统项目的预研究成本分析

描　述	推荐的计算方法	数据与假设	分析得出的数据（万元）
1.研究人员（包括用户、计算机人员、组织人员）成本	总人日数×平均劳动力日单价	总人日数 1 237 人·日 平均劳动力日单价 0.1 万元	123.7
2.技术援助（如咨询）	预估确定或据实计算	240 万元	240.0
3.培训费用+出差费用	预估确定或据实计算	68 万元	68.0
合　计			431.7

二、信息系统项目的开发成本分析（见表8-8）

表8-8　　　　　　　　　　　信息系统项目的开发成本分析

描　　述	推荐的计算方法	数据与假设	分析得出的数据（万元）
1.人力（包括用户、计算机人员、组织人员）成本	预估的项目实施人日数×平均劳动力日单价	预估的项目实施人日数1 100人·日	110.0
		平均劳动力日单价0.1万元	
2.投资（包括软件采购、硬件采购、外委开发）成本	根据系统技术与实施方案预估确定	446.3万元	446.3
3.实施费用（包括培训费、差旅费、外委开发费），其他人力成本	预估确定	312万元	312.0
合计			868.3

三、信息系统项目的应用系统运行成本分析（见表8-9）

表8-9　　　　　　　　信息系统项目的应用系统运行成本分析

成本项目	描　　述	数据与假设	分析得出的数据（万元）
计算机年运行成本	1.信息系统的组织信息部门的年运行维护成本（人力成本）	IFS上一年的工作量160人·日	32.0
		EDD上一年的工作量160人·日	
		平均劳动力日单价0.1万元	
		所有应用系统的数量1个	
	2.与应用系统相关的网络设施（包括安全产品方面的投资）的年成本分摊	过去5年的每年投资按5年平均分摊之和0	103.2
		年维护费用103.2万元	
		该网络上运行的应用系统的数量1个	
	3.与应用系统相关的硬件平台成本的年分摊	过去5年在该平台的投资年平均分摊之和0	0
		年维护费用0	
		运行在该平台上的应用系统数量1个	
	4.应用系统供应商维护成本（如许可使用版本维护升级费等）	年供应商维护费用0	154.0
		许可使用费用154万元	
		其他费用0	
用户运行成本	1.投入的运行维护工作量	预计的POA人数1人	24.0
		预计的PFA人数1人	
		年工作日数量240日	
		平均劳动力日单价0.1万元，A%取50%	
	2.培训成本（用户更换时的再培训）	暂未发生0	0
	3.耗材	暂未消耗0	0
合计			313.2

四、收益分析

为了进行收益分析，项目负责人根据实际情况对系统相关要素进行假设：由于文件传递效率提高，减少文件传递分发人员6人；每月处理文件250个，上系统后每个文件的处理时间从35小时降低到20小时；假设在条件具备的情况下，每年完成一个项目，投入20个项目人员，协同工作减少总工时15%。

根据以上方面的运行收益，由此可以计算该信息系统项目的收益（见表8-10）。

表8-10　　　　　　　　　　信息系统项目收益分析

运行收益描述	推荐的计算方法	数据与假设	分析得出的数据（万元）
1.人员变化带来的收益	减少的在岗人员数量×年工作日×平均劳动力日单价	减少的在岗人员数量6人 年工作日240日 平均劳动力日单价0.1万元	144.0
2.工作时间缩短或工作效率提高	在岗人员每日缩短的工作时间（折算为日）×平均劳动力日单价	文件处理减少的工作量5 625人·日 平均劳动力日单价0.1万元	562.5
3.协同设计使设计时间缩短	按预估的缩短量价值计算	节约720人·日	72.0
4.其他方面	纸张等的节约	90万元×30%	27.0
合　计			805.5

五、项目总体经济效益分析（见表8-11）

表8-11　　　　　　　　　　信息系统项目经济效益分析　　　　　　　　金额单位：万元

项目	子　项	2018年 N=1	2019年 N=2	2020年 N=3	2021年 N=4	2022年 N=5
成本分析	1.预研究成本	431.70				
	2.开发成本	868.30	0.00			
	3.应用系统运行成本	171.80	313.20	313.20	313.20	313.20
收益分析	收益	268.50	805.50	805.50	805.50	805.50
	年净收益	-1 203.30	492.30	492.30	492.30	492.30
	财务折算率：$(1+r)^{N-1}$	1.00	1.08	1.17	1.26	1.36
	年收益（财务折算）	-1 203.30	455.83	422.07	390.80	361.86
	累计收益	-1 203.30	-747.47	-325.40	65.40	427.26

注：（1）该表中的年净收益=收益-（预研究成本+开发成本+应用系统运行成本）。（2）第N年的年收益=第N年的年净收益/$(1+r)^{N-1}$，其中，r（为财务折算系数）=0.08。（3）第N年的累计收益=第N-1年的累计收益+第N年的年收益（其中，N≥1）。

从表8-11中可以看到，该项目的经济效益分析从2018年开始计算，一直累计到2021年，该项目的累计收益转为正，即VAN>0，该分析结果可以作为投资决策的参考。

资料来源　龚靓，陈彦刚. 信息系统项目经济效益分析方法初步研究［J］. 湖北成人教育学院学报，2010，16（6）：57-60.

由以上经济效益分析模型可以看出，最难分析的是收益部分，而最容易被忽视的是关于运行成本的分析。信息系统项目的经济效益分析需要用户和组织信息部门等相关机构和部门的配合才能完成，特别是用户必须在提出应用系统需求的同时，就对应用系统的要素进行假设预测，只有这样才能计算出相应的经济效益。这也为项目实施后的经济效益验收评估提供了依据。

上述介绍的信息系统经济效益分析方法具有一定的通用性，在具体应用过程中必须视具体情况进行调整。由于使用了假设预测，因此相关分析计算不可能做到完全精准，会存在一定的局限性。

2.信息系统经济效益的后评价方法

信息系统经济效益的后评价方法主要是指事后评价。事后评价是信息系统投入正式运行以后，为了解系统是否达到预期的目的和要求而对系统运行的实际效果进行的评价。信息系统项目的鉴定是事后评价的一种更为正规的形式。事后评价的主要内容包括系统的性能评价、系统的经济效益评价和其他方面的评价。本书重点论述经济效益评价。按照评价方法所涉及的学科领域不同，常用的经济效益后评价方法被归纳为德尔菲法、经济模型法、运筹学评价法、其他数学方法评价法以及组合模型法等五大类（见表8-12）。

表8-12　　　　　　　信息系统经济效益后评价方法分类

信息系统经济效益的后评价方法	德尔菲法	评分法
		类比法
		相关系数法
	经济模型法	生产函数法
		指标公式法
		费用效益分析
		投入产出分析
	运筹学评价法	多目标决策
		数据包络分析法
		层次分析法
	其他数学方法评价法	模糊综合评判法
		多元统计分析法
		神经网络法
	组合模型法	

资料来源　赵保才，王勇军. 信息系统的经济效益及其评价［J］. 东北电力技术，2003（1）：44-47.

传统的方法常以主观判断为基础，首先是通过评分法或者类比法来确定信息系统对企业总经济效益的贡献程度。如果要更精确一些，还必须给出每一类经济指标的贡献程度，然后用下面的公式来计算信息系统带来的经济效益（E）：

E=企业经济效益增长额×信息系统贡献程度（C）

或 $E=\sum$(各类经济效益增长额×信息系统对各类效益贡献程度（C_i）)

思政园地

关键软件领域人才需求趋势

在经济新常态背景下，我国软件和信息技术服务业继续呈稳中向好的运行态势，预计到 2025 年软件业务收入达 12.8 万亿元。

我国软件从业人员规模稳步增长，人均产值持续增加，关键软件人才队伍不断壮大。相比于软件产业发达的国家，我国在软件人才培养模式、人才价值体现等方面仍存在一定差距。我国软件人才结构持续优化，人才供给集聚度较高，人才流动性略显不足。关键软件领域主要包括五大类：关键基础软件、大型工业软件、行业应用软件、新型平台软件以及嵌入式软件。其中，行业应用软件是指重点行业应用的各类软件，如金融行业软件、通信行业软件等。而新型平台软件是指基于新兴信息技术的平台软件，主要包括大数据平台、云计算平台以及人工智能平台等。

软件人才需求持续提升，到 2025 年，关键软件领域人才新增缺口将超 80 万。其中，嵌入式软件人才需求数量较大，大型工业软件、基础软件人才紧缺程度较高。关键软件紧缺岗位集中于高端技术职位，架构师、前端开发工程师最为紧缺。一些跨领域、深层次的融合创新日益需要融合型、综合性软件人才，不仅要求软件人才充分掌握软件方面的知识技能，还需全面熟悉其他行业的知识结构和业务逻辑。而新模式、新业态的持续涌现也加速软件人才特色化、差异化发展，且不同业态模式的快速迭代进一步要求人才具备更高适应性、更快应变力。

资料来源 赛迪工业和信息化研究院. 关键软件领域人才白皮书（2020年）[R]. 北京：赛迪工业和信息化研究院，2021.

本章小结

本章主要学习信息系统的基本概念、类型与功能、开发技术方法与方式；信息系统的成本构成、成本估算过程和原则、成本估算的模式和软件成本的测算；信息系统的定价分析，主要是信息系统的定价原理和定价模式；信息系统的经济效益分析，主要包括经济效益构成、经济效益评价方法、经济效益分析预评价的主要模型与后评价的主要方法。

复习与思考

1. 信息系统分类是什么？

2. 信息系统开发技术包括什么？

3. 信息系统开发方法有哪些？

4. 信息系统开发方式有哪些？

5. 信息系统项目成本的分类具体是什么？

6. 简述信息系统软件成本的构成。

7. 简述信息系统成本估算的原则。

8. 简述信息系统软件成本测算的过程。

9. 信息系统有哪几种定价方法？

10. 简述信息系统经济效益预评价的主要模型。

11. 简述信息系统经济效益后评价的主要方法。

第 8 章即测即评

第 9 章
信息产业

学习目标

9.1
信息产业概述
9.2
信息产业的运行与管理
9.3
信息产业在国民经济中的地位与作用

思政园地
本章小结
复习与思考

学习目标

◆ 了解信息产业的含义、特征、分类和产业结构。

◆ 熟悉信息产业的运行机制、管理模式和策略。

◆ 重点掌握信息产业对经济增长的直接贡献分析方法、信息产业对经济增长影响的综合贡献分析方法、信息产业的投入产出分析方法和计算模型。

信息化从根本上改变了人类的思想理念、社会特征、企业形态、消费观念和工作方式等，信息产品在社会的各个角落得以广泛应用。与此同时，信息产业飞速发展，一些国家的信息产业（第四产业）增长速度或者效益已经超过第一、第二、第三产业。为此，对信息产业的研究受到越来越广泛的关注。分析信息产业对经济增长的影响，利用各种方法定量测算信息产业的发展水平和贡献程度，确立信息产业的发展策略和增长模式已成为宏观信息经济学研究的重要内容。

9.1 信息产业概述

微课 9-1

信息产业概述

信息时代，信息资源已被视为现代社会的重要战略资源。信息是社会、经济、科技发展的基础。随着信息理论和信息技术的不断发展和日趋成熟，世界的经济结构、产业结构、社会结构正在发生深刻的变化，以高新技术为代表的经济时代的主导产业——信息产业也逐渐从第三产业中分离出来，成为人类迄今为止最具发展前途的产业之一。[1]

9.1.1 信息产业的含义与特征

1.信息产业的含义

信息产业是社会经济活动中专门从事信息技术开发，设备、产品的研制生产以及提供信息服务的产业部门的统称，是一个包括信息采集、生产、检测、转换、存储、传递、处理、分配、应用等众多门类的产业群。[2]

---

[1] 郑凯. 我国信息产业与信息经济发展现状与趋势分析 [J]. 知识经济，2011（20）：123.

[2] 于长钺，王长峰，王一刚，等. 战略生态位视角下我国电子信息产业发展探析 [J]. 生产力研究，2017（11）：69-72；161.

2.信息产业的特征[①]

(1) 战略性新兴产业

信息是现代社会的重要战略资源，在各国的政治、经济、军事、科技等领域的地位十分重要，作为能促进和实现社会信息化和信息社会化的信息产业已经成为今天和明天社会发展中的最大的战略产业。如今，在发达国家，信息产业取代其他产业，成为社会经济发展的主导和战略产业；很多新兴工业国家和地区也将信息产业视为振兴经济、实现第二次飞跃的主导产业。

(2) 快速变化的技术

信息产业以知识、智力和信息的采集、开发、录存、传播为主要职能，其资源主要是知识、智力和思维。因此，人类社会的知识、技术和智力大都集中于或出自信息产业。信息产业的形成与发展，始终与信息技术的发展紧密相联，信息技术发展越快，信息产业的发展也就越快。

(3) 绿色可持续发展

信息产业是有利于经济的可持续发展的产业，因为其是以知识、智力为资源的产业，是无能源消耗或少能源消耗的"无烟产业"和"智力产业"。信息产业在产业结构中的比例越大，整个社会对资源的消耗就越少。另外，信息产业可以通过向社会和其他各种产业和领域提供信息技术和信息设备而起到直接或间接节省资源的作用。信息产业的成果和服务给社会各领域带来的巨大的社会效益是无法衡量的。

(4) 高成本高增长性

由于信息技术的研究开发费用较高，所以，信息产业中的许多行业都需要大量的投资。美国在信息产业上的投入是在传统产业研发上的投入的1.5倍。当然，由于技术和资本密集，信息产业的发展较快，增值也较高，所以是高产值和高回报产业。不仅其产值占GDP的比重在逐年提高，而且在美国等发达国家，其增长速度也已经远远超过其他传统产业，增长速度还有不断加快的趋势。第二次世界大战以后，在各个产业中，信息产业始终以高于其他产业的增长速度发展。到20世纪90年代以后，信息产业更以年均两位数的增长率快速发展，其中一些产业年增长率甚至超过30%。

(5) 高度渗透型产业

信息技术与信息产业的高智力特点决定了信息产业对就业者的知识水平要求很高，这些知识的专用性很强，一旦脱离本行业或者部门，就可能"英雄无用武之地"，从而带来不同程度的结构性失业。但另一方面，信息产业的发展可以开辟许多新兴的职业门路，从而形成更大的就业需求。另外，信息技术的最大特点就是其高渗透性，以信息技术为依托的信息产业以信息的扩散和反馈为途径，高度渗透于其他产业的结构和形态中，这使得其他产业的产品和服务中都或多或少地包含信息产业的价值，从而使信息产业成为典型的高渗透型产业。

[①] 刘颂杰. 中国信息产业发展战略与政策研究 [D]. 南昌：江西财经大学，2001.

9.1.2　信息产业的分类

1.按信息活动来分类

（1）按信息活动的科技含量分类

从信息活动的科学技术含量来看，信息产业可分为以传统技术为主的信息传播和管理活动，以高技术为主的计算机服务、软件等活动，以及支撑信息产业发展的电子信息产品的制造活动。

（2）按信息活动的历史演变分类

从信息活动的历史演变来看，信息产业可分为传播信息活动和现代信息活动。前者包括报纸、杂志、广播、电视及通信媒体。后者包括计算机服务、软件、无线通信和网络等活动。

（3）按信息活动的层次和规模分类

从信息活动的层次和规模来看，信息活动可分为个人信息活动、组织信息活动和社会信息活动。

2.国内外对信息产业的分类概述

（1）国外对信息产业的分类

经济合作与发展组织（OECD）是较早涉足研究信息产业部门内容与分类标准的组织。在认定信息产业的时候特别侧重与电子技术相关的活动，如利用电子技术进行的信息传播和服务活动以及与电子产品相关的一系列的生产、销售、租赁活动等，但图书馆、档案馆等信息部门的部分相关活动被排除在外。

（2）国内对信息产业的分类

以我国产业分类标准为基础，按照研究的需要，信息密集服务业被分为传统信息密集服务业（主要包括社会福利事业、教育业、医疗业、广播电视业）和现代信息密集服务业（主要包括房地产业、信息咨询服务业等）。

9.1.3　信息产业的结构

产业结构属于经济学范畴的概念，是指一个国家的国民经济领域里各种产业间的布局、比例及相互关系的结构。例如克拉克的三次产业划分，即第一产业（农、林、牧、副、渔）、第二产业（工业和建筑业）和第三产业（服务业）。所谓信息产业结构，是指信息产业与国民经济其他各产业之间以及信息产业内部各部门之间的联系和量上的比例关系，包括信息产业外部结构与信息产业内部结构（如图9-1所示）。

信息技术的发展主要是从功能上模拟人体感觉器官、神经系统、思维器官和效用器官，并对其功能进行扩展，从而实现信息的成功获取、传递、处理和应用。因此，信息技术由信息获取技术、信息传输技术、信息处理技术和信息应用技术四大部分组成。人体信息器官的功能与对应的信息技术见表9-1。

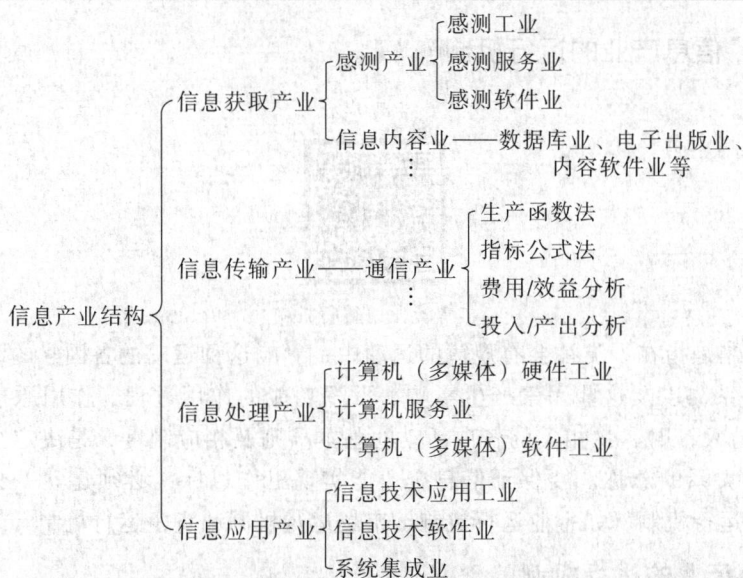

图9-1　信息产业结构示意图

表9-1　　　　　　　　**人体信息器官的功能与对应的信息技术示意表**

信息器官	信息器官的功能	对应的信息技术
感觉器官	获取信息	信息获取技术
神经系统	传递信息	信息传输技术
思维器官	处理信息	信息处理技术
效用器官	使用与反馈信息	信息应用技术

资料来源　李波，李健，汪本聪. 知识化进程中的产业变革［M］. 广州：广东经济出版社，2000：105.

　　信息产业结构被划分为主体技术和支撑技术两大部分。其中，主体技术是按信息的作业过程来划分的，包括信息获取技术、信息传输技术、信息处理技术和信息应用技术，构成信息技术的四大子技术群。这四大子技术群产业化后就形成了信息获取产业、信息传输产业、信息处理产业和信息应用产业四大子产业。

9.2　信息产业的运行与管理

　　信息产业具有与其他产业发展不同的经济规律。信息产业的运行机制简单来讲就是影响信息产业行为的内外因素及相互关系的总称。信息产业的收益机制是信息产业中突出的经济特征。在以信息产业为支柱产业的现代社会经济中，新的经济现象丰富和发展了传统的经济理论。[1]

9.2.1 信息产业的运行机制[2]

微课9-2

信息产业的运行机制

运行机制是指在人类社会有规律的运动中，影响这种运动的各因素的结构、功能及其相互关系，以及这些因素产生影响、发挥功能的作用过程、作用原理及运行方式。[3]它是与人、财、物相关的各项活动的基本准则及相应制度，是决定行为的内外因素及相互关系的总称。要保证信息企业能实现工作目标，必须建立一套协调、灵活、高效的运行机制（如企业运行机制、市场运行机制和竞争运行机制等）。

1.信息产业的运行机制的含义

信息产业的运行机制可以用汽车行驶图来形象地描述（如图9-2所示）。

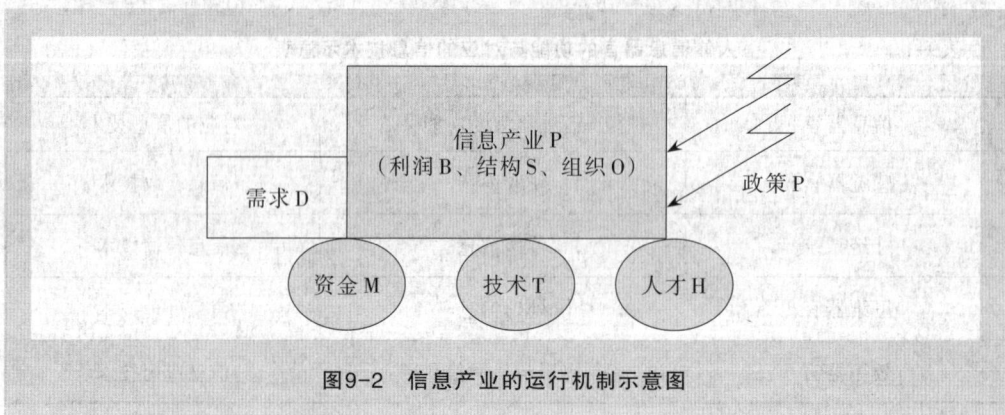

图9-2　信息产业的运行机制示意图

（1）信息产业运行机制的五大因素

在图9-2中，利润（B）（信息产业的盈利状况）、产业内部结构（S）（信息产业的利润率及增长率的稳定情况、创新活动的有序情况）以及产业内部组织（O）（信息产业内部利润率的均衡）是衡量信息产业发展状况和综合水平的三个要素，信息需求（D）、资金（M）、信息技术（T）、人才（H）、信息产业政策（P）则是影响信息产业发展状况和综合水平的五大因素。

首先，信息需求是信息产业运行的拉动力和引擎。信息需求的满足不仅是信息产业的发展目标，而且可以拉动信息产业向前迈进，从而可以使信息产业涌现出一些新的发展方向。巨大规模的信息消费市场，不仅催生了像移动互联、物联网、云计算、

① 王明明. 信息经济学的发展历程与研究成果［J］. 中国信息界，2011（10）：23-28.
② 马费成，李纲，查先进. 信息资源管理［M］. 武汉：武汉大学出版社，2001：298-299.
③ 朱红. 论学习型社会与学习型图书馆［M］. 成都：西南交通大学出版社，2006：62.

大数据等一大批新兴产业的蓬勃发展，还直接拉动了相关电子产业，像元器件、光纤制造、网络设备、智能终端和计算机等的发展。

其次，人才、技术和资金是信息产业运行的轮子。信息产业是知识型和智能型产业，只有信息技术的飞速发展及人类对信息技术的合理驾驭，社会经济结构才能合理变化，信息产业才能产生并很好发展。信息产业获得较高运行效率的关键因素是信息技术的进步。国家只有具备高素质的信息人才，其信息技术才可以更加迅速地向前发展。信息人才的不断发展是推动信息技术进步和信息产业快速发展的主力军，而人才的素质又时刻影响着信息产业的发展速度及水平，信息产业产生和发展的关键因素是信息人才，根本动力是信息技术。然而，所有这一切都与资金的支持是分不开的，资金才是信息产业运行和发展的根本保证。

最后，信息产业政策是信息产业运行的推动力。科学、合理的信息产业政策不仅能够增强信息产业的管理和科研能力、提升信息产业的服务水平，以及加快信息产业人才的培育和成长，还能使信息产业健康、有序发展。建立并健全一个科学、合理、有效的信息产业政策体系对推动信息产业健康、快速发展至关重要。例如，2021 年11 月，工业和信息化部印发《"十四五"软件和信息技术服务业发展规划》，明确了"十四五"时期软件和信息技术服务业的发展形势、总体要求、主要任务以及保障措施等内容，指导未来 5 年软件和信息技术服务业发展。

（2）信息产业运行机制的公式表达

以上各个因素之间的关系可以用公式表示为：

$$I(B, S, O)=f(D, P, M, T, H)^2 \qquad (9-1)$$

式中：D、P、M、T、H 的值决定了 B、S、O 的值。也就是说，信息产业的盈利和利润的稳定增长，不仅取决于信息需求、信息政策、信息技术的发展，还取决于信息人才以及资金等各方面的因素。这些因素共同作用，从而形成了信息产业特殊的运行机制，决定了信息产业的运行效率和成长速度。信息产业成长的双重动力机制如图 9-3 所示。

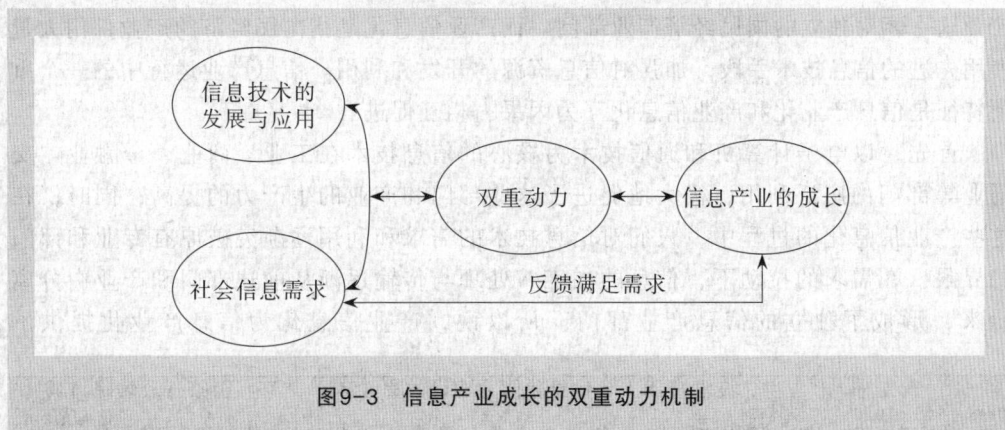

图9-3 信息产业成长的双重动力机制

资料来源 查先进，严亚兰. 专业技术人员信息化能力建设教程 [M]. 北京：国家行政学院出版社，2008：162.

2.信息产业运行机制的模型[①]

(1) 二元论模型

关于信息产业的成长动力机制有很多动力模型可以去描述，其中最著名的是二元论模型。二元论模型指的是在信息需求与信息技术的发展与应用的双重推动力下的信息产业成长的动力模型（如图9-3所示）。由于技术创新越来越复杂，也由于技术与经济已经形成相互渗透和相互影响的态势，所以完全依靠技术推动或者完全依靠市场需求推动来进行的技术创新活动越来越少，更多的技术创新活动是依靠技术与市场的双重推动力来进行的，这就是二元论模型，即双重推动模型。在这个模型中，满足新的市场信息需求的愿望激发了人们的技术创新，技术创新又反过来激发人类对信息的新的市场需求，这双重的强劲合力推动着信息产业的发展和成长。事实上，信息产业的发展过程就是通过对信息技术的发明和利用来满足并激发不断涌现的信息需求的过程。

(2) 多元论模型

和二元论模型一样，多元论模型同样说明了信息产业的快速成长和高效运行。多元论模型认为，在全球经济一体化的大环境中，每个国家和地区的信息产业的成长都不再是单一的或者固定的动力因素的组合，信息产业的成长动力因素组合是多种多样的。譬如，信息产业成长的原始动力是有效需求，信息产业成长的核心动力是不断创新，信息产业成长的驱动力是信息的全球化，信息产业成长的外动力则是激烈的国际竞争。[②]

3.信息产业运行机制的特点[③]

与传统产业不同，信息产业的特点主要包括以下几个方面：

(1) 信息产业化与产业信息化互促互进

信息产业化是指一些组织机构（这些组织机构与信息的生产、流通、分配、消费直接相关）在遵循市场经济规律和立足于产业化要求的前提下，在宏观上形成了信息产业这一相对独立的国民经济产业部门。而产业信息化是指国民经济的产业部门大量使用先进的信息技术手段，加强对信息资源的开发和利用。信息产业运行中的一个重要特征是信息产业化和产业信息化互为因果、相互促进。

首先，以电子计算机和通信技术为核心的信息技术在工业、商业、金融业、交通业等部门的广泛利用，极大地促进了这些部门和产业的生产力的提高；同时，在这些产业信息化的过程中，人们对信息技术的需求和利用逐渐突破原有专业和部门的界限，在需求的拉动下，信息的加工、处理与传输逐渐从前述部门和产业中分离出来，形成了独立的信息产业部门。所以说，产业信息化为信息产业化提供了

---

① 查先进，严亚兰. 专业技术人员信息化能力建设教程 [M]. 北京：国家行政学院出版社，2008：161-162.
② 何亚琼，李一军，黄梯云. 信息产业成长的动力机制研究 [J]. 决策借鉴，2000，13（2）：5.
③ 严怡民. 关于信息产业本质结构与发展模式的探讨 [C] //马费成，邱均平，黄宗忠. 信息资源与社会发展——1996信息资源与社会发展国际学术研讨会论文集. 武汉：武汉大学出版社，1996：134-137.

条件。

其次，信息产业的形成与发展对各产业部门对信息资源的利用和信息技术的发展起到了很大的推动作用，社会经济向着信息化的方向发展。

（2）一级信息部门和二级信息部门之间相互依存

一级信息部门是直接面向市场、为企业和部门提供信息产品与服务的信息产业部门。二级信息部门是为本组织机构提供信息产品和信息服务的信息产业机构。从产生来看，一级信息部门是对二级信息部门替代的结果。但由于信息需求是多种多样的，社会公共信息服务系统不可能满足所有组织机构对信息的所有需求，要想获得足够的信息，还需要本身的信息机构的努力。因此，一级信息部门不能完全取代二级信息部门，两个部门是相互依存和相互补充的。

（3）信息生产的分工不断深化

信息生产与信息服务的分工已经变得越来越细，形成了众多的分支产业。譬如，数据录入过去属于数据库生产，但现在它已经从数据库生产中分离出来。再如，数据计算也已经分化为远程计算服务和脱机批处理方式等。当然，在信息产业内容的分工在劳动生产率不断提高的规律支配下不断深化的同时，信息系统提供的信息内容也在追求规模经济效益的动力下进一步综合化。

（4）市场运行的机制不够完善

由于信息产业的特点鲜明且发展时间不长，所以，相比较传统产业，其市场运行机制还不够完善。这是因为信息需求的多样性导致信息的生产不是由需求带动，而是由技术推动，所以，信息产业很容易出现供求机制上的错位。另外，由于信息产品和信息服务的价格不能像一般物质产品那样容易衡量，所以，在信息产业领域，还没有形成科学的或者公认的价格模型，因为信息产业所面对的价格机制的约束还不够强。

9.2.2　信息产业的管理模式和策略

微课 9-3

信息产业的管理模式和策略

信息产业管理是对信息产业的运行和发展进行规划、决策、组织、调节和监督的一种控制活动，也是国民经济宏观管理下的产业经济管理；但它和国民经济宏观管理下的部门相比，经济管理更复杂，涉及的范围也更加广泛。[1]

1.信息产业的管理内容[2]

根据信息产业的特点和信息产业管理的任务，信息产业的管理工作应包括以下内容：

---

① 张守一. 信息经济学 [M]. 沈阳：辽宁人民出版社，1992：413.
② 陈颖. 信息经济学教程 [M]. 保定：河北大学出版社，2006：174-175.

（1）信息产业的政策和法规管理

信息产业的政策和法规管理指的是信息产业管理部门通过政策、法律和法规对信息产业进行的管理，它是信息产业管理的重要内容，又是信息产业管理的重要手段。在新形势下，信息产业要想持续、快速、健康发展，就必须建立健全政策和法规的运行机制，通过不断地完善政策和法规，来保障信息产业的快速发展。多年来的产业发展实践充分显示，信息产业要想健康、快速发展，就必须不断加强宏观指导，同时要不断地加强国家的政策和法规的支持力度。

（2）信息产业的宏观调控管理

在市场经济条件下，各经济主体的利益关系往往是不一致的，会发生各种各样的矛盾和冲突，这时仅凭企业间的协调是不够的。国家的信息产业政策和经济杠杆弥补了市场的不足。在信息产业发展的过程中，国家可以通过宏观调控来大力推进信息化的进程。在国家的宏观调控下，信息产业能快速实现产业结构的优化，使自己保持持续、健康的发展，并最终带动整个国民经济的大发展。

（3）信息商品的市场监督管理

市场体系是信息产业生产要素流动和信息资源优化配置的场所。所以，信息产业要想加强管理，就必须大力培育和发展信息商品市场体系，完善信息市场交易法规和信息商品市场的监管制度，从而使信息商品市场能够在国家宏观调控下得以规范，并逐步形成有序的信息商品市场体系。为了建立健全信息商品市场体系，首先，必须建立健全监管体制，并使之统一协调、权责均衡。其次，要推行市场化改革，加强政府信息公开，促使公平竞争。再次，要简化审批程序，完善登记备案制度，使许可制度更加规范，从而提高行政效率。最后，要确立事后监督的监管原则与相应机制。确定事后审查制度的目的在于，对确实违反了宪法和法律的行为进行惩处，从而可以防止权力滥用。

（4）信息产业的技术创新管理

推动信息产业快速发展的原始动力是信息技术的创新，技术创新是信息企业的生命力所在。

首先，下大力度继续推进信息产业内各部门科研机构的优化组合，通过技术开发中心或者虚拟研发组织的建立，为技术创新、市场开拓和生产经营的一体化奠定组织基础；

其次，要想方设法引入合理的高技术风险投资基金的运作方式和机制，为信息技术的创新提供必要的外部融资环境；

最后，要懂得突出重点，狠抓重点领域，争取在重点领域实现新的突破，并以重点领域的发展为源头，最终实现整个信息产业企业的发展。

2.信息产业的管理模式

从干预的程度划分：[①]

① 佟维群，周继珍，查俐敏. 市场经济条件下图书馆人应树立的十大新观念［J］. 图书与情报，1997（1）：25-26.

① 宏观管理与自由放任模式，是指国家放任信息产业各部门、各企业自主经营和自由发展，国家主要是通过间接手段管理和调控信息产业的发展规模、发展速度和发展方向来控制信息产业的结构和总量。这种模式主要以美国为代表。

② 中观产业干预模式，以中观产业部门作为政策的立足点，由国家直接控制和调节信息产业运动的全程，主要包括确定产业目标、选择产业政策、协调产业组织、调整产业布局、实施产业保护策略以及产业国际化等。有学者认为，发展中国家应该抓住中观层次，既能减少微观活动的盲目性，又能够为宏观需求管理创造条件。

从集中的程度来划分：

① 集中管理模式，是指国家按照统一的计划，对全国信息产业的发展过程进行有意识的协调和控制，通过对信息产业内各个行业和部门的发展进行统一分工、合理安排、集中管理，从而使全国的信息产业形成一个有机整体的管理模式。

② 分散管理模式，是指政府对信息产业不作任何干预、不统一规划，完全由信息产业部门根据市场需求自发地相互协调的管理体制。

③ 混合管理模式，是将集中式管理模式和分散式管理模式结合在一起的管理模式。因为作为两种模式的结合，这种管理模式能有效地避免上述两种模式的弱点，做到宏观集中与微观分散的全面配合，所以，当前的大多数国家均采用这种模式来管理信息产业。它既能在总体规划的基础上使信息资源得到合理分布和有效配置，又有利于调动信息技术从业人员的生产积极性，从技术和市场两个方面促进信息产业的演进。

3.信息产业的管理策略①

(1) 产业标准策略

由于标准在信息产业中对企业的生存和发展具有极其重要的作用，企业的竞争战略就必须充分考虑到标准的影响。根据企业及其竞争对手与现有标准的关系，可以归纳出企业的战略以及成功的关键因素（见表9-2），并在标准的竞争过程中注意以下策略：

一是先发制人策略。先发制人就是说一个竞争者要比其竞争对手提前采取行动，使自己的产品和技术比竞争者先进入市场。

二是预期管理策略。首先，要巩固和加强市场营销攻势；其次，培养一定数量的忠诚顾客群；最后，尽可能扶持潜在的关联厂商。

三是战略联盟策略，是指两个或两个以上的独立企业或组织为了共同的目标，在一定时期内，通过交换资源、功能互补、统一策略和协同动作的方式联合打造竞争优势和争取双赢。

四是取得政府支持策略，因为一旦一种标准取得政府的支持，就会发生正反馈效应，促使市场的需求向标准的产品集中。

① [1] 舒辉. 标准竞争中的市场策略分析 [J]. 商业经济与管理，2008（5）：23-28.
[2] 李新家. 网络经济条件下生产力发展研究 [M]. 广州：广东人民出版社，2009：128-130.

表9-2   企业的策略与成功关键因素

与现有标准是否兼容		本企业策略	
		是	否
竞争企业	是	迅速推出新标准，通过与原标准保持兼容、开放技术标准，与主要厂商结成技术同盟。同时，采取渗透定价、产品绑定、价格歧视等办法尽可能地吸引消费者	技术经过不断测试才能推向市场，加强市场宣传，突出革命性功能，以吸引前卫消费者。因为没有现成的安装基础和互补性生产厂商，所以需要结盟，同时需要耐心和魄力
	否	技术上关注与原有标准体系的吻合，以利用原有技术标准的安装基础，在用户市场上强化合同义务，低价格甚至免费延长合约，减少互补性投资价格；以刺激互补性投资等方法加强用户层面的锁定，在销售网络上给予大型的销售厂商更大的优惠，从而牢牢地控制用户安装基础	技术应该在趋于成熟的时候才能推向市场，在此之前应积极宣传，同时建立联盟。在造势的同时，分析人们对现有标准网络失去耐心的原因，对症下药
成败关键因素	—	如何利用现有标准的网络基础	技术是否卓越，推出标准时机是否成熟

（2）空间集聚策略

信息产业是知识型产业。这里的知识，如技术知识、供求信息和经营经验等，都具有公共物品的性质，所以一旦被创造出来，传播的速度越快，拥有的人数越多，为群体带来的福利也就越大。[①]信息产业的空间集聚作用包括以下四点：创造创新网络、共享基础设施、集中专门人才、增强合作水平。所以，通过产业的空间集聚可以获得外部规模经济和范围经济效益。[②]如今，信息产业的一个突出特点就是许多厂商成群地集聚在有利的地理位置。例如，美国硅谷、米德堡、波士顿128号公路等地都是全球知名的IT圣地，同时是信息服务企业主要的集聚地。

9.3 信息产业在国民经济中的地位与作用

信息产业是国民经济新的增长点，是具有战略性的新兴带头产业，信息产业的成长也是可持续发展的重要条件。[③]

9.3.1 信息产业对经济增长的影响

1.信息产业对经济增长的直接贡献分析

信息产业本身就是国民经济中的一个产业部门，其就业规模和产值规模的不断扩

① 王明明. 信息产业促进经济发展的机制 [M]. 广州：中山大学出版社，2001：108.
② 张惠萍. 信息服务业的空间分布、区位策略与集聚——以福建省为例 [J]. 华东经济管理，2013，27（7）：79-84.
③ 徐升华，毛小兵. 信息产业对经济增长的贡献分析 [J]. 管理世界，2004（8）：75-80.

大直接促进了经济的增长。

（1）信息产业对经济的贡献率

$$a_{it} = I_{it}/GDP_t \qquad (9-2)$$

式中：a_{it}表示第i个产业在t年对经济的贡献率；i=1，2，3，4分别代表第一产业、第二产业、第三产业、信息产业；t表示相应年份。

（2）信息产业对经济增长的贡献率

$$b_{it} = \frac{I_{it} - I_{it-1}}{GDP_t - GDP_{t-1}} \qquad (9-3)$$

式中：b_{it}表示第i个产业在t年对经济增长的贡献率；i=1，2，3，4分别代表第一产业、第二产业、第三产业、信息产业；t表示相应年份。

（3）信息产业对经济增长率的贡献率

$$c_{it} = \frac{I_{it} - I_{it-1}}{GDP_t - GDP_{t-1}} \times \frac{GDP_t - GDP_{t-1}}{GDP_{t-1}} = \frac{I_{it} - I_{it-1}}{GDP_{t-1}} \qquad (9-4)$$

式中：c_{it}表示第i个产业在t年对经济增长率的贡献率；i=1，2，3，4分别代表第一产业、第二产业、第三产业、信息产业；t表示相应年份。

信息产业增长速度远超过国民经济整体的增长速度，说明信息产业迅猛的增长势头和对经济的拉动作用。信息产业的发展水平优于其他产业的发展水平，所以必须不断完善、壮大信息产业，发挥信息产业对于其他产业的带动作用和影响力度。

2.信息产业对经济增长的间接贡献分析

信息产业通过对传统三大产业的影响作用，对国民经济产生了良好的传递效应和间接贡献。信息产业的发展之所以能够对国民经济产生间接的贡献，是由于信息产业能够对传统产业起到改造作用，进而增强传统产业的生命力，即通过其对三次产业的影响而对国民经济产生影响。信息产业作为高知识、高技术的产业以其高渗透性、高效率性、高附加值性等特点，通过信息设备制造和信息服务的提供，对农业、工业和服务业都有着广泛而深刻的影响，信息产业的快速发展也带动了三次产业的发展，表现为其对社会经济发展产生了拉动作用。

信息产业对经济增长的间接影响可表现在以下几个方面：[①]

① 信息技术使传统产业的生产率获得了前所未有的提高；

② 信息技术正在改造传统产业的产品；

③ 互联网将使传统产业能够集成整个供应链；

④ 信息产业对控制通货膨胀作出了贡献；

⑤ 信息产业对解决就业作出了贡献。

3.其他产业与信息产业的双向影响

国民经济发展的水平也是信息产业发展的基本要素，其发达程度决定了信息产业发展的规模与速度，较高的经济发展水平能为信息产业的发展提供更好的资金、技术等方面的条件。同时，三次产业对信息设备和信息服务的需求构成了信息产业存在和

---

① 马费成，靖继鹏. 信息经济分析 [M]. 北京：科学技术文献出版社，2005：338-339.

发展的市场基础。传统产业由于信息化而产生的大量需求，为信息产业提供了广阔的应用领域，并培养出一批能将信息技术与传统产业结合起来的复合型人才，还为信息产业提供了丰富的原始产业数据和信息。信息产业则向传统产业提供信息技术、信息设备、信息内容和信息服务，从而推动传统产业的信息化进程，并极大地增强了传统产业的竞争力。随着传统产业的有效需求向大范围、高层次发展，信息产业日趋合理化、高级化，信息产业的规模也不断扩大。[1]

4.信息产业对经济增长影响的综合贡献分析

（1）一般的生产函数模型[2]

为了测度信息产业对经济增长和结构变动的带动作用，专家们运用经过修正过的柯布-道格拉斯生产函数（Cobb-Douglas production function）进行回归分析。[3]工业化时期的经济增长模型一般用柯布-道格拉斯生产函数表示：

$$Y = A \times L^{\alpha} K^{\beta} \mu \tag{9-5}$$

式中：Y为社会总产品产量或国内生产总值（GDP）；A为综合技术水平；L为投入的劳动力数（单位是万人或人）；K为投入的资本，一般指固定资产净值（单位是亿元或万元，但必须与劳动力数的单位相对应，如劳动力以万人为单位，固定资产净值以亿元为单位）；α为劳动力产出的弹性系数，$\alpha=(\partial Y/Y)/(\partial L/L)$表示劳动力投入变化引起产值变化的速率；$\beta$为资本产出的弹性系数，$\beta=(\partial Y/Y)/(\partial K/K)$表示资产投入变化引起产值变化的速率；$\mu$表示随机干扰的影响，$\mu \leqslant 1$。

从式（9-5）中还可以看出：决定工业系统发展水平的主要因素是投入的劳动力数、资本和综合技术水平（包括经营管理水平、劳动力素质、引进先进技术等）。讨论α和β的组合情况：

① $\alpha+\beta>1$，称为递增报酬型，表明按现有技术通过扩大生产规模来增加产出是有利的；

② $\alpha+\beta<1$，称为递减报酬型，表明按现有技术通过扩大生产规模来增加产出是得不偿失的；

③ $\alpha+\beta=1$，称为不变报酬型，表明生产效率并不会随着生产规模的扩大而提高，只有提高技术水平，才会提高经济效益。

（2）信息化时代的生产函数

在人类步入了信息社会的今天，决定经济增长的基本要素除资本和劳动力外，并不单纯是科技进步，还要包括科技进步的信息要素。其技术进步因子可以表示为：

$$A=A_0 I^{\gamma}$$

式中：I表示社会的信息量水平，以下用信息产业水平来表示；A_0表示信息产业发展水平之外的其他技术进步因素，仍然假设为一个常数。由此得到修正后的生产函数模

① [1] 姚开建，雷达. 新经济——迎接新世纪的挑战 [M]. 北京：中国经济出版社，2001：66. [2] 程楠. 信息产业发展的国际比较研究 [D]. 大连：东北财经大学，2007.
② 中国大百科全书出版社编辑部，中国大百科全书总编辑委员会《自动化控制与系统工程》编辑委员会. 中国大百科全书：自动化控制与系统工程 [M]. 北京：中国大百科全书出版社，1992：251.
③ 彭树才，黄世祥. 信息产业对我国国民经济发展的作用分析 [J]. 中国集体经济（下半月），2007（9）：8-9.

型为：

$$Y = A_0 \times L^\alpha K^\beta I^\gamma \mu \qquad (9-6)$$

对等式两边取自然对数，得到修正后的估计模型为：

$$\ln Y = \ln A_0 + \alpha \ln L + \beta \ln K + \gamma \ln I + \ln \mu \qquad (9-7)$$

式中：$\ln A_0$ 为常数项；$\ln L$、$\ln K$、$\ln I$ 为自变量；$\ln Y$ 为因变量。利用多元线性回归的方法求解系数 α、β、γ，这样就增加了信息化产出弹性系数 γ，将信息化要素作为影响经济产出的重要因素。

案例窗 9-1

信息产业对经济增长综合贡献分析示例

考虑到数据的可获得性，在此运用社会固定资本投资总额代替资本要素，用社会就业人数代替劳动力要素，用信息化指数代表信息总量水平。利用信息产业测度方法，得到某城市 2015—2022 年信息化测度指数，作为本问题的数据基础（见表 9-3）。

表 9-3　　　　　　　　　　　某城市信息化测度总指标值

年　份	2015	2016	2017	2018	2019	2020	2021	2022
信息化指数（I）	56.583	69.277	84.355	99.981	127.363	143.535	160.319	186.670

通过收集该城市统计年鉴的数据，选取了修正过的 2015—2022 年该城市国民经济及三大产业的产出值作为因变量；资本指数、劳动力指数和信息产业水平指数作为自变量，进行正交最小二乘 OLS 估计后，得到各个自变量系数和检验结果。表 9-4 给出了 2015—2022 年该城市第一、二、三产业生产总值、资本要素、劳动力要素统计表。

表 9-4　　2015—2022 年第一、二、三产业生产总值、资本要素和劳动力要素统计表

年份	国内生产总值（GDP）（亿元）				资本（K）社会固定资本投资总额（亿元）				劳动力（L）社会就业人数（万人）			
	第一产业	第二产业	第三产业	合计	第一产业	第二产业	第三产业	合计	第一产业	第二产业	第三产业	合计
2015	74	1 985	2 130	4 189	7.91	617	1 232	1 857	93	377	342	812
2016	77	2 208	2 487	4 771	7.87	616	1 246	1 870	89	367	372	828
2017	78	2 403	2 729	5 210	6.51	684	1 305	1 995	87	310	355	752
2018	80	2 622	3 039	5 741	5.09	726	1 456	2 187	84	321	387	792
2019	81	3 209	3 404	6 694	4.18	807	1 641	2 452	74	317	422	813
2020	83	3 892	4 097	8 073	5.28	1 010	2 069	3 085	67	316	454	837
2021	90	4 453	4 621	9 164	5.58	1 082	2 455	3 543	61	322	480	863
2022	94	5 028	5 244	10 366	14.29	1 213	2 698	3 925	55	328	503	886

由于需要利用多元线性回归的方法计算各个要素的弹性系数,因此首先将原始数据对数处理。在这里以对GDP的影响作出分析,则对数化处理后的数据见表9-5。

表9-5 　　　　　　　　　　　　　　　对数变化后的数据

年份	lnGDP	lnL	lnK	lnI
2015	8.340	6.700	7.527	4.036
2016	8.470	6.719	7.534	4.238
2017	8.558	6.623	7.598	4.435
2018	8.655	6.675	7.690	4.605
2019	8.809	6.701	7.805	4.847
2020	8.996	6.730	8.034	4.967
2021	9.123	6.761	8.173	5.077
2022	9.246	6.786	8.275	5.229

再利用多元线性回归的正交最小二乘方法,得到式(9-8):

$$\ln GDP = 1.619 + 0.174\ln L + 0.532\ln K + 0.391\ln I \tag{9-8}$$

按照同样的方法,分析信息化对第一产业的影响,则选择第一产业的产值、就业人口数、社会固定资本投资总额和信息化指数,进行对数化处理,然后利用OLS,可以计算信息化指数(I)对第一产业(I_1)增长的贡献情况。

$$\ln I_1 = 5.066 - 0.243\ln L + 0.033\ln K + 0.070\ln I \tag{9-9}$$

同理,可以得到信息化指数(I)对第二产业(I_2)和第三产业(I_3)增长的贡献情况,分别如式(9-10)和式(9-11)所示:

$$\ln I_2 = -0.997 + 0.419\ln L + 0.673\ln K + 0.444\ln I \tag{9-10}$$

$$\ln I_3 = 2.615 + 0.082\ln L + 0.406\ln K + 0.424\ln I \tag{9-11}$$

将上面的式(9-8)、式(9-9)、式(9-10)和式(9-11)统一放入表9-6里分析。

表9-6 　　　　　　　　　　　　　　　计量结果统计

公　式	lnA	α	β	γ	R^2	F检验值
对GDP的贡献	1.619	0.174	0.532	0.391	0.998	578.406
对第一产业的贡献	5.066	−0.243	0.033	0.070	0.968	40.697
对第二产业的贡献	−0.997	0.419	0.673	0.444	0.997	527.837
对第三产业的贡献	2.615	0.082	0.406	0.424	0.994	230.477

结论分析:

① 通过信息化与GDP的关系可以看出,信息化指数的对数值提高39.1%,则

GDP的对数值将提高1，在劳动力、资本、信息因素共同影响的经济条件下，信息化是经济影响的主要因素。

② 通过信息化与第一产业的关系可以看出，信息化指数的对数值提高7.0%，则第一产业的对数值将提高1；同比其他产业，信息化对第一产业产值增加的影响较弱（0.070<0.391<0.424<0.444），也说明了第一产业加强信息化建设的必要性。同时可以看到，劳动力的弹性系数为-0.243，说明信息化指数的对数值提高7.0%，则劳动力的对数值将减少24.3%。这也说明了信息化水平的提高将使得更多劳动力从繁重的农业生产中解脱出来。

③ 通过信息化与第二产业的关系可以看出，信息化指数的对数值提高44.4%，则第二产业的对数值将提高1。信息化是第二产业产值增加的一种重要影响因素，必须不断提高第二产业的信息化水平。

④ 通过信息化与第三产业的关系可以看出，信息化指数的对数值提高42.4%，则第三产业的对数值将提高1。

可以作出基本判断：现阶段，在进行经济核算时，信息产业仍然作为第三产业的一部分，所以信息产业对经济的贡献作用主要是通过第三产业的强劲拉动来体现的。信息化已经大量地渗透到金融、生物、制药及其他服务行业，这与现实情况相符。当然，信息产业对另外两个产业的渗透作用也是毋庸置疑的。

在今后获取其他数据的基础上，我们可以把这种方法推广到其他城市和地区甚至整个国家的信息产业对经济增长贡献的分析研究之中。

9.3.2 信息产业的投入产出分析

1. 投入产出法概述[①]

投入产出分析（input-output analysis）是研究经济系统各要素间相互联系的数量分析方法。投入是指产品生产过程中所消耗的各种投入要素，如原材料、燃料、劳动力等；产出是指产品产出后分配使用去向。投入产出法最早由美籍俄裔经济学家华西里·里昂惕夫（Wassily W. Leontief）在总结前人工作的基础上于20世纪30年代提出。它是描述国民经济各部门之间相互依存关系的一种经济数学模型，受到美国政府和经济学界的高度重视，里昂惕夫也因为在这方面的贡献获得1973年诺贝尔经济学奖。[②]

该方法是以矩阵理论为依据，对经济系统中各个部门在产品生产和消费之间的数量依存关系进行综合分析和考察的一种科学方法，也是进行经济预测及制定经济政策和措施的一种经济学模型。世界各国广泛采用这一技术，编制最优方案，对工程建设项目进行合理组织及统筹安排，检测区域经济未来时期发展情况及部门、企业各种产品需求量等方面的综合性问题。近些年来，计算机的介入使投入产出法有了更广阔的应用空间。

① 杨浩. 模型与算法 [M]. 北京：北方交通大学出版社，2002：104.
② 里昂惕夫. 投入产出经济学 [M]. 崔书香，译. 北京：中国统计出版社，1990：66-85.

2. 投入产出分析表

基本的投入产出分析表是把一个国家的经济划分为若干个生产部门，按照某一年的统计资料编制出来的一张平衡表，通过平衡方程，借用数学方法，分析中间产品、最终产品、总产出、中间投入、初始投入、总投入之间的关系。投入产出分析表是投入产出分析的基础，它分为实物型和价值型两种，表9-7为简化后的投入产出分析表。

表9-7　　　　　　　　　　　　　　　　投入产出分析表

投　入		产　品				最终产品	总产品
		中间产品					
		部门1	部门2	...	部门n		
中间产品	部门1	x_{11}	x_{12}	...	x_{1n}	f_1	q_1
	部门2	x_{21}	x_{22}	...	x_{2n}	f_2	q_2
	⋮	⋮	⋮		⋮	⋮	⋮
	部门n	x_{n1}	x_{n2}	...	x_{nn}	f_n	q_n
最终产值		y_1	y_2	...	y_n		
总产值		q_1	q_2	...	q_n		

设国民经济有n个部门，q_i、f_i分别表示i部门的总产品和最终产品；q_j、y_j分别表示j部门创造的总产值和最终产值；x_{ij}表示第i部门分配给j部门使用的中间产品，或表示第j部门消耗的第i部门所提供的中间产品。

3. 分析产业发展的投入产出模型

在经济活动过程中，各产业之间存在广泛的、复杂的和密切的技术经济联系，这种技术经济联系称为产业关联。利用投入产出分析表，可以分析产业之间的直接关联和间接关联。直接关联通过中间产品需求系数和中间产品投入系数（赫希曼系数）进行考察；间接关联主要通过感应度系数和影响力系数（拉斯姆森系数）进行考察。

（1）产业直接关联模型

直接联系是指两个产业部门之间存在直接的提供产品、提供技术的联系。

前向直接关联可通过中间产品需求系数考察，其计算公式为：

$$w_i = \frac{\sum_{j=1}^{n} x_{ij}}{q_i} \quad (i=1, 2, \cdots, n) \tag{9-12}$$

后向直接关联可通过中间产品投入系数（赫希曼系数）考察，其计算公式为：

$$u_i = \frac{\sum_{i=1}^{n} x_{ij}}{q_j} = \sum_{i=1}^{n} a_{ij} \quad (j=1, 2, \cdots, n) \tag{9-13}$$

对前向和后向直接关联的分析（以 0.5 为界）：前向关联系数与后向关联系数均较大，说明该产业属于中间投入型制造业；前向关联系数与后向关联系数均较小的产业属于最终需求型产业；中间需求系数与中间投入系数均大于 0.5 的产业属于中间投入型制造业。

（2）产业间接关联模型

影响力系数和感应度系数是利用投入产出分析表数据计算出来的较为重要的参数。利用影响力系数和感应度系数指标可以分析、比较国民经济中各行业的地位以及其对国民经济中各行业的带动和推动作用。影响力系数和感应度系数还可以判别产业性质，在确定主导产业方面有着不可低估的作用。

① 影响力系数。

影响力系数是指国民经济某一个产品部门增加一个单位最终产品时，对国民经济各部门所产生的生产需求波及程度。影响力系数越大，该部门对其他部门的拉动作用也越大。[①]

影响力系数也称后向关联影响系数，在进行投入产出分析过程中，里昂惕夫逆矩阵 $C=(I-A)^{-1}$ 中的每一个元素 c_{ij} 表示的是第 j 个部门提出 1 个单位的最终产品需求量时，而影响第 i 个部门必须提供的全部产品量，因而 c_{ij} 被称为完全需求系数或波及效果系数。现假定对第 j 个部门产品的最终需求为 1 个单位，对其余各部门的最终需求全部为 0，则 $q=(I-A)^{-1}Y=CY$ 的矩阵形式为：

$$
\begin{bmatrix} q_1 \\ q_2 \\ \vdots \\ q_i \\ \vdots \\ q_n \end{bmatrix} = \begin{bmatrix} c_{11} & c_{12} & \cdots & c_{1j} & \cdots & c_{1n} \\ c_{11} & c_{22} & \cdots & c_{2j} & \cdots & c_{2n} \\ \vdots & \vdots & & \vdots & & \vdots \\ c_{i1} & c_{i2} & \cdots & c_{ij} & \cdots & c_{in} \\ \vdots & \vdots & & \vdots & & \vdots \\ c_{n1} & c_{n2} & \cdots & c_{nj} & \cdots & c_{nn} \end{bmatrix} \begin{bmatrix} 0 \\ 0 \\ \vdots \\ 1 \\ \vdots \\ 0 \end{bmatrix} = \begin{bmatrix} c_{1j} \\ c_{2j} \\ \vdots \\ c_{ij} \\ \vdots \\ c_{nj} \end{bmatrix}
$$

式中：c_{1j}，c_{2j}，c_{3j}，$\cdots$，c_{nj} 就是 j 部门提出 1 个单位的最终需求而分别影响第 1 个，第 2 个，$\cdots$，第 n 个部门所必须提供的全部产品，从而 $\sum_{i=1}^{n} c_{ij}$（$i=1$，2，$\cdots$，n）是第 j 个部门的最终需求为 1 个单位时影响各部门所必须提供的全部产品的总和，或者说是对所有部门的总影响效果。$\frac{1}{n}\sum_{i=1}^{n}\sum_{j=1}^{n} c_{ij}$ 是 n 个部门总影响效果的平均值，第 j 个部门的总影响效果与这个平均值的比例关系就叫作影响力系数（B_j），影响力系数计算公式为：

$$B_j = \sum_{i=1}^{n} c_{ij} \Big/ \frac{1}{n}\sum_{j=1}^{n}\left(\sum_{i=1}^{n} c_{ij}\right)$$

或　$$B_j = \sum_{i=1}^{n} c_{ij} \Big/ \frac{1}{n}\sum_{i=1}^{n}\sum_{j=1}^{n} c_{ij} \tag{9-14}$$

当 $B_j>1$ 时，表示第 j 个部门的生产对其他部门生产的影响程度超过社会平均影响

① 周勤. 基于投入产出表的信息产业及其网络效应分析［J］. 商业时代，2012（35）：112-115.

力水平（即各部门所产生的影响效果的平均值），影响力系数越大，对其他部门的需求率越大，即对其他部门的拉动作用越大；

当 $B_j=1$ 时，表示第 j 个部门对其他部门所产生的影响程度等于社会平均影响力水平；

当 $B_j<1$ 时，表示第 j 个部门对其他部门的影响程度低于社会平均影响力水平。

②感应度系数。

感应度系数是指国民经济各产品部门均增加 1 个单位最终产品时，某个产品部门由此而受到的需求感应程度，也就是需要该部门为其他部门的生产而提供的产出量。感应度系数越大，该部门所受到的需求压力越大。感应度系数也叫前向联系影响系数，现假定各部门最终产品或最终需求都是 1 个单位，$q_i=CY$ 的矩阵形式为：

$$
\begin{bmatrix} q_1 \\ q_2 \\ \vdots \\ q_i \\ \vdots \\ q_n \end{bmatrix} =
\begin{bmatrix}
c_{11} & c_{12} & \cdots & c_{1j} & \cdots & c_{1n} \\
c_{11} & c_{22} & \cdots & c_{2j} & \cdots & c_{2n} \\
\vdots & \vdots & \vdots & \vdots & \vdots & \vdots \\
c_{i1} & c_{i2} & \cdots & c_{ij} & \cdots & c_{in} \\
\vdots & \vdots & \vdots & \vdots & \vdots & \vdots \\
c_{n1} & c_{n2} & \cdots & c_{nj} & \cdots & c_{nn}
\end{bmatrix}
\begin{bmatrix} 1 \\ 1 \\ \vdots \\ 0 \\ \vdots \\ 1 \end{bmatrix} =
\begin{bmatrix}
\sum\limits_{j=1, j \neq i}^{n} c_{1j} \\
\sum\limits_{j=1, j \neq i}^{n} c_{2j} \\
\vdots \\
\sum\limits_{j=1, j \neq i}^{n} c_{ij} \\
\vdots \\
\sum\limits_{j=1, j \neq i}^{n} c_{nj}
\end{bmatrix}
$$

结合里昂惕夫系数 c_{ij} 的经济含义可知，$\sum\limits_{j=1}^{n} c_{ij}$（$j=1, 2, \cdots, n$）表示各部门的最终需求都是 1 个单位时对第 i 个部门的全部需求，$\dfrac{1}{n}\sum\limits_{i=1}^{n}\sum\limits_{j=1}^{n} c_{ij}$ 反映的是各部门的最终需求都是 1 个单位时对各部门的平均需求，这两者的对比关系就是感应度系数 F_i：

$$
F_i = \sum\limits_{j=1}^{n} c_{ij} \Big/ \frac{1}{n}\sum\limits_{i=1}^{n}\sum\limits_{j=1}^{n} c_{ij} \tag{9-15}
$$

当 $F_i>1$ 时，表明各部门对第 i 个部门需求程度超过社会平均需求程度，F_i 越大，各部门对第 i 个部门的相对需求越大，即第 i 个部门受其他部门影响越大；

当 $F_i=1$ 时，说明第 i 个部门受到的需求程度等于社会平均需求程度；

当 $F_i<1$ 时，表明各部门对第 i 个部门需求程度小于社会平均需求程度，F_i 越小，各部门对第 i 个部门产品的需求越小，即第 i 个部门的感应性越弱，受其他部门影响越小，甚至很少受其他部门的影响。

③影响力系数与感应度系数的区别。

虽然影响力系数与感应度系数都反映了国民经济各部门的经济技术联系，但两者又是有区别的：前者反映的是某个部门提出 1 个单位的最终需求对国民经济各部门所产生的需求影响程度，即该部门的投入产出关系的变动对供给部门的影响程度；后者表明国民经济各部门都提出 1 个单位的最终需求时对某个部门的需求程度，即某产业的投入产出关系受需求部门的影响程度。经过实证研究有这样的结论：影响力系数 B_j

越大，第 j 个部门越具有原材料加工产业的性质，即具有较强的制造业性质；相反，B_j 越小，第 j 个部门越具有对劳动力和资本等基本生产要素的依赖程度很大的基础产业性质。感应度系数 F_i 越大，第 i 个部门越具有中间产品产业的性质；反之，F_i 越小，第 i 个部门越具有最终产品产业的性质。

因此，各部门的影响力系数和感应度系数对判断产业性质、确定主导产业、进行宏观调控等有一定的参考价值。当经济过热时，感应度系数较大的部门首先受到最大的社会需求压力，容易造成这些部门产品供不应求，物价上涨。这时，一方面，必须控制信贷规模，压缩影响力系数大的部门发展和建设，从而减少需求，相对增加供给；另一方面，必须加强感应度系数大的基础产业的投资、建设，防止这些部门成为经济发展的"瓶颈"，或消除已有"瓶颈"的约束。当经济不太景气时，可以积极发展影响力系数大的产业，从而刺激需求，带动国民经济各部门的发展。

案例窗 9-2

信息产业的投入产出分析示例

本案例重点分析信息技术服务、软件业与其他三次产业中有代表性的一个产业部门的投入产出关系。

一、建立价值型投入产出数学模型

参照《国民经济行业分类》（GBT 4754—2017），中国 2018 年投入产出表将国民经济生产活动划分为 153 个部门，从中选出信息技术服务业、软件服务业，以及第一产业中的农产品业、第二产业中的煤炭开采和洗选产品业、第三产业中的铁路旅客运输业，组成一个投入产出表（见表 9-8），分析这 5 个经济部门之间的投入产出关系。

表 9-8　　　　　　　　　5 个产业部门组成的投入产出表　　　　　　　　　单位：万元

作为生产部门		中间使用						居民消费支出	总产出
		信息技术服务业	软件服务业	农产品业	煤炭开采和洗选产品业	铁路旅客运输业	中间使用合计		
中间投入	信息技术服务业	7 211 603	9 143 261	4 367	121 570	392 263	113 800 872	7 520 255	121 577 171
	软件服务业	3 951 473	9 370 139	0	0	0	14 358 233	335 630	208 691 847
	农产品业	0	0	59 643 959	0	5 745	493 983 221	132 850 186	601 622 460
	煤炭开采和洗选产品业	0	0	336 215	36 778 887	10 269	252 248 138	1 327 283	236 261 314
	铁路旅客运输业	243 073	573 853	1 033 879	73 847	20 122	42 704 631	10 097 388	51 730 091
中间投入合计		76 554 944	92 121 870	200 423 000	114 798 875	26 190 363			
增加值合计		45 022 227	116 569 977	401 199 460	28 132 947	25 539 728			
总投入		121 577 171	208 691 847	601 622 460	236 261 314	51 730 091			

二、计算信息技术服务业的产业直接关联系数

根据式（9-12），以信息技术服务业的前向直接关联系数计算为例。

$$w_i = \frac{\sum\limits_{j=1}^{n} x_{ij}}{q_i} = \frac{7\ 211\ 603 + 9\ 143\ 261 + 4\ 367 + 121\ 570 + 392\ 263}{121\ 577\ 171} = 0.138784805$$

其他产业的前向直接关联系数的计算与此相似（见表9-9）。

表9-9   信息技术服务业的产业直接关联系数

项 目	前向直接关联系数	后向直接关联系数
信息技术服务业	0.138784805	0.093818181
软件服务业	0.063833888	0.091461422
农产品业	0.099148067	0.101423108
煤炭开采和洗选产品业	0.157136902	0.156497496
铁路旅客运输业	0.037594637	0.008281428

根据式（9-13），以信息技术服务业的后向直接关联系数计算为例。

$$u_i = \frac{\sum\limits_{i=1}^{n} x_{ij}}{q_j} = \frac{7\ 211\ 603 + 3\ 951\ 473 + 0 + 0 + 243\ 073}{121\ 577\ 171} = 0.093818181$$

其他产业的后向直接关联系数的计算与此相似（见表9-9）。

从表9-9中可发现，信息技术服务业的前向直接关联与后向直接关联系数都较小，说明该产业属于最终需求型产业。

三、计算信息技术服务业的间接关联系数

1.计算信息技术服务业的影响力系数

将投入产出表转换成表示每一个部门的单位产值产出需要的投入，将表中的各个部门的投入除以该部门的总产出就可得到单位产值产出需要的投入（见表9-10）。

表9-10   单位产值产出需要的投入

作为消耗部门 作为生产部门		中间使用				
		信息技术服务业	软件服务业	农产品业	煤炭开采和洗选产品业	铁路旅客运输业
中间投入	信息技术服务业	0.059317	0.043812	0.000007	0.000515	0.007583
	软件服务业	0.032502	0.044899	0.000000	0.000000	0.000000
	农产品业	0.000000	0.000000	0.099139	0.000000	0.000111
	煤炭开采和洗选产品业	0.000000	0.000000	0.000559	0.155670	0.000199
	铁路旅客运输业	0.001999	0.002750	0.001718	0.000313	0.000389

根据表9-10，计算得到单位产值产出需要的投入，结果如下：

$$A=\begin{vmatrix} 0.059317 & 0.043812 & 0.000007 & 0.000515 & 0.007583 \\ 0.032502 & 0.044899 & 0.000000 & 0.000000 & 0.000000 \\ 0.000000 & 0.000000 & 0.099139 & 0.000000 & 0.000111 \\ 0.000000 & 0.000000 & 0.000559 & 0.155670 & 0.000199 \\ 0.001999 & 0.002750 & 0.001718 & 0.000313 & 0.000389 \end{vmatrix}$$

$$I-A=\begin{vmatrix} 1 & 0 & 0 & 0 & 0 \\ 0 & 1 & 0 & 0 & 0 \\ 0 & 0 & 1 & 0 & 0 \\ 0 & 0 & 0 & 1 & 0 \\ 0 & 0 & 0 & 0 & 1 \end{vmatrix} - \begin{vmatrix} 0.059317 & 0.043812 & 0.000007 & 0.000515 & 0.007583 \\ 0.032502 & 0.044899 & 0 & 0 & 0 \\ 0 & 0 & 0.099139 & 0 & 0.000111 \\ 0 & 0 & 0.000559 & 0.155670 & 0.000199 \\ 0.001999 & 0.002750 & 0.001718 & 0.000313 & 0.000389 \end{vmatrix}$$

$$I-A=\begin{vmatrix} 0.940683 & -0.043812 & -0.000007 & -0.000515 & -0.007583 \\ -0.032502 & 0.955101 & 0 & 0 & 0 \\ 0 & 0 & 0.900861 & 0 & -0.000111 \\ 0 & 0 & -0.000559 & 0.844330 & -0.000199 \\ -0.001999 & -0.002750 & -0.001718 & -0.000313 & 0.999611 \end{vmatrix}$$

$$C=(I-A)^{-1}=\begin{vmatrix} 1.064763 & 0.048866 & 0.000024 & 0.000652 & 0.008077 \\ 0.036234 & 1.048673 & 0.000001 & 0.000022 & 0.000275 \\ 0 & 0 & 1.110049 & 0 & 0.000123 \\ 0.000001 & 0.000001 & 0.000735 & 1.184372 & 0.000235 \\ 0.002229 & 0.002982 & 0.001909 & 0.000372 & 1.000406 \end{vmatrix}$$

由影响力系数定义可以计算信息技术服务业的影响力系数。当信息技术服务业产品的最终需求为1个单位，对其余各产业的最终需求全部为0时，可以得到：

$$q=C\cdot Y=\begin{vmatrix} 1.064763 & 0.048866 & 0.000024 & 0.000652 & 0.008077 \\ 0.036234 & 1.048673 & 0.000001 & 0.000022 & 0.000275 \\ 0 & 0 & 1.110049 & 0 & 0.000123 \\ 0.000001 & 0.000001 & 0.000735 & 1.184372 & 0.000235 \\ 0.002229 & 0.002982 & 0.001909 & 0.000372 & 1.000406 \end{vmatrix}\begin{vmatrix} 1 \\ 0 \\ 0 \\ 0 \\ 0 \end{vmatrix}=\begin{vmatrix} 1.064763 \\ 0.036234 \\ 0 \\ 0.000001 \\ 0.002229 \end{vmatrix}$$

1.064763、0.036234、0、0.000001、0.002229就是信息技术服务业提出1个单位的最终需求而分别影响信息技术服务业、软件服务业、农产品业、煤炭开采和洗选产品业、铁路旅客运输业所必须提供的全部产品，因此信息技术服务业的最终需求为1个单位时影响各产业必须提供的全部产品的总和为1.103227，即信息技术服务业对所有产业的总影响效果。

利用相同的方法，分别求出其他4个产业部门的总影响效果分别为：软件服务业1.100522、农产品业1.1127178、煤炭开采和洗选产品业1.1854175、铁路旅客运输业1.0091171。5个产业的总影响效果总和为5.511002，平均值为1.1022003。信息技术服务业的总影响效果与这个平均值的比就是信息技术服务业的影响力系数B_1。B_1=1.103227/1.1022003>1，表明信息技术服务业对其他部门的影响程度超过社会平均影响程度，对其他部门的拉动作用大。

2.计算信息技术服务业的感应度系数

当各产业的最终产品或最终需求都是1个单位时，可以得到：

$$q=C \cdot Y=\begin{vmatrix} 1.064763 & 0.048866 & 0.000024 & 0.000652 & 0.008077 \\ 0.036234 & 1.048673 & 0.000001 & 0.000022 & 0.000275 \\ 0 & 0.000000 & 1.110049 & 0 & 0.000123 \\ 0.000001 & 0.000001 & 0.000735 & 1.184372 & 0.000235 \\ 0.002229 & 0.002982 & 0.001909 & 0.000372 & 1.000406 \end{vmatrix} \begin{vmatrix} 0 \\ 1 \\ 1 \\ 1 \\ 1 \end{vmatrix} = \begin{vmatrix} 0.0576195 \\ 1.0489709 \\ 1.1101725 \\ 1.1853428 \\ 1.0056691 \end{vmatrix}$$

因此，各产业的最终需求都是1个单位时对信息技术服务业的全部需求为4.4077748。

利用相同的方法，计算其他4个产业部门的全部需求分别为4.4104790、4.3982837、4.3255840、4.501884448。全部需求的平均值为4.4088012，而信息技术服务业的全部需求与全部需求的平均值的比就是信息技术服务业的感应度系数F_1。F_1=4.4077748/4.4088012<1，表明各部门对信息产业的需求程度小于社会平均需求程度，信息资源和信息设备的有效利用对国民经济的各部分发展都提供了重要支持。信息传输、计算机服务和软件业具有中间产业的性质，推动了其他产业的发展。

拓展阅读9-1

思政园地

把握数字产业变革　构建人类命运共同体

在数字产业的全球变革浪潮中，如何准确地把握新技术、新业态、新经济的演化规律，使其更好地服务于人类命运共同体的构建，成为我们需要进一步回答的时代课题。

数字产业变革的动力源于数字技术的突破和扩散，在此基础上进而有了数字技术在经济活动中的应用，包括数字产业化和产业数字化变革，这种变革的最终结果是塑造了各种各样的数字文明成果。让数字经济助推人类命运共同体的构建，就是要在这一系列过程的各个环节中体现出世界各国人民命运与共、休戚相关的"共同体"联系。

首先，要加强全球数字技术合作，推动构建数字技术的全球网络联系。数字技术的全球普及，涉及的关键问题是数字技术标准的确立和推广，各个国家要在5G、大数据、人工智能、工业互联网等领域展开充分的交流与合作，建立广泛的多方利益攸关方联盟，破除政治分歧和意识形态偏见对技术推广造成的障碍，使用国际公认的统一数字技术指标，进一步释放全球数字技术生产力，让数字技术更好地服务于全球经济的可持续发展。在制度和机制建设层面，要打造区域和全球"数字服务平台"，建立数据分享和数据开放的稳定机制，为构建人类命运共同体提供"数字公共产品"，使政府、企业和个人能更好地利用数字技术提升自身的服务质量和生产效率。

其次，要释放全球数字经济红利，助力数字产业化和产业数字化变革。数字经济的基本范围包括数字产业化和产业数字化两个方面。数字产业化包括数字产品制造业、数字产品服务业、数字技术应用业、数字要素驱动业四大类，产业数字化则主要是指数字化效率提升业。数字产业化催生了新的数字产品的出现，丰富了人们可消费的商品种类，带动了从生产到服务整个产业链的繁荣；产业数字化则为传统产业的转型升级找到了新的着力点，数字经济和实体经济的深度融合，为全球经济的发展注入新的活力，有力地推动了世界经济新一轮的复苏和增长，也更加便利化了世界各国之间的经济贸易往来和文化交流，将国与国之间更加紧密地连接成为"你中有我、我中有你"的命运共同体。

最后，要共享全球数字文明成果，让数字文明造福世界。在数字经济全球化的进程中，不同国家、地区、企业和个人之间在信息网络技术的发展水平上存在明显的差别，发达国家往往会利用先发优势分享到更多的数字经济发展成果，由此造成了全球范围内国与国之间的"数字鸿沟"等现象。要利用数字产业变革助推人类命运共同体的构建，就要消除在数字经济发展过程中出现的两极分化趋势，让世界各国人民都能够共享数字经济带来的经济发展效益。世界经济未来长足的发展需要进一步推动国际社会深化数字合作，强化网络空间的利益共享机制，打造开放公平、非歧视的数字营商环境，为世界繁荣发展增添新动能和新引擎，推动构建网络空间命运共同体，让全球各个国家共享数字文明成果。

资料来源　黄筱莉，王敏. 把握数字产业变革　构建人类命运共同体［EB/OL］. （2021-10-11）［2022-04-12］. https://tech.china.com/article/20211028/102021_908977.html.

本章小结

本章介绍了关于信息产业相关方面的主要内容：①信息产业的含义、特征、分类和结构。②信息产业的运行机制、管理模式和策略。③信息产业对经济增长的直接贡献、信息产业对经济增长的间接贡献、其他产业与信息产业的双向影响、信息产业对经济增长的综合贡献、利用投入产出方法计算软件服务业与其他4个有代表性的产业的直接和间接关联模型。

复习与思考

1.简述信息产业的特征。

2.信息产业运行机制有哪些特点？

3.简述信息产业的管理策略。

4.什么是投入产出分析？

5.如何评价产业关联？

6.结合某城市信息产业发展现状，对其经济增长影响的综合贡献进行分析。

7.利用投入产出方法计算互联网相关服务业与其他代表性产业部门的直接与间接关系。

第9章即测即评

第 10 章
信息经济

学习目标

学习目标

◆ 重点掌握信息经济的范围和特征、马克卢普的信息经济测度理论、波拉特的信息经济测度理论。

◆ 掌握国外其他主要的测度模型、中国信息经济测度模型。

◆ 了解网络经济测度的指标和体系。

◆ 了解信息经济的发展趋势。

美国等发达国家已先后从工业化经济过渡到信息化经济。信息经济的发展，不仅不会否定农业经济、工业经济的存在，相反会促进、提升国民经济的信息化水平。关于信息经济范围和国家信息化水平的测度研究是信息经济的核心内容。

10.1 信息经济的基础知识

作为信息革命在经济领域的伟大成果，信息经济是通过产业信息化和信息产业化两个相互联系和彼此促进的途径不断发展起来的。[①]美国等发达国家已先后从工业经济过渡到信息经济，其主要标志是经济活动有一半以上已与信息活动有关。所谓信息经济，是以现代信息技术等高科技为物质基础，信息产业起主导作用，基于信息、知识、智力的一种新型经济。如果说，在工业经济中，钢铁、汽车、石油化工、轻纺工业、能源、交通运输、电话通信等传统产业部门扮演着重要的角色，那么，在信息经济中，居重要地位的则是芯片、集成电路、电脑的硬件和软件、光纤光缆、卫星通信和移动通信、数据传输、信息网络与信息服务、新材料、新能源、生物工程、环境保护、航天与海洋等新兴产业部门；同时，科技、教育、文化、艺术等部门通过产业化而变得越来越重要。信息经济的发展将导致不可触摸的信息型经济取代可以触摸的物质型经济而在整个经济中居于主导地位。

拓展阅读 10-1

10.1.1 信息经济的范围[②]

最早提出"信息经济"概念的是美国学者弗里兹·马克卢普教授。对于信息经济的概念和范围可以从多种角度来确定：

① 从理论上看，信息经济是作为物质经济的对立物提出来的。也就是说，每件

① 王书柏，冯谊，乌家培：追寻记忆50年［J］. 中国高新技术企业，2010（2）：74-77.
② 金建．信息产业经济学论纲［M］. 北京：北京出版社，1993：225-226.

产品、每项服务都包含物质和信息两个部分，如果在产品和劳动中物质部分所占比重大于信息部分所占比重，就是物质经济；如果信息部分所占比重大于物质部分所占比重，就是信息经济。一旦以物质和能源为基础的经济转变为以信息和知识为基础的经济就是信息经济，它就成为世界经济发展的大趋势。

② 从发展战略上看，信息经济是国民经济不可缺少的一种经济成分。不论国家制度和社会性质如何，它都是客观存在的，差别只是规模的大小。研究信息经济不仅要对宏观信息经济规模作出定量的描述，而且要通过信息经济分析把握现代经济发展的特点，从而有效地制定出长远的发展规划。

③ 从规模经济上看，信息经济就是经济活动的中心内容。它的最大特征是：从事和信息有关的就业人数超过社会全部就业人数的一半，具有最大限度的规模经济。它可以通过信息的社会化、信息的现代化和信息的商品化三种形式表现出来。

④ 从数量上看，信息经济是在以农业和工业为基础的经济之外，以信息的产品和服务的生产、提供为基础的经济。信息经济成分是以物质和能源为基础向以信息为基础的过渡作为数量标志，定量地测算信息部门的增加值在国民生产总值（GNP）中的比重和从事信息活动人员在社会劳动人员中的比重，是对信息经济规模的具体描述。

⑤ 从技术结构上看，当信息技术广泛应用，并成为社会物质产业的主要支撑基础时，信息经济也就自然地形成了。信息经济并不限于信息技术和信息产业本身，在信息为经济、政治、文化等社会各方面奠定了牢固的物质基础和提供了必需的物质前提条件下，才能真正成为信息经济的社会。

概括地说，信息经济是以信息资源为基础、以信息技术为手段，通过生产知识密集型的信息产品和服务来把握经济增长、社会产出和劳动就业的一种最新的经济结构。它被认为是继农业经济和工业经济之后最现代化的经济形态。[①]

10.1.2　信息经济的特征[②]

微课 10-1

信息经济的特征

信息经济既具有与其他经济一样的特征，也具有一系列其所特有的特征。

1.信息经济的企业结构是知识和技术密集型的

传统的企业结构都是劳动密集型或资本密集型的，而新兴信息企业结构都是知识和技术密集型的，不但投资少、效率高，最终还将人类从繁重的体力劳动中解放出来，得到全面发展。

① 刘昭东，陈久庚，等. 信息工作理论与实践［M］. 北京：科学技术文献出版社，1995：13.
② 金建. 信息产业经济学论纲［M］. 北京：北京出版社，1993：235-236.

2.信息经济的劳动力结构是智力劳动型的

企业结构的状况决定着劳动力结构的状况，由于新兴信息经济的企业结构是知识和技术密集型的，而以科学家、工程技术人员、软件开发人员等脑力劳动者为主的劳动力结构也必然发生根本变化，传统体力劳动者将经过再教育成为新的脑力劳动者。波拉特将社会劳动者分为三大类：信息劳动者、非信息劳动者和复合劳动者。他认为，为满足个人、厂商与政府对信息的需要，社会出现了以提供或生产信息为中心的职业劳动者，即信息劳动者。波拉特从美国422种职业中归纳出5种信息类型的信息劳动者（见表10-1）。①

表10-1 美国信息劳动者分类及职业

信息劳动者	职业种类	主要职业
知识生产者	科学、技术工作者	物理学家、数学家、社会科学家、工程学家
	私人信息服务提供者	律师、法官、医生（50%）、设计师、建筑家等
	电子计算机专家	程序师、系统分析师、其他计算机专家
	金融专家	会计师、保险精算师、银行及金融管理者
知识分配者	教育人员	各类教师、教练员、体育教师
	公共信息提供者	图书馆员、档案管员、博物馆员、文化管理员
	与大众传播相关的职业	作家、艺术家、编辑、读者、广告制作者、播音员等
市场调查和管理人员	信息收集人员	统计调查员、走访员、检查员、测量员、统计员等
	市场调研人员	买卖方调研员、广告代理人、推销员、销售代理人等
	计划、管理工作者	行政官员及经营者（公务员、各级官员、车间主任（50%）、高工资职员（50%）等），作业管理工作者（包括事务管理人员、邮政车辆管理人员、航空管制员、生产管理人员等）
信息处理工作者	非电子信息处理劳动者	各类秘书、文书管理员、通信办事员、各类信息投递员、统计办事员、各类记录员、各类检察员、注册员、检验员、收发员（50%）、铁路乘务员
	电子信息处理劳动者	银行窗口人员、核算办事员、账簿员、现金出纳员、打字员、销售员（零售）（50%）、持政府执照人员（50%）、放射线技师等
信息机械操作者	非电子机械操作员	速记员、复印机操作员、装订排字员、制版工、印刷机操作员、照相制版工等
	电子机械操作员	账簿核算操作员、计算机操作员、账目机操作员、印刷机操作员、办公机器保管员等
	电子通信劳动者	电报操作员、电话操作员、电话装置修理员、电话架设员、广播操作员、广播电视修理员等

① 波拉特. 信息经济论［M］. 李必祥，等译. 长沙：湖南人民出版社，1987.

波拉特认为，劳动者的主要收入是否来源于从事服务或信息劳动，是甄别劳动者从事的职业是否属于信息职业的重要依据。波拉特将社会职业划分为两大类，即信息职业和非信息职业，进而将信息职业细分为约30个小类，其中，约28种职业具有显著的复合特征。这28种职业又有两种类型：一种是服务部门与信息部门各占50%的复合职业；另一种是工业部门和信息部门各占50%的复合职业（见表10-2）。

表10-2 波拉特信息部门与其他部门复合职业一览表

一、服务部门与信息部门各占50%的复合职业		
医生	设计人员	零售店主（薪给）
持有政府证书的护士	销售场所（除食品以外的）人员	零售店主（自营）
营养师	事务员	个人服务业主（薪给）
临床检查技师	零售事务	个人服务业主（自营）
保健记录技师	船长、海员、零售人员	事业服务业主（薪给）
放射诊断技师	协会、工作人员	事业服务业主（自营）
广告宣传人员	站长	收发员
二、工业部门与信息部门各占50%的复合职业		
其他分类的车间主任、线路测量员、木材检查员、测量员、定级员、制造业检查员，其他分类的检查员、定级员、分类员		

3.信息经济的产业结构是低耗高效型的

以新兴科学知识和高技术为基础的尖端信息产业群，具有高效率、高增长、高效益和低污染、低能耗的新特点。在传统产业日益衰落的过程中，专业化、小型化的新兴产业却迅速发展。这种产业结构及技术结构的变化，将会使劳动生产率获得极大增长。

4.信息经济的体制结构是小型化和分散化的

小型分散化的水平网络式的管理体制将代替集中、庞大而又互相牵制的传统金字塔形的体制结构，小公司、小工厂等横向组织将代替大公司、大工厂等纵向组织。信息经济的体制结构小型化和分散化，绝不意味着生产社会化程度的降低，而恰恰相反，通过信息化，生产在更广泛、更深入的程度上社会化。

5.信息经济的消费结构将是多样化的

传统工业生产是大规模的集中性生产，产品单一，规范化，虽然成套生产，但是品种少、规模单调，不能及时满足多种多样的社会需要。由于信息经济的生产机动灵活、分散化，它所提供的消耗品将更加丰富多彩，更符合人们的实际生活需要。

6.信息经济的能源结构是再生型的

传统经济的能源结构是非再生型的，如煤炭、石油等，消耗一点就少一点，不能再生，而且浪费大、效率低、污染严重。信息经济的能源结构主要是再生型的，如太阳能、生物能、海洋能等，它们不仅可以再生，取之不尽、用之不竭，而且干净、效率高。

7.信息活动内容愈来愈广泛

信息就是具有组织化的、可传递的数据。信息活动是指与消耗在生产、处理和分配信息商品及服务过程中所有资源相关的经济活动，即在信息产品及服务的生产、处理与分配过程中所消耗的一切资源中都包含有信息活动。

8.信息资本是越来越丰富的

信息资本是指对一切与信息服务相关的各种信息设施设备的投资。一切满足于厂商和个人对信息需要的设备，从事信息活动的环境和信息基础设施，信息产品和服务都成为社会信息活动的信息资本的一部分。

10.2　信息经济测度

微课 10-2

信息经济测度

信息经济测度理论和方法形成于20世纪60年代，在70年代获得发展并在80年代得到较为广泛的应用。经典信息经济的测度理论主要有马克卢普的信息经济测度理论、波拉特的信息经济测度理论，以及日本的信息化指数模型。近年来，国际的信息化发展指数也产生了较大的影响。[①]

10.2.1　国外信息经济测度理论与方法

1.马克卢普的信息经济测度理论[②]

（1）马克卢普对知识的描述

马克卢普认为，对知识的描述应该包括如下方面：

① 实用知识，是指对于人们的工作、决策和行为有价值的知识，主要包括专业知识、商业知识、劳动知识、政治知识、家庭知识、其他实用知识。

② 学术知识，是指能够满足人们在学术创造上的好奇心的那部分知识，主要包括教育、人文和科学知识，以及一般文化的一个组成部分。

③ 闲谈与消遣知识，是指满足人们在非学术性方面的好奇心，或者能够满足人

① 屈超.信息经济测度方法述评 [J].黑龙江对外经贸，2009（5）：95-97.
② 马克卢普.美国的知识生产与分配 [M].孙耀君，译.北京：中国人民大学出版社，2007.

们对轻松娱乐和感官刺激方面的欲望的那部分知识，主要包括传闻、小说故事、幽默、游戏等。

④ 精神知识，是指与日常以及拯救灵魂方式相联系的宗教知识。

⑤ 多余的知识，不是人们有意识获取的知识，通常是偶然或者无意识地保留下来的知识。

另外，马克卢普又从世俗知识、科学知识、人文知识、社会科学知识、艺术知识、没有文字的知识（如视听艺术）的角度，对知识进行解释，提出知识具有真实、美丽和优秀等性质。由此可见，马克卢普的"知识"概念范畴是极其广泛的，是复杂意义上的概念研究，其目的是扩大传统经济学的知识概念的范畴，从逻辑上扩大国民生产总值核算体系的范畴。

（2）马克卢普对知识产业的研究

"知识产业"（knowledge industry）一词最早是马克卢普在《美国的知识生产与分配》中正式提出的。他给出了知识产业的一般范畴和最早的分类模式。他认为，知识产业是或者为自身消费，或者为他人消费而生产知识，或从事信息服务和生产信息产品的组织或机构，甚至可能是个人或家庭。其中：

① 信息产品指以生产、传播或接受知识为主要目的（或功能）的有形产品，如记录纸、报纸、期刊、图书、唱片、磁带、办公用品和信息设备；

② 信息设备是指以生产、传播和接受知识为目的（或功能），或以信息服务为目的的机械、器具、装置和设施；

③ 知识生产者是那些新信息的创造者，他们利用"来自他人的丰富的信息存储，并在其中增加许多自身的创造和想象力，能够发现某个已被接受的事物和与其信息交流的事物之间新的相互影响和联系"，从而形成新的知识或信息。

根据以上定义，马克卢普把知识产业分为以下层次：

第一个层次：研究与开发。这是知识的生产、使用与扩散的有组织的活动形式，它的主要特点是紧紧围绕知识的创新与知识的应用，包括技术创新、制度创新与管理创新及其有机的结合。

第二个层次：所有层次的教育，包括家庭教育、学校教育、职业教育、教会教育、军训、电视教育、自我教育与实践教育。

第三个层次：通信及中介媒体，如图书、杂志、无线电、电视艺术创作、娱乐等。

第四个层次：信息设备或设施，包括计算机、电子数据信息处理、电信、办公设备与设施等。

第五个层次：信息机构与组织，包括图书馆、信息中心与相关的政府、法律、财政、工程、医学等部门，这类知识产业也称信息服务产业。

（3）马克卢普的测度体系

知识产业及其在 5 个层次上的构成是马克卢普信息经济理论的核心，也是其测度体系的核心，将知识产业从现存的统计体系中挑选出来，然后逐个进行测算和平衡，这种思路决定了他需要使用最终需求法测度美国知识产业的生产与分配过程。[①]

最终需求法（又称支出法、最终产品法）是测度国民生产总值的两种主要方法之一，公式为：

GNP=C+G+I+（X-M）

式中：C代表消费，即消费者（或个人）对最终产品和服务的需求量与消费量；G代表政府采购，即政府对最终产品和服务的需求量与消费量；I代表投资，即厂商对最终产品和服务的需求量与消费量，或者说，代表企业、组织和政府对固定资产和物资储备的总投资；X代表出口额；M代表进口额；（X-M）代表出口净额，即产品和服务的进口与出口差额。根据最终需求法，马克卢普选择1956年和1958年为测度基准年，对1958年美国知识产业的测度见表10-3。

表10-3　　　　　　　　　　1958年美国知识产业分支测度表

知识产业分支	价值（百万美元）	构成比例（%）	占国民生产总值的比例（%）
教育	60 194	44.1	12.6
研究与开发	10 990	8.1	2.3
通信媒介	38 369	28.1	8.0
信息设备	8 922	6.5	1.9
信息服务	17 961	13.2	3.8
知识生产总量	136 436	100.0	28.5

同时，马克卢普计算得出了1958年美国知识产业收入来源（见表10-4）。

表10-4　　　　　　　　　　1958年美国知识产业收入来源测度表

知识产业收入来源	价值（百万美元）	占比（%）
政府	37 968	27.8
企业	42 198	30.9
消费者	56 270	41.3
总　计	136 436	100.0

通过上述分析，马克卢普得出的结论是：1958年美国从事知识生产的就业人数已占总就业人数的31.6%。如果将所有已到工作年龄的全日制学生计算在内，则该数字达到42.8%。据此认为，美国知识产业成为美国经济的一支主要力量，以较工业部门和农业部门快得多的速度发展和扩大。表10-5给出了1954—1958年美国知识职业收入的平均增长率。

---

① 张少杰，张燕. 知识价值的测度理论与方法研究［J］. 吉林大学社会科学学报，2004（3）：52-58.

表10-5 1954—1958年美国知识职业收入的平均增长率

知识职业分支	收入的平均增长率（%）
教育	18.95
研究与开发	18.38
通信媒介	6.33
信息设备	22.16
信息服务	7.96

（4）对马克卢普信息经济测度理论的评价

马克卢普的信息经济测度理论是最早的宏观信息经济学的测度理论。马克卢普的知识产业思想被众多学者所广泛应用，激发了许多著作的产生。其对波拉特的《信息经济》、彼得·德鲁克的《间断的时代》、丹尼尔·贝尔的《后工业化社会的来临——对社会预测的一项探索》、约翰·奈斯比特（John Naisbitt）的《大趋势》等著作中的某些重要思想都有直接的影响。[①]

但是，马克卢普的信息经济测度理论也确实存在某些缺陷：

① 关于"教育"划归信息产业的问题。批评者认为，将教育划归信息产业使他们感到不安。尤其是某些大学教授和学生，认为将大学比作"知识工厂"是破坏了大学的自由和独立于社会之外的传统。

② 关于"知识""知识产业"概念的范畴问题。批评者认为，马克卢普的关于"知识""知识产业"概念的范畴过于广泛、含糊，进一步导致在实际进行测度时，难免使数据的选取和测算具有主观色彩和随意扩大的倾向，在测度某些产业的非市场交换价值时更是如此。比如，为了计算家庭教育的价值，马克卢普是通过计算父母在家中教育孩子而不去工作所损失的工资来衡量的。

③ 关于测度指标体系设计问题。马克卢普将许多未被列入国民生产总值现行核算统计体系的社会活动和准职业都列入测度指标体系，而采用和国民生产总值核算方法基本一致的方法，这种做法势必给数据的获得和测算带来很大的难度。

2.波拉特的信息经济测度理论

美国经济学家波拉特有关信息经济的研究工作是引人注目的。其于1977年出版的图书——《信息经济》（The Information Economy）成为世界各国对信息经济学的研究以及对信息经济测度的典范之一。1981年，经济合作与发展组织成员开始采用波拉特的理论和方法测算各国的信息经济规模和国民经济结构。1985年年底，联合国组织的"新型信息技术和发展"专题专门系统地介绍了波拉特的理论和方法。

波拉特选取了经济学的角度和经济统计的语言，首次从国民经济各部门中识别出信息行业，并开拓性地以定量的方式反映出信息行业或信息劳动力在整个经济部门中

---

① 肖勇. 从美国"新经济"现象看知识经济概念的产生与演绎［J］. 现代情报，2003（12）：218-219.

的比重及变化。特别是对二级信息部门的明确划分和测度更具创造性。波拉特理论对研究信息产业与国民经济结构及其他产业部门间的内在联系等问题具有重大意义。[①]

波拉特的信息经济测度理论的思路可分为三步:

首先,明确若干概念,为理论分析的量化奠定基础;

其次,从市场角度,按信息市场的供求关系分析信息经济的结构;

最后,按市场与非市场的性质区分不同类型的信息活动,从而建立起可操作的测度体系。

(1) 关于信息部门的划分

波拉特以信息产品或服务是否进入市场交易为标准,将国家信息部门划分为:

一级信息部门(primary information sector),是指向市场提供价格信息产品或服务、参与市场交换的厂商部门。其是信息市场的主体,主要包括计算机制造、电信、印刷、大众传播媒介、广告宣传、会计工作、教育等。

二级信息部门(secondary information sector),是指满足政府或信息企业内部消费而提供的信息生产与服务的部门。这是因为在政府部门和各种企事业部门内部也存在信息产品和服务的生产和消费,它们在本质上与一级信息部门没有什么区别,但这些具有经济意义的活动,其价值是通过非商品化形式,不通过市场交换,而是通过分配实现的。

(2) 设计信息部门的测度体系

建立波拉特测度体系的两大主要问题是:建立一级信息部门;找出一种较为合理又较为准确地估算二级信息部门服务价值的方法。

①一级信息部门测度。

对一级信息部门的测度,波拉特首先从美国"标准产业分类体系"(SIC)中识别出116个信息行业,将它们归纳为8个大类,构成一级信息部门(见表10-6)。

表10-6　　　　　　　　　　　美国一级信息部门的门类

信息部门	信息行业
(1) 知识生产与发明行业	研究与开发产业、发明性产业(民间)、民间信息服务
(2) 信息分配与通信行业	教育、公共信息服务、正式通信媒介、非正式通信媒介
(3) 风险经营	保险业、金融业、投资经纪业
(4) 调研与调控行业	调研与非投机经纪业、广告业、非市场调控机构
(5) 信息处理与传递服务行业	非电子处理业、电子处理业、电信业务基础设施
(6) 信息产品行业	非电子性消费或中间产品、非电子性投资产品、电子性消费或中间产品、电子性投资产品
(7) 某些政府活动	联邦政府中的一级信息部门、邮政服务、州和地方教育
(8) 基础设施	信息建筑物及租金

① 李丹. 企业信息技术与管理融合的度量与模型分析 [D]. 济南:山东大学,2007.

在确定了一级信息部门的基础上，波拉特分别采用最终需求法和增加值法测算了信息部门的产值。最终需求法我们在前面已有介绍，而增值法是将所有部门的销售额或营业收入扣除从别的部门购买生产资料的支出之后的余额相加，求得一定时期内社会生产的新增加值总额的一种计算方法。用增值法可以在一定程度上避免 GNP 的重复计算问题。用增值法测定信息市场的产值时，需运用投入产出矩阵，并把其产品不采用商品形态的非独立的信息部门的增值也计算进去。

波拉特的测算表明：包括电话、电信、无线电广播及电视广播在内的全部通信部门属于一级信息部门。运输业及公益事业对一级信息部门的计算没有贡献。其中，在一级信息部门中，建筑部门的增加值约 24% 来源于信息建筑中的增加值；制造部门中的增加值约 15% 来源于信息产品的增加值；批发、零售部门利润的 12% 来源于信息产品的销售；金融保险不动产部门的增加值约 38% 以上属于一级信息部门，且不动产部门增加值仅有 19% 来自信息活动。此外，各种商业服务增加值的 89.8%、专业服务增加值的 95.6%、修理业增加值的 8.7%、娱乐业增加值的 13.4% 来自信息活动。这说明，前两类产业在本质上属于信息服务产业，而后两类产业所含信息产品及服务不多。

②二级信息部门测度。

二级信息部门的结构要比一级信息部门复杂许多。首先要明确的是，二级信息部门的概念是建立二级信息部门账户体系的基础。波拉特理论中的准信息部门一般是指非信息部门内部执行计划、财务管理、通信、电子计算机处理、研究与开发、技术服务和文秘等活动部门（见表 10-7）。

表 10-7   非信息产业内部典型的准信息产业

二级产业类别	投 入	产 出
电子数据处理	电子计算机、外围装置、程序设计、咨询	电子数据处理服务
广告	艺术家、照相排版技术、电视影片装置	广告、宣传
书信打字	秘书、打字机、纸张	信、商业电函
复印	静电复印机、机械操作人员、纸张	复制品
印刷	印刷机、装订机、印刷装订技术人员	印刷物
直接邮递	地名印刷机、计算机、档案、印章机、信封	邮政服务
研究与开发	研究室、电子数据处理、科学家、技术人员	新知识、发明专利
杂志剪贴	报纸、杂志、办事员	新闻信息服务
经营管理	管理员工、通信、电子数据处理、经营咨询	计划
会计	会计员、计算机设备、电子数据处理、通信	会计信息
法律	律师、通信、电子数据处理	法律咨询
专利、著作权	知识生产（著作、唱片、发明）	专利费
图书检索	图书、档案、橱柜、图书管理员	信息积累、检索

波拉特所用的方法是：通过测度那些直接支持二级信息部门运行所消耗的各种劳

动力和资本的价值，推算出这些部门中不直接进入市场的信息服务的"准市场"价值。遵从严格的国民收入核算方式，二级信息部门的增加值由以下两个可测度的投入量构成：一是在非信息产业内就业的信息劳动者收入；二是非信息产业内购买的信息资本折旧。据此，波拉特利用美国劳工统计局编制的按产业划分的详细的就业结构矩阵，将该矩阵中的员工人数变换为员工收入，从而可以根据产业分类测度美国非信息产业内部的信息劳动者收入。同时，他利用美国经济分析局编制的按产业分类的资本流量矩阵，通过预先设定若干假设条件，计算出非信息产业内部信息资本折旧。这样，波拉特通过非信息部门内部的信息劳动者收入和信息资本折旧两大数据，建立起二级信息部门的账户体系。

（3）波拉特信息经济测度的主要结论①

波拉特信息经济测度的主要结论可以概括为以下几点：

① 利用最终需求法计算，1967年美国国民生产总值的21.9%来源于一级信息部门，二级信息部门对最终需求的销售占国民生产总值的3.4%。利用增值法计算，1967年美国国民生产总值的25.1%来源于一级信息部门，二级信息部门对国民生产总值的贡献率是21.1%，即1967年美国国民生产总值的46.2%是由信息活动创造的。其中，在一级信息部门创造的25.1%的增加值中，大约10%来自政府部门，90%来自民间部门。

② 1967年，美国1美元物品的17%，即17美分为信息产品或服务；美国家庭购买的服务中，约36%属于信息服务，64%属于非信息服务；美国1美元投资的18%左右用于信息机械设备或信息建筑物上。

③ 1967年，美国信息劳动者人数占就业总人数的45%，但信息劳动者总收入占就业者总收入的53.52%，信息部门人员收入比非信息部门就业人员收入平均高38%。

④ 为获得1美元的产出，现今比以往需要支付更多的信息活动成本。1938年1美元的信息投入可获得11美元的产出，第二次世界大战期间是1:4（即投入1美元，产出4美元），1963年为1:3，而1974年下降为1:2.78。这说明随着社会经济的发展，人们需要更多的信息活动才能获得与以往相同的经济效用。

⑤ 社会经济活动可以划分为四大产业部门，即第一产业（农业）、第二产业（工业）、第三产业（服务业）和第四产业（信息业）。

（4）对波拉特理论的评价

波拉特信息经济测度理论从经济学角度来看，以经济统计语言开启了定量描述信息经济的先例，关于信息行业的识别、两级信息部门的划分与测度及一整套测度理论和方法都很有独创性，国际影响很大，是信息经济与信息产业分析和测算方面最权威的方法，具有很强的实用性和可操作性，是目前世界上比较通用的方法。

但是，随着其理论的运用，波拉特信息经济测度理论的缺陷越来越明显，主要是：

---

① 郑刚. 知识经济的测度理论与方法研究 [D]. 大连：大连理工大学，2000.

① 波拉特理论的背景是20世纪70年代，当今社会变化异常迅速，尤其信息技术飞快发展，如果仍以其陈旧的方法测度当代的信息经济规模，显然不合时宜。

② 波拉特本人在测算中因数据难以获得而采用估算方法，增添了主观因素，有失规范性，降低了测度结果的准确性、可信度。如果加上计算、统计方面的人为误差，则更是降低了结果的可比性。

③ 波拉特对信息活动、信息行业、信息职业的划分缺乏统一的科学标准，对信息经济概念的分析存在内部的逻辑矛盾。测度模型的有些环节存在非逻辑处理方法，尤其是他对知识范畴的"随意"扩张，与科学思想方法相矛盾。[①]

④ 测算中所采用的某些方法和数据欠合理，二级信息部门劳动者创造的价值在时间和空间上都存在不小的差异。

⑤ 其附加值的统计忽略了信息技术在经济应用的最基本方面，较明显的就是将计算机和远程通信结合在一起的信息系统所产生的协同效应。

⑥ 波拉特理论本身属于宏观信息经济测度范畴，但信息商品和信息服务的微观经济特性削弱了其使用投入-产出法分析的基础。

应当指出的是，马克卢普和波拉特的信息经济测度理论各有特点，在所使用的"信息经济"概念上和信息经济范围上存在差别，在测度方法和测度体系上也存在差别；但他们对美国信息经济发展规模的测度和一些基本理论是大体相同的。

3. 日本的信息化指数模型

国际上对信息经济测度的方法，除了前面介绍的马克卢普的最终需求法与波拉特的增值法，影响较大的就是日本的信息化指数模型。1965年，日本经济学家小松崎清介提出了信息化指数模型。这种方法可以从时间序列的角度研究发展趋势，也可以从截面上考查不同国家信息化发展的程度差别，是一种测算社会的整体信息水平及信息化程度的方法。它既能纵向反映某国（或地区）的信息化进程，又能横向比较不同国家和地区的信息化程度。[②]

信息化指数模型是从邮电、广播、电视、新闻出版等行业中，选出11个要素共4组指标，由此计算出反映社会信息化程度的总体指标——信息化指数，模型结构如图10-1所示。

（1）信息化指数模型的测算方法

由于图10-1中的变量是不同质的量，无法直接进行比较，因而首先需要转换成指数，然后求得反映信息化程度的总指标——信息化指数。求最终的信息化指数的方法有以下两种：

① 一步算术平均法。该方法首先将基年各项指标定值为100，然后分别将测算年度的同类指标值除以基年指标值，求得测算年度的各项指标值的指数，再将各项指标值指数相加除以项数，就可以得到最终的信息化指数。这种计算方法实质上就是我们

① 郑建明，王育红. 社会信息化进程测度案例及方法分析 [J]. 图书与情报，2000（2）：15-23.

② 李芬英. 中国区域信息化评价指标体系研究 [D]. 杭州：浙江大学，2007.

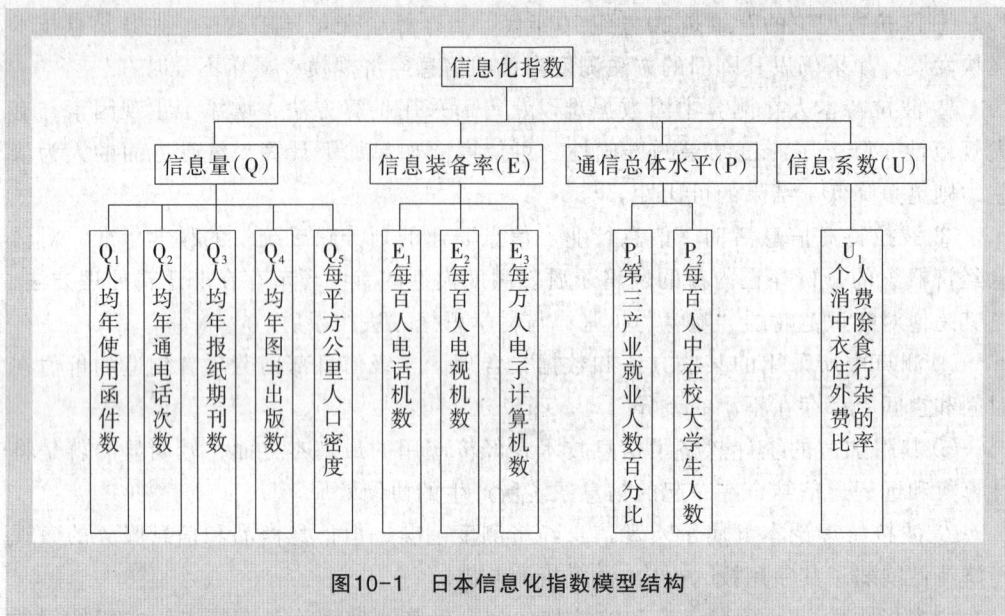

图10-1　日本信息化指数模型结构

所称的一步算术平均法，11个变量对最终信息化指数的贡献是等价的，即各变量的权重都相同。[1]

②两步算术平均法。该方法先分别计算出Q、E、P、U这4组的指数平均值，即对每一组变量的指数值求平均值，再对分组的平均值求算术平均值，得出最终的信息化指数。4个因子对最终信息化指数的贡献是等价的，但各变量对最终信息化指数的贡献是不等价的，同一组的变量越多，相对的贡献就越小，每一组变量的权重各不相同。

(2) 对信息化指数模型的评价

信息化指数模型的优点如下：

①信息化指数模型最大的优点是具有较好的可比性，在衡量社会信息化水平和增长速度方面也有很多的可取之处。

②与波拉特理论相比较，信息化指数模型确实弥补了前面对社会生活信息化方面统计太弱的缺陷，而且数据容易收集、统计方便、计算简单，具有很好的可操作性和对比性，实用性强。

③这种方法将社会信息化发展进程的相对阶段和相对差距用量化的方式反映出来，不仅能间接反映信息及其相关要素的作用和地位，还可以对社会经济信息化程度作出趋势预测。

④人们利用该模型可以测算一个国家或地区的信息化纵向历史进程，以及横向比较不同国家或地区之间信息化程度的差别。

⑤信息化指数模型在一定程度上揭示了信息化和信息产业在概念上的区别，从而使对信息产业和信息化的内涵和二者之间的关系有比较清晰的认识。

---

① 刘文云，葛敬民. 国内外信息化水平测度理论研究比较 [J]. 情报理论与实践，2004（2）：144-147.

信息化指数模型的缺点如下：

① 该模型仅从邮电、广播、电视、新闻出版等有限的几个方面选取试图描述信息化的指标，其结果只能反映这几个方面的信息环境状态，测算结果难免带有片面性，可能还有其他一些具有代表性的要素未被纳入模型之中，没有准确反映信息产业发展状况及在国民经济中的比例。

② 指标选取存在人为确定性，如函件和通话指数是邮电业务量的主要成分，单用函件量反映失之偏颇；报纸没有省（国）界，报纸发行量不足以说明信息量；人口密度指数更与信息化无直接关系；电话、电视、电脑在评估上表现的特点截然不同，难以反映实际的评估需求。

③ 该法的测度结果是无量纲的相对量，即在确立某一基准点的前提下的相对比较值，该值只有相对意义。比较而言，波拉特理论的测度结果是经济学意义上的绝对量。

④ 算术平均法求信息化指数，或用一步算术平均法（设11个要素对最终信息化指数的贡献是等价的），或用二步算术平均法（设4个要素对最终信息化指数的贡献是等价的，而11个要素的贡献是不等价的），使各个指标具有同等重要的地位，掩盖了其实质差异。

⑤ 适用范围有限，比如对一个贸易依存度很高、进口占国内消费比重很大的国家，信息化指数高并不意味着该国的信息产业发达。

⑥ 该模型的"信息系数"只包含个人消费中杂费的比率，忽视了居民和政府两方面消费的实际增长率。

⑦ 它割裂了社会信息化和经济信息化的关系，较多考虑了社会信息化方面的指标，几乎没有涉及经济信息化方面的指标。

4.国外其他主要的测度方法

（1）信息利用潜力指数模型

信息利用潜力（information utilization potential，IUP）指数模型是由联合国教科文组织委托美国加利福尼亚大学图书情报研究院鲍科（H. Borko）教授和该组织顾问、法国学者米诺（M. J. Menou）主持提出的一种测度方法。信息利用潜力指数模型是多变量、多层次的信息环境评估模型，包括反映一个国家信息基础结构和信息利用潜在能力的各种变量，共有230个，其中，27%反映国家的基本条件，20%反映信息的需求和使用，53%反映信息资源和活动。这230个变量按结构和功能两大方面进行分组，产生出21个结构组和17个功能组，分别属于3个结构子集和6个功能子集。该方法试图将各类信息活动的有关参数都包括在内，因此层次多、参数数量大、计算复杂。[①]该方法具有普遍适用性，而且运用灵活，但尚未被广泛应用。

（2）经济-信息活动相关分析方法

厄斯（Urs）的经济-信息活动相关分析方法主要通过49个变量作相关分析，衡量每个国家社会经济发展程度与其信息活动水平的相关性，然后确定以3个因子来衡

---

① 蒋晓华. 论信息经济的测算方法和指标体系 [J]. 铜陵学院学报，2006（1）：51-53.

量每个国家的信息活动水平。这3个因子是文字传播（written communication）总量、技术（technology）、图书馆（libraries）。每个因子下面又分多个参数，这样就构成三因子多参数模型。由于技术的进步，这3个因子已经不能代表当今的信息化发展状况，在具体应用时应将其中的指标加以改进，使其适用于本国的国情。

（3）网络化准备指数评估体系

网络化准备指数评估体系由哈佛大学与世界经济论坛共同制定。该评估体系由4级要素构成：具体包括2个第一级要素（网络应用指数和网络支撑因素指数）、9个第二级要素、10个第三级要素和60个第四级要素。网络应用指数用来直接衡量一个国家或地区信息通信技术的普及和渗透程度，包括每百人中互联网用户数、每百人中移动电话用户数、每台主机容纳的用户数、接入互联网的计算机的比例、互联网公共接入的方便性等5个第二级要素。网络支撑因素指数用来评估一个国家或地区网络应用环境以及未来网络渗透的潜力，包括网络接入、网络政策、网络化社会、网络化经济4个第二级要素，10个第三级要素和60个第四级要素。

（4）国际电联指标体系

1995年，国际电联在西方七国集团召开的"信息社会"大会上，提出了一套评价七国信息化发展程度的指标体系，在设计中着重考虑了以西方七国为代表的世界信息化发展的新特点与新趋势，共包括6个大类、12个小类的指标。该体系仅仅考虑基础设施方面（电话线、蜂窝式电话、综合业务数字网（ISDN）、有线电视、计算机和光纤等6个大类），而忽略信息化建设的其他方面，所以这套指标不能确定有效地反映一个国家或者地区的信息化水平。

（5）信息建设指数法

1996年，国际数据公司（IDC）提出了信息建设指数法（亦称信息社会指数（information society index，ISI）法），以评价各国收集信息、吸收信息及有效使用信息的能力。2000年，IDC在1998年"信息社会指数"的基础上发布了包括世界55个国家的1996/1997、1997/1998和1998/1999信息社会指数报告，比较系统地概括了所测算国家的信息化水平。信息建设指数法后来又有所发展，与1996年相比进行了较大修改，去掉了一些指标，新增了一些适应信息技术发展的指标（主要是互联网用户情况和电子商务发展指标），两项合计约占原指标量的20%，形成了一套具有4个大类（信息基础设施、计算机基础结构、社会基础设施、互联网基础）、23个小类的完整的指标体系。①

10.2.2　中国信息经济测度模型

在我国，信息化指数演进对信息化的影响主要体现在应用波拉特测算法、日本信息化指数模型及我国信息化指数的研究应用三个阶段，其影响力是沿着"研究→认识→发展"的轨迹不断深入的。

---

① 卢珍菊. 国外经济社会信息化的理论与实践对我国的启示［J］. 经济导刊，2011（8）：4-5.

1.我国信息化指数研究的发展历程[①]

20世纪80年代初期，波拉特测算法的研究从人类信息活动的经济角度和生产结构与就业分类角度，对信息产业机制进行分析，考查了我国的信息经济在国民生产总值中所占比例。这一阶段，许多学者从经济角度探讨了我国产业结构模型。

20世纪80年代中后期，日本信息化指数模型的研究从人类社会发展的角度分析了信息社会化和社会信息化所引起的经济结构变更对我国的影响。这一阶段，不仅经济学，而且哲学、信息学、社会学等学科也介入了研究，研究视野更开阔，领域更广泛。

20世纪90年代中期以后，我国制定了符合我国国情的国家信息化测评指标体系，标志着我国信息化体系框架的形成，加进了一些能够代表现代信息化水平的指标，去掉了一些过时的指标。许多模型都增加了能够反映各指标贡献大小的权重，从而使新构建的模型体系对信息化水平的测度结果更准确可信。

2.综合信息产业力测度法

1993年，靖继鹏在充分吸收波拉特测算方法的同时，大胆创新，自行设计了一套新的信息产业综合测算方法，取名为"综合信息产业力测度法"。这种方法包括六大类，各大类又细分为若干小类，共计252项指标。综合信息产业力测度法使用层次分析法，采用多个指标。其中，信息产业发展潜力、信息产品开发力、信息产业生产力与信息资源流通力被定义为软变量，信息资源利用力被定义为硬变量，信息产业平衡力被定义为协同变量，而综合信息产业力被定义为一种非简单相加的合力，并建立了综合信息产业力的函数关系（见表10-8）。

表10-8　　　　　　综合信息产业力测度法指标体系

力　度	指标体系
信息产业发展潜力	社会结构
	人员素质
	每百人在校大学生数
	人口文化教育水平综合均值
信息产品开发力	科技人员比重
	科研成果项目数
	专利批准量
	技术情报和文献机构经费收入所占比重
信息产业生产力	人均信息产业增加值
	信息产业人员数

① 张晋平. 我国信息化指数的演进及影响 [J]. 现代情报，2004（11）：64-65.

力　　度	指标体系
信息资源流通力	广播人口覆盖率
	电视人口覆盖率
	电视机普及率
	电话机普及率
	计算机普及率
	邮电业务总量
	邮电通信网
	信息技术水平
信息资源利用力	科研成果转让率
	信息商品消费量
	信息服务量
	文献数据库利用率
信息产业平衡力	信息产业增加值占GNP比重
	信息劳动力占总劳动力比重
	第一、二、三、四产业劳动力比例协调率

3.国家信息化测算指标体系[①]

1997年，在全国信息化工作会议上，我国制定了包括信息资源开发利用、信息网络建设、信息技术应用、信息产业发展、信息化人才、信息化发展政策等6个基本要素标准，含25项指标的信息化测算体系。该体系是我国第一次系统制定的国家信息化测算指标体系，对推动信息化的发展意义十分深远（见表10-9）。

这些指标的数据绝大部分都可从国家、地方和有关行业统计年鉴中查到，算法较简单，具有可操作性；可以从定量角度掌握同一地区在不同时期或不同地区之间的信息化程度或差距，进行横向或纵向比较，应用广泛。但是这种方法也有不足之处：

第一，信息化测度指标设置过多，而且有的指标具有较强的相关性，容易造成相同因素在计算中占有过大份额，从而评价结果有失合理性。

---

① 陶君道. 工业化与中国经济 ［M］. 北京：中国金融出版社，2007：53-54.

表10-9 　　　　　　　　　　　　　　　　国家信息化测算体系

要素	序号	有数据指标	指标名称	指标解释（或指标单位）	资料来源及说明
信息资源开发利用	1	X1	每千人广播电视播出时间	传统音频、视频信息资源（小时/千人）	广电统计
	2	X2	每万人图书、报纸、杂志总印张数	传统信息资源的规模	统计系统统计、邮电统计
	3	X3	每千人万维网站点数	信息资源联网使用规模，按域名统计	CNNIC统计
	4	X4	每千人互联网使用字节数	互联网（现代信息资源）的数据流量	
	5	X5	人均电话通话次数	电话主线使用率	邮电统计、统计系统统计
信息网络建设	6	X6	每百平方公里长途光缆长度	波长（公里）/国土面积（百平方公里）	邮电统计、统计系统统计
	7	X7	每百平方公里微波通信线路	波道（公里）/国土面积（百平方公里）	邮电统计、统计系统统计
	8	X8	每百平方公里卫星站点数	卫星站点/国土面积（百平方公里）	广电统计、统计系统统计
	9	X9	每百人拥有电话主线数（含移动电话数）	主线普及率	邮电统计
信息技术应用	10	X10	每千人有线电视用户数	有线电视普及率	广电统计、统计系统统计
	11	X11	每千人局用交换机容量	门/千人	邮电统计、统计系统统计
	12	X12	每百万人互联网用户数	互联网的使用人数	CNNIC统计、统计系统统计
	13	X13	每千人拥有计算机数	指全部计算机，包括单位和个人拥有的大型机、中型机、小型机和个人计算机	统计系统统计
	14	X14	每百户拥有电视机数	包括彩色电视机和黑白电视机	统计系统统计
	15	X15	每千人拥有信用卡张数	金融系统信用卡	金融统计
信息产业发展	16	X16	每千人专利授权数	反映我国自有信息技术发展水平	科技统计、统计系统统计
	17	X17	信息产业增加值占GDP比重	信息产业增加值主要指信息技术产业，包括电子、邮电、广电和信息服务业等的增加值	统计系统统计
	18	X18	信息产业从业人数占全社会劳动力人数比重	信息产业的口径同第17项指标，信息产业从业人数为第17项指标口径的信息产业中的劳动力人数	统计系统统计
	19	X19	信息产业出口额占出口额比重	反映我国信息产业国际竞争力	外经贸部进出口公司、信息产业部经济运行司·
	20	X20	信息产业对GDP增长的直接贡献率	信息产业增加值中当年新增部分与GDP中当年新增部分之比	统计系统统计
信息化人才	21	X21	每万人大学生数	全社会累计大专以上毕业生数占全社会劳动力比重	统计系统统计
	22	X22	信息化相关专业在校大学生数占比		教育部统计
	23	X23	每万人拥有科技人员数	反映人口科技素质	科技统计、统计系统统计
信息化发展政策	24	X24	研究与开发经费支出占GDP比重	反映国家对信息产业的发展政策	科技统计、统计系统统计
	25	X25	信息产业基础设施投资占全部基础设施投资比重	信息产业的口径同第17项指标，全部基础设施投资指能源、交通、邮电、水利等国家基础设施的全部投资	广电统计、邮电统计、电子统计、统计系统统计

注：2003年3月，不再保留对外贸易经济合作部；2008年3月15日，组建中华人民共和国工业和信息化部，信息产业部的职责整合划入工业和信息化部。

资料来源　国家统计信息中心. 中国各地区信息化水平测算与比较研究〔J〕. 统计研究，2001（2）：3-11.

第二，权数采用德尔菲法仍然存在主观人为因素，有的指标目前尚没有相应数据，要作特别调查，不便于各地区动态测度国家或地区的信息化水平。

第三，只重视对信息化现状水平的测度，而不重视对信息化质量和潜力的评估，其测算出来的信息化规模或信息化指数并不能真正反映信息化发展与建设的全貌。

4.信息化综合指数法[①]

1998年，钟义信等在广泛参考马克卢普法、波拉特法与小松崎清介法的基础上，从整体性、综合性角度出发创设了一种测算信息化水平的新方法，取名为"信息化综合指数法"（CIIC），能够比较全面地反映一个国家或地区的信息化程度或水平（见表10-10）。

表10-10　　　　　　　　　　CIIC的指标体系

I（P）	信息产业能力
I（P，1）	一级信息部门产值
I（P，2）	二级信息部门产值
I（E）	信息基础设施装备能力
I（E，1）	电话普及率
I（E，2）	电视普及率
I（E，3）	联网计算机普及率
I（E，4）	联网数据库人均容量
I（E，5）	人均网络容量公里数
I（U）	信息基础设施使用水平
I（U，1）	年人均电话次数
I（U，2）	年人均电视收看时数
I（U，3）	计算机平均利用率
I（U，4）	年人均信函数
I（U，5）	年人均书报量
I（U，6）	年人均拥有的音像制品量
I（S）	信息主体水平
I（S，1）	信息业就业人数比率
I（S，2）	每百人的大学生数
I（S，3）	九年制教育普及率
I（S，4）	信息技术研究开发费用比率
I（C）	信息消费水平
I（C，1）	个人平均信息消费指数

① 钟义信，舒华杰，吕廷杰. 信息化水平测度的新方法［M］. 北京：经济科学出版社，2001.

5. 国家信息化指标

2001年，国家信息产业部公布了含20项指标的国家信息化测算指标——《国家信息化指标构成方案》，其特点是测算简单、涉及面广、重点突出，对科学界定我国信息化水平、引导信息化发展方向起到积极作用（见表10-11）。《国家信息化指标构成方案》的公布，标志着我国对信息化水平测度理论与方法的研究已经取得了一定的发展和比较成熟的研究成果。[①]

表10-11　　　　　　　　　　国家信息化指标构成方案

序号	指标名称	指标解释	指标单位	资料来源
1	每千人广播电视播出时间	目前，传统音频、视频信息资源仍占较大比重，用此指标测度传统音频、视频信息资源	小时／千人（总人口）	根据广电总局资料统计
2	人均带宽拥有量	带宽是光缆长度基础上通信基础设施实际通信能力的体现，用此指标测度实际通信能力	千比特／人（总人口）	根据信息产业部资料统计
3	人均电话通话次数	话音业务是信息服务的一部分，通过这个指标测度电话主线使用率，反映信息应用程度	通话总次数／人（总人口）	根据信息产业部、统计局资料统计
4	长途光缆长度	用来测度带宽，是通信基础设施规模最通常使用的指标	芯长（公里）	根据信息产业部、统计局资料统计
5	微波占有信道数	目前微波通信已经呈明显下降趋势，用这个指标反映传统带宽资源	波道（公里）	根据信息产业部、统计局资料统计
6	卫星站点数	由于我国幅员广阔，卫星通信占有一定地位	卫星站点	根据广电总局、信息产业部、统计局资料统计
7	每百人拥有电话主线数	目前，固定通信网络规模决定了话音业务规模，用这个指标反映主线普及率（含移动电话数）	主线总数／百人（总人口）	根据信息产业部资料统计
8	每千人有线电视台数	有线电视网络可以用作综合信息传输，用这个指标测度有线电视的普及率	有线电视台数／千人（总人口）	根据广电总局、统计局资料统计
9	每百万人互联网用户数	用来测度互联网的使用人数，反映出互联网的发展状况	互联网用户人数／百万人（总人口）	根据CNNIC、统计局资料统计
10	每千人拥有计算机数	反映计算机普及程度，计算机指全社会拥有的全部计算机，包括单位和个人拥有的大型机、中型机、小型机、个人计算机	计算机拥有数／千人（总人口）	根据统计局住户抽样数据资料统计
11	每百户拥有电视机数	包括彩色电视机和黑白电视机，反映传统信息设施	电视机数／百户（总家庭数）	根据统计局住户抽样资料统计
12	网络资源数据库总容量	各地区网络数据库总量及总记录数、各类内容（学科）网络数据库及总记录数构成，反映信息资源状况	GB	在线填报

续表

序号	指标名称	指标解释	指标单位	资料来源
13	电子商务交易额	通过计算机网络所进行的所有交易活动（包括企业对企业、企业对个人、企业对政府等）的交易的总成交额，反映信息技术应用水平	亿元	抽样调查
14	企业信息技术类固定投资占同期固定资产投资的比重	企业信息技术类投资指企业软件、硬件、网络建设、维护与升级及其他相关投资，反映信息技术应用水平	百分比	抽样调查
15	信息产业增加值占GDP比重	信息产业增加值主要指电子、邮电、广电、信息服务业等产业的增加值，反映信息产业的地位和作用	百分比	根据统计局资料统计
16	信息产业对GDP增长的直接贡献率	该指标的计算方法为：信息产业增加值中当年新增部分与GDP中当年新增部分之比，反映信息产业对国民整体经济的贡献	百分比	根据统计局资料统计
17	信息产业研究与开发经费支出占全国研究与开发经费支出总额的比重	该指标主要反映国家对信息产业的发展政策。从国家对信息产业研发经费的支持程度反映国家发展信息产业的政策力度	百分比	根据科技部、统计局资料统计
18	信息产业基础设施投资占全部基础设施投资比重	全国基础设施投资指能源、交通、邮电、水利等国家基础设施的全部投资，国家对信息产业基础设施投资的支持程度反映国家发展信息产业的政策力度	百分比	根据信息产业部、广电总局、统计局资料统计
19	每千人中大学毕业生比重	反映信息主体水平	拥有大专毕业文凭数/千人（总人口）	根据统计局资料统计
20	信息指数	指个人消费中除去衣食住行杂费的比率，反映信息消费能力	百分比	根据统计局资料统计

　　该体系主要用于国家信息化发展水平地区间横向比较，并在此基础上拓展到纵向比较。指标的数据绝大部分在现有的统计数据中可以获得，个别没有的，作特定调查也比较容易获得，基本上可以反映一个国家、地区或部门的信息化水平与发展态势。

10.2.3　网络经济测度体系[①]

1.网络经济测度指标筛选

　　网络经济是指由于计算机互联网络在社会经济生活中普遍应用，使得所有的经济

① 薛伟贤，冯宗宪，王健庆. 中国网络经济水平测度指标体系设计［J］. 中国软科学，2004（8）：51-59.

活动都基于统一在互联网平台上的信息流的传递和处理，经济信息成本急剧降低，从而导致了信息替代资本在经济中起主导作用，并最终成为核心经济资源的全球化经济形态。[①]

网络经济依托的基础产业群是信息技术产业，即主要以计算机网络为核心、支持全球信息基础设施的产业，包括与计算机、通信设备生产相关的硬件产业、计算机软件产业和以无线电通信、计算机网络服务为内容的现代信息服务业。[②]它与广义的信息产业不同，后者不仅包括信息技术产业，也包括传统信息服务业，如传播业、出版业、咨询业和教育业等。

网络经济测度的研究可以借鉴信息经济测度的丰富研究成果。采用薛伟贤等关于"中国网络经济水平测度指标体系设计"的想法，从以下方面考虑构建网络经济测度指标体系：

（1）国家经济实力与政策保障

国家网络经济水平的大小取决于一国的基本社会经济实力，而经济实力主要由国家经济发展水平和对网络经济发展的支持状况来决定。网络经济水平的提高对促进国家经济的发展具有重要的作用，较高的网络经济水平对国民经济产生"产值倍增效应"，可以极大地提高综合国力和国际竞争力。因此，测度国家网络经济水平，需要考虑国家经济实力与政策保障因素指标。

（2）信息技术和网络基础设施水平

由于信息技术具有很强的渗透性，覆盖了国民经济的各个领域和企业经营的各个环节，因此，广泛应用信息技术、加快信息基础设施建设，可大大提高国家信息能力和在世界经济中的地位。因此，测度国家网络经济水平，需要考虑信息技术和网络基础设施水平因素指标。

（3）网络经济资源开发与利用能力

网络与传输于网络之上的信息作为资源，只有大力开发利用，才能实现其价值，发挥其创造财富的能力，因此，描述网络和信息资源的占有与利用性因素指标必须包括在内。该类指标反映在国家的社会经济活动中国家、企业和个人所能掌握和拥有的有效网络和信息资源的能力。

（4）网络经济人才与素质

网络经济参与者是生产力中必不可少的因素，网络经济劳动者掌握最新和最先进的知识和技术、借助技术先进的劳动手段的水平，可以反映网络经济产品和运行的水平，因此，测度国家网络经济水平，需要包括劳动力因素指标。

（5）电子商务状况

电子商务是网络经济最直接的表现，也是网络经济的重要组成部分。电子商务量的多少直接可以反映网络经济的发展水平，企业从事电子商务的效益是企业关心的重点和推动产业发展的动力，因此需要考虑有关电子商务因素指标，将企业间电子商务（B2B）、企业与个人间电子商务（B2C）、网络安全性和电子政务的各类指标融入测度

① 魏兆连. 国外网络经济发展及经验借鉴研究［D］. 长春：吉林大学，2009.
② 张蕊. 网络经济及其在中国的发展［D］. 成都：四川大学，2002.

体系之中。

此外，还应该考虑网络经济发展对提高综合国力的重要作用。这主要包括：

① 网络经济对国民经济发展的推动作用以及贡献率；

② 为国家进行宏观决策提供重要信息与咨询服务的能力；

③ 利用网络对综合国力各个要素内部及各要素之间进行合理与最优的协调和配置，提高宏观经济总体运行水平和管理水平等。

2.网络经济测度指标体系设计

根据网络经济测度的 5 个方面指标，通过进一步分析，去除相关性较强的一些指标；将无法获得的指标以相近指标替换，将没有转换成定量数据的指标替换，最终得到一套网络经济测度指标体系，由 5 个大类 21 个指标构成（见表 10-12）。

表10-12　　　　　　　　　　　　网络经济测度指标体系

		指标	指标名称（单位）
网络经济测度体系 X	国家经济实力与政策保障 X1	X_{11}	人均 GDP（元/人）
		X_{12}	交通、邮电通信业产值占 GDP 比重（%）
		X_{13}	研究与开发经费占 GDP 比重（%）
		X_{14}	教育投资占 GDP 比重（%）
		X_{15}	城镇居民交通、邮电通信消费额占总消费额比重（%）
	网络基础设施 X2	X_{21}	每百人拥有电话机数（部/百人）
		X_{22}	城镇居民每百户拥有彩电数（台/百户）
		X_{23}	城镇居民每百户拥有移动电话数（部/百户）
		X_{24}	城镇居民每百户拥有家庭计算机数（台/百户）
	网络应用水平 X3	X_{31}	网络用户平均每周上网时间（小时）
		X_{32}	网络用户人均域名数（个/万人）
		X_{33}	网络用户人均 Web 站点数（个/万人）
		X_{34}	上网人数占总人口比例（%）
		X_{35}	网络用户人均 E-mail 账户数（个/人）
		X_{36}	网络用户人均每周收到 E-mail 数（个）
	网络经济人力资源 X4	X_{41}	每万人中在校大学生人数（个）
		X_{42}	每万人中科技人员人数（个）
		X_{43}	交通、邮电通信业从业人员占总从业人员比重（%）
		X_{44}	人均年批准专利数（件/万人）
	电子商务状况 X5	X_{51}	网上购物者占网络用户比重（%）
		X_{52}	网络用户中更换信箱密码者比重（%）

上述所构建的这一网络经济测度指标体系，一方面符合网络经济测度的理论依据，另一方面突出表现了现实中信息技术、网络利用、人才、研发以及电子商务等反映网络经济水平和推动国民经济发展的最重要因素，因此，本指标体系具有更强的适用性。

10.3　信息经济发展趋势

微课 10-3

信息经济发展趋势

随着信息技术的更新迭代，人类社会的生活和生产方式都在急剧变化。信息经济作为一种新的经济模式，信息的价值日益凸显。因此，理论性与应用性兼具的信息经济学也在发展中被赋予新的含义，其范畴被逐渐拓宽，深度被不断挖掘。

10.3.1　网络经济

1.网络经济理论[①]

网络经济是以信息经济为基础的，是信息经济发展到一定阶段的产物。与信息经济一样，网络经济也是一种新型的经济形态。与传统经济相比，它具有一些与信息经济相同的特性：

（1）知识智能性

网络经济发展同样是靠知识和信息，财富被重新定义为所拥有信息、知识和智力的多少，生产、交换和分配等各种经济活动随着网络技术的普及都将日益智能化、虚拟化。网络空间本身就是一个虚拟的空间，更多的经济活动依赖网络这个虚拟空间而进行。

（2）开放共享性

网络经济由于建立在现代通信、电子计算机、信息资源、生产交换及消费等各自网络化及相互渗透交织而形成的综合性全球信息网络的基础之上，从而形成了经济活动在全球范围内相互联动、资源共享的态势。随着世界各国互联网络和各种内部网络的发展，开放共享的交易环境将成为推动经济发展的最重要因素。

（3）高效快捷性

网络经济跨越了时间和空间限制，缩短了交易周期，提高了交易速度，简化了交易程序，为经济活动的繁荣提供了可能，高速度、高效率成为各种经济体及个人行为的基本要求。同时，由于信息高效共享，网络经济使中介弱化，社会交易成本不断降低，经济效率不断提高。

---

① 李路. 数字经济条件下的经济运行及其规律［J］. 中国电子科学研究院学报，2018，13（2）：223-226.

（4）全球化

由于网络经济开放互联的性质，时间的连续性增强，空间的距离缩小，经济活动突破国界，已经成为全球活动。

2.网络经济的应用与发展[①]

网络经济日益成为实体经济的一部分。一方面，互联网催生出众多基于网络的技术和商业模式创新。例如，世界市值最大的10家公司中，网络服务提供商就占了4家，还有两家的业务与互联网紧密相关，像美国搜索引擎巨头谷歌已成为市值达数千亿美元的巨无霸企业。另一方面，互联网为传统经济的转型升级提供全方位的支撑，随着它与国民经济第一、二、三产业的结合日趋紧密，智慧农业、智能制造、电子商务、智慧交通、互联网金融快速发展，成为实体经济的重要组成部分。

网络经济形成了新业态、新模式和新产业，创造了一些新的就业机会，但也的确冲击到实体经济中的一些传统部门。网络经济对这些部门的冲击，很大程度上是网店的经营成本较低所致。对于实体经济中的一些传统部门，在亟须建立线上与线下公平的市场竞争的同时，更应该考虑在"互联网+"时代如何增强自身的竞争力，并加快实现与网络经济的融合发展。

10.3.2 知识经济

1.知识经济理论[②]

1962年，美国学者马克卢普首次提出这一概念；20世纪70年代，美国丹尼尔·贝尔等人对"后工业社会"中的新经济形态有了进一步的认识；80年代初，墨西哥记者阿尔温·托夫勒所著的《第三次浪潮》明确提出与"知识经济"相近的"后工业经济"；1984年，美国奈斯比特在《大趋势》中深化了"信息经济"的概念；1986年，英国福莱斯特在《高技术社会》中提出"高技术经济"；1988年，中国邓小平提出"科学技术是第一生产力"；1990年，联合国研究机构提出"知识经济"的概念，并第一次明确了这种新型经济的性质；1996年，经济合作与发展组织明确将"知识经济"定义为"以知识为基础的经济"（knowledge based economy），即建立在知识的占有、配置、生产、分配、使用、消费之上的经济。从1997年以来，"知识经济"不仅成为一个学术名词、一个经济学概念，而且成为全世界的社会、政治、经济热点问题，受到全世界人民的关注。许多国家的领导人也非常重视知识经济的问题，许多国家已把发展知识经济及其产业加进国家建设与发展的重大议事日程。

2.知识经济的应用与发展[③]

（1）资源利用智力化

按照资源配置来划分，人类社会经济的发展可以分为劳动力资源经济、自然资源

---

① 段炳德，张德勇. 网络经济：实体经济发展新契机［N］. 中国青年报，2017-04-07（2）.
② 陈树年. 大学文献信息检索教程［M］. 上海：华东理工大学出版社，2006：4-5.
③ 中国社会科学院研究生院，中国科学院研究生院. 知识经济与国家创新体系［M］. 北京：经济管理出版社，1998：268-271.

经济、智力资源经济。知识经济是以人才和知识等智力资源为资源配置第一要素的经济，节约并更合理地利用已开发的现有自然资源，通过智力资源去开发富有的、尚待利用的自然资源。

（2）资产投入无形化

知识经济是以知识、信息等智力成果为基础构成的无形资产投入为主的经济，无形资产成为发展经济的主要资本，企业资产中无形资产所占比例超过50%。无形资产的核心是知识产权。

（3）知识利用产业化

知识形成产业化经济，即所谓技术创造了新经济。知识密集型的软产品，即利用知识、信息、智力开发的知识产品所载有的知识财富，将大大超过传统的技术创造的物质财富，成为创造社会物质财富的主要形式。

（4）高科技产业支柱化，经济发展可持续化

高科技产业成为经济的支柱产业，但并不意味着传统产业彻底消失。知识经济重视经济发展的环境效益和生态效益，因此采取的是可持续化的、从长远看有利于人类的发展战略。

（5）经济全球化

高新技术的发展缩小了空间、时间的距离，为经济全球化创造物质条件。全球经济的概念不仅指有形商品、资本的流通，更重要的是知识、信息的流通。以知识产权转让、许可为主要形式的无形商品贸易大大发展。各国综合国力的竞争在很大程度上转化为人才、知识、信息的竞争，集中表现为知识产权的竞争。全球化的经济与知权产权保护密切联为一体。

（6）企业发展虚拟化

知识经济时代，企业发展主要是靠关键技术、品牌和销售渠道，通过许可、转让方式，把生产委托给关联企业或合作企业，充分利用已有的厂房、设备、员工来实现的。

（7）人均收入差距扩大化

这是指发达国家与发展中国家、发达地区与落后地区之间而言，是知识经济带来的负面效应之一。这也是在知识经济时代必须掌握第一流知识和信息、占领经济制高点的重要性、紧迫性之所在。

10.3.3 平台经济

1.平台经济理论

我国网民规模继续保持平稳增长，互联网模式不断创新。互联网平台已经成为新经济的引领者，平台经济推动了中国经济的转型发展。平台经济是以互联网等现代信息技术为基础，基于平台向多边主体提供差异化服务，具有零边际成本、开放性、协同性、外部性和聚合性等特点，从而整合多主体关系、创造价值，使多主体利益最大化的一种新型经济。此外，平台经济本身就是一种创新型的商业模式，创新是平台快速发展的内在驱动力。随着分享经济的兴起，分享型平台已为平台经济的创新发展带来了新的突破。从某种意义上讲，平台经济理论是对传统经济理论的颠覆和革新。[①]

2.平台经济的发展趋势[②]

① 开放共赢的商业生态系统是平台经济发展的关键要素之一。随着信息技术的进一步发展，社会需求也会出现新的变化，未来平台经济将更多地体现社交属性、智能化特征，更多地依赖移动智能终端。

② 平台经济的发展将改变现有组织模式，人人参与、人人分享将促进组织形式的演进，"平台+个人"的组织形式将越来越普遍。

③ 平台经济未来的发展将更多地体现互动、社交等媒体属性。尤其是随着自媒体时代的到来，形式多样的自媒体平台将使得平台经济迎来新的发展机遇。

④ 随着人工智能、大数据、预测分析和机器学习等智能分析技术及应用的不断发展，未来智能化平台的发展将是大势所趋。

⑤ 平台经济崛起的另一大特征是以分享为商业模式。未来分享平台的用户将具有多重身份，消费者将转变为产销者，在消费的同时也可以是生产者，如制作和分享自己的产品等。

⑥ 互联网治理和监管将是未来平台经济发展面临的挑战。平台经济在不同的发展阶段将面临不同的挑战，需要持续跟进，有针对性地研究并制定合理和恰当的治理机制和监管举措。

拓展阅读10-2

10.3.4　分享经济

1.分享经济理论[③]

移动互联网的普及为分享经济的发展提供了可能。近年来，随着网约车、共享单车等交通共享模式的快速发展，分享经济持续升温，成为现今商业模式创新的主流趋势，在交通出行、房屋租赁、知识服务以及其他生活、生产服务领域得到了快速的推广，出现了很多新型业态。

分享经济也称共享经济，是指能够让商品、服务、数据以及才能等一切可以分享的资源具有共享渠道的经济社会体系，其核心是分散或闲置资源的有效利用以及所有权和使用权的分离。

① 易开刚，厉飞芹.平台经济视域下商业舞弊行为的协同治理——问题透视、治理框架与路径创新［J］.天津商业大学学报，2017，37（3）：43-47；68.
［1］里夫金.零边际成本社会——一个物联网、合作共赢的新经济时代［M］.赛迪研究院专家组，译.2版.北京：中信出版社，2014：297-301.［2］中国互联网络信息中心.中国互联网络发展状况统计报告［R］.北京：2018.
③ 里夫金.零边际成本社会——一个物联网、合作共赢的新经济时代［M］.赛迪研究院专家组，译.2版.北京：中信出版社，2014：302-316.

分享经济的特征有以下五点：①闲置资源的出让和再利用；②以网络平台为技术基础；③使用而不必拥有；④大众参与；⑤产品或服务的个性化。[①]

2.分享经济的应用与发展

全球分享经济的快速发展已经开创了很多互联网经济的新业态。根据腾讯研究院发布的报告，国内分享经济已经在十大主流行业得到了应用，其应用领域超过30个子领域，主要包括出行分享、空间分享、美食分享、金融分享、二手交易、物流众包、服务众包、医疗分享、教育分享、自媒体、新兴市场等。其中，出行共享是发展比较迅速且应用较为成熟的领域，房屋短租、餐饮分享处在成长阶段，教育、医疗、自媒体等领域处在快速发展的起步阶段。[②]

未来分享经济的发展可能出现以下几种趋势：[③]

① 分享经济将保持高速增长；

② 分享经济的内涵将不断扩大；

③ 分享经济将促进更多新型业态的出现；

④ 分享经济将成为全球经济发展的新引擎；

⑤ 信任机制的建立将是促进分享经济快速发展的重要领域之一；

⑥ 完善监管将是分享经济健康发展的重要保障。

案例窗 10-1

10.3.5 数字经济

1.数字经济理论

（1）数字经济的含义

数字经济是指一个经济系统，在这个系统中，数字技术被广泛使用，并由此带来了整个经济环境和经济活动的根本变化。数字经济也是一个信息和商务活动都数字化的全新的社会政治和经济系统。企业、消费者和政府之间通过网络进行的交易迅速增长。数字经济主要研究生产、分销和销售都依赖数字技术的商品和服务。数字经济的商业模式本身运转良好，因为它创建了一个企业和消费者双赢的环境。[④]数字经济的基本特征是快捷性、高渗透性、自我膨胀性、边际收益递增性、外部经济性、可持续性及直接性。[⑤]

① 李晓华.分享经济的内涵与特征探析［J］.商业研究，2017（7）：119-126.
② 赵敏，姚歆，王益谊.共享经济国际标准化发展历程、最新进展与对策［J］.商业经济研究，2019（24）：186-188.
③ 郭锦辉.共享经济发展或将呈五大趋势［N］.中国经济时报，2019-03-04.
④ 王子安.货币预言家——走近61位诺贝尔经济学奖精英［M］.天津：天津科学技术出版社，2010：189.
⑤ 杜骏飞.网络传播概论［M］.福州：福建人民出版社，2003：180.

（2）数字经济的本质

数字经济的本质在于信息化。信息化是由计算机与互联网等生产工具的革命所引起的工业经济转向信息经济的一种社会经济过程。信息产业化与产业信息化，即信息的生产和应用两大方面是其中的关键。[①]

数字经济的特点是始终围绕数据这个核心生产要素的感知、采集、传输、存储、计算、分析和应用进行技术经济活动和资源配置。因此，建立类似神经网络一样的广泛连接和迅捷触达能力是数字经济高效运转和创造价值的基本前提，对于打通堵点、消除梗阻、建设统一大市场和畅通双循环具有极为重要的意义。[②]

2.数字经济的应用与发展

根据经济合作与发展组织发布的《2020年数字经济展望》，数字经济的国际情况大致可概括为3个方面：数据获取与使用、数字建设政策导向、数字技术创新。速度成为数字经济关键的竞争要素，跨企业的合作成为必然选择，会产生行业断层、价值链重构和供应链管理，使得大规模量身定制成为可能。

10.3.6　智慧经济

1.智慧经济理论[③]

发达国家发展到一定阶段时，所推崇的几乎都是智慧的经济发展模式。也就是说，智慧经济是继农业经济、工业经济、信息经济、知识经济之后的第五大经济发展形态。

智慧经济从学理上来说，是指集科技、信息、知识、环境、文化、伦理、道德于一体的战略性经济、创新型经济。它更加追求经济发展对环境保护、人类福祉的深切关怀和人类自由发展的核心目标。

在发展智慧经济时，需要把握好以下要素：创新型经济、学习型经济、知识型经济和超越型经济。这4个因素之间的关系是四位一体、辩证整合的，更是科学发展的，是智慧经济的不同侧面、不同表现。其核心是智慧，其目的是超越，其最终结果是实现中华民族的伟大复兴。智慧经济是对上述4种经济的升华和深度发展。

2.智慧经济的应用与发展[④]

人类社会要从硬件经济时代、软件经济时代进入真正的智慧经济时代，应该做好以下几个方面：

首先，智慧经济应该是一种宏观上"最优规模"的经济。最优规模体现为经济生产不管是数量还是质量，都应该符合人类需求的合理性，应与该国、该地区的人口、资源相一致。

其次，智慧经济应该是一种可持续发展的经济。智慧经济即主要考虑生态协调和

① 王子安. 货币预言家——走近61位诺贝尔经济学奖精英 [M]. 天津：天津科学技术出版社，2010：190.
② 吴绪亮. 新发展格局下数字经济创新的战略要点 [J]. 清华管理评论，2021（3）：98-103.
③ 程杨. 经济发展的新趋势：智慧经济 [J]. 岭南学刊，2010（3）：64-67.
④ 上海社会科学院信息研究所. 智慧城市辞典 [M]. 上海：上海辞书出版社，2011：31-32.

社会良性发展，考虑人口、资源、环境协调发展。

再次，智慧经济应该是一种人性化的经济。智慧经济是人本经济，它不仅以经济、财富、物质来衡量经济行为，更是以发展劳动文化、实现劳动者人生价值为目标。

最后，智慧经济应该是一种有预见性的经济。社会经济形态从硬件经济、软件经济向智慧经济过渡，就必须同步考虑经济与社会和谐发展，考虑现代化建设与自然环境、生态系统协调发展，不断增加对经济发展可能带来的环境污染、贫困分化等负面效应的预见和防治。

思政园地

中国信息经济闪耀世界

现如今，信息经济对全球经济发展都有着重要影响。移动信息产业在全球飞速发展，已经连接了全球超过 2/3 的人口，在改善人们生活的同时赋能各行各业，对整个社会产生了巨大的经济效益。中国经济现已成为全球耀眼的新星。互联网、科技的飞跃发展极大促进了经济发展，中国已经成为全球领先的移动物联网市场。现阶段也正处在中国经济转型升级的关键时期，信息经济同样成为助推社会经济发展的新生力量，成为增强产业竞争力的重要驱动力。

一、中国数字经济的重要贡献

数字经济规模占比呈现双"39"态势。2020 年，我国数字经济依然保持蓬勃发展态势，规模达到 39.2 万亿元，较 2019 年增加 3.3 万亿元，占 GDP 的比重为 38.6%，同比提升 2.4 个百分点，有效支撑疫情防控和经济社会发展。

数字经济增速是 GDP 增速的 3 倍多。2020 年，在疫情冲击和全球经济下行的叠加影响下，我国数字经济依然保持 9.7% 的高位增长，是同期 GDP 名义增速的 3.2 倍多，成为稳定经济增长的关键动力。

数字经济内部结构"二八"比例分布。2020 年，我国数字产业化规模达到 7.5 万亿元，占数字经济的 19.1%，占 GDP 的 7.3%；产业数字化规模达 31.7 万亿元，占数字经济的 80.9%，占 GDP 的 31.2%，产业数字化在成为数字经济发展强大引擎的同时，缓解了疫情对我国实体经济的负面冲击。

我国数字经济在疫情中逆势崛起。2020 年，我国数字经济延续蓬勃发展的态势，规模由 2005 年的 2.6 万亿元扩张到 39.2 万亿元。伴随着新一轮科技革命和产业变革持续推进，叠加疫情因素影响，数字经济已成为当前最具活力、最具创新力、辐射最广泛的经济形态，是国民经济的核心增长极之一。

二、树立信息经济全局发展观是应有之义

信息经济浪潮席卷全球，正在重构世界经济新版图。面对信息经济的新挑战、新机遇，抢占新一轮产业竞争的制高点、寻求经济增长的新动力，是重大课题。信息经济可预见的趋势是泛在连接与全面智能化的叠加，培育数据驱动型企业，构建创新、开放、共享的产业发展环境，建立具有竞争力的产业生态系统，是中国信息经济发展的战略选择。要树立信息经济发展观。作为全新的经济形态，信息经济需要全新的观

念和思维引领，倡导建立信息经济发展观，树立信息资源观、万众创新观、企业生态观和产业融合观，形成全社会推进信息经济发展的共识。

资料来源 [1] 东方财富网. 中国信息经济闪耀世界 [EB/OL]. (2018-06-28) [2022-06-30]. https://baijiahao.baidu.com/s?id=1604503476452242439&wfr=spider&for=pc. [2] 中国信息通信研究院. 中国数字经济发展白皮书 [R]. 北京：中国信息通信研究院，2021. [3] 邓峰，杨国歌，任转转. R&D 补贴与数字企业技术创新——基于数字经济产业的检验证据 [J]. 产业经济研究，2021 (4)：27-41.

本章小结

本章主要阐述了信息经济的范围和特征、信息经济测度的多种理论与方法，其中主要有：马克卢普的信息经济测度理论、波拉特的信息经济测度理论、日本的信息化指数模型，以及国外其他主要的测度方法，如信息利用潜力指数模型、经济-信息活动相关分析方法、网络化准备指数评估体系、国际电联指标体系、信息建设指数法。我国在关于信息经济测度研究方面，主要的研究成果有综合信息产业力测度法、国家信息化测算指标体系、信息化综合指数法和国家信息化指标。针对网络经济的新特征应建立网络经济测度体系的指标内容。本章介绍了信息经济的发展趋势，其中主要包括网络经济、知识经济、平台经济、分享经济、数字经济和智慧经济的理论和发展趋势。

复习与思考

1. 马克卢普认为对知识的描述是什么？
2. 马克卢普的知识产业层次包括哪些？
3. 对马克卢普的信息经济测度理论的评价是什么？
4. 日本的信息化指数模型的计算方法与评价是怎样的？
5. 我国有几种典型的信息经济测度方法？
6. 网络经济测度体系的指标和结构是怎样的？
7. 对波拉特的信息经济测度理论的评价是什么？
8. 信息经济的发展趋势有哪些？
9. 简述知识经济的应用与发展。
10. 简述分享经济的应用与发展。
11. 简述智慧经济的理论与发展。

第 10 章即测即评

［1］桂学文，杨小溪．信息经济学［M］．北京：科学出版社，2020.

［2］郭彦丽，陈建斌．信息经济学［M］．2版．北京：清华大学出版社，2019.

［3］谢康，肖静华．信息经济学［M］．2版．北京：高等教育出版社，2019.

［4］屈莉莉．电子商务经济学［M］．北京：电子工业出版社，2015.

［5］蔡岩兵．新编信息经济学［M］．北京：中国经济出版社，2014.

［6］丁化美，任碧云．交易所：功能、运转及效力［M］．北京：中国金融出版社，2014.

［7］过仕明，侯亚娟，王晓岚．信息经济学［M］．北京：清华大学出版社，2014.

［8］黄梯云，李一军．管理信息系统［M］．5版．北京：高等教育出版社，2014.

［9］里夫金．零边际成本社会——一个物联网、合作共赢的新经济时代［M］．赛迪研究院专家组，译．2版．北京：中信出版社，2014.

［10］骆正山，等．信息经济学［M］．2版．北京：机械工业出版社，2013.

［11］马费成．信息经济学［M］．武汉：武汉大学出版社，2012.

［12］孙东川，柳克俊，赵庆祯．系统工程干部读本［M］．广州：华南理工大学出版社，2012.

［13］陈禹，王明明．信息经济学教程［M］．2版．北京：清华大学出版社，2011.

［14］上海社会科学院信息研究所．智慧城市辞典［M］．上海：上海辞书出版社，2011.

［15］余世英．电子商务经济学［M］．武汉：武汉大学出版社，2011.

［16］谢康．电子商务经济学［M］．北京：高等教育出版社，2010.

［17］李新家．网络经济条件下生产力发展研究［M］．广州：广东人民出版社，2009.

［18］斯蒂格利茨．信息经济学：基本原理（上）［M］．纪沫，陈工文，李飞跃，译．北京：中国金融出版社，2009.

［19］斯蒂格利茨．信息经济学：基本原理（下）［M］．纪沫，陈工文，李文跃，译．北京：中国金融出版社，2009.

［20］陶长琪．信息经济学［M］．2版．北京：经济科学出版社，2009.

［21］查先进，等．信息资源配置与共享［M］．武汉：武汉大学出版社，2008.

［22］查先进，严亚兰．专业技术人员信息化能力建设教程［M］．北京：国家行政学院出版社，2008.

［23］王雷震．物流运筹学［M］．上海：上海交通大学出版社，2008.

［24］赵玮．软件工程经济学［M］．西安：西安电子科技大学出版社，2008.

［25］马克卢普．美国的知识生产与分配［M］．孙耀君，译．北京：中国人民大学出版社，2007.

［26］陶君道．工业化与中国经济［M］．北京：中国金融出版社，2007.

［27］陈树年．大学文献信息检索教程［M］．上海：华东理工大学出版社，2006.

［28］金海卫．信息管理的理论与实践［M］．北京：高等教育出版社，2006.

［29］赖茂生．信息资源管理教程［M］．北京：清华大学出版社，2006.

［30］马费成，靖继鹏．信息经济分析［M］．北京：科学技术文献出版社，2005.

［31］才书训．电子商务安全风险管理与控制［M］．沈阳：东北大学出版社，2004.

［32］张维迎．博弈论与信息经济学［M］．上海：上海三联书店，上海人民出版社，2004.

［33］陈瑞华. 信息经济学［M］. 天津：南开大学出版社，2003.

［34］国务院学位委员会办公室. 同等学力人员申请硕士学位图书馆、情报与档案管理学科综合水平全国统一考试大纲及指南［M］. 北京：高等教育出版社，2003.

［35］张卫东. 微观经济学［M］. 北京：首都经济贸易大学出版社，2003.

［36］杨浩. 模型与算法［M］. 北京：北方交通大学出版社，2002.

［37］马费成，李纲，查先进. 信息资源管理［M］. 武汉：武汉大学出版社，2001.

［38］王明明. 信息产业促进经济发展的机制［M］. 广州：中山大学出版社，2001.

［39］姚开建，雷达. 新经济——迎接新世纪的挑战［M］. 北京：中国经济出版社，2001.

［40］钟义信，舒华杰，吕廷杰. 信息化水平测度的新方法［M］. 北京：经济科学出版社，2001.

［41］李波，李健，汪本聪. 知识化进程中的产业变革［M］. 广州：广东经济出版社，2000.

［42］叶德磊. 微观经济学［M］. 北京：高等教育出版社，上海社会科学院出版社，2000.

［43］陈禹. 信息经济学教程［M］. 北京：清华大学出版社，1998.

［44］刘京城. 无形资产的价格形成及评估方法［M］. 北京：中国审计出版社，1998.

［45］娄策群，桂学文. 信息经济学通论［M］. 北京：中国档案出版社，1998.

［46］张守一. 现代经济对策论［M］. 北京：高等教育出版社，1998.

［47］谢康. 信息经济学原理［M］. 长沙：中南工业大学出版社，1998.

［48］中国社会科学院研究生院，中国科学院研究生院. 知识经济与国家创新体系［M］. 北京：经济管理出版社，1998.

［49］马费成，王槐，查先进. 信息经济学［M］. 武汉：武汉大学出版社，1997.

［50］臧运平，姚淑云. 信息经济学导论［M］. 北京：中国三峡出版社，1997.

［51］乌家培. 经济 信息 信息化［M］. 大连：东北财经大学出版社，1996.

［52］张剑平. 信息系统经济学——理论体系与微观分析［M］. 北京：中国铁道出版社，1996.

［53］张维迎. 博弈论与信息经济学［M］. 上海：上海三联书店，上海人民出版社，1996.

［54］刘昭东，陈久庚，等. 信息工作理论与实践［M］. 北京：科学技术文献出版社，1995.

［55］谢康. 微观信息经济学［M］. 广州：中山大学出版社，1995.

［56］禹柯夫. 应用信息学引论［M］. 北京：中国铁道出版社，1995.

［57］章昌裕，李青. 西方经济学原理——宏观与微观经济学［M］. 北京：对外经济贸易大学出版社，1995.

［58］金建. 信息产业经济学论纲［M］. 北京：北京出版社，1993.

［59］柳克勋，金光熙. 工业工程实用手册［M］. 北京：冶金工业出版社，1993.

［60］范里安. 微观经济学：现代观点［M］. 费方域，等译. 上海：上海三联书店，1992.

［61］考特，尤伦. 法和经济学［M］. 张军，等译. 上海：上海三联书店，1991.

［62］马费成，王槐. 情报经济学［M］. 武汉：武汉大学出版社，1991.

［63］乌家培，等. 经济信息与信息经济［M］. 北京：中国经济出版社，1991.

［64］里昂惕夫. 投入产出经济学［M］. 崔书香，译. 北京：中国统计出版社，1990.

［65］阿罗. 信息经济学［M］. 何宝玉，姜忠孝，刘永强，译. 北京：北京经济学院出版社，1989.

［66］顾乃学，冯师道. 管理信息系统概论［M］. 西安：西安电子科技大学出版社，1989.

［67］波拉特. 信息经济论［M］. 李必祥，等译. 长沙：湖南人民出版社，1987.

［68］陈良猷，孙巩，程连珺，等. 工业企业管理［M］. 北京：中央广播电视大学出版社，1986.

［69］蔡北华，徐之河. 经济大辞典［M］. 上海：上海辞书出版社，1983.

［70］严怡民. 情报学概论［M］. 武汉：武汉大学出版社，1983.

［71］冶金工业部北京钢铁设计研究总院技术经济科. 实用技术经济［M］. 北京：冶金工业出版社，1983.

［72］李三希，王泰茗，武玙璠. 数字经济的信息摩擦：信息经济学视角的分析［J］. 北京交通大学学报（社会科学版），2021，20（4）：12-22.

［73］吴绪亮. 新发展格局下数字经济创新的战略要点［J］. 清华管理评论，2021（3）：98-103.

［74］张向先，张莉曼，赵彬. 虚实并举，文以载道——靖继鹏先生信息经济学学术思想研究［J］. 图书情报工作，2020，64（13）：16-22.

［75］吴川徽，黄仕靖，袁勤俭. 社会交换理论及其在信息系统领域的应用与展望［J］. 情报理论与实践，2020，43（8）：70-76.

［76］赵敏，姚歆，王益谊. 共享经济国际标准化发展历程、最新进展与对策［J］. 商业经济研究，2019（24）：186-188.

［77］蔡宁. 智慧经济与智慧产业的内涵、功能及其关系研究［J］. 商业经济，2019（8）：48-50.

［78］张必彦，卞光浪，卢远超. 基于DEA-ADC的实时测控软件资源配置方案评价［J］. 火力与指挥控制，2019，44（6）：123-127；131.

［79］李路. 数字经济条件下的经济运行及其规律［J］. 中国电子科学研究院学报，2018，13（2）：223-226.

［80］于长铖，王长峰，王一刚，等. 战略生态位视角下我国电子信息产业发展探析［J］. 生产力研究，2017（11）：69-72；161.

［81］易开刚，厉飞芹. 平台经济视域下商业舞弊行为的协同治理——问题透视、治理框架与路径创新［J］. 天津商业大学学报，2017，37（3）：43-47；68.

［82］朱靖. 信息经济学研究综述［J］. 情报科学，2015（5）：144-149.

［83］张晋平. 我国信息化指数的演进及影响［J］. 现代情报，2004（11）：64-65.

［84］杜杨芳，刘欢. 我国信息经济学研究述评［J］. 图书馆学研究，2014（6）：2-5.

［85］张惠萍. 信息服务业的空间分布、区位策略与集聚——以福建省为例［J］. 华东经济管理，2013，27（7）：79-84.

［86］周勤. 基于投入产出表的信息产业及其网络效应分析［J］. 商业时代，2012（35）：112-115.

［87］彭学龙. 信息经济学视角下的商标制度［J］. 知识产权，2012（8）：17-29.

［88］尚新丽，史双青. 我国信息经济学研究的文献计量分析［J］. 图书馆理论与实践，2012（3）：25-27.

［89］郑凯. 我国信息产业与信息经济发展现状与趋势分析［J］. 知识经济，2011（20）：123.

［90］王明明. 信息经济学的发展历程与研究成果［J］. 中国信息界，2011（10）：23-28.

［91］卢珍菊. 国外经济社会信息化的理论与实践对我国的启示［J］. 经济导刊，2011（8）：4-5.

［92］龚靓，陈彦刚. 信息系统项目经济效益分析方法初步研究［J］. 湖北成人教育学院学报，2010，16（6）：57-60.

［93］何伟. 中国工业行业信息化水平和效率差异的实证研究［J］. 图书馆理论与实践，2010（6）：22-26；42.

[94] 程杨. 经济发展的新趋势: 智慧经济 [J]. 岭南学刊, 2010 (3): 64-67.

[95] 王书柏, 冯谊. 乌家培: 追寻记忆50年 [J]. 中国高新技术企业, 2010 (2): 74-77.

[96] 王玮, 宋宝香, 王怡. 企业信息系统采纳后使用行为研究 [J]. 现代管理科学, 2010 (1): 100-102.

[97] 殷卫莉, 宋文斌. 大型购物中心管理信息系统的设计与实现 [J]. 商业时代, 2009 (32): 15-17.

[98] 屈超. 信息经济测度方法述评 [J]. 黑龙江对外经贸, 2009 (5): 95-97.

[99] 王汉斌, 齐玥, 李忱. 管理信息系统投资决策评价方法分析 [J]. 工业技术经济, 2009 (4): 92-96.

[100] 舒辉. 标准竞争中的市场策略分析 [J]. 商业经济与管理, 2008 (5): 23-28.

[101] 孙海芳. 信息生产力: 一种先进的生产力形态 [J]. 江汉论坛, 2008 (1): 47-50.

[102] 彭树才, 黄世祥. 信息产业对我国国民经济发展的作用分析 [J]. 中国集体经济 (下半月), 2007 (9): 8-9.

[103] 曹玉贵. 不对称信息下第三方物流中的委托代理分析 [J]. 管理工程学报, 2007 (2): 74-77.

[104] 王明明. 在线市场的价格离散现象研究 [J]. 商业研究, 2006 (15): 35-37.

[105] 张一清. 软件企业中软件产品的定价分析 [J]. 商场现代化, 2006 (9): 126-127.

[106] 刘语佳, 文映春. 物流领域信息不对称问题及其对策 [J]. 铁道运输与经济, 2006 (7): 33-34.

[107] 汤坚玉, 王磊. 论电子商务环境下的信息搜寻模型 [J]. 管理科学文摘, 2006 (6): 12-13.

[108] 蒋晓华. 论信息经济的测算方法和指标体系 [J]. 铜陵学院学报, 2006 (1): 51-53.

[109] 王学东, 唐军荣. 论信息产品向信息商品的转化 [J]. 特区经济, 2005 (12): 124-125.

[110] 王立荣. 管理信息系统投资决策分析的原则与方法 [J]. 情报探索, 2005 (2): 94-96.

[111] 彭玉兰. 第三方物流及其风险分析 [J]. 商业研究, 2004 (24): 147-150.

[112] 徐升华, 毛小兵. 信息产业对经济增长的贡献分析 [J]. 管理世界, 2004 (8): 75-80.

[113] 薛伟贤, 冯宗宪, 王健庆. 中国网络经济水平测度指标体系设计 [J]. 中国软科学, 2004 (8): 51-59.

[114] 徐世伟. 对信息资源测度"信息资源丰裕系数"的解析与优化探讨 [J]. 重庆工商大学学报 (社会科学版), 2004 (3): 51-53.

[115] 张少杰, 张燕. 知识价值的测度理论与方法研究 [J]. 吉林大学社会科学学报, 2004 (3): 52-58.

[116] 韩兆洲, 邓勇. 从诺贝尔经济学奖看经济学研究的数学化趋势 [J]. 南方经济, 2004 (2): 27-29.

[117] 刘文云, 葛敬民. 国内外信息化水平测度理论研究比较 [J]. 情报理论与实践, 2004 (2): 144-147.

[118] 肖勇. 从美国"新经济"现象看知识经济概念的产生与演绎 [J]. 现代情报, 2003 (12): 218-219.

[119] 靖继鹏, 马哲明. 信息经济测度方法分析与评价 [J]. 情报科学, 2003, 21 (8): 785-791.

[120] 潘勇. 论电子商务市场中的"价格歧视"[J]. 商业经济与管理, 2003 (1): 22-25.

［121］赵保才，王勇军．信息系统的经济效益及其评价［J］．东北电力技术，2003（1）：44-47.

［122］陈颖．网络环境下的信息市场营销［J］．情报理论与实践，2001（6）：431-433.

［123］肖光恩，方凯．数字化产品定价策略浅析［J］．市场经济研究，2001（3）：51-55.

［124］何亚琼，李一军，黄梯云．信息产业成长的动力机制研究［J］．决策借鉴，2000，13（2）：5.

［125］郑建明，王育红．社会信息化进程测度案例及方法分析［J］．图书与情报，2000（2）：15-23.

［126］佟维群，周继珍，查俐敏．市场经济条件下图书馆人应树立的十大新观念［J］．图书与情报，1997（1）：25-26.

［127］吴荣峰．论我国的信息政策与信息法律［J］．图书情报知识，1995（2）：54.

［128］秦胜君．复杂适应信息系统体系结构的研究与应用［D］．大连：大连海事大学，2011.

［129］周宗朝．JZKJ公司证券交易软件产品定价策略研究［D］．北京：北京交通大学，2011.

［130］魏兆连．国外网络经济发展及经验借鉴研究［D］．长春：吉林大学，2009.

［131］程楠．信息产业发展的国际比较研究［D］．大连：东北财经大学，2007.

［132］李丹．企业信息技术与管理融合的度量与模型分析［D］．济南：山东大学，2007.

［133］李芬英．中国区域信息化评价指标体系研究［D］．杭州：浙江大学，2007.

［134］罗玲丽．中国在线商品价格离散影响因素的实证研究［D］．重庆：重庆大学，2007.

［135］毛克宇．基于核心竞争力的协同产品商务管理模式研究［D］．天津：天津大学，2006.

［136］吴淦峰．数字图书馆信息资源优化配置［D］．北京：中国农业科学院，2006.

［137］张蕊．网络经济及其在中国的发展［D］．成都：四川大学，2002.

［138］刘颂杰．中国信息产业发展战略与政策研究［D］．南昌：江西财经大学，2001.

［139］郑刚．知识经济的测度理论与方法研究［D］．大连：大连理工大学，2000.

［140］郭锦辉．共享经济发展或将呈五大趋势［N］．中国经济时报，2019-03-04.

［141］段炳德，张德勇．网络经济：实体经济发展新契机．［N］．中国青年报，2017-04-07（2）.

［142］PAN X，RATCHFORD B T，SHANKAR V．Can price dispersion in online markets be explained by differences in e-tailer service quality？［J］．Journal of the Academy of Marketing Science，2002，30（4）：433-445.

［143］GROSSMAN，STIGLITZ．On the impossibility of informationally efficient markets［J］．The American Economic Review，1980，70（3）：393-408.